맥을 잡아주는 세계사 04

중국사 上

图说天下 中国通史 上卷
编者：《图说天下 国学书院系列》委员会

중국사 上

맥세계사편찬위원회 지음
김기덕 교수(건국대 문화콘텐츠학과) 감수
강치원 교수(강원대 사학과) 추천

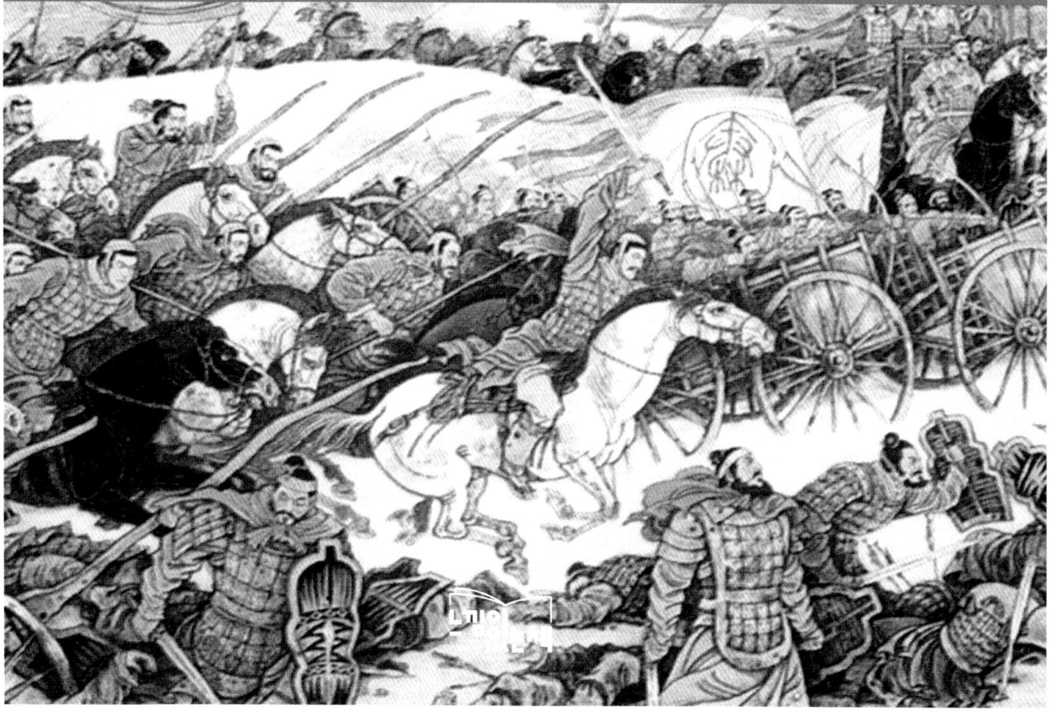

일러두기

1. 인명, 지명 등은 국립국어원의 외래어 표기 용례를 따르되, 네이버 두산백과, 위키백과를 참고하였다.
2. 중국 인명의 경우 과거인과 현대인을 구분하여 과거인은 한자음대로, 현대인들은 중국어 표기법에 따라 표기하되, 필요한 경우 한자를 함께 썼다.
3. 지명의 경우에는 현재 쓰이지 않는 것은 한자음대로, 현재 지명과 동일한 것은 중국어 표기법에 따르되, 필요한 경우 한자를 함께 썼다. 또 지명 가운데 우리 한자음으로 읽는 관용이 있는 경우에는 그대로 우리 한자음으로 썼다.
4. 외래어 표기는 국립국어원의 표기법을 기준으로 하되, 원어 발음에 가깝게 표기하였다.
5. 중국 문화권 내의 기타 언어로 표현된 인명, 지명은 해당 언어에 맞게 표기하되, 해당 자료 및 검색이 불가능한 경우 우리 한자음으로 표기했다.
6. 역사적 사실이나 사건 등은 네이버 두산백과, 위키백과, 다음백과를 순차적으로 참고하였다.

어둡고 희미한 칼의 빛과 그림자,

머나먼 과거의 북과 나팔이 일제히 울어 대고,

먼지로 뒤덮인 죽간과 단청,

신비한 왕릉의 지하 궁전,

여기, 살아 있는 역사의 장이 펼쳐진다.

5000년 인류 역사를 담은 장쾌한 대하드라마

역사는 장대한 대하드라마이다. 그것도 아주 잘 짜인. 사건이 일어나게 된, 일어날 수밖에 없는 명확한 이유가 있고, 그로 인해 전개될 이야기는 전후 관계가 딱딱 들어맞는다. 각각의 시대를 살아 낸 사람들의 이야기는 너 나 할 것 없이 드라마보다 더 드라마틱하다. 그야말로 파란만장하다.

역사란 드라마틱한 시대를 살아 온 사람들의 파란만장한 삶에 관한 이야기이다. 그 속에 생존을 위한 몸부림이 있고, 종족과 전쟁이 있으며, 문화와 예술이 있고 국가와 민족이 있다. 권력을 향한 암투와 뜨거운 인류애가 함께 숨 쉬는가 하면, 이념과 창조, 파괴, 희망이 춤춘다.

인류의 역사는 희망적인가. 우리가 역사를 통해 배우고 이를 삶에 적용하는 한 인류의 역사는 희망적이다. 이것이 우리가 역사를 알아야 하고 이 시대의 문제에 대한 해답을 역사에서 찾아야 하는 이유이다.

역사는 읽는 것이 아니라 보는 것이라 했던가. '맥을 잡아주는 세계사'는 마치 대하드라마를 보는 듯 한 권, 한 권이 잘 짜인 책이다. 인과 관계가 명확하니 행간과 맥락이 머릿속에 쏙쏙 들어온다. 600여 개의 에피소드는 드라마를 흥미진진하게 이끌고 가는 매개체이며, 2,000여 장에 이르는 시각 자료는 세트, 정지 컷, 의상, 소품 구실을 한다. 에피소드는 어느 한 곳에 치우치지 않도록 다양한 시각을 담은, 다양한 사료를 바탕으로 꾸몄다.

각 권은 50여 개의 장으로 이루어진다. 각 장이 시작될 때마다 해당 시기와 등장인물이 어김없이 소개된다. 또한 그때 다른 곳에서는 어떤 일들이 벌어지고 있었는가를 별도의 연표로 제시한다. 그렇다. 드라마이므로 배경이 되는 시기가 있어야 하고, 주인공이 있어야 하며, 전후좌우의 맥락을 살피기 위해서는 주인공을 둘러싼 시대의 흐름도 아울러야 한다. 이러한 플롯으로 그리스와 로마, 이집트 역사를 통해 고대 문명의 원형을 찾아보고, 중·근세 유럽의 강국 영국, 프랑스, 독일을 거쳐 근세 일본과 중국, 미국, 러시아까지, 한 편, 한 편 완성도 높은 드라마로 빚어내어 역사의 거대한 흐름 속으로 독자들을 끌어들이려 한다.

과거에 대한 올바른 인식 없이, 올바른 현재적 삶도 없다. '맥을 잡아주는 세계사'는 독자들에게 한 걸음 더 가까이 다가가 말을 건네는 책이다. 우리 삶을 더 인간답게 가꾸어 가기 위해 우리는 무엇을 고민해야 하고, 어떻게 해야 할지를 묻는다. 물론 그에 대한 답은 독자 스스로 찾아야 한다. 이 책 안에서 펄펄 살아 움직이는 역사를 통해.

자, 이제 모든 준비가 끝났다. 독자들이여! 5000년 인류 역사의 거대한 물줄기! 그 장쾌한 대하드라마 속으로 함께 빠져들어 보자. 그것도 아주 열렬히.

– 맥세계사편찬위원회

추천사

역사 속에서 거침없이 튀어나온 인물들과의 조우

역사는 과거와 현재와 미래의 대화라고 합니다. 현재의 가치가 과거의 사실을 만납니다. 현재는 과거와 미래에게 자신의 삶에 대해 묻습니다. 어디서 왔는지, 제대로 살고 있는지, 어떻게 살아야 하는지……. 현재가 치열하게 고민한 것일수록 과거가 들려주는 답은 명확합니다. 과거의 이야기는 여기에서 머물지 않습니다. 미래까지 적나라하게 제시합니다. 고대 로마의 정치·사회사에서 한국의 현재를 읽어 내는 일이 가능할까요? 물론입니다. 어디 현재뿐이겠습니까? 미래를 예측할 수도 있습니다. 왜냐하면 미래는 실천과 의지의 소산이기 때문입니다. 그것은 바로 과거를 아는 자들의 몫입니다. 이것이 바로 역사를 알아야 하는 이유입니다. 그래서 역사는 과거의 사실과 현재의 가치와 미래의 의지의 대화입니다.

이런 점에서 볼 때 최근 일어난 교학사의 한국사 교과서 역사 왜곡 논란은 참으로 안타까운 일이 아닐 수 없습니다. 편향된 시각으로 집필된 역사 교과서가 자라나는 세대들에게 우리 역사를 바로 알고 현실을 직시하며 미래를 준비하는 토대를 제공할 수 있을까요? 역사를 잊은 민족에게 미래란 없다고 했습니다. 이념 논쟁을 떠나 역사 교육에 대한 사회적 합의가 절실합니다.

느낌이 있는 책에서 의욕적으로 출간한 '맥을 잡아주는 세계사' 시리즈를 보고 세 번 놀랐습니다. 가장 먼저 본문 구성이 매우 독특하다는 데 놀랐습니다. 마치 독자들이 날개를 달고 그 지역 상공을 날면서 여행을 하듯 쓰인 서술 방식은 그간의 역사서에서는 찾아보기 어려운 점입니다. 시간의 흐름에 따라 역사적 사건의 현장이 펼쳐지면서 그 시기에 가장 중요했던 인물이 등장하여 종횡무진 맹활약을 합니다. 이러하니 마치 다큐멘터리나 한 편의 영화를 보는 듯 지면이 살아 움직입니다. 두 번째로 놀란 것은 시간의 흐름에 따른 종적 편성 외에 신화, 축제, 교육, 건축, 예술, 여성 등 다양한 테마를 다룬 횡적 편성을 통해 생활사까지 아울렀다는 점입니다. 정치·사회사 중심의 역사서에서 놓치기 쉬운 생활사를 단원 말미에서 종합적으로 서술함으로써 두 마리 토끼를 모두 잡는 데 성공하였습니다. 마지막으로 놀란 것은 꼼꼼한 구성입니다. 각 단원이 시작될 때마다 시기와 주요 인물 혹은 사건이 제시되고 그 아래 총체적인 세계사의 흐름을 알 수 있는 비교 연표를 제시하여 독자들의 머릿속을 깔끔하게 정리해 주고 있다는 점입니다. 필요한 자리에 적절하게 들어간 사진 자료들은 한눈에 보아도 귀한 자료임을 알 수 있습니다.

이 책은 중국 최고의 인재들로 구성된 중국사회과학원과 베이징대학 등 중국 유수 대학 사학과 교수진이 기획과 집필을 담당하였습니다. 우리로서는 그간에 주로 접해 왔던 서양이나 일본 학자들의 시각에서 벗어나 중국 역사가들의 새롭고 참신한 사관을 접할 수 있다는 점에서 흥미로운 일이 아닐 수 없습니다. 고대 그리스에서 시작되는 여행은 전 세계 곳곳의 상공을 날며 생생한 역사의 현장을 돌아봅니다. 그 현장에서 만나는 주인공들은 더 이상 박물관에 놓인 초상화 혹은 조형물이 아닌, 따스한 피를 가진 한 인간입니다. 그들과의 만남, 생각만으로 벌써 가슴이 뜁니다.

– 강치원, 강원대 사학과 교수. 경기도율곡교육연수원장

잠들어 있던 용이 깨어난다

정식 명칭 '중화인민공화국', 아시아 대륙의 25%나 되는 국토 면적, 무엇보다 약 14억의 인구가 가장 무서운 잠재력인 나라, 중국. 세계 문명 발상지 중 하나인 황허를 중심으로 중국의 역사는 시작되었다. 기름진 황토 평원은 중국 민족에게 풍요와 시련을 함께 주었다. 일찍부터 자리 잡은 농경문화는 우주와 인간에 대한 철학의 바탕이 되었고, 그것은 서양과는 달리 강력한 중앙 집권 체제로 이어졌다. 또한 이러한 권력의 배치는 주변 국가들에 영향을 주었다.

주(周) 왕조 이후 중국의 역사는 분열과 통일을 반복하며 영토를 확장해 나갔다. 혼란의 시대를 마무리한 진(秦)과 한(漢)은 중국 민족에게는 뿌리와 같은 왕조이다. 한국인들마저 좋아하는 삼국 영웅들의 시대에 이어지는 남북조 시대에 도교와 불교 문화는 정점에 이른다. 수(隋) 왕조는 국가가 필요로 하는 인재를 효과적으로 뽑을 수 있는 과거제를 만들었고, 이 제도는 당(唐)의 3성 6부제와 더불어 이후 '동아시아문화권'의 큰 틀을 이루었다. 송(宋) 왕조를 뒤흔든 요(遼), 금(金), 서하(西夏) 등 북방 유목 민족의 정복 왕조도 결국 역대 중국 왕조를 거쳐 완성된 제도와 문화에 동화될 수밖에 없었다. 세계 역사상 최대 영토의 제국을 건설한 몽골 제국, 원(元) 왕조는 그러한 잠재력을 억눌렀고, 결국 그 힘이 폭발하여 명(明) 왕조로의 교체로 이어졌다. 이후 청(靑) 왕조는 그런 실수를 범하지 않으려 당근과 채

찍을 모두 이용해 중국 대륙과 민족을 차지했다.

이 책은 바로 5000년이 넘게 쌓아 온 중국의 무한한 잠재력을 객관적으로 서술한 책이다. 중국의 역사, 문화뿐만 아니라 인물, 유물, 유적에 대한 정보가 훌륭한 도판과 함께 실려 있다. 책의 시작은 무려 800만 년으로 거슬러 올라간다. 아프리카에서만이 아니라 중국에서도 원인(猿人)의 화석이 발견되었다. 인류의 발상지가 아프리카에만 국한된다는 것은 이미 옛날 이야기가 된 지 오래지만, 상당히 많은 사람들은 여전히 이 사실을 모르고 있다. 그저 중국에서 나온 고인류 화석은 베이징 원인(原人)뿐이라고 생각하는 이들에게 이 책의 앞부분은 충격으로 다가올지도 모른다. 중국에서 발견된 고인류 화석과 그 출토 유적을 꼼꼼히 소개하고 있는 1장은 다소 지루할 수도 있다, 그러나 이러한 전개는 유물과 유적, 기록에 의거해 냉정하게 '객관적'으로 서술하려는 선택이다.

이제는 너무 진부한 이야기이지만 역사는 '사실로서의 역사'와 '기록으로서의 역사'로 나뉜다. '사실로서의 역사'는 냉정하고 객관적으로 있는 그대로의 역사를 밝히려는 것이고, '기록으로서의 역사'는 시대 구분과 사료 취합에서부터 역사가의 주관적인 관점이 개입된다. 이 책은 발굴한 유적과 유물, 남겨진 옛 기록에 근거해 가능하면 객관적이고 냉정하게, 시간에 흐름에 따라 중국의 역사를 정리한 책이다. 마치 중국 역사 실록이라고 불러도 좋을 만큼 사실이 나열되어 있다.

분열의 시대에는 각국의 사건과 인물이 어떻게 연결되는지 알 수 있도록 양쪽 모두 서술해 주었다. 기나긴 중국 역사에 등장하는 인물들 또한 많다. 이 책에서는 그들 간의 관계와 활동을 이해하기 쉽도록, 하나의 왕조에만 머물지 않고 동시대 왕조 모두의 서술에 그 인물들을 함께 등장시켜 주었다. 각 시대를 대표하는 핵심 인물들은 좀 더 심도 있게 다루어 중국 역사에서 그들의 무게를 느낄 수 있다. 내용과 함께 놓인 사진 자료는 그 동안 국내에서 거의 소개되지 않은 것이 많다. 사진 자료만으로도 이 책의 소장 가치는 충분하다. 또한 이 자료들은 중국 역사 연구의 내공을 느낄 수 있는 부분이기도 하다.

한국인의 시각으로 보기에는 다소 불편한 관점의 서술 또한 있다. 대부분은 객관적이고 냉정한 서술이나 몇몇 부분에서는 중국 민족의 중화사상이 그대로 드러난다. 한국인을 불편하게 하는 동북변강역사여현상계열연구공정, 즉 동북공정의 시각을 보이는 몇몇 구절이 있다. 그러나 춘추·전국 시대 제자백가 중 손자[손무, 孫武]가 말하지 않았는가? "지피지기백전불태(知彼知己百戰不殆)"라고 말이다. 적을 알고 나를 알아야 백 번 싸워도 위태롭지 않다. 중국을 알고 우리를 알아야 동북공정을 제대로 대할 수 있지 않을까? 무엇보다 다가오는 미래에 중국이 가진 힘을 무시할 수 없다는 사실을 인지해야 한다. 세계 최대의 인구와 풍부한 지하자원을 품고 있는 대륙의 용이 '죽의 장막'을 걷고 깨어나고 있다. 이번 기회에 이 책을 통해 중국이 가진 무한한 잠재력의 바탕이 된 중국 역사와 문화를 보는 눈을 키워 두면 어떨까?

– 김기덕, 건국대 문화콘텐츠학과 교수

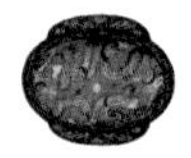

CONTENTS

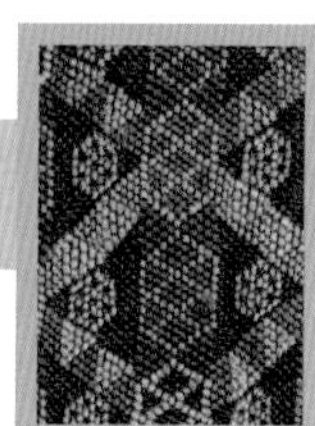

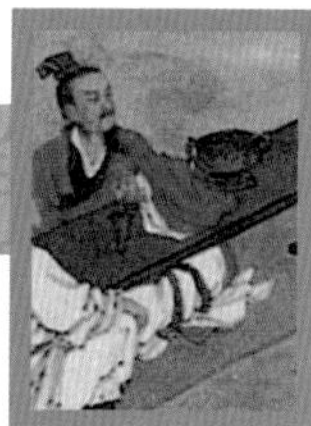

History of China

맥을 잡아주는 세계사

The flow of The World History

제1장 | 중국 문명의 기원

1. 선사 시대 기원전 약 800만 년 ~ 기원전 2000년

CHINA

1 선사 시대

시기 : 기원전 약 800만 년 ~ 기원전 2000년
인물 : 라마피테쿠스, 충칭 우산 원인, 위안머우 원인, 란톈 원인, 진뉴산 원인, 마바 원인, 딩춘 원인, 산딩둥 원인

조상의 발자취를 찾아서

선사 시대 역사란 화석유인원에서 진화한 원인猿人이 현생 인류(인류의 진화 단계인 원인猿人·원인原人·구인舊人·신인新人에서 신인에 해당한다.), 즉 현재 지구상에 살고 있는 인류로 진화한 때부터 글자가 만들어져 역사를 기록하기 전까지의 인류 역사를 일컫는다. 고고학자들은 흔히 선사 시대를 구석기 시대와 신석기 시대로 나눈다. 구석기 시대는 직립 보행을 한 원시 인류가 '지혜가 있는 사람'이라는 뜻의 호모 사피엔스Homo sapiens로 진화해 현생 인류로 탈바꿈한 시기이다. 이 시대에는 뗀석기(또는 타제석기打製石器라고도 한다.)를 이용해 동물을 사냥하고 식물과 과일을 채집해서 먹으며 생활했다. 신석기 시대는 지금으로부터 대략 1만 년 전에 시작되었다. 이때의 인류는 간석기(또는 마제석기磨製石器라고도 한다.)를 주요 도구로 사용했다. 또 이 시기에는 농경과 목축을 시작했고, 알록달록한 색이 들어간 채도彩陶(칠 무늬 토기)와 흑도黑陶(검은 간토기)를 만들었다.

일반적으로 기원전 2070년에 하夏나라가 세워진 때가 중국의 문명이 시작된 시점으로 여겨진다. 그러나 점점 많은 연구자가 그 이전의 룽산龍山 문화 시대에 이미 중국에서 국가 형식의 초기 문명이 시작되었다고 주장한다.

한눈에 보는 세계사
기원전 300만 년 : 오스트랄로피테쿠스 출현
기원전 250만 년 : 구석기 시대 시작
기원전 70만 년 : 한반도, 구석기 시대 시작
기원전 50만 년 : 호모 에렉투스 출현
기원전 10만 년 : 네안데르탈인 출현
기원전 6만 년 : 크로마뇽인 출현
기원전 4만 년 : 호모 사피엔스 출현
기원전 15000년 : 농경 시작
기원전 8000년경 : 한반도, 신석기 시대 시작
기원전 3500년 : 이집트 문명 시작
기원전 3200년 : 수메르인, 문자 발명
기원전 2500년 : 인더스 문명 시작
기원전 2333년 : 고조선 건국

루펑 라마피테쿠스

기원전 약 800만 년

800만 년 전에 아열대 기후 지역이었던 윈난 성雲南省 루펑 현祿豊縣에는 인류의 조상인 라마피테쿠스Ramapithecus가 살았다. 그들은 호수와 늪 주변, 그리고 숲에서 활동했다. 라마피테쿠스와 공생한 여러 동물 가운데 포유동물은 30종 이상이었다. 현재까지 발견된 루펑 라마피테쿠스의 화석은 머리뼈 3개, 아래턱뼈 3개, 머리뼈 조각 23조각, 치아 600여 개, 손가락뼈 2개 등이 있다. 화석을 통해 존재가 알려진 이러한 화석유인원의 신체 특징은 수직으로 자란 작은 앞니, 비교적 돌출된 송곳니, 그리고 비교적 뾰족하고 낮게 자란 큰 어금니와 앞어금니이다. 체격은 일반적으로 침팬지와 비슷하며, 침팬지보다는 얼굴이 작고 잇몸이 아치형이다. 턱뼈, 치아, 입천장뼈의 특징은 남유인원南類人猿인 오스트랄로피테쿠스Australopithecus와 유사하다.

라마피테쿠스의 화석은 남아프리카와 인도에서 최초로 발견된 후 세계

맥을 잡아 주는 **중국사 중요 키워드**

반고(盤古)의 천지개벽

인류가 등장하기 전 아직 하늘과 땅이 나뉘지 않았을 때, 세상은 칠흑같이 어두운 혼돈에 싸여 있었고, 인류의 조상인 반고만이 이곳에서 잉태되어 자라나고 있었다. 어느 날, 잠에서 깨어난 반고는 몹시 답답해서 큰 도끼를 내리쳐 하늘과 땅을 갈랐다. 그러고 나서 하늘과 땅이 다시 합쳐질까 두려워 자신의 머리로 하늘을 떠받치고 발로 땅을 디뎠다.

오랜 세월이 흘러 하늘과 땅이 확실히 나뉘었을 무렵, 반고는 지쳐 쓰러져 죽고 말았다. 죽음의 순간에 그가 내쉰 숨은 바람과 구름으로, 목소리는 우레로, 왼쪽 눈은 해로, 오른쪽 눈은 달로, 머리카락과 수염은 밝게 빛나는 별로 변했다. 팔다리와 몸뚱이는 대지의 동서남북 끝과 오악五嶽(타이산 산泰山, 화산 산華山(헝산 산衡山, 헝산 산恒山, 충산 산嵩山)으로, 피는 내와 강으로, 근육은 논밭으로, 피부 표면에 난 솜털은 풀과 나무로 변했다.

각지에서 발견되었다. 그중에서 중국 윈난 루펑에서 발견된 화석 자료가 가장 중요하고 풍부한 것으로 여겨진다. 라마피테쿠스는 인류의 조상으로, 기나긴 세월을 지나서야 인류가 되는 문턱을 넘을 수 있었다.

충칭 우산 원인

기원전 약 200만 년

까마득한 200만 년 전, 사방이 푸른 산으로 둘러싸였고 창장 강長江(양쯔강揚子江이라도 한다.)이 동서로 가로지르는 싼샤三峽 지역에는 고대 인류가 살았다. 그로부터 엄청난 세월이 흐른 후인 1985년에 충칭 시重慶市 우산 현巫山縣 먀오위 진廟宇鎭 룽핑龍坪 마을의 룽구龍骨 언덕에서 지금으로부터 204만 년 전에서 201만 년 전 사이에 생존했던 우산 원인猿人의 유적이 발견되었다. 1988년까지 발견된 직립원인直立猿人 화석 2개는 모두 여성이고 왼쪽 아래턱뼈와 그와 연결된 어금니 2개, 윗앞니 2개를 포함한다. 화석으로 남은 이들의 치아는 몽골 인종의 특징인 삽 모양을 보인다. 이들은 호모 에렉투스의 우산 아종亞種(생물분류학에서 종의 하위 단계로, 동일한 종 내에서 주로 지역적으로 일정

유인원

화석유인원

호모 하빌리스

한 차이를 보이는 집단이 인정될 때 사용된다.)으로 이름 지어졌고, 이를 줄여서 우산 원인Home Erectus Wushanensis이라고 부른다.

원인의 화석과 함께 척추동물의 화석도 대량으로 발견되었다. 그중에는 기간토피테쿠스Gigantopithecus(1935년에 홍콩에서 발견된 화석인류. 독일의 고고학자 쾨니히스발트가 거대한 어금니 3개를 발견하고 '기간토피테쿠스 블라키 Gigantopithecus blacki'라고 명명한 데서 유래한 이름이다.)의 치아 화석도 14개 있다. 또 1998년까지 인간이 만든 많은 양의 석기와 일부 뼈로 만든 도구가 발견되었다.

우산 원인 화석은 지금까지 중국에서 발견된 가장 오래된 고古인류의 화석으로, 안후이 성安徽省 판창 현繁昌縣 런쯔둥人字洞 원인의 발견과 함께 중국의 구석기 시대 역사를 200만 년 이상이나 앞당겼다는 점에서 큰 의미가 있다.

호모 에렉투스

호모 사피엔스

호모 사피엔스 사피엔스

시허우두에서 출토된 석기

시허우두 유적

기원전 약 180만 년

시허우두西侯度 유적은 산시 성山西省 남부 루이청 현芮城縣 서북쪽의 중탸오 산中條山 남쪽 언덕에 있다. 황허 강黃河이 이 유적의 서쪽과 남쪽을 돌아 흐르며, 황허 강 바닥의 모래층 사이에 끼어 있는 자갈층에서 이 유적이 발견되었다. 유적의 위로 지금으로부터 약 180만 년 전 초기 플라이스토세Pleistocene, 世(홍적세洪積世, 경신세更新, 최신세最新世라고도 한다.)의 붉은 흙이 50m가량 높이로 덮여 있다.

이곳에서 발견된 석기 유물은 총 32건으로 석기의 종류가 나뉘기 시작하는 모습을 보이며 원료로는 주로 석영암을 사용했다. 그 밖에 수가 많지는 않으나 맥석암과 화산암을 가공해서 만든 긁개, 찍개, 삼릉상三稜狀의 찌르개 등도 있다. 이처럼 당시의 인류는 주로 돌조각을 이용해서 도구를 만들었다.

이 유적에서는 석기로 자른 흔적이 보이는 사슴뿔과 불에 태운 흔적이 있는 동물의 이빨, 뼈, 뿔도 찾아볼 수 있다. 이 점을 근거로 시허우두인이 이미 불을 사용하여 고기를 익혀 먹고, 동물의 뼈를 가공해서 도구로 사용했다는 것을 알 수 있다. 이와 함께 출토된 동물 화석은 해리Trogontherium, 스테고돈stegodon(중기 플라이오세에서 전기 플라이스토세에 동부아시아·동남아시아·인도·이스라엘 등지에 분포하여 번성한 화석코끼리), 주둥이가 긴 프로보스키디파리온Proboscidipparion, 가젤Gazella blacki 등 종류가 다양하며, 이 중에는 이미 멸종된 동물도 여러 종 있다.

위안머우 원인

기원전 약 170만 년

170만 년 전, 윈난 성 위안머우 현元謀縣 일대에 초목이 무성한 아열대 초원과 숲이 형성되어 앤드류사쿠스Andrewsarchus(늑대를 닮은 에오세의 매우 큰 육식 포유류)와 유클라도세로스Eucladoceros(고대 사슴의 일종) 등의 제3기 잔존동물(과거에 번성한 동물이 환경 변화에 따라 쇠퇴하여 이제는 한정된 지역 또는 특별한 환경에서만 살아남은 동물)이 출몰했다. 좀 더 시간이 지난 후에는 크로쿠타형 하이에나Crocutoid hyaenas(거대 하이에나인 파키크로쿠타Pachycrocuta속의 짧은 털 하이에나), 윈난 말, 산시 액시스 사슴Axis shansius 등 전기 플라이스토세의 동물이 살았으며 대다수가 초식류 동물이었다.

위안머우 원인은 생존을 위해 원시적인 석기를 이용해서 이 동물들을 사냥했다. 위안머우 상나방上那蚌 마을 근처의 위안머우 분지에서는 강과 호수가 함께 침적된 두께 695m, 총 4단 28층에 달하는 전기 플라이스토세 지층이 모습을 드러냈다. 이 지층의 4번째 단 22번째 층에서 안쪽 윗앞니 화석 2개가 발견되었다. 방사성탄소연대측정 방법으로 조사한 결과, 이

맥을 잡아 주는 **중국사 중요 키워드**

여와가 사람을 만들다

반고가 하늘과 땅을 나눈 후, 사람이 없어서인지 땅은 황량하고 생기가 없었다. 하늘의 신인 여와女媧는 무언가가 빠진 듯한 그 느낌에 매우 고독했다. 하루는 여와가 맑은 물웅덩이 옆에 쪼그리고 앉아서 누런 진흙을 퍼 올려 자신의 모습대로 빚었다. 그러고 나서 그 진흙 인형을 땅에 내려놓자 그것들이 살아 움직이며 신나는 듯 껑충껑충 뛰었다. 그 모습을 보고 여와는 몹시 기뻐서 계속 누런 흙을 퍼 올려 남자와 여자를 여러 명 만들었다. 발가벗은 상태의 이 사람들은 여와를 둘러싸고 소리를 지르며 팔짝팔짝 뛰어다녔다. 그러다 여와에게 공손하게 감사 인사를 하고는 여기저기로 흩어졌다. 사람은 언젠가는 죽게 마련이다. 그래서 인류의 자애로운 어머니인 여와는 인류의 멸종을 막기 위해서 남녀 사이에 서로 짝을 짓고 아들딸을 낳고 키워 대대로 번영해 나가도록 했다.

위안머우 원인이 사용한 긁개

화석은 170만 년 전에 생존했던 젊은 남성의 것으로 밝혀졌다. 이는 중국인의 역사적 기원과 존재를 확실히 증명하는 것이다. 이 치아 화석 2개와 함께 갈색 점토층에서 위안머우 원인이 만들고 사용한 맥석영 몸돌과 긁개 7개가 출토되었다. 중화中華 문명은 바로 이로부터 꽃을 피우기 시작했다.

란톈 원인

기원전 약 80만 년~기원전 75만 년

약 80만 년 전에서 75만 년 전, 지금의 산시 성陝西省 란톈 현藍田縣 궁왕령公王嶺 일대에는 이마가 낮고 평평하며 눈썹뼈가 튼튼한 원시 인류가 살았다. 이들이 돌을 깨뜨려서 만든 뗀석기는 겉모습이 거칠고 투박하지만, 그 후 석기의 유형이 다양해질 조짐을 보인다. 이들이 바로 란톈 원인이다. 란톈 원인 화석은 1963년부터 1965년에 걸쳐 현지의 플라이스토세 전기 지층에서 발견되었다. 고고학 연구에 따르면, 란톈 원인은 이후에 등장한 베이징北京 원인보다 두뇌 용량이 다소 적어 779ml에 불과하다고 한다. 그러나 그들은 이미 완전한 직립 보행을 하는 호모 에렉투스였다. 두 발로 섰다는 것은 그들이 사람이 되었다는 중요한 표식이다.

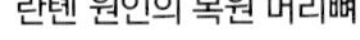

란톈 원인의 복원 머리뼈

저우커우뎬 유적

기원전 약 70만 년~기원전 20만 년

중국 국경 안에 있는 인류 유적 가운데 베이징 유적은 자료가 가장 풍부하고 체계적이다. 베이징 시北京市 저우커우뎬周口店 룽구 산의 동굴에 있는

베이징 유적은 지금으로부터 약 70만 년 전에서 20만 년 전 사이의 유적이다. 베이징 원인 유적의 퇴적물은 두께가 40m 이상으로, 주로 석회암 파편과 점토, 분사粉砂(알갱이의 지름이 0.01~0.1mm인 부드러운 모래. 가루모래) 등의 잔적토residual deposit(암석이 풍화하여 분해된 물질이 그 암석 위에 그대로 쌓여서 된 흙. 원적토原積土·정적토定積土라고도 한다.)로 구성되어 있다. 퇴적물에 베이징 원인이 불을 사용한 유적이 남아 있어서 당시에 이미 이곳에서 초기 인류의 활동이 이루어졌다는 것을 알 수 있다. 베이징 원인 화석은 머리뼈 6개, 머리뼈와 얼굴뼈 조각 12개, 아래턱뼈 15개, 치아 157개 등을 포함하며, 문화 유물로는 석기와 골각기(석기 시대에 동물의 뼈, 뿔, 이빨 따위로 만든 도구나 장신구), 그리고 불을 사용한 흔적이 있다. 베이징 원인의 머리뼈 화석과 특히 그 후에 발견된 석기와 불을 사용한 흔적은 호모 에렉투스의 존재를 증명한다. 이는 인류의 진화 순서를 명확히 하여 유인원에서 인간으로 진화했다는 진화설에 유력한 증거가 된다.

진뉴산 원인

기원전 약 30만 년~기원전 10만 년

1984년에 보하이 만渤海灣와 인접한 잉커우 시營口市 융안 향永安鄕 진뉴 산金牛山의 동굴에서 상당히 완벽한 상태로 보존된 남성의 머리뼈와 몸통뼈가 발견되었다. 이 화석은 지금으로부터 28만 년 전의 것으로, 발견된 장소의 이름을 따서 '진뉴산 원인'이라고 이름 지어졌다. 이것은 지금까지 중국 둥베이東北 지역에서 발견된 가장 오래되고 가장 완전한 인류 화석이다.

베이징 원인이 사슴을 짊어진 모습 (복원한 조소)

베이징 원인의 머리뼈

진뉴산 고고학 현장 사진

이 동굴에서는 진뉴산 원인 화석과 함께 뗀석기, 뼈로 만든 도구인 골기骨器, 불에 그슬린 뼈와 재가 출토되어 둥베이 구석기 시대 전기의 문화 유적으로 추정된다. 이 밖에 검치호Machairodus(포유류 식육목食肉目 고양이과의 한 속), 큰쌍코뿔이Dicerorhinus merckii), 종골록Megaloceros pachyosteus(특히 잇몸이 큰 큰뿔사슴의 일종), 히파리온(말목 말과의 절멸한 포유류. 체격이 현생의 말보다 날씬하고, 어금니는 현생의 말과 모양이 같으나 크기가 절반 정도밖에 안 된다.), 해리 등 70종에 달하는 동물의 화석도 대량으로 출토되었는데, 대다수가 멸종된 고대 동물이다. 그중 사슴, 코뿔소, 곰 등은 진뉴산 원인의 사냥물이었다.

동굴의 7번째, 8번째 퇴적층까지 발굴을 계속한 결과, 당시 진뉴산 원인은 동굴에 무리를 지어 살았으며, 사냥한 동물의 고기를 불에 구워 나눠 먹고 그 동물의 뼈를 부수어 사용했다. 발굴된 10여㎡ 이상의 거주 공간 지면 위로는 당시 그들이 배를 채우고 버린 동물의 그을린 뼈, 조각난 팔다리뼈, 모닥불의 재가 한 층 한 층 쌓였다. 그렇게 한 해 한 해 세월이 흘러 무려 30만 년이 넘는 세월이 담긴 두터운 문화층이 형성되었다. 이 유적은 지하에 남겨진 글자 없는 역사책으로서, 후대 사람들에게 무한한 상상력을 펼칠 공간을 남겨 주었다.

쉬자야오 문화

기원전 약 10만 년~기원전 6만 년

산시 성山西省 양가오 현陽高縣 쉬자야오許家窯 마을과 허베이 성河北省 양위안 현陽原縣 허우자야오侯家窯 마을 일대에서 약 10만 년 전에서 6만 년 전의 인

맥을 잡아 주는 중국사 중요 키워드

수인씨가 나무를 마찰해 불을 얻다

고대 그리스에 하늘에서 제우스Zeus의 불을 훔쳐 인간에게 주었다는 프로메테우스Prometheus의 신화가 있다면, 중국에는 수인씨燧人氏가 나무를 마찰해서 불을 얻었다는 전설이 있다. 불의 사용은 인류 역사에서 가장 획기적인 위대한 발명이다. 불은 기나긴 밤에는 빛을 가져다주고, 춥디추운 겨울에는 따뜻함을 가져다주었다. 불이 있음으로써 인류는 털과 피까지 날것으로 먹던 시대에서 벗어나 익힌 음식을 맛보게 되었다. 또 불이 있음으로써 사람은 도기를 굽고 금속을 제련해 더욱 정교한 도구와 무기를 만들게 되었다. 불은 빛의 사신이자 문명의 상징이다.

위안머우 원인과 란톈 원인의 유적에서는 모두 숯 찌꺼기와 탄소가 발견되었다. 이 유적들에서 발견된 불을 사용한 흔적은 물론 단지 자연적으로 발생한 들불의 흔적일 가능성도 있다. 그러나 베이징 원인의 유적에는 이미 그들이 인공적으로 불을 사용했다는, 의심의 여지가 없는 확실한 근거가 있다. 베이징 원인이 거주한 동굴에는 몇 미터나 되는 재층이 있다. 이것은 이곳에서 오랜 세월 동안 지속적으로 모닥불이 피워졌다는 증거이다. 또한 베이징 원인이 이미 불씨를 보존하는 법을 알았다는 의미이기도 하다. 그들은 불을 사용하지 않을 때는 석회토로 덮어 두어 불길 없이 계속 불씨가 살아 있게 하고, 나중에 불을 사용하려고 할 때는 석회토를 들춰 내고 풀과 나무를 이용해서 불길을 살렸다. 재층에서 불에 구운 흔적이 있는 동물 뼈, 돌조각과 팽나무 씨가 발견된 것은 베이징 원인이 불을 사용해 음식을 익혀 먹었다는 증거가 된다.

류 화석 20여 개가 발견되었다. 이 화석들의 지질 시대는 중기 플라이스토세 말기 또는 후기 플라이스토세 초기에 속한다. 화석 20여 개는 열 종류의 서로 다른 인류로 분류된다. 고고학 연구를 거쳐 이들이 전체적으로 초기 호모 사피엔스에 속하며 한층 진보한 석기와 골기를 만들 수 있었다는 사실이 밝혀졌다. 발굴된 석기는 1만 4,000여 점에 달하고 석영과 부싯돌이 주요 원료이다. 두께가 두꺼운 돌조각을 가공해서 만든 거북 등딱지 형상의 긁개, 가늘고 작은 석기와 석구石球는 쉬자야오 문화의 상징으로 여겨진다.

진뉴산 원인 머리뼈 화석

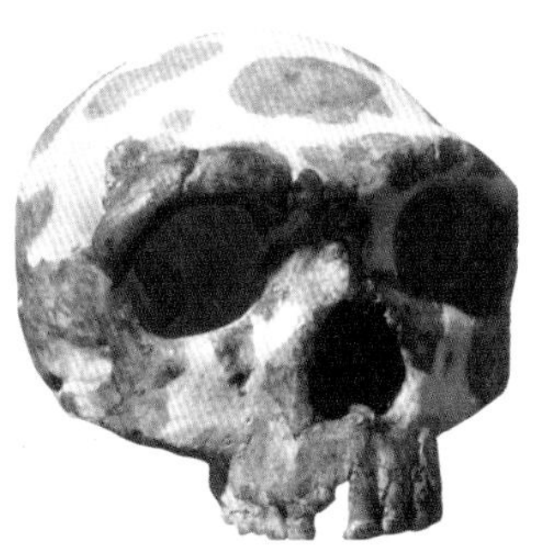

쉬자야오 문화 시대에는 대체로 작은 크기의 석기가 많고, 다

쉬자야오 뿔 연장[또는 각기(角器)라고도 함.]

양한 유형으로 만들어졌다. 그중 일부 석기는 정교하고 복잡해서 잔석기(세석기라고도 한다.)로 발전하는 토대가 되었다. 발견된 석기 유물 가운데 소형 긁개가 대다수를 차지하는 점은 이 문화가 구석기 시대 초기의 베이징 원인 문화에서 발전했음을 드러내는 뚜렷한 증거라고 할 수 있겠다.

쉬자야오 유적에서는 또 수많은 동물의 해골이 발견되었는데, 완전한 상태를 유지한 것은 찾아볼 수 없다. 이를 통해 호모 사피엔스가 된 쉬자야오인이 더욱 강한 전투력을 갖추어 동물을 사냥해서 먹을 것과 옷을 얻었다는 점을 알 수 있다.

마바 원인과 딩춘 원인

기원전 약 10만 년

구석기 시대 중기에 살았던 마바馬壩 원인과 딩춘丁村 원인은 초기 호모 사피엔스의 대표라고 할 수 있다. 마바 원인 유적은 지금의 광둥 성廣東省 취장 현曲江縣 마바 사자암獅子岩에 자리한다. 발견된 머리뼈 자료를 토대로 '마바 원인'은 두뇌 용량이 대략 1,225ml이며, 두정골(머리뼈 윗면의 뒤쪽 약 2/3를 이루는 네모꼴의 편평한 뼈. 마루뼈라고도 한다.)의 천문泉門(신생아 때부터 유아기에 걸쳐 각 머리뼈의 연결 부위에 머리뼈에 걸린 섬유성 막으로 덮인 부드러운 부분. 머리뼈의 접합부에 여섯 개의 천문이 있어서 태어날 때 태아의 머리가 산도産道를 빠져나가도록 머리를 변형시켜 준다. 어느 시기

마바 원인 유적

가 되면 막힌다. 다른 말로 숫구멍이라고도 한다.) 두께는 약 7mm로, 베이징 원인보다는 얇고 현대인보다는 두껍다는 사실을 알 수 있다. 딩춘 원인 유적은 펀허 강汾河 중류 린펀 시臨汾市의 넓은 골짜기 남쪽 끝, 지금의 산시 펀허 강 유역 샹펀 현襄汾縣 딩춘 지역에 있다.

딩춘 원인의 사람뼈 화석은 두정골이 비교적 얇다. 혀는 가운데가 움푹 들어가 삽 모양으로 생겼고 앞니도 삽 모양으로, 이 점은 훗날의 황인종과 비슷하다. 어금니가 맞물리는 부분의 구조는 호모 에렉투스와 현생 인류의 중간 단계 형태를 보인다. 딩춘 원인과 마바 원인의 유적을 통해 초기 호모 사피엔스 대다수가 기후가 온화하고 습윤한 곳에서 활동했으며, 하류 지역과 골짜기의 쾌적한 환경을 찾아 돌아다녔다는 점을 알 수 있다.

구석기 시대 중기 문화는 초기에 주로 뗀석기 기술이 계속해서 발전하고 비교적 반듯하고 확정적인 석기의 모양과 유형이 다양해지는 발전 양상을 보인다. 이는 당시의 기술과 생활수준이 구석기 시대 초기보다 높아진 것을 의미한다. 딩춘 문화 유적에서는 어류와 연체동물의 유해도 발견되어 딩춘 원인이 수렵(산이나 들의 짐승을 사냥) 외에 고기잡이도 식량을 얻는 중요한 수단으로 삼았음을 보여 준다.

산딩둥 원인 복원상

산딩둥 원인

기원전 약 2만 년~기원전 1만 년

베이징 저우커우뎬의 산딩둥山頂洞 유적은 지금으로부터 약 2만 년 전에서 1만 년 전의 유적이다. 발견된 산딩둥 원인 8구의 화석은 두뇌 용량이나 신체 특징이 모두 현대인과 유사하다. 동굴의 퇴적층에서는 척추동물 54종의 화석도 발견되었는데, 그중 대다수가 화베이華北, 네이멍구 자치구內蒙古自治區 및 둥베이 지역에 현존하는 생물종이다.

산딩둥 원인은 석기와 골기를 만들고, 골기에 정교한 장식품을 달기도 했다. 산딩둥 원인은 현대 중국인에 가깝다. 이 화석인류는 베이징 저우커우뎬의 베이징 원인 유적이 발견되기도 한 룽구 산의 정상 부근에 있는 동굴에서 발견되었다. 퇴적 동굴인 이 동굴은 입구가 북쪽을 향하고, 내부는 상실上室, 하실下室과 하음下窨으로 나뉜다. 동남부의 상실은 동서 길이가 16m, 남북 너비가 8m에 달하고, 산딩둥 원인이 거주하던 곳이다. 동굴 서북부의 하실은 깊이가 8m에 달하며, 완벽한 사람뼈 화석 3구가 보존되어 있었다. 이를 통해 이곳이 시체를 묻는 장지葬地였을 가능성도 있다고 추측된다.

하음에서는 동물 화석이 대량 발견되어 이곳이 식량 등 생활용품을 저장하는 창고로 사용되었으리라고 미루어 짐작할 수 있다. 머리뼈와 얼굴뼈 등에 대한 고고학적 측량과 분석을 통해 산딩둥 원인은 몽골인종과 비교적 유사하다는 점이 발견되었는데 다른 인종의 특징도 함께 나타난다.

조개껍데기 목걸이와 뼈 팔찌

지금으로부터 1만 년 전인 신석기 시대 초기에 베이징 시 먼터우거우 구(門頭溝區) 둥후린(東胡林) 원인 고분에서 출토되었다.

페이리강 문화

기원전 약 5500년~기원전 4900년

1977년 허난 성河南省 신정 현新鄭의 페이리강裴李崗에서 발견된 페이리강 문화는 현재까지 알려진 화베이 지역 최초의 신석기 문화이다. 대략 기원전 5500년에서 기원전 4900년 사이에 등장해 주로 허난 성 중부 지역에 분포했으며, 페이리강에서 출토된 문물은 초기 신석기 시대 중반 이후 문화의 변천을 보여 준다.

페이리강 유적에는 집터, 가마, 묘지 등의 촌락 유적이 있다. 당시에 이미 일정한 구획이 완성된 듯 거주 건축물은 유적의 가운데에 몰려 있고 가마는 남쪽에, 묘지는 서쪽과 서북쪽에 있다. 집터는 반지하로 파 내려간 반지혈半

地穴식이며 사각형 또는 원형이다. 고분은 공공묘지에 모여 있고, 질서정연하게 자리하며, 1인묘가 많다. 발견된 석기 유물 중에는 간석기가 뗀석기보다 많으며 다리 달린 맷돌, 톱날 모양의 이빨이 있는 돌낫과 양날 돌삽이 가장 대표적이다. 좁쌀이 주요 농작물인 농업 위주의 사회였고, 아울러 돼지, 개, 닭, 심지어는 소까지 가축으로 키우며 목축업을 시작했다. 수렵도 여전히 중요한 생산 활동이었고, 나무로 만든 활과 뼈로 만든 화살을 수렵

맥을 잡아 주는 중국사 중요 키워드

다야오 문화

후허하오터 시呼和浩特市 동쪽 교외의 다야오大窯 마을과 첸나이모반前乃莫板 마을 나오바오량腦包梁에는 구석기 시대에 석기를 만든 곳의 유적이 있다. 이곳에서 구석기 시대 전기, 중기, 후기의 유적이 겹겹이 쌓인 지층이 발굴되었다. 과학적인 방법으로 측정한 결과에 따르면 다야오 마을의 남산南山에서 발굴된 초기 문화 유물의 연대는 지금으로부터 70여 만 년 전으로 거슬러 올라간다.

다야오 마을 남산에서 발굴된 문화 유물로는 몸돌(석기를 제작할 때 몸체가 되는 돌), 석편石片, 긁개, 찍개, 찌르개, 돌망치, 석구 등이 있다. 그 밖에 종골록, 털코뿔소Coelodonta antiquitatis, 프셰발스키 영양Gazella przewalskii, 오록스(Aurocks, Bos primigenius, 소의 조상 종) 등 포유동물의 골격 화석도 있다. 이 동물 화석들을 통해 우리는 당시 이곳이 비교적 기온이 낮고 건조한 날씨로 초원과 저습지 또는 관목(키가 작고 원줄기와 가지의 구별이 분명하지 않으며 밑동에서 가지를 많이 치는 나무) 지역에 속했다는 사실을 알 수 있다.

이 세 층의 문화층에서 대량 출토된 석기 중에는 거북 등딱지 모양의 긁개가 있는데 이것이 '다야오 문화'의 대표적인 기물이다. 다른 유형의 석기는 전기에서 후기로 갈수록 차츰 가늘고 작아지는 추세를 보여 다야오 구석기 시대 문화가 시간적으로나 문화적으로나 연속성을 띤다는 점을 알려 준다. 이 밖에도 전·중·후기 유적에서 모두 인류가 불을 사용한 흔적이 발견되었다. 불은 사냥할 때 동물을 공격하는 무기로, 그리고 고기를 익혀 먹는 수단으로 유용하게 쓰이는 등 인류가 자연 속에서 살아나가는 데 가장 도움이 된 강력한 무기이다.

다야오 마을 유적의 하층 지층에는 돌조각을 데워 종골록을 익혀 먹은 모닥불 유적이 보존되어 있는데, 이렇게 음식을 익혀 먹으면서 고인류에게는 체질적으로나 사회적으로 변화가 생겼다. 다야오 마을은 중국 북부 지방에서 발견된 최초의 구석기 시대 문화 유적으로 북부 지방 고대 인류 역사의 효시라고 할 수 있다.

삼족호(三足壺)

페이리강에서 출토된 홍도(紅陶, 붉은 간토기. 그릇의 겉에 붉은 칠을 바르고 문질러 닦아서 붉고 반들반들하게 만든 토기) 삼족호는 이 유적의 대표적인 도기이다.

도구로 사용했다. 도기 제조업도 일정 규모를 갖추었다. 도기는 적갈색 사질砂質과 진흙의 두 종류로 대부분 그릇, 사발, 솥, 주전자 등의 일용 도구를 만들었고, 도기 벽면의 두께가 균일하지 않았다.

페이리강 문화 유적에도 화베이 초기 신석기 문화의 다른 유형과 마찬가지로 잔돌이 존재하는데, 그것이 허난 성 링징靈井과 산시 성陝西省 사위안 현沙苑縣을 대표로 하는 중석기中石器 시대 유물과 깊은 관계가 있음을 알 수 있다. 건축 유물, 매장 풍습, 농업 생산, 특히 도기의 모양과 구조, 무늬와 장식 등 방면에서 고찰할 때, 일반적으로 양사오 문화 중 허우강後岡 유형이 페이리강 문화와 츠산磁山 문화를 계승하고 발전시킨 것으로 여겨진다. 페이리강 문화는 라오관타이老官臺, 리자李家 마을, 츠산 및 여러 문화와 함께 양사오 문화의 전신前身이라고 할 정도로 양사오 문화에 영향을 주었으며, 과거에는 '전前 양사오' 시기의 신석기 문화라고 불렸다.

신·구석기 시대의 구분 기준

맥을 잡아 주는 중국사 중요 키워드

고고학자들은 인류가 석기를 주요 생산 도구로 사용한 기나긴 역사를 석기 시대라고 부른다. 인류는 돌 두 조각을 서로 부딪치고, 또 부딪힌 후의 돌을 여러 각도에서 다른 돌로 때려 직각보다 각이 작은 뾰족한 예각과 날이 있는 도구를 만들어서 사용했다. 이러한 석기 제조는 비교적 간단하고 조잡해서 이 시기를 구석기 시대(약 기원전 800만 년~약 기원전 6000년)라고 부른다. 구석기 시대 후기에 이르러 인류는 차츰 돌을 갈고, 다듬고, 구멍을 내는 등의 기술을 발명해 다른 돌로 때려서 모양을 잡은 석기에서 불필요한 모서리를 갈아내고, 날을 뾰족하게 갈고, 겉면을 반질반질하게 다듬었다. 전문가들은 이 기술을 광범위하게 사용하여 다른 돌로 때려 만든 석기 도구를 신석기라고 부르고, 이 역사 단계를 신석기 시대(약 기원전 6000년~기원전 2070년)라고 불렀다.

량주 문화의 흥성

기원전 약 5300년~기원전 4300년

량주良渚 문화는 마자방馬家浜 문화에서 발전한 신석기 시대의 문화로, 저장성浙江省 위항 현余杭縣 량주 진에서 처음 발견되었다. 량주 문화의 연대는 약 기원전 5300년에서 기원전 4300년이다.

량주 문화는 농업, 방직, 옥기玉器와 도기 제조 등 방면에서 고루 성과를 올린 선사 시대 중국 남부 지방 문화의 주류이다. 이 시기의 석기 농기구는 갈아서 만드는 솜씨가 매우 정교해졌으며, 주로 자귀, 돌 쟁기, 제초기, 머리 부분에 구멍이 뚫린 구멍 도끼, 구멍 칼 등이 있다. 농작물은 품종이 다양해져서 인디카Indica종 벼, 땅콩, 누에콩, 깨, 참외 등이 있었다. 방직 영역에서 집누에를 사육하고 견직물을 생산하는 새로운 영역을 개척하여 누에치기와 견직이 량주 문화 시대 사람들의 주요 경제 활동이 되었다. 도기는 진흙으로 만든 잿빛 질그릇에 윤을 낸 검은 빛을 띤 흑피도黑皮陶와 협사夾砂(모래가 섞인 진흙)로 만든 잿빛을 띤 회도灰陶 등이 있다. 도기를 제작하는 데 보편적으로 물레를 사용했고, 형상이 반듯해졌다. 그중에서도 진흙 회태 마광 흑피도가 가장 특색이 있다. 권족圈足(둥근 모양의 다리) 위에는 흔히 투각透刻이 있고, 어떤 것은 균형 잡힌 활무늬로 장식했다. 옥기도 매우 특색 있는데, 그 많은 수량과 정교한 솜씨는 중국의 신석기 시대 다른 문화에서는 흔히 볼 수 없다. 그중에서 옥종玉琮(구멍 뚫린 팔각형 모양의 옥그릇)과 옥매미는 중국 초기에 만들어진 진귀한 옥기로 부와 권력의 상징이었다.

페이리강 유적에서 출토된 갈판돌과 돌공이

페이리강 유적에서 출토된 돌도끼

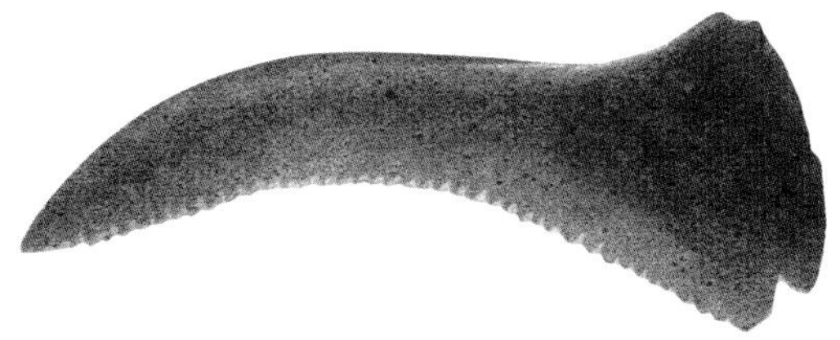

산 모양 옥 장식

산처럼 솟은 옥 장식 세 개 중에 양쪽의 두 개는 높고 가운데의 것은 낮다. 양쪽의 높은 산에는 각각 눈과 눈썹이 있고 위에 화관을 장식한 모습이 신인(神人)의 두상 측면인 듯하다. 가운데의 낮은 곳은 위에 관을 쓴 두상 정면으로, 낮은 산의 윗부분에 둥근 구멍이 있다. 그릇 아래에는 동물의 얼굴 모양을 조각했다. 이 옥 장식은 량주 문화의 대표적인 옥기이다.

반포 유적

약 기원전 5000년~기원전 4300년

약 기원전 5000년에서 기원전 4300년, 신석기 시대에 중국의 황허 강 중류 지역에서 발원한 찬란한 양사오 문화는 지금의 산시 성陝西省 시안 시西安市 둥찬허 강東滻河 동쪽 기슭의 반포半坡 마을에서 초기 양사오 문화를 대표하는 유적이 발견되면서 세상에 그 모습을 드러냈다. 반포 유적의 발굴과 함께 신석기 시대의 대규모 촌락 유적이 처음으로 모습을 드러낸 것으로, 중국 모계 씨족 사회의 생활 모습을 복원하는 데 귀중한 자료가 되었을 뿐만 아니라 이로써 양사오 문화의 반포 유형이 확립되었다.

반포 유형은 시안 반포 유적에서 발굴된 초기 유물을 대표로 하며 지금까지 40여 좌의 건축 터가 발견되었다. 둥글거나 네모난 형태의 이 건축물들은 모계 씨족 사회의 성인 여성이 배우자를 거느리고 생활한 거주지로 여겨진다. 그리고 각 거주지 사이에는 여러 군데에 저장 동굴이 흩어져 있다. 거주지군群은 중앙의 광장을 둘러싸고 배치되어 있다. 중앙에서 동쪽에는 광장을 향해 사각형의 반지하식 큰 집이 지어졌다. 아마도 씨족의 우두머리와 노인, 어린아이, 병자와 신체 장애인의 거주지이자 씨족 구성원의 집회 용도로 사용되었을 것이다.

반포 유형의 도구는 돌, 뼈, 뿔, 도자기로 만들어졌으며, 땅을 개간하고 경작하고 무언가를 찍고 쪼개는 데 사용된 돌도끼, 돌 자귀, 돌삽, 갈판돌, 돌공이 등이 있다. 생산은 농업을 위주로 했고 좁쌀이 유물로 발견되었다. 주요 가축으로 돼지, 개, 닭을 길렀고, 이미 황소도 집에서 사육했을 것으로 여겨진다. 어업 경제도 여전히 중요한 위치를 차지해 수많은 돌화살촉, 뼈화살촉과 고기 그물의 돌 추가 출토되었고, 이 밖에 갈고리가 있는 작살,

량주 문화 유적에서 출토된 동물의 얼굴 무늬 옥반지

낚싯바늘, 돌 창도 발견되었다. 표면이 거친 낟알 모양의 도기 송곳도 발견되었는데, 이것은 아마도 가죽을 무두질(생가죽, 실 따위를 매만져서 부드럽게 만드는 일)하는 도구였을 것이다.

도기는 조질粗質(굵은 모래가 섞여 거칠거칠한 재질)과 세질細質[진흙과 같은 미세토(부드러운 흙)로 만든 도자기. 우리나라에서는 '세질'이라는 표현을 사용하지 않는다.]로 나뉘고 주로 붉은색과 적갈색을 띠었으며, 가장 흔히 볼 수 있는 것은 입자가 거친 모래로 만들어진 도기 두레박인 조사도관粗沙陶罐과 주둥이가 작고 끝이 뾰족한 병인 소구첨저병小口尖底瓶, 그리고 사발로 구성된 생활도구 세트이다. 그릇의 표면에는 밧줄 무늬, 줄무늬, 송곳으로 찌른 무늬, 손톱 무늬, 활무늬와 채색 무늬 장식이 많다. 채색 무늬와 삼각형, 둥근 점으로 구성된 기하 도안 무늬에는 수공예 가치가 높은 진귀한 물건이 많다. 둥근 바닥 사발의 입 부위에 새겨진 넓은 띠 무늬 위에서 서로 다른 새김 부호 22종이 발견되었는데, 어떤 사람은 이것을 중국 고대 문자의 기원이라고 여긴다. 장식품으로는 돌, 뼈, 자기, 조개를 갈아 만든 고리, 반원형 옥, 구슬, 추, 귀고리, 머리 장식 및 상감 장식 등이 있다.

반포 유적에서 출토된 채도 사람 얼굴 무늬 대야

허무두 문화

기원전 약 5000년~기원전 3300년

허무두河姆渡 문화는 중국 창장 강 하류 지역에서 발생했던 찬란한 신석기 문화이다. 먼저 저장 성 위야오余姚 허무두에서 발견되어 이름 지어졌으며, 주로 항저우만杭州湾 남쪽 기슭의 닝사오寧紹 평원과 저우산 섬舟山島에 분포한다. 방사성탄소연대측정 결과, 허무두 문화의 연대는 기원전 5000년에서 기원전 3000년으로 밝혀졌다.

허무두 문화는 골기 제작이 비교적 발달해 보습(고대 농기구의 하나로 지

허무두 유적에서 출토된 흑도 돼지 무늬 사발

금의 삽과 비슷함.), 화살촉, 작살, 호루라기, 송곳, 비수, 톱형 도구 등의 기물이 있고, 갈아서 만든 솜씨가 정교하다. 그중에 손잡이가 있는 뼈 비수, 조각 도안 무늬 또는 머리 두 개가 연결된 새 무늬가 있는 뼈 비녀 등은 아름답고 뛰어난 실용 공예품으로 손꼽힌다. 허무두 문화의 농업은 벼농사를 위주로 하는데, 유적 네 번째 층의 비교적 광범위한 범위에서 벼 유물을 흔히 발견할 수 있다. 이는 지금까지 발견된 중국 최초의 벼 실물이자 세계에서 가장 오래된 인공 재배 벼로, 중국의 벼 재배 기원 및 세계 벼 농작 농업사에서 중요한 의미가 있다. 허무두 문화의 농기구는 돌도끼 등 돌로 만든 도구 외에도 뼈 보습을 대량으로 사용했다는 특징을 보인다.

허무두 문화의 주요 건축 형식은 기둥으로 집의 바닥을 받쳐 집의 바닥이 지면보다 높은 간란식干欄式 건축이다. 간란식 건축은 중국 창장 강 이남 지역에서 신석기 시대 이래 중요한 건축 형식으로 사용되었고, 현재까지 허무두 유적에서 발견된 것이 최초이다. 이는 북부 지방에서 동시기에 발생한 문화의 반지하식 건축과는 뚜렷한 차이를 보이며 당시의 가장 대표적인 특징으로 자리매김했다. 따라서 신석기 문화 유적이 발견된 창장 강 하류 지역 역시 중화 문명의 주요 집중지이자 중국 고대 문명 발전 추세의 또 다른 주요 갈래로, 중원中原(황허 강의 중류·하류 지역을 가리키는 말로, 허난 성 대부분과 산둥 성山東省 서부 및 허베이·산시 성山西省 남부 지역을 포함함.) 지역의 양사오 문화와는 확연히 다르다.

다원커우 문화의 흥기

기원전 약 4300년~기원전 2500년

다원커우大汶口 문화는 신석기 시대에 황허 강 하류 지역에서 형성되었으며, 1959년에 발굴된 산둥 성 타이안 현泰安縣 다원커우 유적 때문에 이름 지어졌다. 주로 산둥 성 타이산 산泰山 주변 지역에 분포하며, 산둥 성 중남부와 장쑤 성江蘇省 화이베이淮北 일대까지 뻗어 있다. 약 기원전 4300년부터 시작되어 기원전 2500년에 산둥 룽산 문화로 발전했다. 다원커우 문화는 농업 경제를 위주로 하며, 가뭄에도 잘 견디는 특성이 있어 황허 강 유역에서 재배하기에 적합한 작물인 좁쌀을 심었다. 농업 생산 도구로 돌삽과 녹각 괭이를 사용했고, 이 밖에도 이미 가래(흙을 뜨고 파는 데 쓰는 연장), 보습(쟁 기, 가래 따위 농기구에 끼우는 넓적한 삽 모양의 쇳조각)과 같은 나무로 만든 농기구가 등장했다.

다원커우 문화의 도기 유물 가운데 가장 수준 높은 솜씨를 보이는 것은 손잡이가 높이 달리고 아주 얇게 만들어진 도기 잔이다. 이것은 모양이 아름답고 빛깔이 선명해서 실용성을 갖춘 동시에 관상용으로도 뛰어난 유물로 평가된다. 이는 룽산 시대에 단각 흑도蛋殼黑陶(도자기의 몸인 태胎가 마치 계란껍데기와 같아서 중국어로 계란껍데기를 뜻하는 '단각'을 넣어 단각 흑도라 이름 붙여졌다.)가 탄생하는 토대가 되었다. 다원커우 문화에서는 돌, 옥, 뼈 등을 가공하는 수공업도 이미 크게 발달했다. 돼지의 아래턱뼈를 수장하는 것이 당시 유행이었는데, 돼지 아래턱뼈의 숫자가 곧 부를 가늠하는 척도였다. 또 수장된 노루 이빨로 만든 갈고리 모양 도구는 권력과 지위의 상징이었다. 이는 다원커우 문화 후기에 이미 크나큰 빈부 격차가 존재했다는 것을 드러내는 상징으로, 원시 씨족 사회가 점차 해체되어 감을 의미한다.

다원커우 유적에서 출토된 도기

양사오 문화가 번영기에 들어서다

기원전 약 4000년~기원전 3600년

반포 유형에서 발원한 양사오 문화는 발전을 거치면서 기원전

용호도(龍虎圖)

양사오 문화 유적. 이 용호도는 조개껍데기를 쌓은 것으로 최소한 6000년 전에 만들어져 지금까지 중국에서 발견된 용의 형상 가운데 최초의 것이다.

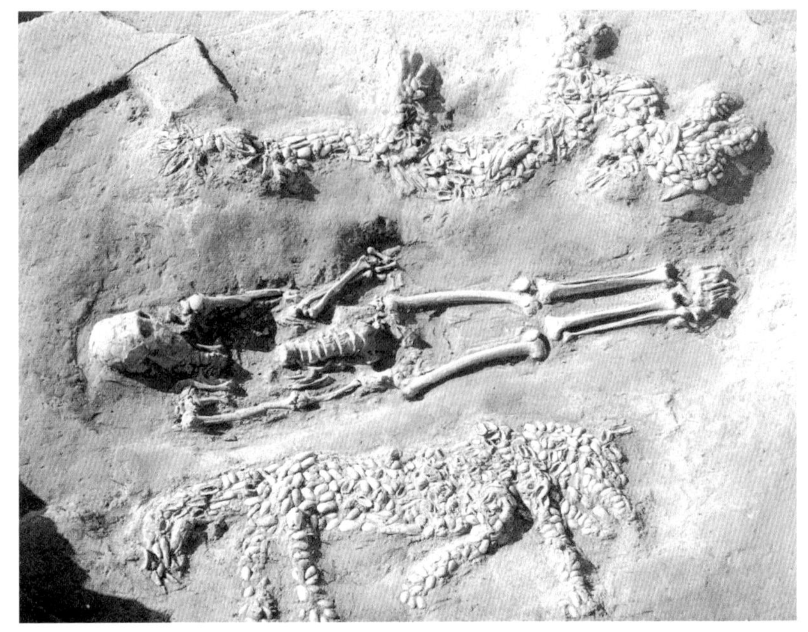

약 4000년에서 기원전 3600년 정도에 번영기에 접어들어 먀오디거우廟底溝 유형을 형성했다. 그리고 먀오디거우 유형의 채색 무늬가 성숙, 발전기에 접어들면서 양사오 문화의 채도 예술은 정점에 이르렀다. 이 시기에 사용된 무늬와 구도는 과거의 스타일에서 변화해 도안 장식을 위주로 하며, 그 밖에도 다양한 모습의 새 무늬 장식도 있다. 이런 무늬 장식 구도상의 변화는 당시 기물의 모양 및 구조의 특징과 서로 조화를 이루며, 이는 당시 인류의 심미관이 발전하고 예술 창작에 변화가 일어났음을 보여 주는 것이다.

먀오디거우 유형에서는 또 다채多彩 무늬 장신구도 등장했는데, 흰색 또는 붉은색에 흰 테를 두른 것을 바탕으로 하여 그 위에 자홍색 채색과 흰색 채색이 서로 어우러지며 한층 더 아름다운 모습이다. 먀오디거우 유형은 1956년에 발견된 산 현陝縣의 먀오디거우 유적이 대표적이다. 이 유적의 발굴로 양사오 문화의 주요 단계인 먀오디거우 유형이 확립되었고, 이 유형의 풍부한 내적 의미와 특징을 드러낸다. 이곳에서 발견된 먀오디거우 2기 문화 유물은 초기 룽산 문화의 범주에 속하는데, 이는 양사오 문화에서 룽산 문화로 넘어가는 단계를 집중적으로 보여 주는 다량의 첫 번째 증거이다. 이로써 중원 지역에서 신석기 후기 문화의 전승 관계가 명확해지기 시작했다고 볼 수 있다.

웅장한 훙산 산(紅山)

훙산 문화(기원전 약 3500년)는 중국 북부 지방의 신석기 시대 문화를 대표하는 중요한 문화로, 1935년에 네이멍구 자치구 츠펑 시(赤峰市)의 훙산 산에서 발굴되어 이름 지어졌다. 훙산 산은 츠펑 시 북쪽 외곽 지역에 있으며, 산의 암석이 모두 검붉은 색이어서 훙산이라는 이름을 얻었다.

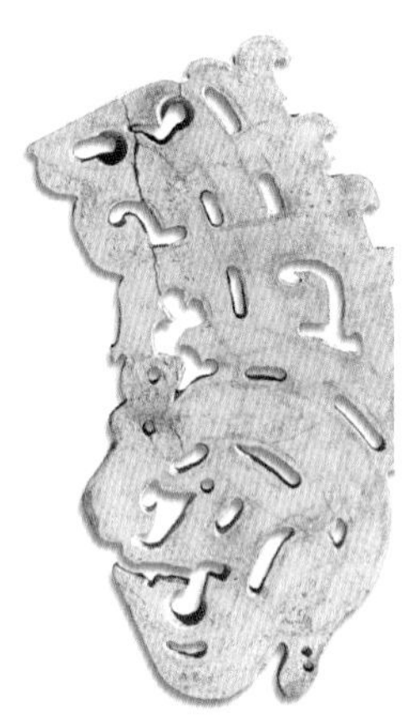

룽산 문화

기원전 약 2900년~기원전 2000년

1928년에 산둥 성 장추 현章丘縣에서 동쪽으로 35km 떨어진 룽산 진의 청쯔야城子崖라는 고지에서 룽산 문화가 발견된 것을 계기로 신석기 시기의 끝을 알리는 종소리가 울려 퍼졌다. 룽산 문화는 범위가 매우 넓은데, 그 안에서 도기의 모양과 구조, 도기 표면의 무늬 장식의 지역별 특색이 매우 뚜렷하다. 예컨대 산둥 룽산 문화, 산시 룽산 문화, 중원 룽산 문화와 같은 이름의 몇 가지 유형으로 나뉜다.

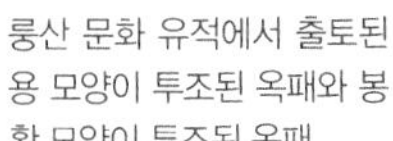
룽산 문화 유적에서 출토된 용 모양이 투조된 옥패와 봉황 모양이 투조된 옥패

출토된 유물로 보면 룽산 문화 시기의 사회 경제는 농업을 위주로 하고 가축과 수렵을 병행했다. 생산 도구는 양사오 시기보다 한층 발전해서 석기 제작 기술이 정교하고, 날 부분이 날카롭다. 그 밖에도 뼈, 조개, 도기 등의 생산 도구가 있다. 룽산 문화의 거주지는 중심에 있는 큰 집을 둘러싸는 과거의 형식에서 변화해 새로운 특색을 보인다. 주택 건물은 소수의 반지하식 건축을 제외하면 대부분이 지면에 지어졌다. 그리고 주위에서는 대량의 재구덩이인 회갱灰坑, 가마와 우물이 발견되었다.

룽산 문화의 도기는 대부분이 회도이지만, 흑도가 상당히 특색 있는 모습을 보인다. 그중에서도 단각 흑도가 특히 눈길을 끌며, 홍도와 백도도 소량으로 발견된다. 또 룽산 문화의 가장 큰 특색인 가축 뼈 수장품, 특히 돼지 아래턱뼈의 수장품이 두드러지는 것으로 보아 이 시기의 씨족 내부에 차츰 계층 분화가 생겨 빈부 격차가 심각해졌음을 알 수 있다. 룽산 문화 시대에는 이미 동기銅器가 등장했고, 도기 공예품이 광범위하게 사용되었다. 또한 뼈와 옥을 사용한 골조骨彫와 옥조玉彫를 대표로 하는 수공업이 발달했고, 일부일처제가 확립되었으며, 점뼈(복골卜骨이라고도 함.)와 제사를

맥을 잡아 주는 중국사 중요 키워드

용봉 문화

용봉龍鳳 문화는 중화 문명과 거의 동시에 탄생하여 기나긴 진화의 여정을 거쳤다. 그 과정에서 끊임없이 중국인의 삶과 문화로 녹아들어 중화 문명, 나아가 화하華夏 민족정신의 숭고한 상징이 되었다.

용의 원형은 악어이다. 처음에 장화이江淮(창장 강 중하류와 화이허 강淮河 유역)에서 오랜 세월 수해의 위협을 겪으며 살아온 태호太昊족이 창장 강 중하류에 서식하는 양쯔강 악어(양쯔 강에 서식해 붙여진 명칭)를 거센 바람과 물결을 일으켜 재난을 가져오는 원인으로 여기고 무서워하며 이를 숭배하기 시작했다.

그리고 봉황은 중국의 신화와 전설에서 서왕모西王母에게 먹을 것을 가져다주고 편지를 전해 주던 신조神鳥인 청조青鳥에서 기원한다. '현조생상玄鳥生商'의 전설(중국 상나라의 시조 설契, 卨의 모친 간적簡狄이 목욕하다가 제비가 떨어뜨린 알을 삼켜 임신하게 되었고 설을 낳았다는 전설)은 봉황이 상나라 백성의 생산 활동과 밀접한 관계가 있음을 나타낸다. 인구의 증가를 갈구한 시대에 충만한 생명력과 강한 생식력은 인류의 바람이었다. 그래서 봉황이 자연스럽게 인류의 숭배물이 되었다.

대표로 하는 종교 예절이 등장했다. 이런 문명 요소의 등장은 중화 민족이 곧 인류의 몽매함과 야만기에 작별을 고하고 문명 시대로 진입하리라는 것을, 혹은 이미 진입했다는 것을 의미한다.

History of China

맥을 잡아주는 세계사

The flow of The World History

제 2 장 | 고대 국가의 성립

1. **하 왕조** 기원전 2070년 ~ 기원전 1600년
2. **상 왕조** 기원전 1600년 ~ 기원전 1046년
3. **서주** 기원전 1046년 ~ 기원전 771년

1 하 왕조

시기 : 기원전 2070년 ~ 기원전 1600년
인물 : 우, 계, 소강

왕위 세습 시대의 시작

기원전 22세기 말에 우禹가 아버지 곤鯀의 직위를 이어받아 수로를 정비하는 방식으로 홍수를 다스리면서 우 시대가 시작되었다. 우가 여름에 직위를 이어받았기 때문에 그의 부락은 하夏로 불리게 되었다. 우는 오랜 세월 백성에게 해를 끼친 홍수를 다스렸을 뿐만 아니라 삼묘三苗(중국 요순堯舜 시대에 강江·회淮·형주荊州에 자리 잡고 있었던 야만 민족을 가리키는 이름)를 정벌하고, 남쪽과 동쪽 지역을 돌며 민정을 살피고, 제후를 모아 구주九州(전설로 전해 오는 중국 상고上古 시기의 행정 구역)를 구분하여 불후의 공훈을 세웠다.

우가 죽은 뒤, 그의 아들 계啓가 요와 순의 양위 제도를 따르지 않고 제왕이 국가를 자기 일가의 재산으로 간주하여 대대로 자손에게 물려주는 제도인 '가천하家天下(한 집안의 천하라는 뜻)'의 왕위 세습 제도를 만들어 왕위에 올랐다. 이로써 중국 역사상 첫 번째 왕조인 하 왕조가 정식으로 세워졌다.

하나라 시대에는 농업이 발달하여 당시에 이미 조, 쌀, 보리 등 여러 농작물이 존재했다. 하 왕조는 각 부락이 모두 수입에 따라 일정 비율을 중앙 정부에 납세하도록 하는 '오십이공五十而貢'이라는 세금 제도를 실행했다. 후세의 토지 제도인 정전제井田制 (하·은·주 3대에 걸쳐 시행되었다고 전하는 토지 제도. 1리를 '정井'자로 나누어 9등분하고, 중앙을 공전公田으로 해서 공동 경작하고, 주위를 사전私田으로 해 그 생산물로 생활한다.)는 하 왕조에 이미 존재한 것으로, 단지 당시에 널리 퍼지지 않았을 뿐이다.

한눈에 보는 세계사

기원전 2000년~1500년경 : 한반도, 청동기 시대 시작
기원전 1600년경 : 에게 해 문명 시작
기원전 1750년 : 함무라비 법전 편찬

하 왕조의 건립

기원전 2070년~기원전 1979년

대우릉(大禹陵)

우는 말년에 오랑캐의 우두머리인 고도皐陶를 계승자로 추천했다. 그러나 고도가 일찍 죽자 다시 그의 아들 백익伯益을 추천했다. 그런데 우가 죽은 뒤 부락 연맹의 일부 권력 있는 귀족들이 백익을 반대하고 우의 아들 계를 옹립해 즉위하게 했다. 계는 그 기회를 틈타 백익을 죽이고 왕위(기원전 약 1988년~기원전 1979년)를 빼앗았다.

전통적인 선양禪讓 제도는 이때부터 파괴되어 아버지에게서 아들로 이어지는 왕위 세습제가 시작되었다. 왕위 세습제의 확립은 노예제 국가 형성의 중요한 상징으로, 중대한 사회적 변혁이다. 하 왕조의 동성同姓 제후국 가운데 호扈씨가 이에 반대하여 병사를 일으키자, 계가 직접 대군을 이끌고 토벌에 나섰다. 감甘(지금의 산시 성陝西省 후 현戶縣)에서 대전을 벌인 끝에 호씨가 패배하여 '소탕'되었다. 계는 왕위를 굳건히 하기 위해 격렬한 투쟁을 벌이면서 왕위 세습 제도를 확립하고, 여러 제후국의 우두머리를 모두 도읍인 양적陽翟으로 불러들여 조정 회의에 참석하게 했다. 또 계는 균대鈞臺(지금의 허난 성 위저우 시禹州市)에서 제후를 모아 놓고 큰 잔치를 벌여 새로운 왕권을 굳건히 했다. 역사에서는 이를 '균대지향鈞臺之享'이라고 부른다. 계의 노력으로 왕위 세습제가 확립되면서 국왕 중심의 국가 기구 등의 체제도 점차 수립되기 시작했다.

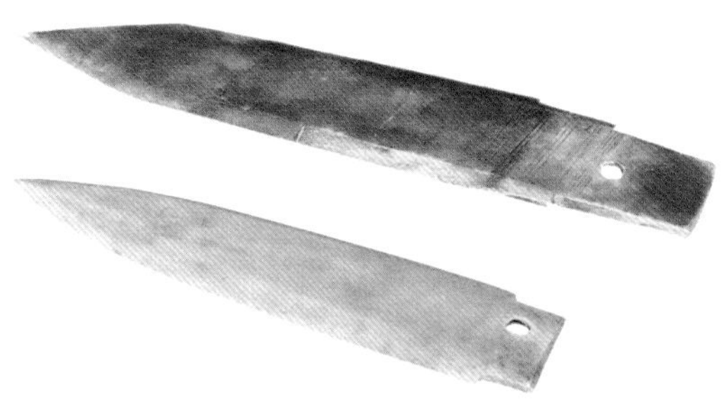

옥창

얼리터우(二里頭) 문화 유물로, 허난 성 옌스 시(偃師市) 얼리터우에서 출토되었다. 옥창은 원고(遠古) 시대(지금으로부터 300만 년 전부터 기원전 21세기까지)에 행해진 국가 의식에서 사용된 의장(儀仗, 황제나 왕공(王公) 등 지위가 높은 사람이 행차할 때 위엄을 보이기 위해 격식을 갖추어 세우는 병장기나 물건)이다.

예와 착의 난

기원전 약 1938년~기원전 1936년

문헌 기록과 고대 전설에 따르면 하 왕조의 계가 죽은 뒤 그의 아들 태강太康이 왕위를 계승했다. 태강도 아버지 계와 마찬가지로 쾌락을 즐기며 백성은 안중에 두지 않았다. 그리하여 하 왕조의 통치 집단 내부에서 태강의 다섯 형제 사이에 왕위 쟁탈전이 일어났고, 나중에 무장 반란이 일어났다. 반란은 진압되었지만, 하 왕조의 통치 권력은 약해질 대로 약해졌다.

태강이 죽은 뒤 그의 아들 중강仲康이 즉위했고, 중강이 죽은 뒤에는 그의 아들 상相이 즉위했다. 이 시기에 동이족 가운데 세력이 컸던 궁窮씨의 우두머리 후예後羿(이예夷羿라고도 부름.)가 하 왕조 내부에 왕권 다툼이 일어난 틈을 타고 '하나라의 백성을 대신해 하나라를 다스린다.'며 하나라의 도읍을 공격했다. 그리고 결국 왕위를 빼앗아 스스로 제예帝羿라 칭했다. 후예는 권력을 장악한 뒤에 교훈을 얻지 못하고 교만해져 나랏일은 등한시한 채 종일 사냥을 즐겼다. 그로부터 머지않아 예는 측근인 동이족 백명伯明씨의 구성원인 한착寒浞에게 살해당했다.

한착은 스스로 왕이 되어 예의 아내를 빼앗고 아들 요澆와 희豷를 낳았다. 훗날 한착은 그의 아들 요에게 하 왕조와 동성인 짐관斟灌과 짐심斟鄩을 멸하고, 도망간 하 왕조의 제왕 상을 쫓아 죽이라고 명령했다. 이에 따라 상은 결국 죽임을 당했지만, 상의 아내는 벽의 구멍으로 도망쳐서 친정이 있는 유잉씨有仍氏(지금의 산둥 성 진 향金鄉 내) 부락에 숨어들었고 상의 유복자 소강小康을 낳았다.

녹송석을 박은 도철무늬 동패 장식

1981년에 허난 성 옌스 시 얼리터우에서 출토된 길이 14.2cm, 너비 9.8cm의 동패 장식. 패 장식은 크게 타원형을 띠며 표면이 볼록하고 양측에 각각 두 개씩 구멍 뚫린 손잡이가 있어 직물에 고정시킬 수 있었다. 뒷면에는 아직도 삼베의 흔적이 남아 있다. 패 위에는 녹송석(터키석으로 불리는 독특한 남색의 옥 원료) 조각을 박아 넣은 도철무늬[饕餮文, 중국 은·주 시대의 청동기에 사용된 괴수면(怪獸面, 괴수의 얼굴) 무늬] 도안이 있다. 이 패식의 도철무늬는 지금까지 발견된 청동기 가운데 최초의 무늬이다. 박아 넣은 녹송석은 여러 형상으로 갈린 채 서로 결합되어 있는데 그 솜씨가 무척 정교하다.

소강이 중흥하다

기원전 1940년~기원전 1880년

한착이 하 왕조의 정권을 빼앗은 후 자신의 통치 지위를 굳건히 하기 위해 간사한 속임수를 사용했다. 하지만 오히려 그 때문에 민심을 얻지 못해 그의 통치는 곧 끝을 향해 나아갔다. 장성한 소강은 유잉씨의 목축을 담당하는 관리인 '목정牧正'으로 일했다. 한착의 아들 요가 유잉씨 부락에 사람을 보내 그를 죽이게 했고, 소강이 이를 피해 유우씨有虞氏에게로 도망갔다.

그 후 유우씨의 도움으로 경지와 부락, 그리고 군대를 손에 넣은 소강은 하의 사람들을 모아서 임무를 부여하며 적극적으로 반격을 준비했다. 아울러 유격씨有鬲氏 부락으로 도망쳤던 하의 신하 미靡가 짐관씨와 짐심씨(지금의 허난 성 덩펑 시登封市 서북 지역) 부락의 살아남은 사람들을 모아 소강과 힘을 합쳐서 한착을 끌어내리고, 소강이 통치 지위를 되찾게 도왔다.

소강은 군대를 이끌고 나서서 과過나라(지금의 산둥 성 예 현掖縣)의 요를 죽이고, 아들 저杼를 보내 과戈나라의 희를 죽이게 했으며, 유궁씨有窮氏를 멸망시켜 하 왕조가 부흥할 수 있었다. 그 과정에서 소강은 대우가 이룩한 하 왕조의 영광을 되찾기 위해 치욕을 참아가며 중임을 맡고, 한착에게 찬탈당했던 사姒씨(하 왕조의 왕인 우가 원래는 사씨였다고 한다.) 정권을 되찾아

맥을 잡아 주는 **중국사 중요 키워드**

대우의 아들

전하는 바에 따르면, 우는 홍수를 다스리느라 바빠서 서른 살이 되도록 결혼하지 못했다고 한다. 꼬리 아홉 개가 달린 흰 여우가 도산씨涂山氏의 아름다운 딸로 변신해서 우에게 노래를 불러 주며 사랑을 고백하자 우는 그녀와 결혼했다. 우는 결혼한 후에도 여전히 홍수를 다스리느라 바빠서 집에 들어가는 날이 적었다. 우가 그리웠던 도산씨는 홍수를 다스리는 현장으로 우를 찾아갔다가 마침 우가 곰으로 변해서 알산동挖山洞에 있는 것을 보았다. 그러자 도산씨는 곰에게 시집갔다는 사실이 창피해서 얼른 몸을 돌려 도망갔다. 우가 문득 그 모습을 보고 쫓아가는데 급한 나머지 사람 모습으로 돌아가는 것을 잊어버렸다. 도망가던 도산씨가 고개를 돌려보니, 아직도 커다란 곰이 쫓아오고 있었다! 그녀는 너무 무서운 나머지 그만 돌로 변해 버리고 말았다. 그러자 우가 소리를 질렀다. "내 아들을 돌려줘!" 그의 말에 돌이 입을 벌리더니 그 안에서 아이가 튀어 나왔다. 그 아들은 계 또는 개開라 불렸다.

널리 어진 정치를 펼치고, 지모를 이용해 하나라 백성의 지지를 얻어 하 왕조를 재건했다. 역사에서는 이를 '소강중흥少康中興'이라고 부른다. 이를 통해 당시 여러 제후국과 부락의 역량이 상당히 강대했고 소강이 나라를 되찾는 데 그들의 지원이 큰 도움이 되었다는 사실을 알 수 있다.

아홉 개의 동이족이 조공을 바치러 오다

기원전 약 1830년~기원전 1805년

소강 중흥 이후 하 왕조는 한층 더 굳건해지고 발전했다. 천자의 자리를 계승한 소강의 아들 저는 동쪽 지역을 개척하기 위해 통치의 중심을 원原(지금의 허난 성 지위안 현濟源縣)에서 라오추(지금의 허난 성 카이펑 현開封縣 북쪽 지역)로 옮기고 동이를 정벌해 동해까지 이르렀다. 옛 서적에 등장하는 저가 갑옷을 만들고, 창을 만들었다는 뜻의 '저작갑杼作甲', '저작모杼作矛'라는 말은 이 시기에 하 왕조가 무력을 통해 강성해진 것과 관련 있다. 대우가 일으킨 사업을 저가 계승한 것은 그가 병기 제조에 신경을 쏟았다는 사실을 설명해 준다. 그래서 하나라 사람들은 웅장한 '보제報祭(신의 은덕에 감사를 드리기 위하여 지내는 제사)'를 통해 그에게 제사를 지내며 그의 공적을 기념했다.

저의 아들 괴槐가 왕위를 계승한 뒤 하 왕조는 세력이 더욱 강해져서 지금의 화이허 강 유역과 쓰수이 강泗水 유역에 거주한 우이于夷, 황이黃夷, 풍

일곱 개의 구멍이 있는 큰 옥도(玉刀)

전체적으로 흑녹색을 띠며, 부분적으로 노란색이 배어 있다. 칼의 몸은 편평하고, 어깨가 좁고 날이 넓은 사다리꼴을 띠며, 양측에 대칭을 이루는 볼록한 이빨이 있고, 가까운 어깨 부위에는 일정한 간격으로 일직선으로 늘어선 둥근 구멍이 일곱 개 있다. 옥도 양면의 장식 무늬는 모두 음각한 직선이 교차하는 그물 모양과 기하 무늬 그림으로 유사하다. 옥도는 일찍이 신석기 시대 유물에서도 발견되었고 이후의 하나라와 상나라 시대에도 여전히 생산되다가 서주 시대에 사라졌다. 옥도는 고대에 권위와 지위를 상징하는 옥으로 만든 의장이었을 것으로 추측된다.

후예가 해를 쏘다

맥을 잡아 주는 **중국사 중요 키워드**

전하는 바에 따르면, 후예는 활쏘기에 천부적인 재능을 타고났고 어른이 되자 팔 힘이 놀라울 만큼 강해져서 활쏘기로는 그를 당해 낼 사람이 없었다고 한다. 당시 하늘에는 해가 열 개나 있어서 그 강렬한 햇볕에 땅은 타는 듯이 뜨거웠고, 곡식은 모두 말라 버렸으며, 바닷물은 끓는 것처럼 부글거렸다. 사람들은 작열하는 햇볕 아래 숨도 쉴 수 없을 정도였다. 그러자 독사와 야수들이 사람들을 잔혹하게 해치며 기승을 부렸다. 이에 후예는 고통에 신음하는 백성을 가엾이 여기고 그들을 위해 자신의 목숨을 걸고 해를 없애기로 마음먹었다. 활쏘기에 뛰어났던 그는 높은 곳에 올라가 해를 향해 아홉 번 활시위를 당겼다. 그리하여 영웅은 해 아홉 개를 연이어 떨어뜨리고 하나만 남겨 인류를 비추게 했다.

이風夷, 백이白夷, 적이赤夷, 현이玄夷, 양이陽夷 등 9개 동이 부락으로부터 모두 조공을 받았다. 그래서 역사에서는 이를 '구이래조九夷來朝'라고 부른다. 괴의 아들 망芒은 '재위 시절에 동쪽으로 사냥을 나가 큰 물고기를 낚은' 적이 있는데, 이로써 하 왕조가 동이와 밀접한 관련이 있었다는 것을 알 수 있다. 망의 아들 설泄 때에 이르러 동쪽 지역에는 더 이상 걱정거리가 없자 하나라는 서쪽으로 진출하기 시작했다.

하 왕조의 걸왕이 나라를 망하게 하다

기원전 1600년

전설에 따르면 하 왕조의 걸왕桀王은 키가 크고 힘이 셌다. 그는 용맹스럽다

고 자부하며 천하에 적이 없다고 여기고, 놀고 즐기는 것에만 신경을 쓰며 종일 무의미하게 시간을 보냈다. 당시 하나라와 주나라, 그 주위 제후국 사이에는 상당히 격렬한 모순이 존재했다. 걸이 여러 사람에게 외면당하면서 하 왕조에서는 계급 모순이 나날이 심해졌고, 그와 반대로 하의 동쪽에 자리한 상나라는 나날이 강대해졌다.

얼리터우 문화 유적에서 출토된 오리형 도기

도리도 모르고 막돼먹은 걸의 행동을 참다못해 상의 우두머리 탕이 군대를 일으켜 하 왕조를 멸망시켰다. 상나라 군대가 도읍까지 밀려들어 오자 걸은 그제야 정신을 차리고 황급히 명조鳴條로 도망쳤다. 기원전 1600년, 상나라 군대는 명조에서 하나라 군대를 일거에 섬멸했다. 걸은 요행히 계속해서 도망을 쳤지만, 결국에는 남소南巢에서 죽음을 맞이했다. 하 왕조는 이렇게 멸망하고 말았다. 하 왕조는 계부터 걸까지 약 471년에 걸쳐 총 13대 16왕이 재위했다.

맥을 잡아 주는 중국사 중요 키워드

얼리터우 문화 유적

얼리터우 문화 유적은 허난 성 옌스 시를 흐르는 뤄수이 강 남쪽 기슭의 얼리터우 마을 남쪽에 있다. 유적은 얼리터우 마을을 중심으로 그 범위가 뤄수이 강 이남의 쓰자오러우四角樓 마을, 베이쉬北許 마을과 웨이양喂羊 마을 사이를 포함해 총 면적이 약 4㎢에 이른다.

1960년부터 1964년까지 뤄양洛陽 고고학 팀은 얼리터우에서 여덟 차례에 걸친 발굴을 통해 작업장 유적, 도기 가마, 우물, 매장묘, 동기, 옥기, 도기 등을 발견했다. 이러한 발견에 근거해 고고학자들은 이것이 초기 도시 유적이라고 결론을 내렸다.

그러나 얼리터우 유적이 어느 왕조에 속하느냐 하는 문제는 전문가들 사이에서 끊임없는 논쟁의 대상이 되어 왔다. 혹자는 하나라의 도읍이라고 하고, 혹자는 유적의 아랫부분은 하나라에 속하고 윗부분은 상나라에 속한다고 했다. 이처럼 여러 학자의 주장이 서로 엇갈리기는 하지만, 얼리터우 문화가 하나라의 문화를 연구하는 데 중요한 근거가 된다는 사실에는 대다수 학자가 동의한다.

2 상 왕조

CHINA

시기 : 기원전 1600년 ~ 기원전 1046년
인물 : 탕왕, 이윤, 반경, 부열, 조갑, 무정, 부호, 무을, 제을, 주왕

갑골에 새겨진 문명

상은 황허 강 하류 지역에 거주한 유구한 역사가 있는 부족이다. 동이의 한 갈래로 현조玄鳥를 토템으로 한다. 기원전 1600년, 탕왕湯王(성탕成湯이라고도 함.)이 하나라를 멸망시킨 후 상 왕조를 세우고 호亳(지금의 허난 성 푸양 시濮陽市)를 수도로 삼았다. 하나라의 멸망에서 교훈을 얻은 상나라 탕왕은 널리 어진 정치를 펼쳐 민심을 얻으며 상 왕조의 통치를 튼튼히 했다.

기원전 약 14세기 말, 상나라의 왕 반경盤庚이 도읍을 은殷으로 옮기면서부터 상 왕조는 쓸데없이 천도를 반복하던 국면에서 벗어나 급속도로 발전하기 시작했다. 반경부터 마지막 왕인 주왕紂王까지 총 8대 12왕 가운데 무정武丁과 조갑祖甲만이 다소 현명하다고 할 수 있을 정도이지만, 그래도 상 왕조는 한 시대를 호령했다. 이 시기에는 청동 기술이 왕성하게 일어나 상나라의 가장 대표적인 유산이 되었다. 아울러 갑골문의 등장은 중화 문명이 세계로 나가는 데 결정적인 발걸음을 내디디게 해 주었다.

한눈에 보는 세계사

기원전 1600년경 : 에게 해 문명 시작
기원전 1200년경 : 그리스 문명 시작
기원전 1200년경 : 알파벳 발명
기원전 1000년경 : 한반도, 청동기 시대 시작

탕왕이 하를 멸망시키고 상을 세우다

기원전 1600년

기원전 1600년, 탕왕의 군대가 하나라 걸왕의 군대를 물리쳐 하 왕조는 멸망하고 상 왕조가 세워졌다. 탕왕은 성탕 또는 성당成唐이라고도 불리는데, 갑골문에서는 그를 대을大乙이라고 일컫는다. 오랜 세월 동안 발전하며 점차 힘을 키운 상은 탕왕의 통치 시기에 이르러 호로 이동해서 하 왕조를 멸망시킬 준비를 했다. 탕왕은 기원전 1600년에 여러 제후국과 부락을 연합해 하나라의 걸왕을 정벌했다. 출발하기 전에 군사들의 전투 의지를 북돋우기 위해 탕왕이 발표한 서사사誓師詞가 바로 오늘날 《상서尙書》에 전해지는 〈탕서湯誓〉이다.

하나라의 걸왕은 탕왕의 공격에 아무런 준비도 하지 못한 터라, 맞서 싸우지도 못하고 남소로 쫓겨나 죽음을 맞았다. 탕왕은 제후 3,000명의 옹호로 천자의 자리에 올라 상 왕조의 건립을 선포했다. 탕왕은 나라를 세운 뒤 하나라 걸왕의 사례를 교훈 삼아 솔선수범해서 성실하게 정무를 보고 백성을 위해 여러 제후의 환영을 받았다. 상 왕조의 건립으로 당시의 생산력에 큰 발전이 일어났고, 이로 인해 고대 문명에 변화가 일어나면서 중국은 문명 고국古國이 될 수 있었다.

입체 조각 옥룡

옥은 묵녹(墨綠)색을 띠는 가운데 일부분에서는 옅은 갈색이 스며 나온다. 옥룡은 입체적으로 조각되었다. 입은 이빨을 드러내고, 눈은 '신(臣)' 자 모양이며, 머리 윗부분에는 한 쌍의 기둥 같은 뿔이 있는데 이것이 뒤로 누워 목에 붙어 있고, 발에는 두 개의 발톱이 있다.
그리고 등마루에는 이빨 모양이 뾰족하게 솟아 있고, 몸은 마름모꼴 비늘무늬로 장식되어 있으며, 짧은 꼬리는 몸 옆으로 말려 있어 웅크린 채 엎드려 있는 용 모양이다. 옥룡의 아래턱 정중앙에는 작은 구멍이 한 쌍 뚫려 있어서 매달아 장식할 수도 있다.
이 옥룡은 상나라 시대의 옥룡 가운데 유일한 입체 조각 작품으로 제작 솜씨가 정교하고, 몸의 형태나 오관이 완벽해서 옥룡과 용 문화의 생성과 발전을 이해하는 데, 특히 상나라 시대 옥룡의 구체적인 형태를 연구하는 데 중요한 가치가 있다.

명신 이윤이 상나라 왕 태갑을 감금하다

기원전 1541년

기원전 1541년, 상나라의 노신老臣 이윤伊尹이 태정太丁의 아들이자 탕왕의 종손인 태갑太甲을 왕으로 옹립했다. 태갑은 어리석고 포악하여 즉위 후 조부인 탕왕의 법을 어기고 제멋대로 행동하는 일이 많았고, 이에 이윤이 수차례 간언했지만 듣지 않았다. 태갑 3년, 이윤은 태갑을 도읍 교외의 동궁桐宮(지금의 허난 성 옌스 시)에 감금하고 스스로 섭정하여 천자의 직권을 대행하며 나라를 다스렸다. 태갑은 이윤의 인내심 어린 가르침을 통해 3년 만에 잘못을 뉘우치고, 이후 어질고 의로운 일을 행했다. 그러자 이윤은 태갑이 다시 조정으로 돌아와 나라를 다스리게 했다. 복위한 후 태갑은 어진 정치를 펼쳐 제후들이 따르고 백성이 안정된 생활을 누리게 하여 성탕 때와 같은 성세를 누렸다.

사람 얼굴 무늬 방정(方鼎)

상나라에서 서주 시대 전기에 사용된 정, 즉 솥의 일종으로 상자 모양의 몸통에 네 다리와 귀 한 쌍이 달렸다. 육류를 지지거나 담거나 하는 데 쓰였다.

전하는 말에 따르면, 태갑이 죽은 뒤에 이윤은 〈태갑훈太甲訓〉 세 편을 지어 태갑을 칭송하고 그의 묘호를 태종太宗(한 왕조에서 그 왕조를 창시한 태조太祖에 버금가는 공덕을 세운 왕에게 붙이던 묘호)이라 정하여 숭상했다고 한다.

이윤은 상 왕조의 개국 공신으로, 탕왕을 보좌해 하 왕조의 걸왕을 무너뜨리고 상 왕조의 건국을 도왔다. 또한 탕왕의 뒤를 이은 외병外丙, 중임仲壬, 태갑 등 세 왕을 보좌하며 큰 공을 세웠다. 전설에 따르면, 이윤의 이름은 아형阿衡으로 본래 신분이 비천했다고 한다. 그러던 어느 날, 탕이 덕이 있는 인물이라는 말을 듣고 이윤은 그의 밑에서 자신의 뜻을 펼치기를 바랐다. 그래서 유신씨有莘氏의 딸이 탕에게 시집을 간다고 하자 혼수품으로 딸려가는 노예가 되어 상나라로 갔다. 요리에 뛰어났던 이윤은 상나라에 도착한 뒤 탕을 위한 요리를 책임지게 되었다. 그는 탕에게 음식을 올리는 기회를 이용하여 탕에게 천하의 형세를 분석하고 걸왕의 폭정을 열거하며 하 왕조를 멸망시키고 새로운 나라를 세우려는 큰 뜻을 이야기했다.

그리하여 탕의 신임을 얻은 그는 훗날 '윤尹', 즉 우상右相에 임명되었다. 이때부터 이윤은 탕왕을 따라 하나라를 멸망시키고 상나라를 세워 상 왕조에 혁혁한 공을 세운 개국 공신이 되었다. 이후 태갑의 뒤를 이어 옥정沃

'중인협전(衆人協田)' 우골각사(牛骨刻辭)

길이 14.8cm, 너비 12.6cm로 허난 성 안양 시(安陽市)에서 출토되었다. 복골 위에는 상나라 왕이 '여러 사람(衆人)'에게 '함께 도우며 경작(協田)'활동을 하도록 명령한 기록이 있다.

丁이 즉위했다. 이때 이윤은 자신이 늙었다는 것을 느끼고 조정의 일에 참여하지 않았다. 이윤은 옥정 8년에 병으로 죽었는데, 전하는 말에 따르면 백 살까지 살았다고 한다. 옥정은 천자의 예로 성대하게 이윤의 장례를 치러 주고 소와 양, 돼지를 제물로 올려 제사를 지냈을 뿐만 아니라, 직접 상복을 입고 3년 상을 치러 이윤이 상 왕조를 위해 세운 업적에 보답했다.

이윤은 중국 역사상 첫 번째 명신으로, 상 왕조를 세우고 정권을 굳건히 하는 데 셀 수 없을 정도의 업적을 남겼다. 특히 그의 정치적 주장은 상나라 시대 전반에 걸쳐 결정적인 역할을 했다.

반경의 천도

기원전 1300년

상 왕조의 건국 이후 반경이 통치할 때까지 상나라 역사에서는 네 차례에 걸친 천도가 있었다. 기원전 약 1312년부터 기원전 1285년, 양갑陽甲이 죽은 뒤 그의 남동생 반경이 즉위했

맥을 잡아 주는 **중국사 중요 키워드**

상나라 시대의 갑골문

상나라 시대의 갑골문은 지금까지 발견된 최초의 문자이다. 거북 등딱지와 동물의 뼈에 새겨졌기 때문에 갑골문이라는 이름이 붙었다. 이는 상나라의 귀족이 점을 친 것을 기록한 것으로, '복사卜辭', '계문契文', '각사刻辭' 등으로 불리기도 한다. 복사는 대부분 칼로 새겨졌고 이 글자를 새긴 사람은 글자의 형태를 상당히 잘 파악하고 있는 듯하다.

이 밖에 묵墨 또는 주朱(황화수은을 주성분으로 하는 붉은색의 안료)로 글씨를 쓴 것도 있는데, 이는 먼저 글씨를 쓴 뒤에 새긴 것이다. 문자의 결체結體(한자의 필획 구조)가 자연스럽고 구성이 자유로우며 일정한 서예 수준을 드러낸다. 갑골문은 상나라의 귀족이 매번 점을 치는 과정과 결과를 기록해 상 왕조와 귀족 사회의 생활 모습을 반영한 자료이다. 갑골문의 발견은 상나라의 역사를 연구하는 데 매우 귀중한 자료를 제공해 주었다.

다. 그는 왕실 내부의 갈등을 해소하기 위해 엄奄(지금의 산둥 성 취푸 시曲阜市)에서 은殷(지금의 허난 성 안양 서쪽 지역)으로 천도하기로 결정을 내렸지만 상나라 백성의 반대에 부딪혔다.

그러자 반경은 종교를 이용해 상나라 백성을 위협했다. 즉, 그는 선대왕들이 모두 천제天帝의 뜻에 따라 여러 차례 천도를 감행했고, 또 점을 쳐 본 결과 자신의 뜻대로 하라는 점괘가 나왔으니 천도 계획은 단지 개인의 바람이 아닌 천제의 허락을 받은 일이라고 말했다. 그러면서 '천제의 뜻을 따르지 않는다면 천제가 너희 조상의 영혼을 벌하실 것'이라며 으름장을 놓았다. 이에 상나라 백성은 감히 천제의 뜻을 거역하지 못하고 반경을 따라 은의 땅으로 이동할 수밖에 없었다. 상 왕조는 그로부터 안정기에 접어들어 상나라 주왕에 이르러 멸망할 때까지 273년에 걸쳐 총 8대 12왕이 재위했다.

은은 기원전 1300년부터 기원전 1046년까지 상나라 후기의 도읍이자 중국 역사에서 그 위치를 정확하게 이야기할 수 있는 첫 번째 도읍이다. 반경의 천도는 신의 뜻을 빙자하기는 했지만 역사에 한 획을 그은 일대의 진보였다. 상나라가 은으로 천도한 이후 정치가 개선되었고 사회가 안정되었으며, 경제와 문화 영역에서 모두 큰 발전을 이룩했다. 그러다 기원전 약 11세기에 이르러 주나라 무왕武王이 상 왕조를 멸망시키면서 은은 차츰 황폐해졌다. 그렇게 오랜 시간이 흘러 은은 결국 폐허로 변했고, 서서히 땅속으로 묻혀 버리고 말았다. 그래서 훗날 사람들은 이를 '은허殷墟'라고 불렀다. 반경이 은 땅으로 천도한 이후 제신帝辛(상 왕조의 마지막 왕인 주왕)이 나라를 멸망하게 할 때까지 총 273년의 세월 동안 상 왕조는 은을 국호로 사용했다. 일반적으로도 은 왕조라고 불리며, 상 왕조 전체는 상은商殷 또는 은상殷商이라고 불린다.

청동수탉

은허가 발굴된 이후로 무덤 속에서 진귀한 문물이 대량 출토되었는데, 청동기와 도기가 대다수를 차지한다. 은나라 왕이 모친의 제사를 위해 만든 청동 솥인 사모무방정司母戊方鼎은 상나라 시대 청동기의 걸작으로, 세계 최초이자 세계 최대의 청동기라고 불린다. 그 밖에도 은허에서는 갑골 복사 조각이 1만 5,000개 이상 출토되었다. 이는 중국에서 발견된 최초의 문자로 은상 문화가 극도로 발전했다는 역사적 사실을 반영한다.

맥을 잡아 주는 중국사 중요 키워드

사모무방정

사모무방정은 상나라 왕 조경祖庚 또는 조갑祖甲이 그의 모친(이름이 무戊임.)의 제사를 지내기 위해 주조한 제기이다. 1939년에 허난 성 안양 시 우관武官 마을의 은허에서 출토된 이 청동 솥은 무게가 무려 875kg에 달해서 중국에 현존하는 가장 무거운 청동 주조물이다. 솥의 모양은 반듯하고 두꺼우며, 무거워 보인다. 몸체는 직사각형이고 윗부분에는 두 개의 귀가 있으며, 기둥 다리가 두껍다. 전체 길이는 133cm에 달하고, 솥 입구의 너비는 가로 110cm, 세로 78cm이다. 무늬 장식을 보면 배 부분에는 짐승 얼굴 무늬가, 귀의 테두리에는 호랑이가 사람 머리를 물고 있는 무늬가 장식되어 화려하다. 배 부분의 벽 안쪽에는 '사모무司母戊' 세 글자의 명문이 새겨져 있다.

사모무방정은 은상 시기 청동 제련 및 주조업의 생산 능력과 기술 수준을 집약적으로 드러내 보인다. 이는 상나라 시대에 청동 문화가 고도로 발달했다는 점을 보여 주는 상징으로, 세계 청동문화사에서 매우 중요한 지위를 차지한다. 이 솥은 토기 거푸집인 도범陶范을 이용해 주조한 것으로, 솥의 몸체는 한 번에 주조하는 일체 성형一體成形 방식인 혼주渾鑄를 사용했다. 녹인 쇳물을 거푸집에 부어 넣어 주물을 만드는 데 사용하는 틀인 주형鑄型은 복범腹范, 정범頂范, 심沁과 받침, 주입구로 구성되었다. 솥의 귀는 나중에 주조해서 솥의 가장자리에 부착했고, 귀 안쪽의 구멍은 귀를 주조할 때 필요한 진흙 심지를 고정하기 위한 부위이다. 이 솥은 합금으로 만들어졌으며 성분을 살펴보면 동이 84.77%, 주석이 11.64%, 납이 2.79%이다. 주석과 납의 성분 비율 합계가 14.43%로 청동기의 경도硬度(굳기) 요구 조건을 충족하는 수준이다.

무정중흥

기원전 1250년~기원전 1192년

반경의 천도 이후, 상나라는 정치, 경제, 문화 전반에 걸쳐 크나큰 발전을 이룩했고 무정武丁 시대에 이르러서는 전성기를 구가했다. 무정의 중흥으로 국력이 강성해지면서 상나라는 끊임없이 서쪽 지역을 정복해 나갔다. 상나라 시대에 북쪽 초원 지역에 터를 잡고 살던 유목 부락 귀방鬼方은 시도 때도 없이 은 왕조의 통치 영역으로 들어와 소란을 피우기 일쑤였다. 이에 무정이 직접 군사를 이끌고 정벌에 나서 3년 만에 귀방을 평정했다.

상나라의 북쪽 지역에 살던 또 다른 유목 부락 공방은 반경의 천도 이전에 상 왕조 왕실 내부의 '구세지란九世之亂(상나라 시대에 중정에서 양갑까지 전후 5대 9왕의 치세 동안 적자가 폐위당하고 왕의 아들과 여러 동생이 번갈아 왕위에 오른 일을 일컬음.)'을 틈타 순식간에 세력을 확장했다. 그들은 더욱 많이 약탈하기 위해 끊임없이 남쪽으로 내려와 상나라의 속국에 소란을 일으켰고, 여러 차례 상의 도읍 근방인 서쪽 교외 지역까지 침입해서 약탈해 상 왕조의 통치를 심각하게 위협했다. 이에 무정은 무장 금禽과 감반甘盤에게 군대를 이끌고 그들을 정벌하도록 명령했다. 십여 년의 정벌 끝에 결국 공방은 평정되었고, 공방의 땅은 상나라에 귀속되었다.

역시 상나라의 북쪽 지역에 터를 잡고 있던 부족 토방土方은 지리적으로 상나라 도읍의 교외 지역과 비교적 가까웠다. 그래서 늘 상나라 영토를 침입해 백성을 괴롭혔고, 상나라의 동쪽 교외 지역에 있는 두 마을을 약탈하기도 했다. 무정은 공방을 정복하는 과정에서 2, 3년의 시간을 들여 토방을 소멸하고 토방의 땅을 상나라의 영토로 만들었다. 한편, 상나라 서쪽 지역의 오래된 부족인 강족羌族은 부족 이름에 방위를 붙여 서강西羌이라고도 부르며, 강방羌方, 강룡羌龍, 마강馬羌 등으로

사양준(四羊尊)

전체 길이 58.3cm, 입구 길이 52.4cm로 후난 성(湖南省) 닝샹 현(寧鄕縣) 위에산푸(月山鋪)에서 출토된 술을 담는 그릇이다. 사각형, 과장된 입구, 긴 목, 볼록한 배, 높고 둥근 다리의 이 그릇에서 가장 독특한 부위는 배 부분으로, 네 모서리에 각각 말린 뿔이 달린 양이 붙어 있다. 동종 기류 중에서도 독특한 스타일로 눈길을 끌 뿐만 아니라 상·주 시대를 대표하는 청동기 중에서도 진기한 유물이다.

나뉜다. 무정은 여러 차례에 걸쳐 서강 정벌을 진행했고 그 과정에서 잡은 전쟁 포로를 '인간 제물'로 삼아 귀신에게 제사를 지낼 때 희생 제물로 바쳤다.

상나라의 남쪽 지역에도 여러 제후국과 부락이 있었다. 강한江漢 유역의 '형초荊楚'는 그중에서 가장 강대한 제후국이었다. 전하는 바로는 무정이 상족의 무사들을 이끌고 형초의 위험한 지역까지 깊이 공격해 들어가서 수많은 사람을 노예로 잡아들이고 그곳을 평정하여 강한 유역도 상나라 영토로 삼았다고 한다. 이 밖에 대팽大彭과 시위豕韋는 모두 상의 제후국이었다. 상나라 왕 하단갑河亶甲 시기에 세력이 강해진 두 나라는 더 이상 상에 복속되는 것을 원치 않아 조공을 거절했다가 무정에게 멸망당했다. 이처럼 전쟁에서 끊임없이 승리를 거두어 상나라는 동서남북 사방으로 급격히 세력을 확장했고 상나라 역사에서 가장 강력한 힘을 떨쳤다. 역사에서는 이를 '무정중흥武丁中興'이라고 부른다.

상아에 기룡을 조각한 손잡이 잔

허난 성 안양 시 은허에 있는 부호의 묘에서 상아에 기룡을 조각한 손잡이 잔이 출토되었다. 소와 같은 생김새에 몸이 푸르고 뿔이 없으며 발은 하나인 용이다. 온몸에 정교한 도철무늬가 조각되어 있고, 녹송석을 상감해 넣었다. 고대 상아 조각 예술의 걸작이다.

재상 부열

기원전 1250년

기원전 1250년, 상나라 왕 무정은 여러 장애물을 타파하고 파격적으로 노예 출신의 부열傅說을 재상으로 중용했다. 무정은 이런 행동을 통해 자신을 보좌하여 위업을 달성할 현명한 인재를 찾았을 뿐만 아니라 이윤과 이름을 나란히 할 명신 부열을 만들어 내기도 했다.

무정은 태자 시절 민심을 살피고 현명한 인재를 찾기 위해 서민의 옷을 입고 잠행을 나갔다. 하루는 부험傅險(지금의 산시 성山西省 핑루 현平陸縣 일대)에서 벌로 고된 노역을 하는 노예들이 길을 닦는 모습을 보게 되었다. 그 노예 중 한 명과 한담을 나누던 무정은 그가 나랏일과 나라를 다스리는 도에 비범한 견해가 있는 것을 느끼고 감탄을 금치 못했다. 그래서 그

맥을 잡아 주는 중국사 중요 키워드

여장군 부호와 부호의 묘

부호는 상나라 왕 무정의 아내 60여 명 중 한 명으로, 조경과 조갑의 어머니 항렬이어서 '모신母辛'으로 불렸다. 기원전 12세기 전반기인 무정부흥의 상나라 시대에 존재했던 중국 최초의 여성 정치가이자 군사가이다. 갑골 복사의 기록에 따르면, 부호는 여러 차례 다양한 명목과 방식으로 제사와 점복 활동을 주재했고, 신권을 이용해 상나라를 위해 일했다. 또 여러 차례에 걸쳐 무정의 명을 받아 병사를 이끌고 전쟁터에 나가서 북쪽으로는 토방족을 토벌하고, 동남쪽으로는 이국夷國을 공격하고, 서남쪽으로는 파巴군을 물리쳐 상나라가 영토를 확장하는 데 혁혁한 공을 세웠다. 무정은 부호를 매우 총애해 독립적인 봉읍을 하사하기도 했으며, 자주 귀신에게 부호의 건강과 장수를 기도했다. 그러나 부호는 무정보다 먼저 세상을 뜨고 말았다.

그러자 무정은 매우 슬퍼하며 지금의 허난 성 안양 시 샤오툰小屯 마을에서 서북쪽으로 약 100m 떨어진 곳에 그녀를 묻었다. 1976년에 발굴된 부호의 묘는 당시 보존 상태가 매우 양호했다. 여기에서 출토된 유물로는 옥기가 총 755건에 달하는데, 이는 상나라 시대의 옥기가 가장 많이, 가장 집중적으로 출토된 무덤이다. 그 밖에도 석기 63건, 보석기 47건이 출토되었다. 부호의 묘에서 출토된 옥석 조각은 종류가 다양하고 형태가 다채로워 당시의 옥기 제조 수준이 매우 뛰어났다는 점을 알 수 있다. 이 옥석 조각품 중에는 인물 조각이 가장 중요한 부분을 차지하며, 이는 상나라 시대의 조소 예술, 인종, 복식 제도, 계급 관계, 생활상 등을 연구하는 데 진귀한 자료가 된다.

이 조각 작품들은 장식품으로 달거나 장식에 사용하던 것으로 독립적인 조소는 아니다. 하지만 상나라 시대의 조소 창작 작품을 통해 그들이 이미 정확하게 머리 부분과 오관의 위치, 신체 비율을 파악하고 소형 기물에 고의적으로 머리 부분을 크게 만드는 사실 묘사 능력과 머리, 모자, 복식 스타일 등에 중점을 두어 인물의 사회적 지위를 드러내는 관찰 능력과 표현 능력 등을 갖추었다는 사실을 알 수 있게 해 준다는 점에서 매우 가치가 높다. 그중에서 인물의 얼굴에 표정이 없고 두 눈이 돌출된 특징은 당시에 유행하던 조각 장식 수법을 나타낸 것(이는 여러 청동기의 동물 얼굴 무늬 장식에서 비교적 보편적으로 드러난다.)으로 뚜렷한 시대적 특징을 띤다.

부호(婦好)의 묘에서 출토된 우방이(偶方彝, 술을 담는 그릇)

가 자신을 도와 나라를 다스리도록 하고 싶은 마음이 들었다. 그러나 당시 상나라의 규율은 상당히 엄격해서 노예는 물론이거니와 평민도 조정에 들어가 관직을 맡을 수 없었다.

무정은 즉위 후 3년 동안 아무런 말도 하지 않고, 모든 정사를 당시의 재상인 총재冢宰가 결정하도록 했다. 그러다가 3년 뒤에 내뱉은 첫 마디가 열에 관한 것이었다. 무정은 꿈에서 조상인 탕왕이 열이라는 현인을 내려 주어 그가 자신을 보좌해 천하를 다스리도록 했다고 말했다. 그러고는 화공에게 자신이 이야기하는 생김새를 그리도록 명령하고, 사람들을 보내 그 초상화를 들고 다니며 자신이 꿈에서 본 '현인'을 찾게 했다. 얼마 후, '대현인'이 한 노예 무리에서 발견되었다. 무정은 즉시 그를 재상으로 임명하고, 언제든 자신에게 간언할 수 있는 특권을 주었다. 그리고 일찍이 그가 부험에서 일을 했기에 무정은 그에게 '부'라는 성을 내려 주었다. 부열은 재상이 된 후 치국에 뛰어난 재능을 보이며 은상의 '무정중흥'을 위해 불멸의 업적을 남겼다.

교육이 등장하기 시작하다

상 왕조 중 · 말기

글자가 새겨진 복갑(卜甲)

상나라 시대에 노예주奴隸主였던 귀족 계급은 자신의 자제를 교육하여 노예제 국가의 통치를 굳건히 하기 위해 서序, 학學, 고종瞽宗 등의 학교를 세웠다. 교사는 나라의 관직을 겸했고, 가르치는 내용은 종교와 군사를 위주로 하면서 그 밖에 윤리와 일반 문화 지식을 가르쳤다. 이때 처음으로 '육예六藝' 교육이 시작되며 서주 시기 교육의 기틀을 마련했다.

갑골 복사의 발견은 이미 상나라 시대에 학교가 여러 방면의 교육을 진행했다는 점을 증명하는 것이다. 상나라의 서는 군사를 강습하고 예절을 연습하는 장소였다. 상나라의 복사 기록에 나타나는 '대학'은 전쟁에서 이기고 돌아와 포로를 바치는 의식인 헌부獻俘를 통해 조상에게 제사를 지내던 장소였다. 또한 종묘의 신단과 연결되어 조상에게 제사를 지내고, 생포한 포로와 전쟁터에서 잘라 낸 적의 왼쪽 귀를 바치고, 노인을 봉양하는 것이 주요 역할이었으며, 종교의 제사 의식 등의 예절 및 의식과 관련된 지식을 핵심 내용으로 삼아 가르쳤다. 즉, 결코 현대적인 의미의 고등 교육기관과 같지 않았다.

상 왕조는 제사를 중요하게 여기고 예악禮樂을 숭상해 특별히 '고종'을 세웠다. 고종은 원래 악사의 종묘로, 제사 지내는 장소로 사용되었다. 제사에 예악이 쓰이면서 고종은 점차 귀족 자제에게 예악 지식을 가르치는 기관으로 변모했다. 서, 양, 학, 고종은 상나라 시대에 비교적 완벽한 학교 메커니즘이 등장했다는 점을 상징한다. 갑골문은 상나라 시대에 세

상나라 시대의 귀족 복식

좁은 소매의 무늬가 있는 상의와 가죽 띠 착용 전시도 (출토된 옥으로 만든 인형의 복식을 근거로 복제해 그린 그림)

맥을 잡아주는 중국사 중요 키워드

상나라 시대 복장의 상의와 하의

상나라 시대에는 이미 여러 종류의 삼실 제품을 생산할 수 있었다. 당시의 견직물로는 문견紋絹 외에도 세계 최초의 자카트 무늬 견직물인 능문기綾紋綺가 있었다. 방직 기술의 발전으로 상나라 사람들의 의상은 나날이 정교해지고 아름다워졌으며, 생활관이 변화하면서 복식 스타일도 끊임없이 새로워졌다. 웃옷에 치마를 함께 입는 방식은 기술이 발전한 결과물이자 사회 계층의 분화와 풍습을 반영하는 것이기도 하다. 중국 고대에는 '의衣'가 각종 복식의 통칭으로, 춘추 시대 이전에는 바지가 없어서 남녀가 모두 치마를 입었다. 따라서 당시의 '상裳'은 사실상 치마였다. 일찍이 하나라 시대에는 의와 상이 어느 정도 구분되었고, 상나라 시대에 이르러서는 중국 고대 복식의 두 가지 기본 형태 중 하나가 형성되었다.

청동 짐승 얼굴 가면

상나라 시대 후기의 작품으로, 삼성퇴 유적에서 출토되었다. 가면은 직사각형을 띠고, 두 개의 커다란 귀가 양쪽 밖으로 뻗어 있으며, 긴 눈썹에 큰 눈은 안구가 돌출되었고, 큰 입은 살짝 벌리고 있으며, 이마 정중앙에는 기룡 모양의 이마 장식이 있다.

워진 학교들이 이미 읽기, 쓰기, 셈 교육을 했고, 교재 역할을 하는 전책典册이 등장했다는 것을 알려 준다. 《상서》〈다사多士〉에서는 "은나라 선인들만이 전典이 있고 책이 있다."라고 했는데, 이는 상나라 시대의 학교에 읽기와 글쓰기 수업이 있었다는 점을 설명한다.

삼성퇴 촉 문화 유적

상 왕조 말기

지금으로부터 3000여 년 전, 촉 땅에서 옛 사람들이 예술적 가치가 높은 청동 조소 예술품을 창조했다. 1986년에 쓰촨 성四川省 광한 현廣漢縣에 있는 삼성퇴三星堆 촉 문화 유적에서 청동 인두상人頭像이 대량으로 출토되었는데, 이는 고대 촉 문화의 예술적 성취와 지역적 특성을 반영한다.

황금 가면 인두 동상

상나라 시대 후기의 작품으로 삼성퇴 유적에서 출토되었다. 가로 길이 12.7cm, 세로 길이 14.3cm, 전체 높이 41cm로 청동 두상과 황금 가면의 두 부분으로 구성되었다.

삼성퇴 유적에서 출토된 상나라 시대의 대형 청동 조소 작품 가운데 인물 조각상이 가장 특색 있다. 청동 인두상의 크기는 진짜 사람의 크기와 비슷하다. 총 10여 건이 있으며, 귀족의 두상도 있고 노예의 형상도 있다. 청동상은 큰 것도 있고 작은 것도 있는데 큰 것은 1.7m에 달하고, 작은 것은 겨우 6.5cm에 불과하다. 삼성퇴에서는 청동방좌대형입인상青銅方座大型立人像, 인두상, 인면상人面像, 인면 가면 및 장식으로 기타 기물에 조각한 인두상이 출토되었다. 이 인상人像들은 서로 다른 제작 모형으로 주조되어서 같은 것 없이 그 모습이 각자 다르다. 그리고 정교하고, 아름답고, 각기 다른 인물의 개성과 신분을 드러낸다. 삼성퇴 대형 청동상의 발견은 상·주 시대에 독립적인 조소 예술품이 존재했다는 점을 증명하는 확실한 증거일 뿐만 아니라 뛰어난 기술 수준과 방대한 규모까지도 보여준다. 삼성퇴 청동 조각상은 3000년 전 파촉巴蜀 지역의 청동기 문화가 일군 예술적 성취를 반영한다.

삼성퇴 유적은 최초이자 최대 면적의 촉 문화 유적으로, 파촉 문화의 연구에 소중한 실물 증거를 제공했다. 유구한 역사를 자랑하는 파촉 문화를 이끈 주요 민족은 전설로 전해지는 늠군廩君의 후예이다. 촉 땅은 농업이 발달해서 비교적 이른 시기에 수리 시설이 건설되었다. 또한 중원 지역과 지속적으로 교류하며 중원 문화의 영향을 받는 가운데 자신만의 독특한 색깔을 발전시켰다. 삼성퇴에서 발굴된 청동기는 고대 촉 민족의 독특한 스타일을 사실대로 표현하여 중원 지역의 조소 작품보다 조형과 무늬 장식 가공 방면에서 모두 높은 예술 수준을 자랑한다. 이 밖에 파촉 문화는 자신들만의 상형 문자인 파문巴文을 창조하기도 했다.

무당의 청동 입상

상나라 시대 후기의 작품으로 전체 높이는 262cm이다. 여기서 인물상의 키는 172cm이고, 모자의 높이는 10cm, 받침대의 높이는 80cm이다. 삼성퇴 유적에서 출토되었다. 인물상은 몸이 거대하고, 생김새를 보면 눈이 크고 콧날이 곧게 뻗었으며 이마는 네모나고 귀가 크다. 머리에 높은 모자를 썼고, 오른쪽 팔은 이마에 올리고 왼쪽 팔은 구부려서 가슴 앞에 대고 있다. 네모난 받침대 위에 서 있는 이 인물상은 촉나라의 여러 무당 중 우두머리의 형상으로, 촉나라 왕의 형상일 가능성도 있다.

조갑의 정치 개혁

기원전 1191년~기원전 1169년

기원전 1191년에서 기원전 1169년까지, 상 왕조의 제24대 임금인 조갑祖甲이 급진적인 정치 개혁을 단행했다. 조갑은 이를 통해 과거에 어진 왕들이 세웠던 업적을 세우고 싶어 했다. 그의 개혁은 국정 전반에 걸쳐 두루 진행되었고, 자세한 개혁 사항은 다음과 같다.

먼저 역대 왕을 적장자와 그렇지 않은 경우 친소親疏를 따져 대종大宗과 소종小宗으로 나누고, 그에 따라 제사를 지내는 사당을 대·소의 두 종류로 나누었다. 또 문자와 역법曆法을 개혁

짐승 얼굴 무늬 대월(大鉞)

월(鉞)은 큰 도끼 모양의 고대 병기이다. 사형을 집행할 때 사용되었고, 병권을 나타내기도 했다. 이 월은 거대하고 반듯한 몸체에 날이 활과 같은 형태로 양쪽 모서리는 밖으로 휘어 있고, 평편한 어깨에는 구멍이 두 개 있어 월의 손잡이를 묶을 수 있다. 몸체에는 정교하고 아름다운 무늬가 있는데 위쪽에는 짐승 얼굴 무늬 사이에 고부조 원형 도안이 있고, 아래쪽에는 세밀한 삼각형의 짐승 얼굴 무늬가 장식되어 있다.

청동 편뇨

1993년에 후난 성 닝샹에서 출토된 편뇨(編鐃, 요는 타악기의 한 종류로, 입 부분이 위를 향해 있다. 아랫부분의 긴 자루를 목제 받침대에 끼워 사용하며, 연주할 때는 나무망치로 입의 중간 부분을 두드린다. 음계가 서로 다른 요 몇 점이 한 조를 이루기도 하는데 이를 편뇨라고 한다.) 총 9점이다. 36.5cm에서 53.5cm에 이르는 높이에 몸통 전체에 구름과 번개의 무늬가 장식되어 있고, 중심 부분에 2세트 18개의 젖꼭지 모양 돌기인 유정(乳釘)이 세트마다 가로세로로 3매씩 있다. 사진은 7호 편뇨로, 윗부분 양측에 짐승이 한 마리씩 장식되어 있고 중심 부분에는 운뢰 무늬가 새겨져 다른 편뇨와 차별성을 띤다. 편뇨마다 하나 또는 두 개의 서로 다른 음계를 소리 내는데, 이를 조합해서 곡을 연주할 수 있다. 이처럼 대형 요 여러 개가 한 세트를 이루는 경우는 매우 드물다.

해 역사에 자신의 흔적을 남기고자 애썼다. 아울러 상나라 사람들이 가장 중요하게 생각한 점복에도 여러 제한을 두었다. 이러한 개혁 조치는 당시 수구파의 강력한 반대를 불러일으켰다. 이로 말미암아 이후 여섯 대의 상나라 왕 재위 기간에는 혁신파와 수구파 사이에 끊임없는 논쟁과 상호 공격이 벌어져 상 왕조가 멸망할 때까지 지속되었다.

무을이 하늘을 쏘다

기원전 1147년~기원전 1113년

무을武乙은 상나라 왕 강정康丁의 아들로, 아버지가 죽은 뒤 왕위를 계승하여 상나라 왕이 되었다. 그는 통치를 굳건히 하기 위해 주변 제후국에 무력을 사용했다. 이로써 심지어 주나라 왕 계력季歷이 직접 무을에게 와서 알현할 정도로 상 왕조의 통치는 나날이 안정되어 갔다. 상나라 사람들은 신과 귀신을 굳게 믿었기 때문에 사관史官들도 자주 점복과 제사 등의 활동을 통해 왕의 행위를 통제했다. 그러나 무을은 그들과 달리 오로지 무력만이 천하를 통치할 수 있다고 믿었다.

그는 왕권을 강화하기 위해 인형을 만들게 하고 그것을 '천신天神'이라 이름 지었다. 그러고는 사관에게 명령하여 '천신'을 대신해 자신과 도박하도록 했다. 그 결과, 세 번 연속으로 이긴 무을은 '천신'이 영험하지 못하다며 '천신'의 옷과 모자를 찢어 버리고, 때리고, 모욕했으며, 그것도 모자라 아예 불 속에 집어던져 버렸다. 무을은 또 큰 가죽주머니를 만들게 하고 그 안에 동물의 피를 채워서 나무 꼭대기에 달아 놓았다. 그리고 군신들을 불러 모아 자신이 활로 그 가죽주머니를 맞히는 모습을 보게 했다. 화살이 꽂혀 가죽주머니 안에 있던 피가 바닥을 흥건히 적시면 무을은 '하늘을 쏘아 맞혔다.'며 이를 '사천射天'이라고 불렀다. 그 후로는 아무도 무을의 뜻을 막지 못했다.

맥을 잡아 주는 중국사 중요 키워드

상나라 시대의 청동기

일찍이 상나라 시대에 청동기 주조업이 매우 발달했다. 그래서 지금까지 발견된 상나라 시대의 청동기 유물 숫자는 수천 건에 달한다. 상나라 시대의 청동기는 소박하고 독특한 한편, 무늬 장식은 복잡하고 세세하며, 또한 두껍고 무거우며 웅장하다. 여러 종류의 청동기가 출토된 바 있는 상나라 시대의 정저우鄭州 얼리강二里岡 유적에서는 청동기 주조 작업장 두 군데도 발견되었다.

상나라 시대 말기의 청동기 주조에는 두 단계가 있다. 먼저 상 왕조의 강정康丁 재위 이전에 제작된 청동기는 대부분이 사각형으로 방정方鼎, 방준方尊 등처럼 웅장한 특징을 보이며, 대개 명문이 없다. 그러다 무을 이후에는 솥의 다리가 원래의 원주형에서 중간이 약간 가는 말발굽형으로 바뀌는 등 그 형상과 구조에 많은 변화가 일어났다. 또 기물에 명문이 새겨지기 시작하여 글자 수는 많을 경우 40여 자에 달했다.

은허에는 대규모의 청동 주조 유적이 존재하며 그 면적은 1만 ㎡ 이상에 달한다. 청동기를 주조할 때는 먼저 거푸집을 만들고, 거푸집에 청동 쇳물을 붓고, 식어서 굳으면 기물을 꺼내 다듬는 과정을 거쳤다. 상나라 시대에 주조된 청동기는 대다수가 예기, 병기 등이다. 그리고 당시는 관청에서 청동기 주조업을 독점해 생산 규모가 거대하고, 분업이 세밀했으며, 관리가 엄격하다는 등의 특징이 있었다. 상나라 시대의 청동기는 상나라 시대의 수공업 발달과 고도로 발달한 문명을 반영한다.

무을은 사냥을 좋아해서 늘 사냥에 빠져 지냈다. 한번은 황하黃河와 위수渭水 사이에 있는 곳으로 사냥하러 갔는데, 갑자기 벼락이 떨어졌다. 그 순간 무을은 미처 피할 사이도 없이 벼락을 맞아 즉사하고 말았다. 무을은 원래 자연현상으로 죽은 것이지만, '천신'을 농락한 그의 행위는 군신들의 불만을 불러 일으켰기 때문에 미신이 강했던 그들은 무을이 천신을 노하게 해 마땅히 받아야 할 벌을 받은 것이라고 믿었다.

제을이 여동생을 시집보내다

기원전 1101년

황토 고원에 세워진 주나라는 무정 시기부터 이미 상 왕조와 충돌하며 마찰을 빚었다. 주나라의 세력이 점점 강대해지자 상나라의 왕 문정文丁은 주나라를 이용해 서부 지역의 안정을 꾀하고자 했다. 이에 기원전 1109년에 주나라의 왕 계력을 상 왕조의 목축을 관장하는 목사牧師로 임명하여 주나라가 상나라의 제후국이 되었다. 그러나 문정은 훗날 주나라가 더욱 세력을 확장하는 것을 막기 위해 계력을 죽이도록 명령했다. 계력이 죽자 그의 아들 희창姬昌이 즉위했다. 그가 바로 훗날의 주나라 문왕文王이다.

이때 상나라의 동남쪽에 있던 오랑캐 제후국이 잇달아 맹방孟方, 임방林方 등의 부족과 함께 반란을 일으켜 상 왕조에 반기를 들었다. 상나라 왕 제을帝乙은 동서 양쪽에서 적을 막아야 하는 상황을 피하고 아버지가 계력을 살해함으로써 긴장 국면에 접어들었던 상, 주 양국의 군신 관계를 회복하기 위해 자신의 친여동생을 희창에게 시집보내기로 했다. 그는 화친의 방법으로 상나라와 주나라의 갈등을 풀고 전체적인 국면을 안정시켜서 상호 의존적인 밀접한 관계에 있는 상, 주 두 대국이 서로 간의 앙금을 걷어내고 우호적인 관계를 유지하기를 바랐다.

희창이 정세를 살펴보니 아직은 상 왕조를 멸망시킬 시기가 되지 않았다. 그래서 그는 상나라의 왕을 안정시키고 몰래 힘을 키우는 데 충분한 시간을 벌고자 상나라와 인척 관계를 맺는 것에 동의했다. 제을은 직접 결혼 날짜를 정하고 결혼 축하 예물을 마련한 다음, 희창에게 그의 아버지를 이어 서백西伯(제후의 우두머리를 말함.)이 되도록 명령했다. 결혼식 당일, 서백 희창이 직접 배를 몰고 와 신부를 맞음으로써 극도의 정중함을 표시했다. 주나라 사람들은 자신을 '소방주小邦周('소방'은 '작은 나라'라는 뜻)'라고 부르며 자신들의 왕이 상나라 왕의 여동생과 혼인하여 상나라와 인척 관계를 맺게 된 것이 무한한 영광이라는 뜻을 드러냈다. 이로써 상, 주 두 나라는 모두 만족스러

금팔찌

베이징 시 핑구 구(平谷區) 류자허(劉家河) 마을의 상나라 시대 무덤에서 출토되었다. 팔찌의 두께는 0.5cm, 둘레 지름은 12.5cm이며, 무게는 하나는 93.7g, 하나는 79.8g이다.

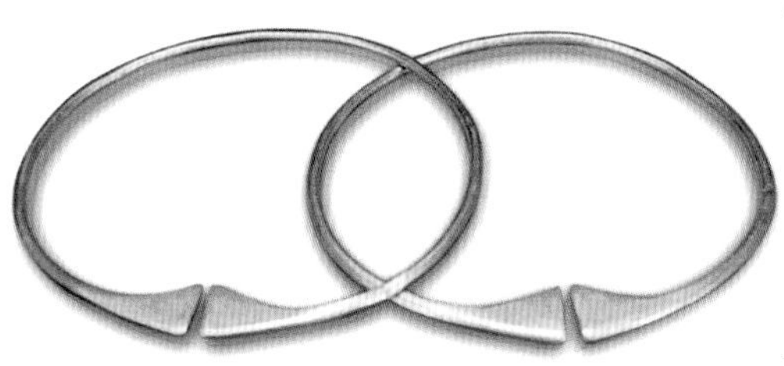

워하며 우호 관계를 회복했다.

주왕이 나라를 멸망시키다

기원전 1046년

기원전 1075년, 제을의 아들 주紂가 즉위했다. 그가 바로 상 왕조의 마지막 왕인 주왕으로, 제신이라고도 불린다. 제을의 맏아들은 계啓이지만, 어머니가 비천한 신분이어서 왕위 계승자가 될 수 없었다. 그래서 주가 적자의 신분으로 왕위를 잇게 되었다. 주왕은 즉위한 이후 술과 여자, 음란함에 빠졌고, 달기妲己를 몹시 총애했다. 또 세금을 과중하게 거두고 조정 일은 돌보지 않아 백성의 원성을 샀고, 제후들도 그에게서 등을 돌렸다.

주왕이 민심을 얻지 못한다는 소식을 들은 주나라 무왕은 상나라를 멸망시킬 때가 왔다고 여겼다. 그리하여 서쪽 지방과 남쪽 지방의 각 부락과 연합해 상나라를 공격했다. 상나라의 주요 군대들은 마침 동이와 싸움을 벌이고 있던 터라 도읍으로 돌아갈 겨를이 없었다. 그래서 노예들을 무장시켜 연합군에 맞서게 할 수밖에 없었다. 양측은 상나라 도읍의 외곽 지역인 목야牧野(지금의 허난 성 훠자 현獲嘉縣에 있는 퉁멍 산同盟山)에서 결전을 벌였다. 그런데 이미 주왕을 뼛속 깊이 증오하던 노예들이 상나라를 배반하고 창을 거꾸로 겨누어 주나라 군대를 조가성朝歌城 아래로 이끌었다. 이에 주왕은 대세가 기운 것을 깨달았다. 그래서 몸단장을 하고 상나라에서 가장 호화로운 궁전인 녹대鹿臺에 올라 소매로 얼굴을 가리고서(조상을 볼 낯이 없어서) 불 속에 뛰어들어 스스로 목숨을 끊었다. 그의 죽음은 상 왕조의 수명이 다했음을 선포하는 것이었다.

청동용호준(龍虎尊)

1957년에 안후이 성 푸난 현(阜南縣)에서 출토된 유물로 높이는 50.5cm, 입의 지름은 45cm이다. 전체적으로 회녹색을 띠며 어깨에 용 세 마리의 무늬가 장식되어 있다. 용은 몸체를 도드라지게 했으며, 머리는 아래를 굽어보는 형상이다.

상나라 주왕

상나라의 왕 주는 제을의 아들로, 제을의 본처 소생이다. 주는 천성이 총명한 데다 말재간도 뛰어났고, 체격이 우람하고 용맹과 힘도 보통사람들을 능가해서 맨손으로 맹수와 싸울 수 있을 정도였다. 그러나 자신의 재주를 믿고 남을 깔보았다. 제을이 죽은 후 주가 왕위를 계승했다. 주왕은 술과 여자, 음란한 음악을 좋아했다. 왕이 된 후 정원과 사냥터를 확장하고, 미인 달기를 총애하며 그녀의 말만 들었다. 또 과중한 세금을 거두고, 녹대를 크게 짓고, 재물을 끌어 모았다. 그뿐만 아니라 사연師涓이라는 악사를 시켜 '미미지악靡靡之樂'이라는 아주 음탕한 노래를 작곡하게 하고 그에 맞는 '북리지무北里之舞'라는 음란한 춤도 만들게 했다. 그리고 '술로 채운 연못과 고기를 열매처럼 매단 숲', 즉 주지육림酒池肉林을 조성하게 하고 그곳에서 밤을 새워 음주 가무를 즐기며 조정에 나가 나랏일을 돌보지 않았다.

이처럼 황음무도한 주왕은 결국 백성의 원한을 샀고, 제후들도 그에게서 등을 돌렸다. 이에 그는 천자로서의 위풍을 다시 세우기 위해 잔인한 형법과 보기만 해도 소름이 끼치는 여러 형벌 도구를 만들어 냈다. 예컨대 '포락지법炮烙之法'이라는 것은 둥근 청동 기둥을 만들어서 걸쳐 놓고, 그 아래에서 나무로 불을 피워 기둥을 시뻘겋게 달군 후, 감히 자신에게 시시비비를 가리려는 자에게 맨발로 그 뜨거운 기둥 위를 걷게 하는 형벌이다. 형을 받는 자는 뜨거움을 참지 못해 결국은 금세 그 아래의 불구덩이로 떨어져 타 죽게 된다. 조정 대신 구후九侯의 딸인 주왕의 왕비는 주왕의 황음무도함을 싫어했다. 그래서 결국 주왕에게 죽임을 당했고, 그 아비인 구후도 참형 후에 그 살을 발라 젓을 담그는 형벌인 해형醢刑을 받았다. 주왕이 구후를 해형에 처하자 신하들은 모두 분노했지만, 그저 분노할 뿐 누구도 앞에 나서서 말하지는 못했다.

그 가운데 악후鄂侯가 조정에서 가장 높은 삼공三公이라는 직위를 믿고 주왕을 찾아가 그의 무도함을 이야기하며 질책했다. 그러자 주왕은 매우 화가 나서 악후를 포형脯刑, 즉 사람을 죽여 시체를 조각내고 육포로 만드는 형벌에 처하고 대중에게 내보였다. 주왕의 음탕함이 점점 심해지자, 그의 서형庶兄(정실에게서 난 아들이 첩에게서 태어난 형을 이르는 말) 미자微子가 나라가 망하는 것을 그냥 두고 볼 수만은 없다고 생각하고 주왕에게 간곡하게 조언했다. 그러나 주왕은 전혀 들으려 하지 않았다. 미자는 도망쳐 민간에서 숨어 지냈다. 한편, 주왕의 숙부인 기자箕子는 일찍이 주왕의 폭정에 불만을 품고 미친 척하며 노예 무리에 섞여 살았다. 어느 날 주왕이 그를 발견하고는 감옥에 가두게 했다.

주왕의 또 다른 숙부 비간比干은 미자가 숨어 지내고 기자가 미친 척 노예 생활을 하는 것을 보고 몹시 가슴이 아팠다. 한편으로는 자신이 신하로서 책임을 다하지 못했다는 생각과 함께 군주에게 잘못이 있을 때 간언하지 않는 것은 충성을 다하지 않는 것이며, 죽음을 두려워하여 감히 진언하지 못하는 것은 용감하지 못한 일이라는 생각이 들었다. 그래서 비간은 죽음을 무릅쓰고 주왕에게 사흘 밤, 사흘 낮을 간언했다. 그러자 주왕이 몹시 화가 나서 "성인의 심장에는 칠규(七竅, 눈, 귀, 코, 입의 일곱 개 구멍)가 있다고 들었는데, 성인이라 불리는 비간의 심장이 정말 그러한지 봐야겠다."라고 말하고는 명령을 내려 비간을 죽이고, 그의 가슴과 배를 갈라 심장을 꺼내 보았다.

이렇듯 주왕의 잔혹함이 나날이 심해지자 백성의 불만도 점점 높아만 갔다. 심지어는 당시 예악을 담당하던 태사太師와 소사少師 등도 악기를 품에 안고 모두 주나라로 도망가 버렸다. 주왕은 이렇게 인심을 얻지 못하고 점점 철저하게 고립되어 결국 주나라를 멸망에 이르게 했다. 상 왕조는 총 17대 30왕(탕왕의 장자 태정 제외)을 거치며 496년 동안 이어졌다.

시기 : 기원전 1046년 ~ 기원전 771년
인물 : 성왕, 주공 단, 성왕, 강왕, 목왕, 유왕

씨족 종법의 문명

주周는 황투 고원黃土高原의 첫 번째 고대 부락이다. 주나라 문왕은 나라를 다스리는 데 힘써 부락을 강대하게 만들었다. 이후 무왕 시기에 이르러 목야 전투로 단번에 상 왕조를 전복시켰다. 주나라 초기에는 황제가 통치권을 굳건히 하기 위해 대규모로 제후들에게 분봉分封(황제가 제후 등에게 토지와 작위를 하사하는 것을 말함.)했다. 그리고 희姬씨를 중심으로 하는 종법 제도를 세워 각 계층에서 적장자 계승 제도가 자리 잡도록 해 국가 권력의 계승 및 유지를 안정시켰다. 경제 방면에서는 정전제가 나날이 개선되면서 노예제 경제가 전례 없는 번영을 맞고 제도가 자리를 잡았다.

서주 시대부터 중국의 문명이 감성에서 이성으로 전향되었다고 해도 과언이 아니다. 그러나 이렇게 중국 문명에 큰 영향을 미친 주 왕조의 문명 시대는 오래가지 못했다. 서북쪽에서 온 융戎, 적狄 등 부족의 끊임없는 침범으로 서주의 국력은 나날이 약해졌고, 결국에는 주나라 유왕幽王의 '큰불'이 서주 왕조의 통치를 깡그리 불살라 버리고 말았다.

한눈에 보는 세계사

기원전 1000년경 : 한반도, 청동기 시대 시작
기원전 800년 : 호메로스, 《일리아스》와 《오디세이아》 저술
기원전 776년 : 올림픽 경기 시작
기원전 800년 : 페니키아, 카르타고 건설
기원전 800년 : 도시국가 발생
기원전 753년 : 로마 건설

목야 전투

기원전 1046년

기원전 1046년 초, 무왕이 직접 갑옷을 갖춘 병사인 갑사甲士 4만 5,000명과 결사대 3,000명을 이끌고 여러 봉국의 군대와 함께 동쪽의 맹진孟津으로 건너가 상나라의 주왕을 토벌하기 위한 전쟁을 시작했다. 그리고 그곳에서 또 여러 부락의 부대와 연합했다.

2월 5일, 무왕의 연합군은 상나라 도읍의 교외에 있는 목야에서 주왕의 군대와 결전 태세에 돌입했다. 주왕도 십몇 만 명의 군사를 이끌고 무왕에 대적했다. 그러나 민심은 이미 무왕에게 돌아서 있어서 주왕의 군사들은 싸우고 싶은 마음이 없었다. 그래서 주왕의 군사들은 오히려 창의 방향을 돌려 무왕을 도왔다. 덕분에 무왕은 손쉽게 주나라의 도읍인 조가朝歌로 진격할 수 있었다. 이렇게 되자 주왕은 대세가 다한 것을 깨닫고, 자신

목야 전투

이 세운 녹대에 올라 불 속에 뛰어들어서 스스로 목숨을 끊었다. 목야의 전투는 이렇게 무왕의 대승으로 끝이 났다.

주나라 무왕이 제후국을 봉하고 나라를 세우다

기원전 1046년

목야 전투 이후 주나라 무왕은 상나라의 도읍으로 들어가 그 부근을 패邶, 용鄘, 위衛의 세 나라로 나누었다. 그리고 주왕의 아들 녹부祿父(즉 무경武庚)를 패에 봉하고, 자신의 아우 관숙선管叔鮮과 채숙도蔡叔度에게 각각 용과 위를 다스리게 했다.('관숙선'의 이름은 '선'으로 '관'나라에 봉해졌고, '채숙도'의 이름은 '도'로 '채'나라에 봉해졌다. 그래서 각각 '관나라의 숙부', '채나라의 숙부'라는 뜻의 '관숙', '채숙'또는 '관나라의 숙부 선'이라는 뜻의 '관숙선', '채나라의 숙부 도'라는 뜻의 '채숙도'라고 칭한다.) 이들을 합쳐 삼감三監(일설에는 관숙에게 위, 채숙에게는 용, 곽숙霍叔에게는 패를 감독하게 하여 주왕의 아들 무경을 감시했다고도 한다.) 이라고 부른다. 이후에는 아직 굴복하지 않은 상나라의 여러 제후를 정벌하기 위해 군사를 보냈는데, 기록에 따르면 소왕국 99개를 정복하고 제후 652명을 복속시켰다고 한다.

기원전 1046년, 상나라를 쓰러뜨린 무왕은 군사를 돌려 서쪽으로 돌아가서 새로이 천도한 호경鎬京(즉 종주宗周, 지금의 산시 성陝西省 시안 시 서북쪽, 그리고 펑수이 강灃水에서는 동쪽)에서 성대한 예식을 거행해 정식으로 주 왕조의 건립을 선포했다. 건국 당시 주 왕조를 둘러싼 정세는 매우 험난했다. 불과 얼마 전까지도 막대한 구역을 통치하며 늘 제후들의 반란을 걱정했다. 따라서 정권을 굳건히 하고 새로운 정세에 대응하기 위해 공적에 따라 상을 주어 통치 집단의 내부 관계를 정리하고, 주 왕실을 중심으로 하는 분봉 정치 제도를

문왕이 《주역》을 엮었다는 연역방(演易坊)

시행했다. 이를 통해 봉해진 주요 공신으로는 강태공姜太公, 주공周公 단旦, 소공석召公奭 등이 있다.

주나라 초기에는 새롭게 정복한 광활한 지역을 통제하기 위해 상나라의

맥을 잡아 주는 **중국사 중요 키워드**

강상을 중용한 주나라 문왕

상나라 주왕 시기에 주 문왕(당시에는 서백으로 봉해졌음.)은 주왕에게 간언했다가 하옥된 적이 있다. 이때 그의 부하가 미녀와 온갖 금은보화를 바쳐 요행히 목숨을 건질 수 있었다. 주나라로 돌아온 뒤 문왕은 병사를 일으켜 상나라를 공격하고자 했지만, 아직 시기가 무르익지 않아 그를 따르는 사람이 적은 까닭에 실패할 수밖에 없었다. 이를 교훈 삼아 문왕은 상나라와의 종속 관계를 회복시키는 동시에 근본적으로 나라의 힘을 키우겠다고 결심했다.

문왕의 흥국 계획에는 풍豊으로의 천도와 행정 관리 체제의 개혁 등이 있었다. 그러나 훗날 사람들은 그런 점보다 문왕이 인재를 중시하고, 노인을 공경하고 아이를 사랑했다는 점을 칭송한다. 맹자는 서백이 노인을 공경했기 때문에 천하의 덕망 있는 현인들이 앞을 다투어 주나라로 모인 것이라고 말했다.

문왕이 찾은 가장 재능이 뛰어난 현인은 바로 강태공이다. 전하는 이야기에 따르면, 문왕이 현인을 찾아다니던 중에 위수 남쪽 기슭에서 기개가 범상치 않은 백발노인이 낚시하는 것을 보았는데, 그가 낚싯대를 들어 올릴 때마다 살아서 펄떡대는 큰 물고기가 잡혔다고 한다.(또 다른 이야기에 따르면 그는 미끼도 끼지 않은 낚싯대를 수면에 드리운 채 "빨리 걸려라, 원한다면 빨리 걸려라."라고 중얼거렸다고 한다.) 깜짝 놀란 문왕은 그 노인과 이야기하다가 나라를 다스리는 길에 대한 그의 뛰어난 식견에 더욱 놀랐다. 이에 문왕은 크게 기뻐하며 그 노인을 마차에 태우고 함께 도읍으로 돌아왔다. 그 노인의 성은 강姜, 이름은 상尙, 자는 자아子牙였다.

문왕의 아버지인 태공太公 계력도 강상과 같은 현인을 찾았기에, 돌아오는 길에 문왕은 "태공이 당신을 기다린 지 오래도다!"라고 말했다. 여기에서 유래하여 훗날 강자아는 '태공이 기다린 현인'이라는 뜻으로 '태공망太公望', 그리고 속칭 '강태공姜太公'이라 불렸다. 이후 문왕은 강태공의 보좌를 받아 주변 작은 나라들을 정복해 주 왕조를 세우기 위한 탄탄한 기초를 다졌다.

말년에 서백 희창姬昌은 스스로 문왕이라 칭했는데, 이는 바로 상나라 주왕에게 대항하겠다는 뜻이었다. 하지만 주왕의 세력이 아직 쇠퇴하지 않았고 문왕의 힘은 상 왕조를 뒤집기에는 역부족이었던 탓에, 상나라를 멸망시키는 사명은 무왕이 짊어지게 되었다.

분봉 제도를 계승하여 왕족, 공신 및 선대의 귀족을 각지의 제후로 분봉해 제후국을 세웠다. 이를 통해 노魯, 제齊, 연燕, 위衛, 송宋, 진晉, 괵虢 등 71개 제후국이 분봉되었다.

주공 단의 섭정

기원전 1042년

기원전 1042년, 무왕이 죽자 태자 송誦이 즉위해 성왕成王이 되었다. 성왕은 이때 겨우 열세 살이었기 때문에 무왕을 도와 상나라를 정복했던 무왕의 아우 주공 단이 섭정했다. 그러자 관숙과 채숙이 주공이 왕위를 찬탈했다고 의심하며 유언비어를 퍼뜨렸고, 이 틈을 타고 무경도 나라를 되찾고자 그 두 사람과 결탁해 서徐, 엄奄, 박고薄姑와 웅熊, 영盈 등의 제후국 및 부락을 규합하고 반란을 일으켰다. 이에 주공이 성왕의 명을 받들어 동쪽 정벌에 나서 3년 후에 결국 반란을 평정했다. 무경은 주살되었고, 관숙은 자살했으며, 채숙은 먼 곳으로 쫓겨났다.

이후 주 왕조가 상의 잔여 세력이 반란을 일으키는 것을 미연에 방지하기 위해 제후들에게 힘을 합쳐 이락伊洛 지역에 새로운 도읍을 세우게 하니, 이 도시가 바로 주 왕조의 동쪽 도읍인 낙읍洛邑(즉 성주成周)이다. 동쪽 도읍이 완성되자 여전히 상나라에 충성하며 주 왕조에 반대하는 백성을 모두 이곳으로 옮기고 통제를 강화했다. 아울러 주나라에 투항한 상나라 귀족 미자에게 상나라의 옛 도읍인 송을 분봉하여 상을 잇게 했고, 무왕의 아우인 강숙康叔에게 주나라의 도읍이었던 지역을 분봉하여 위나라를 세우게 하고, 상나라 백성 칠족七族(즉 도씨陶氏, 시씨施氏, 번씨繁氏, 기씨錡氏, 번씨樊氏, 기씨饑氏, 종규씨終葵氏)을 하사했다. 또 주공의 맏아들 백금伯禽에게 엄나라의 옛 땅을 분봉하여 노나라를 세우게 하고, 상나라 백성 육족六族(즉 조씨條氏, 서씨徐氏, 소씨蕭氏, 삭씨索氏, 장작씨長勺氏, 미작씨尾勺氏)을 하사했다. 이렇게 상의 남은 백성은 모두 흩어져 차츰 주 왕조의 통치에 복속되었다.

실의에 빠져 죽은 주공

기원전 1035년

주나라 성왕 8년(기원전 1035년), 성왕이 조정에 나와 정권을 잡기 시작했다. 이에 주공 단은 정권을 찬탈하려는 행동을 시작했으나 사전에 발각되어 초나라 땅으로 도망칠 수밖에 없었다.

훗날 성왕이 더 이상 추궁하지 않겠다는 대답을 준 뒤에야 그는 주나라 조정으로 돌아왔다. 그러나 이후로 그는 대권을 독점할 기회를 잃었다. 실의에 빠진 주공은 결국 그해에 병으로 죽고 말았다. 목숨이 위급하던 때,

맥을 잡아 주는 **중국사 중요 키워드**

주공 단이 예악을 만들다

서주 초기, 실질적으로 주 왕조의 대권을 장악한 주공 단이 주나라의 법과 관직 체계인 《주례周禮》를 제정했다. 이는 서주와 동주에 이르는 수백 년 동안 국가의 통치 체제로 유지되었고, 또한 사람들의 생활 방식을 결정지었다. 이러한 《주례》 체계는 상나라 사람들의 종교, 정치 제도와 주나라 민족의 종교, 정치 체제, 신앙을 융합한 것으로, 신석기 시대 이래 중국에서 하늘의 뜻을 따르고 종교와 종법을 기초로 하는 문화를 최고조로 발전시켜 청동기 시대 중화 문명의 고전 형식을 형성했다. 종법제와 분봉제分封制는 주 왕조의 정치와 사회의 구조를 결정해 천명, 군권, 종족 관계와 정치 구조를 융합했다.

또 이로부터 조빙朝聘(신하가 조정에 나아가 임금을 만나는 일)과 회동會同의 예제禮制와 아악雅樂 체계를 완벽하게 형성해 신석기부터 형성되기 시작한 중화 문명이 이 시기에 완벽한 형식에 도달했다. 예제와 대등한 개념으로 주 왕조 때에는 태사太師, 태보太保를 우두머리로 하고 경사료卿事寮를 중심으로 하며 그에 속하는 관원인 '제윤諸尹'을 기초로 하는 중앙 관제를 형성했다. 또 예제를 실행하는 과정에서 차츰 일련의 관습법을 형성해 예를 근거로 삼고, 서誓, 법, 영令 등을 형식으로 삼으며, 형으로 벌하는 법제 형식을 정착시켰다.

《주례》는 주 왕조의 가장 완벽한 정치 경전으로, 당시 《주례》의 영향은 현대의 헌법, 행정법, 형사소송법, 민법 등의 법전에 상당했고, 그뿐만 아니라 일상생활에서의 윤리 법칙을 규정하기도 했다.

그는 자신이 죽으면 주나라 땅에 묻어 주나라에 대한 자신의 충성을 나타내 달라고 부탁했다. 그러나 주공이 죽은 후 성왕은 그를 주나라 밖의 필畢 땅에 묻었다. 이는 표면상으로는 주공 단을 신하로 여길 수 없다는 이유에서였지만, 사실 마음 깊은 곳에서는 주공 단을 주 왕조의 충신에서 없애고 싶어 한 것이었다.

성강의 치세

기원전 1042년~기원전 996년

성왕의 뒤를 이어 태자 쇠釗가 뒤를 이으니 그가 바로 강왕康王이다. 주나라 성왕 이후 강왕도 앞선 두 왕조의 유산을 이어받아 나라의 기본적인 안정과 강성함을 유지했다. 즉위 초기에 강왕은 여러 제후에게 행동에 신중을 기하라고 당부했다. 귀방鬼方(중국의 서쪽 변경 지방에 살고 있던 이민족)을 정벌하고 동쪽을 순시하는 것을 제외하면, 강왕은 나라의 재산을 소모하는 조치를 한 적이 없다. 그래서 역사학자들은 일반적으로 강왕이 백성을 편안하게 휴식케 한다는 이른바 '식민息民' 정책을 따랐다고 여기며, 이를 통해 "사이四夷(즉 동이東夷, 북적北狄, 남만南蠻, 서융西戎)가 복종하고 나라 안이 평온하며 감옥이 텅 비어 형벌이 필요 없는" 정도에 이르렀다고 한다. 그래서 기원전 1042년에서 기원전 996년 사이인 성왕과 강왕의 통치 시기를 '성강의 치세成康之治'라고 일컫는다.

하준(何尊)

하준은 서주 시대 초기에 처음으로 연대를 새긴 청동기로, 서주 시대 전기의 가장 중요한 청동기로 손꼽힌다. 122자가 새겨진 명문은 서주 시대 초기의 중요한 역사 사실을 서술한다. 그래서 성주(成周, 낙양)의 건설과 관련해 서주 시대 초기의 역사를 연구하는 데 아주 중요한 의미가 있다.

소머리와 네 개의 손잡이가 달린 청동 궤(簋)

1981년에 산시 성(陝西省) 바오지 시(寶鷄市)에서 출토된 높이 23.8cm의 청동 궤이다. 이 궤는 커다란 손잡이 네 개가 특징이다. 손잡이와 기물의 몸통은 따로 주조한 뒤에 서로 연결했다. 전체 그릇의 짐승 모양 손잡이에는 크고 작은 소머리 24개가 장식되어 있다. 그 장식의 구상이 절묘하고 소박하며 한편으로 우아하다.

주나라 소왕이 형초를 정벌하다

기원전 985년

강왕의 뒤를 이은 주나라 소왕昭王은 전쟁을 좋아하는 제왕이었다. 소왕의 재위 중기에 형초 지역 일대의 초나라에서 반란이 일어나 일부 제후국과 함께 중앙 정권에 맞서 싸웠다. 기원전 985년, 소왕은 군대를 이끌고 한수漢水를 건너가 첫 번째 정벌에서 완벽한 승리를 거두었다. '종주종宗周鐘'에 이번 정벌의 찬란한 전적이 기록되어 있다.

그러나 8년 후 그 제후국들이 여전히 초나라를 우두머리로 하여 다시 반란을 일으켰다. 이에 화가 난 소왕은 다시 군대를 일으켜 두 번째 정벌에 나섰다. 그런데 한수를 건널 때, 사공에게 속임을 당하고 말았다. 그 사공들은 초나라의 동맹이었는지 아니면 소왕의 연이은 정벌에 불만을 품은 백성이었는지는 분명하지 않다. 하지만 어쨌든 그들은 소왕이 군대를 이끌고 강을 건널 때 소왕과 주나라 군대를 바닥을 아교로 붙인 배에 태웠다. 그리하여 배가 강 한가운데로 나아갔을 때 아교가 물에 녹아 배가 해체되면서 소왕은 물에 빠져 죽고 말았다. 그 틈을 타고 초나라 군대가 공격을 퍼부었고, 결국 주나라 군대는 수가 절반으로 줄어든 채 크게 패하고 돌아왔다. 정벌이 실패로 끝나면서 반란을 제때 평정하지 못했을 뿐만 아니라 주나라 왕실의 세력과 명성도 큰 타격을 입었다. 이로써 주 왕조는 쇠퇴의 길을 걷게 되었다.

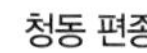

청동 편종

편종은 주 왕조 귀족이 제사, 연회 등을 진행할 때 사용한 예악기이다. 편종은 8개 1조로 구성되며, 이는 그 중의 두 개이다.

주나라 목왕의 서쪽 정벌

기원전 965년~기원전 961년

목왕穆王 원년(기원전 976년), 소왕의 아들인 목왕 만滿은 왕위에 오른 후 무려 55년이나 재위했다. 그는 큰 공을 세우는 것을 좋아해서 사방으로 세력을 확장하고자

서주 전차(모형)

했다. 목왕 12년(기원전 965년)에 유목 민족인 견융犬戎이 조공을 바치지 않자 목왕은 군대를 이끌고 정벌에 나섰다. 그 결과 왕 다섯 명을 사로잡고, 함께 생포한 적을 태원太原(지금의 간쑤 성甘肅省 전위안 현鎭原縣 일대)으로 이동시켰다.

기원전 961년에는 견융 정벌에서 승리한 기세를 몰아 서쪽으로 진격해 청해青海 동부 지역에 이르렀다. 왕복 천 리의 고된 여정도 서방 낙원을 얻고자 하는 목왕의 바람을 꺾지 못했다. 전하는 바로는 주나라 목왕에게 마차를 잘 모는 조보造父라는 신하가 있었다. 조보의 선조들도 말을 키우고 마차를 모는 데 뛰어나기로 유명했는데 그중 중연中衍은 상나라 왕 대무大戊의 마차를 몰았다고 한다. 조보는 목왕의 총애를 받자 정성스레 털색이 서로 조화를 이루고 힘이 비슷한 준마 여덟 필을 골라서 훈련시키고, 각각 '화류驊騮', '녹이綠耳' 등의 이름을 지어 목왕에게 바쳤다. 목왕이 준마 여덟 필이 끄는 마차에 오르자 조보가 마차를 서쪽으로 몰아 서왕모의 나라까지 갔다. 두 사람은 그 즐거움에 그만 돌아올 것을 잊어 버렸다.

서왕모의 초상화

서왕모는 곤륜산에 살면서 모든 신선을 지배하는 여신이다.

절굉

1976년 산시 성(陝西省) 푸펑 현(扶風縣)에서 출토된 전체 높이 28.7cm의 절굉(折觥, 굉은 술을 혼합하는 용기)이다. 배는 장방형이고, 뚜껑이 있다. 뚜껑의 앞부분은 짐승 머리 형태인데 "주나라의 모(某) 왕이 19년에 상후(相侯)에게 속했던 토지 일부분을 망(望)에게 하사했다."라는 명문이 새겨져 있다. 이 기물의 형태는 단정하고 엄숙하며, 장식과 무늬가 화려해 주 왕조 청동기의 기준이 된다.

주나라 목왕이 서북 지역을 돌아본 진짜 의도에 대해 후세 사람들은 여러 가지로 추측하여 이야기를 만들어 냈다. 정치적 시각에서는 아마도 그가 이 지역의 민족들에게 주나라의 역량을 과시해 그들이 쉽게 배반하지 못하게 하려는 의도였을 것이라고 한다. 또는 나라 안의 정치 모순을 가리고 사람들의 관심사를 나라 밖으로 돌려 통치 지위를 굳건히 하고자 한 것이라는 추측도 있다. 하

맥을 잡아 주는 중국사 중요 키워드

정전제의 보급

정전제는 원시 씨족 공동 사회의 토지 공유제에서 변화, 발전된 토지 제도이다. 《맹자孟子》 등 고대 문헌의 기록을 보면 정전제는 서주 시대 이전에 이미 상당히 오랜 역사 동안 존재했고, 서주 시대에 이르러 비로소 완전해졌다. 이 제도는 경지를 '우물 정'자로 나누었기에 정전제라는 이름이 붙었고, 실제 경작자에게 토지의 소유권이 없고 사용권만 있다는 점이 특징이다. 《주례》에서는 구부九夫[정전제에 의해 여덟 집에서 각기 사전 100무畝(논밭 넓이의 단위로 '묘'라고도 했다. 1무는 666.66㎡이었다.)씩 받아 농사를 지었고, 여기에 공전 100무를 합해서 구부가 된다.]를 정井으로 정했다. 사방 1리가 1정이고, 사방 10리는 '성成', 즉 100정이며, 사방 100리는 '동同', 즉 1만 정으로 이것이 정전 체계를 구성했다. 이렇게 해서 정전제는 여덟 집을 정으로 하는 유공전有公田과 구부를 정으로 하는 무공전無公田으로 크게 두 개의 체계로 나뉘었다. 정전제에서 노동자는 전지세田地稅와 부역賦役(국가나 공공 단체가 백성에게 의무적으로 책임을 지우는 노역)의 경제적 부담을 졌다.

서주 시대 중기에 이르러 최소한 귀족들 사이에서는 이미 토지의 개인 소유제가 등장했다. 춘추 시대 진晉나라의 '작원전作爰田'과 노나라의 '초세무初稅畝' 등도 모두 사실상 토지의 개인 사유제를 인정하는 것이 보편적이던 상황에서 생겨난 것이다. 이렇게 정전제는 차츰 와해되어 갔고, 결국 기원전 350년에 '상앙商鞅의 변법變法'으로 정전이 폐지되었다. 그러나 이렇게 경작지를 균등하게 분배하는 법은 후대에 실로 막대한 영향을 미쳤다.

지만 목왕은 그런 쓸데없는 과시가 소왕의 뒤를 이어 주 왕조의 세력을 한 걸음 더 쇠퇴하게 했다는 사실을 알지 못했다.

주나라의 공화 행정

기원전 841년

기원전 878년, 주나라 여왕厲王이 즉위했다. 그의 재위 기간에 주나라에는 농작물이 말라 죽으면서 기근이 끊이지 않아 백성은 도탄에 빠졌지만, 귀족들은 여전히 주색에 빠져 지냈다. 기원전 844년, 여왕은 더욱 많은 재물을 끌어모으기 위해 괵공虢公 장보長父와 영이공榮夷公을 임용해 산과 숲과

곤복(袞服) 설명도

날실과 씨실이 모두 오른쪽으로 꼬이는 방식으로 사선으로 짜였고, 먼저 염색하고 나중에 직조한 것이다. 이것은 지금까지 중국에서 발견된 것 중에 최초의 채색 모직 옷감으로 선진(先秦) 시대의 모 방직과 염색 기술의 수준을 보여 준다. 《주례》에 의하면 주나라 시대에 이미 곤룡포(곤복의 다른 이름)이 있었다고 하며, 이는 명 왕조까지 계속해서 이어졌다. 곤룡포는 최고 통치자의 복식이었다.

내와 못을 왕의 소유로 강점하고 평민이 채집이나 사냥 및 어획을 할 수 없도록 하는 '전리專利'를 강행하게 했다. 이렇게 사회 각 계층의 이익을 박탈하자 사방에서 원망이 높아졌다.

여왕은 또 예량부芮良夫의 간언을 받아들이지 않고, 영이공을 경사卿士로 임명해서 전리를 계속하게 했다. 그러자 원한과 분노가 온 나라를 채워 온 거리에 백성이 쏟아내는 불만의 목소리가 가득 찼다. 여왕은 위나라에서 무당을 불러와 그에게 자신을 비방하는 사람들을 감시하게 하고, 성 안에 포고문을 붙여 뒤에서 조정의 일을 논하는 사람이 있으면 가차 없이 죽이겠다고 했다.

이와 함께 위나라 무당은 거짓으로 신령의 이름을 빌려 제멋대로 무고한 사람을 모함해 많은 사람의 목숨을 앗아갔다. 이에 사람들은 공개된 장소에서 말을 할 엄두를 내지 못하고, 길에서 만나면 서로 눈짓으로 원한을 품고 있다는 뜻을 나타낼 뿐이었다. 이에 여왕은 비방이 모두 사라졌다고 생각했다.

그러나 소목공召穆公은 생각이 달랐다. 그는 "사람들에게 말하지 못하게 하는 것은 흐르는 강물을 막는 것이나 마찬가지"로 사람들의 입을 억지로 틀어막으면 반드시 큰 화를 불러일으킬 것이라고 여겼다. 그래서 그는 언로言路를 활짝 열어 위로는 공경대부에서 아래로는 평민에 이르기까지 모두 자신의 의견을 말할 기회를 주어야 한다고 주장했다. 그러나 여왕은 그의 말은 듣지도 않고 자신의 생각만 고집했다.

그로부터 채 3년도 못 되어 결국 기원전 841년에 인내심이 한계에 다다른 온 나라 백성이 대규모 폭동을 일으켰고, 여왕은 체彘(지금의 산시 성山西

省 훠저우 시霍州市)까지 쫓겨 갔다. 태자 정靜이 소목공의 집에 숨어 있었는데, 백성이 이를 알고는 몰려와서 집을 에워싸고 태자를 내놓으라고 요구했다. 그러자 소목공은 자신의 아들을 태자로 꾸며 대신 내보냈고, 태자는 위험을 피할 수 있었다. 여왕이 체로 도망가자, 대신들은 의논하여 소공召公(즉 소목공의 호)과 주공周公(즉 주정공周定公)이 함께 국사를 처리하게 하고 연호를 '공화共和'(일설에서는 제후 공백화共伯和가 정무를 대신 처리했다고 한다.)라고 했다.

공화 원년, 즉 기원전 841년은 중국 역사상 처음으로 명확한 연대가 기록되기 시작한 기점이다. 공화 14년(기원전 828년), 주나라 여왕이 체에서 죽었다. 그리고 이듬해에 태자 정이 즉위해 주나라 선왕宣王이 됨으로써 공화 시대는 끝이 났다.

선왕중흥

기원전 827년

기원전 827년, 주나라 선왕은 즉위 후에 여왕이 남긴 폭정의 영향을 지우고 국내외의 불안정한 국면을 완화하기 위해 일련의 절차와 조치를 취했다. 대내적으로는 먼저 정치를 개혁해 주공과 소공 두 재상의 보좌를 받고, 윤길보尹吉甫, 종산보鐘山甫 등의 현명한 신하를 임용해 문왕, 무왕, 성왕, 강왕의 정치적 유풍을 본받았다. 아울러 '적전藉田(임금이 몸소 농민을 두고 농사를 지어 거두어들인 곡식으로 신에게 지사를 지내던 제전의 한 가지)'을 하지 않겠노라고 선포했다.

선왕 이전에는 매년 봄 경작할 시기가 되면 천자가 적전례藉田禮를 올렸는데, 선왕 때에 이르러서는 예전처럼 공전을 집단으로 경작하는 법을 지속하기가 어려워 적전례가 유명무실했다. 이에 선왕은 적전례를 폐지할 것을 선포했다. 이 조치는 산과 숲과 내와 못에 대한 통제

모공정(毛公鼎)

명문의 글자 수가 가장 많은 주 왕조의 청동기로, 글자 수가 모두 497자에 달해 진귀한 역사적인 가치가 있다. 명문에는 선왕이 신하에게 정사를 처리하도록 요구할 때 언로를 활짝 열도록 한 일, 조세를 징수할 때 횡령하지 못하도록 한 일, 부하를 엄격히 관리한 일 등이 기록되어 있다. 명문에서도 온 힘을 다해 나라를 다스리고자 한 선왕의 생각이 드러난다.

를 느슨히 하겠다는 의미를 담고 있다.

대외적으로는 선왕 즉위 후에 험윤玁狁(주나라 때 흉노를 이르던 말)이 끊임없이 침략해 재물을 약탈하고 백성의 목숨을 빼앗는 심각한 상황이었다. 그래서 선왕은 남중南仲을 삭방朔方에 보내 수비를 강화하게 하고, 윤길보에게 군사를 주어 북벌을 진행하게 했다. 윤길보는 선왕의 명을 받아 태원(섬북陝北, 진북晉北 일대의 황토고원을 널리 일컬음.)까지 험윤을 쫓아가 북쪽으로 도망치게 했고, 다른 융적戎狄(고대 중국인들이 서쪽과 북쪽의 이민족을 일컫던 말. 서쪽의 오랑캐를 융, 북쪽의 오랑캐를 적이라 불렀다.)도 굴복시켜 주나라의 신하가 되게 했다. 이러한 큰 승리를 거둔 뒤 선왕은 또 방숙方叔에게 군사를 이끌고 남쪽 형초로 향하게 하여 승리를 거두었다. 그뿐만 아니라 다시 윤길보를 보내 무력으로 남회이南淮夷를 굴복시켰다. 이로써 남회이가 주나라에 조공을 바치게 되었고, 주나라는 잠시 동남 지역을 통제하며 남쪽에 대한 영향력을 회복했다.

무왕이 천도한 호경 이남 지역으로는 진중秦仲을 대부로 삼아 그에게 서융을 정벌하게 했다. 그러나 그가 서융에 살해당하자, 다시 진중의 아들 장공莊公 형제 다섯에게 군사 7,000명을 주어 서융을 정벌하게 했고 결국 승리를 거두었다. 선왕의 이러한 조치와 행동은 주나라 왕실의 위신을 드높였을 뿐만 아니라 주나라의 세력을 회복시켜 제후가 다시 주나라 천자에게 고개를 숙이는 결과를 낳았다. 그래서 훗날의 역사학자들은 주나라 선왕의 치세를 '선왕중흥宣王中興'이라고 부른다.

그러나 주나라 왕실이 나날이 쇠락하고 제후가 나날이 강해지는 전체적인 추세는 이미 막을 수 없게 되어, 중흥은 잠시 잠깐의 현상에 머물고 말았다. 훗날 융적의 한 갈래인 신융申戎에 승리를 거둔 것을 제외하면, 역시 융적의 갈래인 태원의 융, 조융條戎과 분융奔戎 등과 벌인 싸움에서는 모두 패배하고 말았다. 특히 선왕 39년(기원전 789년) 강융姜戎과의 싸움에서는 천무千畝(지금의 산시 성山西省 제슈 현介休縣 남쪽)에서 크게 패해 선왕이 보낸 '남국지사南國之師' 전군이 전멸하는 비극이 벌어졌다. 이는 주 왕조의 세력이 이미 예전만 못하다는 사실을 나타내는 증거이다.

주나라 유왕이 봉화로 제후를 놀리다

기원전 779년

주나라 선왕이 죽고 그의 아들 궁열宮涅이 즉위해 유왕이 되었다. 유왕 초기부터 주나라는 이미 사회가 불안하고 안팎으로 어려움에 빠져 있었다. 그런데 유왕은 아첨을 일삼으며 시류에 영합하는 괵석부虢石父를 경사卿士로 삼아 백성을 분노에 빠뜨렸다. 유왕은 또 포사褒姒라는 비를 총애해 신후申后와 태자 의구宜臼를 폐하고, 포사를 황후에 책봉한 뒤 그녀의 아들 백복伯服을 태자로 세웠다. 포사는 포褒나라(지금의 산시 성陝西省 한중 시漢中市 서북쪽) 사람으로 사姒씨였다.

유왕은 멍청하고 어리석어서 국사는 아랑곳하지 않고 그저 포사의 비위를 맞추는 데만 급급했다. 포사는 웃는 것을 좋아하지 않았다. 그래서 유왕이 온갖 방법을 동원해도 좀처럼 웃지를 않았다. 과거에는 군사 상황을 빠르게 전달할 수 있도록 군사 요충지에 몇 리에 하나씩 크고 높은 '봉화대'가 설치되어 있었다. 적이 침략하면 이를 이용해서 낮에는 봉화대에 연기를 피우고, 밤에는 불을 피워서 알렸다. 그리고 주나라 천자가 봉화를 올려 경보를 하면 제후가 모두 군사를 보내 지원하게 되어 있었다. 유왕은 포사를 한 번 웃기려고 적이 침략하지도 않았는데 봉화대에 불을 붙였다. 이를 본 제후들은 병마를 이끌고 천자를 도우러 호경으로 모여들었다. 도착한 뒤에야 그들은 자신들이 허탕을 쳤다는 사실을 알았다. 이 광경에 포사는 크게 웃었지만, 제후들은 분노했고 이후로는 봉화대에 불이 올라와도 호경으로 달려가지 않았다.

맥을 잡아 주는 중국사 중요 키워드

육예 교육의 형성

서주는 상나라 시대의 교육 체제를 계승하고 이를 토대로 전형적인 정교政敎 합일의 관학官學 체계를 정립했으며, 당시로써는 진보적이었던 육예 교육을 진행했다. 서주의 관학은 국학國學과 향학鄕學으로 나뉘어 시행되었다. 국학은 전문적으로 귀족 자제들을 위해 세워진 것으로, 도성과 제후국의 수도에 세워졌다. 향학은 지방 행정 구역에 설치되었고 지방 귀족의 자제와 사직하고 고향에서 지내는 신사紳士 향관鄕官의 자제를 대상으로 했다.

국학은 예와 악을 중심으로 활쏘기, 말타기, 서書, 수數의 여섯 가지를 가르쳤다. 예는 정치, 종법, 인륜 도덕규범 의례 등과 관련된 지식으로 육예 교육의 핵심이었다. 악은 종교, 제사, 악무樂舞의 지식이다. 중화지용효우中和祗庸孝友의 여섯 가지 방면, 즉 충성, 강약의 조화, 공손함, 평범함, 부모에 대한 효, 형제간의 우애를 포함하며, 신분 등급에 대한 관념을 퍼뜨리는 것이 목적이다. 활쏘기와 말타기는 종합적인 교육으로 내면과 기예의 배양을 포괄한다. 당시에는 활쏘기를 가장 중요하게 생각하여 활쏘기의 기술 수준이 곧 선비들을 장려하고 등용하는 기준이었다. 서와 수는 읽고 쓰고 셈하는 지식을 가르치는 과목이다.

육예 교육의 특징은 관리가 교사가 되어 가르쳤다는 점이다. 교사는 교사로서 가르치는 동시에 관리로서 나라의 일을 처리했다. 춘추·전국 시대에 이르러 봉건 경제가 끊임없이 발전하고 주 왕조의 세력은 나날이 쇠퇴하면서 '예가 붕괴하고 악이 망가지는' 상황이 되었다. 또한 개인적으로 학문을 닦는 분위기가 생겨나 귀족 관학이 쇠락하면서 중국의 고대 교육에 첫 번째 중대한 개혁이 일어나게 되었다.

서주의 멸망

기원전 771년

주나라 유왕은 포사를 총애해 유왕 5년에 신후와 태자 의구를 폐했다. 대신들이 이에 반대하고 나섰지만, 유왕은 들은 척도 하지 않았다. 의구는 태자에서 폐해진 뒤 외가인 신申나라로 도망갔다. 이때 주 왕조는 쇠락할 대로 쇠락해서 중간 정도의 세력을 갖춘 제후국과 다를 바 없었다. 이에 제, 노, 진晉, 위 등 제후국은 이미 왕실의 통제에서 벗어난 상태였다. 제후인 신나라 왕은 유왕에게 불만이 많았지만, 아직 공공연하게 반란을 일으키지는 않았다. 그러다 유왕 8년에 유왕이 포사의 아들 백복을 태자로 내

세우자 주나라와 신나라 사이의 갈등이 표면화되기 시작했다.

유왕 9년, 신나라 왕은 서융 및 역시 주나라의 제후인 회鄶나라 왕과 연합해 주나라에 반란을 일으킬 준비를 했다. 그 이듬해에 유왕이 태실산太室山에서 제후들과 집회를 열고, 신나라를 토벌하기 위해 파병했다. 유왕 11년(기원전 771년), 신나라 왕이 회나라, 견융과 연합해 병사를 이끌고 호경까지 침입했다. 이에 유왕이 제후들의 군사 지원을 요청하는 봉화를 올렸지만, 제후들은 아무도 오지 않았다. 결국 주나라는 크게 패했다.

유왕은 포사, 백복과 정백우鄭伯友(즉 환공桓公)을 이끌고 동쪽으로 도망갔지만 리산 산驪山에서 잡히고 말았다. 융의 병사들은 유왕, 백복과 정백우를 죽이고 포사를 포로로 잡은 뒤, 주나라 왕실의 재물을 모두 약탈해 갔다. 유왕이 죽자 주나라 제후인 신나라와 노나라의 왕, 그리고 허문공許文公 등이 원래의 태자인 의구를 왕으로 옹립했다. 하지만 괵공한虢公翰은 왕자 여신餘臣을 옹립할 것을 주장하며 휴攜(지금의 위치는 정확하지 않다.) 땅으로 가서 여신을 왕위에 오르게 해 두 왕이 병립하게 되었다. 의구는 이후 견융을 피하기 위해 낙읍으로 천도했는데, 그가 바로 주나라 평왕平王이다. 여신은 기원전 760년에 진晉나라 문후文侯에게 죽임을 당했다.

리산 산(驪山)의 봉화대 유적

History of China

맥을 잡아주는 세계사

The flow of The World History

제3장 | 춘추·전국 시대의 개막

CHINA

1 동주

시기 : 기원전 770년 ~ 기원전 221년
인물 : 평왕, 양공, 소후, 공자, 맹자, 혜공, 장왕, 환공, 무공, 양왕, 목공, 정왕, 최저, 편작, 자산, 평공, 노자, 오자서, 경왕, 제번, 손무, 합려, 구천, 이회, 증후을, 묵자, 오기, 상앙, 장의, 쾌, 무령왕, 악의, 장자, 굴원, 이빙, 형가

쟁명과 쟁난의 시대

기원전 475년을 기점으로 역사학자들은 동주東周 시대를 춘추와 전국戰國 두 시기로 나눈다. 이 시기에는 여러 제후가 잇달아 들고 일어나 패권을 다투며 왕실의 독보적인 지위를 무너뜨려 서주 시대의 옛 제도가 점차 무너졌다. 종가의 적자가 세습하고 매매할 수 없던 가문의 토지 소유제가 차츰 사유화되어 매매할 수 있는 가족 토지 소유제로 전환된 것이 동주 사회의 가장 기본적인 변화이다. 한편, 빈번한 전쟁과 막대한 군비 지출은 동주 시대에 등장한 새로운 모순이다.

이런 모순을 개선하기 위해 노나라의 초세무 제도를 시작으로 여러 나라에서 일련의 경제 개혁을 일으켰다. 농사에 철기와 소를 이용하는 방식이 널리 확산하면서 농업 생산력을 크게 향상시켰고, 이는 또한 수공업과 상업의 발전을 촉진했다. 동주 시대에는 문화가 매우 발달해 수많은 사상가, 정치가, 군사가가 연이어 저서를 편찬해 학설을 정립하면서 '백가쟁명百家爭鳴'의 상황이 나타났다.

한눈에 보는 세계사

기원전 776년 : 올림픽 경기 시작
기원전 753년 : 로마 건설
기원전 625년 : 신바빌로니아 왕국 성립
기원전 563년 : 석가모니 탄생
기원전 525년 : 페르시아, 오리엔트 통일
기원전 509년 : 로마, 공화정 수립
기원전 500년 : 인도, 불교 탄생
기원전 492년 : 페르시아 전쟁 시작
기원전 480년경 : 인도, 석가모니 열반
기원전 449년 : 로마, 12표법 제정
기원전 438년 : 아테네, 파르테논 신전 완성
기원전 431년 : 펠로폰네소스 전쟁 발발
기원전 400년경 : 한반도, 철기 시대 시작
기원전 337년 : 마케도니아, 그리스 정복
기원전 330년 : 알렉산드로스, 페르시아 정복
기원전 323년 : 헬레니즘 시대 도래
기원전 317년 : 인도, 마우리아 왕조 건국
기원전 264년 : 제1차 포에니 전쟁 발발

주 왕조가 동쪽으로 도읍을 옮기다

기원전 770년

평왕平王 원년(기원전 770년), 흉노의 한 갈래인 견융의 침입으로 주나라의 도읍인 호경이 폐허가 되었고 서융도 가까운 곳에서 끊임없이 위협을 가했다. 그래서 새로 즉위한 주나라 평왕은 동쪽에 있는 낙읍洛邑(지금의 허난 성 뤄양 시洛陽市)으로 도읍을 옮기기로 했다. 그 후로 주 왕조는 동주라고 불리게 되었다. 동쪽으로 도읍을 옮긴 뒤 주 왕조는 빠른 속도로 왕실의 권위를 잃어 제후들을 제어할 수 없는 지경에 이르렀다. 그들의 세력 범위는 낙읍을 비롯한 주변 길이 300여 km에 불과한 지역에 국한되어 이제는 세력이 보통의 제후보다도 못하게 되었다.

주 왕조가 정치 및 군사 분야에서 모두 권위를 잃으면서 주 왕실을 상징하는 예법과 예식, 법률 제도, 문화 제도가 빠르게 무너졌다. 그리고 제후들은 더 이상 주나라 천자의 말을 듣지 않고 제멋대로 정복 활동을 일삼았다. 이에 중원은 자연히 혼란에 빠졌고, 군사 세력을 앞세워 정치적, 경제적 이익을 얻는 것이 정치의 주요 목적과 수단이 되었다. 아울러 노예 사회의 예법이 무너지자 주 왕실은 더 이상 독점적 통치권을 행사하는 특권을 잃었고, 제후뿐만 아니라 심지어는 높은 벼슬아치까지도 분수를 넘어 천자의 예법·예식을 사용했다.

동주 시대에는 이렇게 주나라의 예법·예식과 정치적 통치가 무너지면서 빠른 속도로 중원의 정치와 문화의 판도가 바뀌었다. 서주의 전제적이고 단일한 정치 구조가 무너진 후 여러 지방 세력과 여러 계층이 속박에서 벗어나 서로 다투어 각자의 세력을 발전시켰다. 천자와 제후 사이, 제후와 대부 사이, 아버지와 아들 사이, 형과 아우 사이에도 격렬한 투쟁이 일어나 여러 종류의 세력이

왕자오정(王子午鼎)

춘추 시대의 취사 도구

진공궤(秦公簋)

음식을 담는 그릇. 뚜껑이 있고, 고리 모양의 손잡이와 다리, 북 모양의 배가 있으며, 배 부분에는 동물 머리와 두 귀가 달렸다. 그릇과 뚜껑에는 모두 작은 교룡(전설 속에 나오는 뿔 없는 용) 무늬가 있다. 뚜껑과 그릇에는 모두 명문이 새겨져 있는데 뚜껑에는 54자, 그릇에는 51자가 새겨졌고 글자체는 석곡문과 비슷하다.

발전하면서 중국의 정치적, 경제적 면모에 큰 변화가 일어났다. 아울러 노예 사회의 예법 파괴 역시 문화의 번영을 촉진했다. 서주의 청동기 주조가 양식, 무늬, 명문과 문자 스타일에서 크게 통일된 모습을 보인 반면에 동주 시기부터는 여러 지방의 스타일이 등장하면서 춘추·전국 시대의 문화가 급속도로 발전하기 시작했다.

주나라 왕실의 동천으로 이루어진 동주의 건설은 바로 서주 시대의 전제적이고 정적인 정치, 문화에서 춘추·전국 시대의 자유롭고 더 번영한 정치, 문화로 넘어감을 나타내는 상징이다. 또한 주나라 왕실의 쇠락은 이러한 전기를 위한 필수 조건이다.

진나라의 흥기

기원전 770년

기원전 770년, 진秦나라 장공莊公의 아들 양공襄公은 주나라 평왕이 낙읍으로 동천할 때 호위한 공을 세워 제후에 봉해졌다. 평왕은 아울러 기산岐山(지금의 산시 성陝西省 치산 현岐山縣 동북쪽)의 이서 지역 땅을 진秦에 하사했는데, 이로써 진나라는 빠른 속도로 부상하는 계기를 마련했다.

진은 고대 영嬴씨 부족의 한 갈래로 소호少皞(또는 少昊. 중국의 신화에서 서방의 신으로 일컬어지는 소호는 본래 동방의 신이었지만 언젠가부터 동방을 떠나 아들인 가을의 신 욕수蓐收와 더불어 서방을 다스렸다고 한다. 황제의 손자라고도 하고 태호복희씨太昊 伏羲氏를 계승하여 일어난 고대 동이족의 신이라고도 한다.)를 숭배했다. 주나라 선왕 때 대부로 봉해진 진중이 서융을 토벌하다가 전사한 후, 그의 아들 장공이 서융을 쳐부수고 서견구西犬丘를 수복해 이곳에 자리를 잡았다. 이것이 진나라 건국의 발단이다.

춘추 시대 초기, 동주가 지금의 산시 성陝西省 지역 밖으로 옮겨 가자 진은 서융 토벌에 힘쓰며 주나라의 옛 땅을 되찾았다. 기원전 766년, 양공이 서융을 토벌하던 중에 기산에서 패하여 죽자 그의 아들 문공文公이 뒤를 이었다. 기원전 762년, 문공은 견수汧水와 위수渭水가 만나는 곳에 자리한 진나라의 옛 땅을 되찾고 이곳으로 도읍을 옮겼다. 진나라의 영토는 서주의 옛 땅으로, 진나라는 여러 면에서 정통 문화를 계승했고 또한 춘추 시대에 일어난 문명의 물결을 앞장서 이끌었다.

진나라는 군대를 동원해 영토를 적극적으로 확장했다. 진의 영토는 처음에만 해도 지금의 간쑤 성甘肅省 동남 지역과 산시 성陝西省 서쪽 지역의 위수 유역에 머물렀다. 그러나 훗날 차츰 지금의 산시 성陝西省과 간쑤 성에 자리 잡고 있던 서융 각 부족을 멸망시키고, 위수를 따라 동쪽으로 나아가 황하와 효함崤函의 요새를 넘어서 삼진三晉으로 진격했다. 그리고 지금의 산시 성陝西省 상뤄 시商洛市 지역을 넘어 초나라를 침략하고, 지금의 산시 성陝西省 한중 시 지역을 넘어 파촉巴蜀으로 나아가 파촉에서 다시 초나라를 공격했다. 기원전 753년부터 진나라는 역사를 기록하기 시작했고, 백성을 가르치는 정책을 펼쳤다. 기원전 746년에 진나라 법률에 '삼족의 죄(죄를 범한 사람과 그의 삼족이 함께 벌을 받는 죄)'가 등장했다. 현존하는 중국 최초의 각석문자刻石文字인 석고문石鼓文은 진나라 왕의 사냥과 전쟁의 상황을 노래한다. 이로부터 진나라는 서쪽 지역의 조그마한 땅덩어리를 차지하던 작은 나라에서 일약 중원 여러 나라에 필적하는 제후가 되었다.

진나라에 곡옥의 내분이 일어나다

기원전 724년

진晉나라 문후가 죽고 나서 그의 아들 소후昭侯가 뒤를 이었다. 주나라 평왕 26년(기원전 745년), 소후는 자신의 숙부 성사成師에게 곡옥曲沃(지금의 산시 성

山西省 원시 현聞喜縣 동쪽)을 분봉했다. 곡옥은 진나라의 도성인 익翼(지금의 산시 성山西省 이청 현翼城縣 동남쪽)을 넘어서는 규모를 자랑하는 성읍이었다. 환숙桓叔(성사가 죽자 시호를 '환桓'으로 했는데, 소후의 숙부였다는 의미에서 '환숙'이라 존칭되었다.) 또는 곡옥 환숙이라고 불리는 성사가 곡옥백伯(춘추·전국시대에 제후는 공公·후·백·남男·자子의 다섯 등급으로 나뉘었다. 주나라의 제후국인 진나라의 소후가 '후'이므로 환숙은 그 아래 등급인 '백'에 봉한 것이다.)에 봉해졌을 때, 그의 나이 쉰다섯 살이었다. 그는 어질고 정의로워서 많은 진나라 국인國人(주나라 때 지배 계층인 경·대부를 일컫는다.)이 그를 따랐고, 곡옥 환숙의 세력은 어느덧 진나라 왕을 넘어서게 되었다. 그러나 진나라 국인은 차츰 이는 본말이 전도된 경우라며 훗날 분명히 화가 일어날 것이라고 여겼다.

주나라 평왕 33년(기원전 738년), 진나라 대신 반보潘父가 소후를 시해하고 곡옥 환숙을 맞이하고자 했다. 환숙이 진나라 도읍으로 들어가려 하자 진나라 국인이 그를 반대하며 병사들과 함께 공격했다. 이 전투에서 패한 환숙은 결국 곡옥으로 후퇴해야 했다. 그 후 진나라 국인은 소후의 아들 평을 다음 왕으로 세웠고, 그가 바로 진나라 효후孝侯이다. 효후는 즉위한 후 반보를 죽였다. 곡옥 환숙이 죽은 뒤 주나라 평왕 43년(기원전 731년)에 그의 아들 치鱓가 즉위해 곡옥 장백莊伯이라 불렸다. 주나라 평왕 47년(기원전 724년), 곡옥 장백은 진의 도성인 익으로 진격해 효후를 살해했다. 그러자 진나라 국인이 곡옥 장백을 공격해 그를 곡옥으로 물러나게 했다. 그리고 효후의 아들 극郄을 악후鄂侯로 세웠다. 기원전 718년, 진나라 악후가 죽자 곡옥 장백이 다시금 병사를 일으켜 진나라로 진격해 왔다. 이에 주나라 평왕이 괵공虢公에게 군사를 주어 이를 토벌하게 했고, 곡옥 장백은 다시 곡옥으로 후퇴했다. 그 후 진나라 국인은 악후의 아들 광光을 왕으로 세웠는데, 그가 바로 진나라 애후哀侯이다. 주나라 환왕桓王 4년(기원전 716년), 곡옥 장백이 사망했다.

정나라에서 공숙단의 난이 일어나다

기원전 722년

공숙단共叔段은 정鄭나라 무공武公의 차남이다. 그의 어머니인 무강武姜은 장남 오생寤生을 싫어해서 정나라 무공에게 공숙단을 태자로 책봉하자고 여러 차례 요구했으나, 무공은 동의하지 않았다. 무공이 죽자 오생이 뒤를 이었는데 그가 바로 장공莊公(기원전 744년)이다.

기원전 722년, 무강이 경京(지금의 허난 성 싱양 시滎陽市 동남쪽)을 공숙단에게 하사하라고 부탁했다. 허락이 떨어지자 공숙단은 경에 살며 차츰 경 밖으로 세력을 확장했다. 머지않아 공숙단은 정나라 서부와 북부의 변경 지역 국인이 장공에게 등을 돌리고 자신의 지휘를 따르게 했다. 정나라의 대부大夫이며 공자公子인 여呂가 장공에게 말했다. "한 나라의 신하로서 두 주공을 섬길 수는 없으니, 만약 장공께서 공숙단에게 왕위를 양보할 생각이시라면 지금 바로 그를 섬기러 가겠습니다. 그러나 그렇지 않으시다면 아무쪼록 화근을 뿌리 뽑아 백성이 딴마음을 품지 않도록 하셔야 합니다." 그런 상황에서도 장공이 여전히 아무런 간섭도 하지 않자 공숙단은 더욱 제멋대로 행동하기 시작해 형과의 공유지마저 자신의 봉읍으로 만들며 늠연廩延까지 범위를 넓혔다.

주나라 평왕 49년(기원전 722년) 5월, 공숙단은 성곽을 수리하고 식량을 모으는 동시에 장비와 무기를 수선하고 보병과 전차를 갖추어 정나라 도성을 습격할 준비를 했다. 그리고 무강은 정나라 도성에서 성문을 열고 성 안에서 협력하기로 했다. 한편, 장공은 공숙단이 군대를 움직일 날짜를 미리 알게 되었다. 그래서 대부이자 공자인 여에게 전차 200대를 이끌고 공숙단의 봉지인 경을 공격하게 했다. 이에 공숙단이 패해서 언鄢(지금의 허난

세 개의 바퀴가 달린 청동 쟁반

성 옌링 현鄢陵縣 북쪽)으로 도망치자, 장공이 다시 병사를 이끌고 뒤쫓아 가 큰 승리를 거두었다. 그러자 공숙단은 다시 공共(지금의 허난 성 후이 현輝縣)으로 도망가 살았다.

주나라 평왕 49년(기원전 722년), 장공이 언에서 공숙단의 반란을 평정한 이후 정나라의 국력은 나날이 강력해졌다. 주나라 환왕桓王 13년(기원전 707년)에 벌어진 수갈繻葛 교전에서 정나라 장공은 주나라 연합군을 크게 물리치며 그 명성을 천하에 떨쳤다. 이에 송宋, 위衛 등 숙적이 모두 스스로 찾

맥을 잡아 주는 중국사 중요 키워드

전차전이 빈번하게 일어났던 춘추 시대

원시 사회의 전쟁은 주로 보병전으로 이루어졌다. 상나라 시대 전기까지는 보병전이 주요 작전 방식이었다. 그러나 상나라 시대 말기에 이르러 보병전 방식이 차츰 새롭게 생겨난 전차전에 자리를 내주기 시작했다. 춘추 시대에 들어선 뒤 전차전은 전성기를 맞았다. 이때 제후국 사이의 정복 전쟁 규모가 점점 커지면서 전차전이 나날이 중요해졌고, 그와 함께 소유한 전차의 수도 증가했다. 제나라와 노나라 등의 큰 제후국은 전차를 1,000대 이상 소유했고, 정나라와 송나라 같은 중간 수준의 제후국도 100대 이상 소유했다.

이로써 전차전은 춘추 시대의 주요한 전쟁 형식이 되었다. 전차의 종류는 매우 다양한데 주로 공격에 사용한 공차功車와 장애물 설치에 쓰던 수차守車의 두 종류로 나뉜다. 공차 한 대에는 갑사 3명과 일정한 수의 보병이 필요하다. 수차는 광차廣車, 돈차軘車 각 한 대를 포함하며, 여기에 붙은 병사 수십 명이 전선에서 수비 역할을 한다.

춘추 시대에는 전차전 전술에 뚜렷한 발전이 있었다. 먼저 전차전의 진형에서 왼쪽 날개와 중앙, 오른쪽 날개의 세 부분을 배치한 정면 가로 방향 진형이 사용되었다. 일반적으로 중앙에 배치된 중군中軍을 주력으로 하고, 양쪽 두 날개가 호흡을 맞춘다. 성복城濮 전투에서 진晉나라 군대와 초나라 군대는 양쪽 모두 이 진형을 이용했다. 다음으로 초급 야전 방어 방법이 등장했는데, 이는 군영과 보루를 세워 적의 전차 공격으로 받게 되는 충격을 막는 것이다. 그다음으로는 전술의 개념에 큰 변화가 일어났다. 즉 서로 간의 신의를 중요시하고 속임수의 사용을 멀리한 초기의 전쟁 방식을 배제하고, 예상 밖의 공격을 자주 펼쳤다.

아와 정나라에 강화를 청했다. 주나라 환왕 19년(기원전 701년), 정나라 장공이 제齊, 위, 송 등 대국의 제후와 동맹을 맺으니 엄연히 제후의 패주라 할 수 있었다. 그래서 훗날 사학자들은 정나라 장공을 '소패小覇'라 부른다.

노나라에서 《춘추》를 편찬하다

기원전 722년

기하 무늬의 월

주나라 평왕 49년(기원전 722년) 봄에 노나라에서 《춘추春秋》를 편찬하기 시작했다. 《춘추》는 노나라의 국사國史이자 중국에 현존하는 선진 시대의 책 가운데 연대가 가장 빠른 편년체編年體(연대순으로 편찬한 역사 편찬의 한 형식) 역사서이다. 이는 노나라 12공의 시대를 차례로 기록한 것으로, 후대 사람들이 고증을 통해 완벽하게 정확하다는 결론을 내렸다. 《춘추》에 기록된 일식 현상과 서양 역사가들이 그 현상에 관해 저술한 여러 역사서를 비교해 보면 서로 들어맞는 부분이 30여 군데나 된다. 《춘추》는 사관이 쓴 실록으로 그 가치가 매우 높다. 훗날 사람들은 이 책을 통해서 역사 사실을 알 수 있을 뿐만 아니라 중국 사학의 역사가 매우 오래되었다는 점을 알 수 있다. 이는 또한 적어도 서주 시대에 이미 사관이 역사를 기록하는 제도가 비교적 완벽하게 갖추어졌다는 점을 증명하는 것이기도 하다.

한편, 《춘추》는 중국 사전史傳(역사와 전기傳記를 아울러 이르는 말) 형식 산문의 첫 번째 작품으로 새로운 문학 형식을 창조했다. 이로써 훗날 제자백가諸子百家가 앞을 다투어 저서를 통해 자신의 학설을 내세우게 되었다.

주나라의 천자가 친히 정벌에 나서다

기원전 707년

춘추 시대에는 '노예 사회의 예법이 무너지며' 주나라 천자의 위신이 손상

되었다. 견융의 난 이후로 주나라가 옛 땅을 대거 상실하면서 주나라 왕실이 천하를 호령하던 시절은 이미 과거가 되어 버렸다. 이 시기에는 각지에서 제후들이 우후죽순으로 일어나 천하를 놓고 끊임없이 전쟁을 벌였다. 이를 두고 맹자孟子는 "춘추무의전春秋無義戰", 즉 "춘추 시대에는 의로운 전쟁이 없었다."라고 말했다.

주나라 환왕 2년(기원전 718년), 정나라가 북쪽으로 진격하여 연燕나라를 정복했고 송나라는 주邾나라를 빼앗았다. 환왕 3년(기원전 717년)에 송나라가 정나라를 정복하려고 장갈長葛에 군대를 보내 포위하고 공격하여 장갈 땅을 빼앗았다. 정나라 장공은 군대를 이끌고 진陳나라를 침략해 수많은 포로와 전리품을 얻었다. 주나라 환왕 6년(기원전 714년)에 송나라 상공殤公이 환왕을 알현하지 않았다. 이에 정나라 장공은 주나라의 경사卿士로서 왕의 명령을 받들어 군사를 이끌고 진격해 송나라를 정벌했다. 그리고 송나라 제후인 상공에게 주나라 환왕을 알현하지 않은 죄를 성토했다. 이듬해에 정나라는 송나라 군대를 무너뜨렸다. 그해에 북융이 정나라를 침범했다. 이에 장공이 병사를 이끌고 맞서서 북융 군대의 허리를 끊고 앞뒤로 공격해 섬멸하는 대승을 거두었다. 주나라 환왕 8년(기원전 712년), 정나라 장공은 허許나라를 공격해 멸망시켰다. 이어서 주나라 환왕 13년(기원전 707년)에는 환왕이 정나라 장공이 알현하지 않는다는 이유로 몇몇 제후국을 이끌고 정나라 토벌에 나섰다. 정나라 장공은 이에 맞서 출병했고, 양측의 군대가 수갈에서 맞붙은 결과 주나라 군대가 크게 패배했다. 이 전투는 춘추 시대에 유일하게 주나라 천자가 직접 군대를 이끌고 제후와 대전을 벌인 일이다. 전쟁은 환왕이 바란 대로 천자의 위세를 널리 떨치기는커녕 오히려 왕실이 큰 굴욕을 당하는 결과를 낳았다. 이로부터 주나라 왕실은 더 이상 종

《춘추》의 서적 사진

주宗主(중국 봉건 시대에 제후들 가운데 패권을 잡은 맹주)로서의 지위를 지키지 못하게 되었다.

춘추 시대에 문명의 발전 추세는 사회 행위에서 정치, 경제와 사회 행위의 개별적인 발전으로 나타났다. 이는 한편으로는 번영을 가져왔고, 다른 한편으로는 사회의 전면적인 분화를 이끌었다. 춘추 시대에 제후국들의 흥기와 번영, 혼란은 대부들이 제후의 권력을 박탈하고 정치, 경제적으로 국가 권력을 확충하고 통제하는 국면을 초래했다. 이에 따라 사士, 경, 지주, 심지어는 문객門客(세력 있는 집에 머물면서 밥을 얻어먹고 지내는 사람. 또는 덕을 볼까 하고 수시로 그 집에 드나드는 사람), 방계傍系(시조가 같은 혈족 가운데 직계에서 갈라져 나온 친계)까지도 잇따라 일어나 그들의 주인의 재산과 권력을 빼앗고 나누기 시작했다.

채색 그림 반리문(蟠螭文, 고대 중국 청동기에 보이는 뿔 없는 용이 몸을 서리고 뒤얽힌 모양의 무늬) **칠궤**

이것은 초나라 시대에 최초로 제사에서 사용하기 위해 만든 칠기이다. 그릇의 형태는 중원의 청동기와 같고 문양은 거칠고 호방하다. 제사 의식에 사용하는 그릇인 예기로 높은 귀족들은 주로 청동기를 사용했다. 이는 칠기가 제조와 보관이 용이하고 장식성이 뛰어났기 때문으로, 덕분에 칠기는 널리 환영받았다.

초나라가 왕국이 되다

기원전 704년

주나라 환왕 16년(기원전 704년) 여름, 초楚나라가 수隨나라를 공격해 양측의 군대가 속기速杞(지금의 후베이 성湖北省 잉청 시應城市 서쪽)에서 교전을 벌였다. 이때 수나라 군대는 패해 도망쳤다. 그해 가을, 초나라 웅통熊通이 스스로 무왕武王이라 칭하고 복濮 땅을 개간해 초나라 땅으로 삼았다.

복 땅은 소수민족이 살던 곳으로 다양한 민족이 어우러져 살고 생활 풍속과 종교에 원시 시대의 야성과 신비가 많이 남아 있었다. 이때부터 초나라의 세력은 이미 강회江淮(창장 강 중하류와 화이허 강 유역)까지 뻗어나가며 중원을 노렸고, 그 밖에 파, 복, 만蠻, 월越 등을 어느 정도 지배하고 있었다. 초나라로 묶인 여러 부족의 뿌리가 각기 다르고 역사적으로 서로 차이가 많았기 때문에 초나라 문화는 다양성 있게 형성되었다.

예컨대 형초荊楚 부족 자체의 문화를 바탕으로 중원 화하 문화의 영향과 나라 안팎의 여러 민족 문화의 영향을 받아들여 독특한 문화를 발전시켰다. 당시 초나라가 지배한 지역에서는 중원 지역의 종교의식과 종교적 경향보다 원시적인 귀신 숭배의 색채가 강한 독특한 문화가 있었다. 그래서 흔히 '무당과 박수'의 낙인이 찍히고 민간의 신비한 분위기를 띠었다. 귀신을 믿고 제사를 지내고, 노래와 춤으로 굿을 하는 등의 흔한 생활 풍습은 초나라 지역 토착민 사이에서 더욱 활발하게 이루어졌다.

채칠(彩漆, 옻칠에 각종 안료를 섞어 칠하는 방법)**한 목조 화살통**

이것은 화살을 담던 화살 통의 일부분으로, 위에는 용과 봉황, 참새, 뱀 등의 동물이 새겨져 있다.

위나라 혜공이 나라를 되찾다

기원전 689년

주나라 장왕莊王 원년(위나라 혜공惠公 4년, 기원전 696년)에 위나라에서 내란이 일어나 혜공은 제나라로 도망칠 수밖에 없었다. 혜공의 아버지 선공宣公은 아버지 장공莊公의 첩인 이강夷姜과 몰래 정을 통하여 그녀가 낳은 아들 급伋을 태자로 세웠다. 그리고 자신의 남동생인 우공자右公子 직職에게 급을 보좌하도록 부탁했다. 급이 어른이 되자 우공자 직은 그에게 제나라 사람인 선강宣姜을 아내로 맞게 했다. 그런데 선강의 아름다운 모습을 본 선공이 그녀를 자신의 후궁으로 삼았다. 그녀와의 사이에 아들 수壽와 삭朔을 낳은 선공은 또 다른 남동생인 좌공자左公子 설泄에게 그 두 아들을 맡겼다.

청동 화살촉

이강이 죽자 선강과 아들 삭이 선공에게 거짓을 고해 선공과 급의 사이를 이간질했다. 이들의 말을 믿은 선공은 태자 급을 죽이려고 마음먹었다. 그래서 우선 급을 제나라에 사신으로 보내고, 위나라와 제나라가 만나는 신莘(지금의 산둥 성 선 현莘縣 북쪽)으로 자객을 보내 그를 죽이라고 명령했다. 이때 선공과 선강의 아들인 수가 급에게 그 계략을 알려 주며 도망치라고 했다. 하지만 급은 끝까지 아버지의 명을 따르겠다며 꿋꿋이 사신으로서 제나라로 갔다. 그러자 수는 송별의 자리에서 급을 취하게 한 후, 자신이 급 대신 먼저 신으로 가서 죽임을 당했다. 한편, 술에서 깬 급이 급하게 뒤쫓아 가서 신분을 밝히고 자신도 죽임을 당했다. 위나라 선공은 이렇게 연이어 두 아들을 잃고, 삭을 태자로 삼았다.

맥을 잡아 주는 **중국사 중요 키워드**

제나라와 노나라의 전투

노나라 장왕 14년(기원전 685년), 제나라 환공桓公은 고高씨, 국國씨의 도움으로 왕위에 올랐다. 공자 규는 노나라의 지지를 받기는 했지만, 행동이 느린 탓에 즉위하지 못했다. 이로부터 제나라와 노나라 사이에 분쟁의 씨앗이 싹트기 시작했다. 같은 해 가을, 노나라와 제나라는 건시乾時(지금의 산둥 성 쯔보 시淄博市 서남쪽)에서 전쟁을 벌였고 노나라 군대가 대패했다. 그러자 노나라 장공은 전차를 모두 버리고 경차輕車(옛날의 전차 가운데 가볍고 빠른 차)를 타고 도망쳤다.

제와 노의 건시 전투는 갓 즉위한 제나라 환공의 지위를 탄탄하게 해 주었고, 국내외에서 그의 위신을 높여 제나라 환공이 춘추오패五覇(중국에서 여러 나라 간에 혹은 제후 간에 맺은 회합이나 맹약을 회맹會盟이라고 하며, 회맹의 맹주盟主를 패자라고 한다. 춘추오패는 춘추 시대의 패자 5인을 일컫는 말로, 《순자荀子》에 의하면 제나라 환공, 진晉나라 문공文公, 초楚나라의 장왕莊王, 오吳나라의 왕 합려闔閭, 월越나라의 왕 구천勾踐을 가리킨다. 한편, 진秦나라의 목공穆公, 송宋나라의 양공襄公이나 오나라 왕 부차夫差 등을 꼽는 경우도 있다.)의 우두머리가 되는 데 탄탄한 기반을 다져 주었다.

주나라 장왕 13년(기원전 684년) 연초, 제나라 군대가 노나라 장작長勺(지금의 산둥 성 취푸 시 북쪽)을 침공했다. 형세가 긴박함을 깨달은 노나라 장공은 직접 싸움터에 나가 군대를 지휘할 수밖에 없었다. 제나라 군대가 북을 치며 진격해 오자 장공은 노나라 군대에 맞서 싸울 것을 명령했다. 그런데 조귀曹劌가 장공을 막아섰다. 그러고는 제나라 군대가 북을 세 번 친 뒤에야 노나라 군대에 공격 명령을 내렸고, 그 결과 노나라는 제나라 군대를 일망타진할 수 있었다. 이 전투가 바로 적은 군사로 많은 군사를 이기고 약자가 강자를 이긴 전투로 유명한 '장작지전長勺之戰' 또는 '조귀논전曹劌論戰'이다.

'제후(齊侯)' 감(鑒, 큰 동이)

선공이 죽자 삭이 즉위해 위나라 혜공이 되었다. 그러자 공자 설과 직이 이에 불만을 품고, 난을 일으켜 혜공을 제나라로 내쫓았다. 그리고 급의 아들인 공자 검모黔牟를 왕으로 세웠다. 기원전 689년 겨울, 제나라 양공襄公이 노나라, 송나라, 진陳나라, 채蔡나라 등과 연합해서 위나라를 공격해 혜공을 복위시키려 했다. 이듬해(기원전 688년) 6월, 위나라로 돌아온 혜공이 검모와 대부 영궤寧跪를 각각 주나라와 진秦나라로 내쫓고, 좌공자 설과 우공자 직을 죽였다. 이렇게 해서 위나라 혜공은 나라를 되찾았다.

제나라 양공이 죽임을 당하다

기원전 686년

주나라 장왕 11년(기원전 686년), 제나라에서는 공손무지公孫無知의 난이 일어나 양공이 죽임을 당했다. 그전에 제나라 양공이 대부 연칭連稱과 관지부管至父에게 명하여 계구葵丘(지금의 산둥 성 쯔보 시 서쪽)를 지키게 했다. 그들이 떠나려던 때가 마침 오이가 익는 계절이었기에 양공은 '내년 오이가 익는 계절에 사람을 보내 교대해 줄 것'이라고 약속했다. 그러나 계구를 지킨 지 1년이 지나도 양공은 교대시켜 주지 않았다. 이에 연칭과 관지보가 교대를 청했지만 양공은 명령을 내리지 않았다. 이에 두 사람은 은밀히 반란을 꾀했다.

채칠한 방호(方壺)

제나라 희공僖公의 동모형제同母兄弟인 이중년夷仲年의 아들 공손무지가 희공의 총애를 받아 의복과 예우 등에서 모두 적자와 다름이 없었다. 이에 희공이 죽은 뒤 보위에 오른 양공은 바로 공손무지에 대한 대우를 낮추었다. 이에 공손무지가 분노하자, 연칭과 관지보가 그를 반란에 끌어들였다. 한편, 연칭의 사촌누이가 양공의 후궁으로 있었으나 총애를 받지 못했다.

이에 공손무지가 그녀에게 양공의 동태를 살피게 하면서 "일이 성사되면 반드시 정식 부인으로 맞이하겠다."라고 약속했다.

주나라 장왕 11년(기원전 686년) 겨울에 연칭, 관지보, 공손무지 등이 계획을 실행에 옮겨 궁정 정변을 일으키고 양공을 죽였다. 그런 뒤 공손무지는 스스로 제나라의 왕이 되었다. 주나라 장왕 12년(기원전 685년) 봄, 공손무지가 옹림雍林으로 유람을 떠났다. 이때, 그동안 그의 포악함을 증오한 옹림 사람들이 기회를 틈타 그를 죽였다. 그러고는 제나라 대부에게 알려 새로운 왕을 세우게 했다. 제나라에 반란이 일어나자 관중管仲과 소홀召忽은 공자 규糾를 호위해 노나라로 망명했다. 그리고 포숙아鮑叔牙는 양공 시절에 이미 제나라에 반란이 일어날 것을 예지하고, 공자 소백小白을 호위해 거莒로 도망해서 그를 보좌했다. 훗날 공자 소백이 제나라로 돌아와 순조롭게 왕위를 계승하니 그가 바로 제나라 환공이다.

제나라 환공이 패업을 확립하다

기원전 681년

주나라 이왕釐王 원년(기원전 681년)은 제나라 환공의 패업이 시작된 해이다. 이전에도 제나라가 여러 차례 인근의 노나라와 교전한 바 있지만, 한 번도 우위를 차지한

구름무늬 금(禁)

허난 성 시촨 현(淅川縣) 하사(下寺)에서 출토된 춘추 시대 중기의 작품으로 고기를 굽는 용기인 금이다. 몸체는 장방형이고 길이 107cm, 너비 47cm, 전체 높이는 28cm이다. 사면과 측면에 구름무늬가 투각되었고, 네 주위에 조각된 엎드린 짐승 12마리는 호랑이를 닮았다. 금의 다리에는 또 엎드린 짐승 10마리가 조각되어 있다. 춘추 시대의 청동 금은 이것이 유일하며, 중국에 알려진 최초의 실랍법(失蠟法, 밀랍을 이용해 모형을 만들고, 앞뒤로 고운 진흙을 발라 잘 말린 다음, 밀랍을 녹여 내어 틀을 만든다. 그 후 밀랍이 빠져 나간 틈 사이로 청동 용액을 부어 만드는 주조 방식)으로 주조된 기물이다.

적이 없었다. 제나라 환공과 관중은 그런 점에서 제나라 혼자만의 힘으로는 천하를 제패할 수 없다는 사실을 깨닫고, 주나라 천자의 역할을 생각해냈다.

제나라 환공은 먼저 주나라 장왕의 딸인 공희共姬를 아내로 맞아 주나라와 인척 관계를 맺음으로써 주나라 천자를 자신의 편으로 끌어들였다. 이렇게 해서 그는 천하의 제후들에게 자신과 주나라 천자의 가까운 관계를 드러내 보였다. 주나라 천자를 자기편으로 끌어들이고 나서는 천자를 존경한다는 명목으로 여러 제후의 지지를 얻었다. 때마침 송나라에서 송만宋萬의 난이 일어나자, 제 환공은 송나라를 도와 정국을 안정시킨다는 이유를 들어 제나라의 북행北杏(지금의 산둥 성 둥어 현東阿縣)에서 천자의 이름을 빌려 제후 동맹을 소집했다. 그러나 노나라를 비롯한 일부 나라는 제나라의 야심을 알지 못했다. 이에 환공은 작디작은 수국遂國(지금의 산둥 성 닝양 현寧陽縣)을 돌파구로 삼아 결국 노나라를 제압했다. 이후 그는 다시 강경책과 유화책을 함께 사용해 정나라와 위나라를 동맹으로 끌어들였다.

제나라 환공 7년(기원전 679년)에 이르러서는 원래 국내 정국이 비교적 혼란스럽던 송나라와 정나라도 제나라의 세력 아래 어느 정도 안정세를

맥을 잡아 주는 중국사 중요 키워드

중국에서 산가지를 사용하기 시작하다

산가지算籌는 중국 고대에 사용된 계산 도구이다. 가로 절단면이 원형, 사각형, 또는 삼각형인 작은 막대기이며 나무, 대나무, 뼈 등으로 만들었다. 춘추 시대에 산가지는 이미 전문적인 계산 도구로 널리 사용되었고, 산가지를 이용한 계산법도 완성되었다. 산가지로 수를 기록하는 규칙은 《손자산경孫子算經》에 최초로 기재되었다. 산가지로 수를 표시하는 방법에는 산가지를 가로로 놓는 방법과 세로로 놓는 두 가지 방식이 있다. 이는 정확히 십진법과 일치해서 사용하기에 편리하고 간단할 뿐만 아니라 고대 세계 각 민족의 숫자 계산법과는 비교되지 않을 정도로 뛰어나다. 중국은 이를 기초로 완전한 산가지 계산법을 발전시켜 중국 전통 수학의 독특한 스타일을 형성하고, 수학에서 여러 눈부신 성취를 거두었다.

찾았고, 제나라 환공은 드디어 여러 제후국으로부터 패주의 지위를 인정받게 되었다. 이렇게 해서 제나라가 중원을 제패하는 시대가 시작되었다.

곡옥 무공이 진을 찬탈하다
기원전 679년

주나라 이왕 3년(기원전 679년), 곡옥 장백이 죽고 그의 아들 칭稱이 즉위해 곡옥 무공武公이 되었다. 진晉나라 애후 8년(기원전 710년), 진나라 군대가 형정陘庭(지금의 산시 성山西省 취워 현曲沃縣 동북쪽)을 공격하자 형정 사람들은 곡옥 무공과 연합했다. 애후 9년(기원전 709년), 곡옥 무공이 군사를 이끌고 진격해 분수汾水(지금의 중국 산시 성山西省 중부를 흐르는 강인 펀수이 강汾水. 또는 펀허 강汾河라고도 함.) 부근에서 애후를 포로로 잡았다. 이에 애후의 아들 소자小子가 애후의 빈자리를 채우기 위해 소자후小子侯로 즉위했다.

용머리 방호

곡옥 무공이 이 소식을 듣고는 한만韓萬을 보내 애후를 죽여 버렸다. 이후 곡옥의 세력은 더욱 강대해져서 소자후가 통제할 도리가 없었다. 소자후 4년(기원전 706년), 곡옥 무공이 소자후를 곡옥으로 꾀어 내어 기회를 틈타 그를 죽였다. 이에 주나라 환왕이 괵중虢仲에게 군사를 이끌고 무공을 토벌하게 하자 무공은 곡옥으로 물러났다. 그리고 진나라에서는 애후의 남동생 민緡이 진후晉侯로 세워졌다.

주나라 이왕 3년(기원전 679년), 곡옥 무공이 다시 병사를 일으켜 진나라 도읍 익翼(지금의 산시 성山西省 이청 현翼城縣 남쪽)을 점령하고 진후 민을 죽인 후, 이어서 진나라 전체를 점령했다. 그 후 곡옥 무공은 손에 넣은 보물을 모두 주나라 이왕에게 바쳤다. 그러자 이왕은 곡옥 무공을 진나라의 왕으로 책봉하고, 주나라의 제후로 삼았다. 이로부터 곡옥 무공은 진나라 무공으로 불리게 되었다. 진나라 문후의 남동생 성사가 곡옥에 봉해진 때부터 곡옥의 세력이 강성해져 진나라를 집어삼키기에 이르는 67년의 세월 동안, 문후가 곡옥을 분봉하면서 싹트기 시작한 재앙은 결국 곡옥이 진나라를 찬탈하는 것으로 발전되었다.

제나라 환공이 영토를 할양하고 공물을 바치다

기원전 663년

주나라 혜왕惠王 14년(기원전 663년), 산융山戎(춘추 시대에 허베이 성 지역에 살던 민족)이 공격해 오자 연나라는 이웃해 있는 국가인 제나라에 도움을 요청했다. 이에 제나라 환공은 군사를 보내 산융을 토벌하고 연나라를 구한 뒤 산융을 추격해 고죽국孤竹國까지 이르러서야 군대를 철수시켰다. 연나라 장공莊公은 크게 감격해서 제나라 환공을 배웅하다가 제나라 영토까지 들어가게 되었다. 그러자 환공은 제후의 송별은 국경을 넘지 않는 것이 옳다며 연나라 장공의 발이 닿은 땅까지를 연나라에 넘겨주고, 과거에 어진 정치를 펼치기로 유명했던 연나라의 소공召公의 선정善政을 부활시키고, 주왕조에 충성을 바치게 했다. 다른 제후들이 이 일을 전해 듣고는 환공에게 더욱 탄복했다.

환공이 산융을 토벌하기 전에 노나라에 협공을 요청했는데, 노나라 장공莊公은 길이 멀다는 이유로 거절했다. 산융을 물리친 후 환공이 이를 이유로 노나라를 치려고 하자, 관중이 그를 말리며 말했다. "먼 나라를 토벌한 지 얼마 지나지 않아 이웃 나라를 멸망시킨다면 이웃 나라가 가까이하려 하지 않을 것이니 이는 결코 패왕의 길이 아닙니다. 만약 노나라를 공격한다면 노나라는 분명히 초나라에 접근할 것이니 이는 일거양실一擧兩失이 아니겠습니까? 그러니 산융에서 노획한 보물을 노나라 주공周公의 사당에 바치는 것이 좋을 것입니다." 환공은 관중의 건의에 따랐다.

제나라 환공은 그의 군사상 공적이 가장 찬란하던 때에 또한 덕을 베풀어 백성을 위해 일하는 데 힘썼다. 이처럼 그의 패업은 정치, 군사 영역에서 거둔 성공의 기초 위에 세워진 것에 그치지 않았다. 그는 '왕을 숭상하고 오랑캐를 물리치는' 정신과 진정한 맹주로서의 도량도 갖추어 춘추 시대의 다른 패주와는 차별화되는 면모를 보였다. 그리하여 환공은 사람들의 존경을 얻고 공자의 칭송을 받았다. 그는 연나라가 산융을 물리치도록 돕고, 북쪽으로 토지를 개척하면서 연나라에 남쪽의 영토를 주어 연나라 왕이 주나라의 정사에 참여할 수 있게 했다. 이로부터 연나라는 강대해지기 시작해 결국에는 전국 칠웅戰國七雄(전국 시대에 제후국 가운데 패권을 놓고 싸운 진秦·초·연·제·조·위·한韓의 7대 강국)의 하나가 되었다.

규구의 회맹

기원전 651년

주나라 혜왕이 말년에 태자 정鄭을 폐하고 왕자 대帶를 태자로 세우려 하자, 정이 제나라 환공에게 도움을 요청했다. 주나라 혜왕 25년(기원전 652년), 혜왕이 죽자 제나라 환공이 주나라의 제후들과 경대부卿大夫(경卿과 대부大夫. 정치를 직접 담당하는 고위 벼슬아치)를 이끌고 조洮(지금의 산둥 성 쥐안청 현鄄城縣 서남쪽)에서 동맹을 맺어 태자를 양왕襄王으로 즉위시키고, 혜왕의 장례를 치렀다.

용 손잡이 준

주나라 양왕 원년(기원전 651년) 여름에 제나라 환공이 노, 송, 위, 정, 허, 조曹나라 등의 제후 및 주나라 왕실의 재공宰孔(주나라 공공公孔의 관직이 태재太宰였기 때문에 관직과 그의 이름을 따서 재공이라 했다.)을 규구葵丘(지금의 허난 성 란카오 현蘭考縣 동쪽)로 소집해 맹약을 맺었다. 맹약의 주요 내용은 다음과 같다. 첫째, 불효한 자를 죽이고, 적자를 폐하고 서자를 태자로 삼지 말며, 첩을 정실로 삼지 않는다. 둘째, 어진 사람을 높이고 인재를 길러 덕이 있는 사람을 표창한다. 셋째, 노인을 공경하고 어린이를 사랑하며, 손님과 나그네를 잘 대접한다. 넷째, 선비를 등용할 때는 반드시 적절한 인재를 쓸 것이며 나라의 군주가 독단적으로 결정하지 않는다. 다섯째, 각 나라는 어려움이 있을 때 서로 돕고, 이웃 나라의 재앙을 구제하기 위해 양곡을 파는 것을 금지하지 않는다. 여섯째, 강을 막아 이웃을 구렁에 빠뜨리지 않는다.

이 회맹의 서약에서는 종법 제도를 지켜 적자와 서자의 위치에 차별을 두고, 주나라 문화의 어질고 덕 있는 사람을 높이고 노약자를 공경하며 사랑하는 정신을 더욱 널리 확대하며, 나라와 나라 사이의 독점과 경쟁을 막아 정세를 완화해서 협력을 모색하겠다는 뜻이 드러난다.

코끼리 머리의 용무늬 청동 방언(方甗)

이것은 춘추 시대 초기 노나라에서 사용된 밥을 찌는 그릇이다. 언, 즉 시루는 주 왕조 때 가장 성행했는데, 춘추 시대 초기에 이 지역에 주 왕조의 문화가 막대한 영향을 미쳤음을 보여 준다.

성복대전

기원전 632년

주나라 양왕 20년(기원전 632년) 4월 초하루에 진晉나라 문공, 송나라 성공成公, 제나라 대부 국귀보國歸父와 최요崔夭, 진秦나라 목공穆公의 차남 은慭이 군대를 이끌고 성복城濮(지금의 산둥 성 판 현范縣 남쪽)에 주둔했다. 그러자 초나라 군대는 이에 맞서 험준한 구릉을 등지고 주둔했다. 초이튿날, 진晉나라 군대가 신莘의 북쪽에 진영을 펼쳤고, 서신胥臣이 초나라 군대에 합류한 진陳과 채 두 나라의 군대에 대항했다.

초나라 군대의 주장主將 자옥子玉은 매우 오만한 인물로 초나라 왕 약오若敖의 전차 180대를 앞세워 자신이 중군을 이끌고, 자서子西는 좌군左軍을, 자상子上은 우군右軍을 이끌었다. 전투가 시작되자 진나라 장수 서신은 모든 말에 호랑이 가죽을 씌우고, 먼저 전투력이 가장 약한 진陳과 채 두 나라의 군대를 향해 공격해 나아갔다. 이에 진陳나라와 채나라의 군대는 도망쳤고 초나라의 다른 우군도 함께 패전해 뿔뿔이 흩어지고 말았다. 그러자 상군의 대장인 호모狐毛가 두 개 부대를 보내 초나라의 패잔병들을 추격하게 했다. 이때, 제나라의 난지欒枝가 전차의 뒤에 나뭇가지를 맨 채로 달려 마치 도망칠 때처럼 많은 먼지를 일으키게 했다. 이를 본 초나라 군사가 퇴각을 멈추고 뒤쫓자 선진先軫과 극진郤溱이 진晋나라 중군의 금위군禁衛軍을 이끌고 초나라 군대의 허리를 치고 들어갔다. 호모와 호언狐偃도 진晋나라 상군을 이끌고 자서를 협공했다. 그 결과 초나라의 왼쪽 날개 부대도 함께 패전해 뿔뿔이 흩어지고 말았다. 이렇게 성복대전은 초나라 군대의 대패로 끝이 났다. 진晋나라는 성복 전투에서 대승을 거두어 초나라의 예기를 꺾으면서 진晋나라의 패주 지위를 굳건히 했다.

진나라 목공이 서융을 제패하다

기원전 626년

진秦나라는 나라를 세운 뒤 50여 년 동안 항상 기서岐西의 땅에서 벗어나지 못했다. 이에 진나라 목공은 즉위하자마자 영토 확장에 온 힘을 기울이며 세력을 넓혀 나갔다. 즉위 초에는 모진茅津(지금의 산시 성山西省과 산시 성陝西省이 만나는 지역 일대에 자리한다.)의 융을 토벌하고, 양梁과 가葭 등의 작은 나라를 멸망시켰다. 아울러 그는 진晋나라 혜공이 왕위를 되찾는(기원전 650년) 일을 도왔다. 통치 중기에는 무력으로 육혼陸渾(지금의 허난 성 뤄양 시 동남쪽)의 융을 이주伊州로 몰아내고 그들의 거주 지역인 과주瓜州 일대를 진秦나라의 영토에 편입해 영토를 황하 서쪽 지역까지 넓혔다. 백리해百里奚, 유여由余 등 어진 신하의 도움을 받

석경(石磬, 의식에서 연주하는 악기로, 틀에 옥돌을 달고 뿔망치로 쳐서 소리를 낸다.)

이 석경들은 산시 성(陝西省) 펑샹 현(鳳翔縣)에 있는 진(秦)나라 목공의 묘에서 출토되었다. 고대의 규례에 따르면 천자가 거행하는 의식에서만 옥경(玉磬)을 사용할 수 있고, 제후는 석경만 사용할 수 있었다.

기 시작하면서부터는 더더욱 사방으로 영토를 확장해 갔다.

기원전 626년, 목공은 유여의 계략에 따라 여자 악사 16명을 뽑아서 서융의 왕에게 보냈다. 그 후 서융의 왕이 여악사들에게 흠뻑 빠져 국정을 소홀히 하자, 진秦나라는 그 기회를 틈타 서융을 공격했다. 여기에서 대승을 거둔 진나라는 서융 12국을 모두 자국 영토로 귀속시켜 영토를 더더욱 확장했다. 주나라 양왕이 이를 알고는 여공呂公을 보내 목공을 축하하며 동고銅鼓를 선물했다. 이렇게 진秦나라는 순조롭게 서융을 제패했다.

진(秦)나라와 진(晉)나라의 결전이 여러 해를 지속하며 일어나다

기원전 620년~기원전 614년

주나라 양왕 21년(기원전 621년)에 진晉나라 양공이 죽자, 조둔趙盾이 태자 이고夷皐를 군주로 세워 진나라 영공靈公이 즉위했다. 이듬해인 기원전 620년, 진秦에서 벼슬을 하던 공자 옹雍과 수회隨會가 진秦나라 군대의 호위를 받으며 귀국길에 올랐다. 그러자 조둔은 군대를 이끌고 나가 영호令狐(지금의 산시 성陝西省 화 현華縣 동북쪽)에서 진秦나라 군대를 크게 격파했다. 이때 수회는 진秦나라로 도망쳤다.

기원전 619년, 진秦나라가 영호에서의 일을 복

춘추 시대 초나라의 방성方城(즉 초나라 장성) 유적

수하기 위해 진晉나라 무성武城(지금의 산시 성陝西省 화 현 동북쪽)을 공격해 점령했다. 그러자 진晉나라도 이에 질세라 기원전 616년에 진秦나라의 소량少梁(지금의 산시 성陝西省 한청 시韓城市 남쪽)을 공격해 점령했다.

기원전 614년, 진秦나라가 다시 진晉나라의 기마羈馬(지금의 산시 성山西省 융지 시永濟市 남쪽)를 공격해 점령했다. 기마를 잃자 화가 난 영공은 조둔, 조천趙穿, 극결郤缺에게 군대를 주어 진秦나라를 공격하게 했다. 이렇게 해서 벌어진 진秦과 진晉 두 나라의 대전은 하곡河曲(지금의 산시 성山西省 펑링두 진風陵渡鎮 일대)에서 진晉나라의 패배로 끝이 났다.

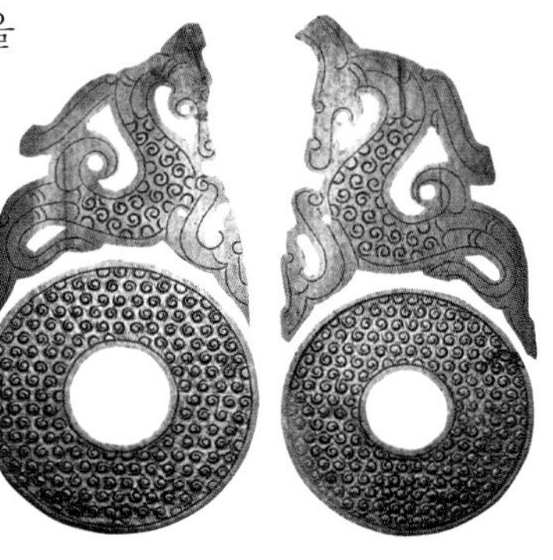

용 모양의 옥패와 곡식 무늬의 벽(璧, 고리 모양으로 만든 옥. 예전에 중국에서 주로 제기나 장식품으로 썼다.)

용 모양의 옥패와 곡식 무늬의 벽은 총 두 쌍으로, 하나의 옥을 나누어 각각 제작한 것이다. 곡식 무늬의 배열을 보면 제작할 때 이미 밑그림이 있었다는 것을 알 수 있다. 이는 사실상 한(漢) 왕조 포문벽(蒲紋璧)의 시초이다.

그러자 진晉나라 사람들은 수회가 진秦나라를 등에 업고 자신들의 나라를 집어삼킬까 봐 두려워했다. 그래서 위수여魏壽餘를 보내 거짓으로 진晉나라를 배신하고 진秦나라에 투항하는 척하게 했다. 이에 진秦나라에서는 수회를 보내 위수여를 맞이하게 했고, 수회는 결국 위수여에게 사로잡혀 진晉나라로 돌아가게 되었다. 이렇게 조둔이 군주를 세우기 위해 벌인 일로 말미암아서 일어난 진秦과 진晉 사이의 연이은 결전은 일단락을 맺었다.

맥을 잡아 주는 중국사 중요 키워드

중국에서 처음으로 핼리 혜성을 기록하다

중국은 오래전부터 혜성을 관측하고 기록해 왔다. 대大혜성의 출현은 당시 사람들의 이목을 끌기에 충분했고, 《춘추》에는 노나라 문공 14년(기원전 613년) "가을 7월, 혜성이 북두에 나타났다."라고 기록되어 있다. 이는 세계 최초의 핼리 혜성에 관한 기록으로 서양보다 무려 670여 년을 앞섰다.

그 후로 진秦나라 왕정王政 7년에서 청나라 선통宣統 2년(기원전 240년~1910년)까지의 2000여 년 동안 핼리 혜성이 29차례나 나타났는데, 중국의 사료에서 관련 기록을 모두 찾아볼 수 있다(혹자는 총 31차례를 기록했다고 한다.). 이처럼 지속적인 기록은 핼리 혜성의 궤적과 변화를 연구하는 현대 연구자에게 귀중한 자료를 제공해 주었다.

첫 번째 미병의 회맹

기원전 586년

주나라 정왕定王 18년(기원전 589년), 초나라가 촉蜀(지금의 산둥 성 타이안 현 부근)에서 제나라, 진秦나라 등 여덟 개국의 제후 동맹을 열기로 했다. 주나라 정왕 21년(기원전 586년), 진晉나라도 충뢰蟲牢(지금의 허난 성 평추 현封丘縣 북쪽)에서 제나라, 노나라 등 여덟 개 제후 동맹을 소집하기로 약속했다. 당시 진晉나라와 초나라는 세력이 엇비슷했다.

진晉나라는 초나라를 공격하기 위해 초나라에서 망명한 신공무신申公巫臣에게 오吳나라로 가서 그들이 힘을 키우도록 지원하게 했다. 덕분에 강대해진 오나라는 연거푸 초나라를 공격했고, 초나라는 오나라의 견제를 받으며 힘이 크게 약해졌다. 이와 동시에 진晉나라 내부에서는 경卿족의 세력이 강대해져 자주 내란이 일어났고, 진秦나라와 백적白狄도 연합군을 형성해 진晉을 공격해 왔다. 남쪽으로는 강대국인 초나라가 있고 서쪽으로는 진秦나라와 적狄이 포진해 진晉나라는 양쪽의 적을 상대해야 하는 불리한 처지에 놓였다. 이런 상황은 진晉나라와 초나라에 모두 서로 화해할 생각이 들게 했다.

전자공수포(田字空首布)

상나라 시대 말, 주나라 시대 초기에는 모든 지역에서 청동기 공구의 가격이 같았다. 춘추 시대에는 청동 제품을 전문 화폐로 사용했으며, 이것이 바로 지금 말하는 공수포이다.

맥을 잡아 주는 중국사 중요 키워드

포전(布錢)의 생성

중국에서 가장 오래된 고대의 화폐는 조개껍데기로 만든 패화貝貨이다. 이것은 원시 사회 말기에 사용되기 시작하여 상나라 시대에 성행했다. 서주 시대에도 여전히 주요 화폐로 통용되었지만, 이 시기에는 천연 조개의 수량이 줄어들고 청동기 주조술이 끊임없이 발전하면서 청동으로 만든 화폐가 널리 유통되기 시작했다. 춘추 시대에는 화폐 경제가 큰 발전을 이룩해 황금, 청동, 은, 주석, 동 등의 금속으로 주조한 다양한 형태의 화폐가 등장했다. 그중에서 포전은 가장 먼저 광범위하게 유통된 금속 화폐이다. 포전의 등장은 중국 고대가 새로운 시기, 즉 금속 화폐를 주요 화폐로 사용하는 시기로 접어들었다는 것을 상징한다. 포전은 춘추·전국 시대 경제 발전의 결과이자 경제 발전을 추진한 힘이다.

이후 기원전 579년 송나라 화원華元의 중재로 초나라와 진晉나라는 첫 번째 미병弭兵(전쟁을 그친다는 뜻)의 회맹을 개최했다.('미병의 회맹'은 '미병 회담'이라고도 한다.) 그해 여름에 진晉나라의 사섭士燮과 초나라 공자 파罷, 허나라의 언偃이 송나라 서문 밖에서 맹약을 맺었다. 맹약에서는 초나라, 진晉나라 양국이 더 이상 전쟁을 일으키지 않고, 좋은 일과 나쁜 일을 함께 나누며, 재난과 위험에서 서로 돕고, 재난에 대비한다고 다짐했다. 두 나라가 먼저 결맹한 후 위나라, 노나라, 정나라의 왕들이 진晉나라로 와서 맹약에 참여했다. 그러나 이 결맹은 그리 오래가지 못했다.

주나라 간왕簡王 10년(기원전 576년)에 초나라가 먼저 맹약을 저버리고 정나라를 침략해 폭수暴隧(지금의 허난 성 위안양 현原陽縣 서쪽)까지 진군했고, 이어서 위나라를 공격하여 수지首止(지금의 허난 성 수이 현睢縣)까지 이르렀다. 이에 정나라 자한子罕이 병사를 이끌고 초나라를 습격해서 신석新石(초나라의 고을로 지금의 허난 성 예 현葉縣 안)을 빼앗았다.

오나라의 흥기

기원전 584년

전설에 따르면 오나라는 주나라 문왕의 백부인 태백太伯, 중옹仲雍이 형만荊蠻으로 도망가서 세운 나라이다. 문왕의 뒤를 이은 주나라 무왕은 가문의 후손인 주장周章을 오나라의 왕으로 봉하고, 창장 강 하류 일대에 나라를 세웠다. 주나라 간왕 2년(기원전 584년) 봄, 오나라가 담郯(지금의 산둥 성 탄청 현郯城縣 서남쪽)나라를 토벌하기 위해 군대를 보내자 담이 강화를 청하며 오나라에 굴복했다. 오나라의 군사력이 나날이 강대해진 데는 진晉나라 사신인 무신巫臣이 오나라에 가서 오나라 군대에 전차 모는 법을 가르쳐 준 것과 관련이 있다.

주나라 간왕 2년(기원전 584년), 무신이 사신으로 오나라에 가겠다고 청을 올리자 진晉나라 경공景公이 이를 허락했다. 무신은 오나라로 가서 오나라 왕 수몽壽夢의 총애를 받았고, 무신을 통해 오·진晉 두 나라는 우호 관계를 맺었다. 무신은 오나라에 갈 때 초나라 전차 30대를 이끌고 가서 오나라 군사들을 훈련했고, 그중 15대는 오나라에 남겨 두었다.

춘추 시대의 청동 창

이 밖에도 오나라에 활을 쏘는 사수와 수레를 모는 마차꾼을 넘겨주어 전쟁터에서 전차를 사용하는 법을 가르치게 했다. 게다가 오나라에서는 양질의 구리가 생산되고 제련 기술도 뛰어나 오나라에서 만든 병기가 널리 이름을 떨쳤다. 이를 통해 오나라는 차츰 군사 강국으로 발돋움했다.

최저가 제나라 장공을 죽이다

기원전 548년

주나라 영왕靈王 24년(기원전 548년) 봄, 제나라의 최저崔杼가 군사를 이끌고 노나라를 공격했다. 일 년 전 맹효백孟孝伯이 제나라를 공격한 일을 복수한 것이다. 5월 16일에 제나라 장공莊公이 제나라 도성의 북쪽 성곽에서 연회를 베풀고, 거莒나라 군주도 초대했다. 이때 최저는 아프다는 핑계로 참석하지 않았다. 다음날, 장공은 문병한다고 최저의 집을 방문해서 기회를 틈타 당강棠姜과 또 은밀히 만났다.

도폐

옛 사람들의 일상생활에서 칼은 다용도로 쓰이는 도구이자 다른 사람에게 양도할 수 있는 재산이기도 했다. 그래서 처음에는 '자르는' 역할만 하던 청동 칼이 점점 변화하고 발전해 황허 강 유역에 세워졌던 제나라, 연나라, 조(趙)나라 등 지역에서는 화폐, 즉 도폐(刀幣)로서 유통되었다.

맥을 잡아 주는 중국사 중요 키워드

신의 편작

《사기史記》〈편작전扁鵲傳〉의 기록에 따르면, 편작은 성은 진秦이고 이름은 완緩, 자는 월인越人으로 제나라와 조趙나라에서 의술을 펼쳤다. 사람들이 그를 편작이라고 일컬은 것은 그가 까치처럼 어느 곳을 가든 사람들에게 기쁜 소식을 전했기 때문이다. 사마천司馬遷은 《사기》에서 편작이 조나라 간자簡子, 제나라 환후桓侯 등이 앓고 있던 진단하기 어려운 병을 진단했고, 괵나라 태자에게 나타나던 '시궐尸厥(정신이 아찔하여 갑자기 쓰러져 인사불성이 되는 위급한 증상)' 등을 정밀하게 진단하고 뛰어난 치료 기술을 이용하여 마치 기사회생하듯이 치유했다고 기록한다.

사마천은 "편작은 의술을 배우고 행하는 이들의 시조가 되었다. 그의 의술은 정밀하고 고명하여 후세 사람들은 그 치료의 순서를 따랐을 뿐 결코 바꿀 수 없었다."고 했다. 또 "지금까지 천하에서 맥脈을 말하는 자는 모두 편작으로부터 시작되었다."라고 했다. 이로써 중의中醫의 독특한 진맥 방법과 편작이 떼려야 뗄 수 없는 관계임을 알 수 있다.

편작의 초상화

당강은 본래 당공棠公의 아내였는데, 당공이 죽은 후 최저가 후실로 삼았다. 그런데 제나라 장공이 이 당강과 몰래 정을 통했다. 이 사실을 알게 된 최저는 장공을 죽이려 무사들을 이끌고 갔다. 놀란 장공은 우선 높은 대에 올라가 몸을 피하고, 최저에게 살려 달라고 간청했다. 그러나 최저는 받아들이지 않았다. 장공은 결국 담을 넘어 도망가려다가 최저의 병사가 쏜 화살을 다리에 맞고 떨어지고 말았다. 그리고 병사들이 달려들어 장공의 목숨을 끊었다.

최저는 이렇게 제나라 장공을 시해한 후 장공의 이복동생 저구杵臼를 새로운 군주로 세웠다. 그가 바로 제나라 경공景公이다. 최저는 경공에게 우상으로 임명되어 조정의 대권을 손아귀에 넣었고, 협력한 경봉慶封은 좌상左相이 되었다. 그들은 반대파를 억누르기 위해 제나라의 시조 태공을 모신 사당에 모든 신하를 모아 놓고 '최씨와 경씨의 편을 들 것'을 요구했다. 그런 상황에서 제나라 태사太史(기록을 맡아보던 벼슬아치)가 최저가 제나라 장

채색 기하 무늬 칠두(漆豆. '두'는 고대 식기로 제기로도 쓰였으며, 굽이 높고 대부분 뚜껑이 있다.)

공을 시해한 일을 "최저가 장공을 시해했다."라고 기록했다. 최저가 이를 알고 태사를 죽이자, 태사의 남동생이 다시 똑같이 기록하고 역시 죽임을 당했다. 이어 태사의 또 다른 남동생도 마찬가지로 기록하고 죽임을 당했다. 그 후 태사의 다른 남동생은 그렇게 기록하지 않자 최저는 그를 살려 주었다.

한편, 태사들이 사실을 기록하려다 모두 죽임을 당했다는 이야기가 퍼지자 남사南史씨가 역시 "최저가 장공을 시해했다."라고 기록한 죽간을 들고서 도성으로 왔다. 그리고 나중에 이미 사실대로 기록되었다는 이야기를 듣고서야 비로소 돌아갔다고 한다. 이렇게 역사를 사실대로 기록하고자 한 사관들의 정신은 실로 경탄을 금치 못할 정도이다.

주나라 영왕 26년(기원전 546년)에 최저가 스스로 목숨을 끊자 그의 뒤를 이어 경봉이 집정했다. 그러나 그는 다른 나라로 이듬해에 도망쳤다. 주나라 영왕 27년(기원전 545년) 겨울, 제나라 경공이 육시戮屍(시체의 목을 베는 형벌)를 하기 위해 최저의 시체를 찾았지만 찾지 못했다.

이때 숙손목자叔孫穆子가 말했다. "주나라 무왕에게는 난리를 다스려 태평성세를 이루게 한 신하가 10명이 있었습니다. 그러나 최저에게 어찌 그런 사람이 있을 수가 있겠습니까? 그에게 충성을 다하는 심복 10명이 있지 않고서야, 비밀리에 장사지낼 수가 없었을 것입니다. 장사를 지내지 않았다면 시체는 곧 발견이 되겠지요." 그의 말대로, 얼마 후 최저의 시체가 발견되었다. 12월 1일, 최저의 시체가 육시형을 받고 저자에 효시梟示되었다.

진·초의 미병 회담

기원전 546년

주나라 영왕 26년(기원전 546년) 5월 27일, 진晉나라 조문자趙文子가 먼저 송나라에 왔다. 그리고 뒤이어 정鄭, 노魯, 진陳, 위衛, 주邾, 초楚, 등滕나라 등도 잇달아 송나라에 들어섰다.

6월 21일, 송나라의 집정대부執政大夫 상술向戌이 진陳나라에 있던 초楚나라의 집정령執政令 윤자목尹子木과 함께 초나라의 관련 조건을 협의해 결정했다. 윤자목은 상술에게 진晉나라와 동맹을 맺으려면 초나라에도 똑같이 공물을 바쳐야 하며, 초나라와 동맹을 맺으려면 진晉나라에도 똑같이 공물을 바쳐야 한다고 말했다. 그런데 초나라 왕이 진晉과 제를 제외한 나머지 나라는 진과 초에 똑같이 공물을 바칠 것을 요구했다.

7월 2일, 상술이 송으로 돌아갔다. 그리고 그날 밤 진晉나라의 조문자와 초나라의 공자 흑굉黑肱이 서로 간의 분쟁을 없애기 위해 맹서盟書(피로 맹세하는 의식에서 정한 서약)의 내용을 다듬었다. 7월 4일, 윤자목이 진陳나라에서 송나라로 갔고 채, 조曹, 허나라의 대부들도 뒤이어 도착했다. 각 나라의 군대는 보루를 짓지도 않고 해자를 파지도 않고 각기 울타리를 쳐서 군영의 경계로 삼았다. 진晉나라와 초나라는 각자 남과 북 양쪽 끝에 자리를 잡았다.

7월 5일에 진晉나라의 조문자, 초나라의 윤자목, 노나라의 숙손표叔孫豹, 채나라의 공손귀생公孫歸生, 위나라의 석악石惡, 진陳나라의 공환孔奐, 정나라의 양소良霄 및 허나라 사람, 조나라 사람이 송나라 도성 서문 밖에서 동맹을 맺었다. 이때 진晉나라가 초나라 측에 먼저 삽혈歃血(고대에 동맹을 맺거나 굳은 약속을 하는 표시로 개나 돼지, 말 따위의 피를 서로 나누어 마시거나 입에 바르던 일)을 하게 했다. 그리고 7월 6일에 송나라 평공平公이 진晉과 초 두 나라의 대부들을 함께 초대해 연회를 베풀었다.

7월 9일, 송나라 평공과 제후의 대부들이 송나라 도성의 동북문인 몽문蒙門 밖에서 결맹했다. 진晉과 초의 이 미병 회담은 이로부터 40년 동안 중원 지역에 평화를 가져다주었고, 전쟁의 기운은 남쪽 지역으로 옮겨 갔다.

마주 보는 봉황 무늬의 칠이배(耳杯, 좌우에 귀와 같은 손잡이가 달린 타원형의 잔)

상나라 시대 이래로 봉황은 중국에서 사계절과 바람의 화신으로 여겨져 줄곧 숭배되었다. 그러나 이처럼 봉황을 이배의 장식 무늬로 사용한 경우는 매우 드물다. 이 기물의 아랫부분에는 마주 보는 봉황 두 마리가 장식되어 있는데, 머리와 꼬리는 위로 들려 있고 몸통은 굽은 채로 걷는 모습이다. 그림은 전체적으로 화려하고, 선이 거침이 없어 부드러운 가운데 힘이 느껴진다.

정나라 자산이 평공을 병문안하다

기원전 541년

주나라 경왕 4년(기원전 541년), 진晉나라 평공이 병에 걸렸다. 이에 정나라 간공簡公이 자산子産을 보내 병문안을 하게 했다. 이때 누군가가 자산에게 점쟁이가 평공의 병은 액운 때문이라고 말했다고 알려 주었다. 자산은 점쟁이의 말이 전혀 터무니없는 말이라며 믿지 않았다.

"왕의 병은 노동과 휴식, 음식, 슬픔과 즐거움이 조화를 이루지 못해서 생겨난 것입니다. 산천山川이나 성신星辰의 신령이 어찌 사람에게 병을 내린단 말입니까? 제가 듣건대 '군자는 하루에 사시四時가 있어 아침에는 정사를 살피고, 낮에는 자문을 얻고, 저녁에는 정령政令을 확정하고, 밤에는 몸을 편히 쉬게 한다.'라고 했습니다. 그래야만 혈과 기를 조절하고 발산하여 체내에 기운이 막혀 통하지 않는 일이 없게 함으로써 몸이 쇠약해져 마음이 흐릿해지고 모든 일이 혼란해지지 않도록 해야 합니다. 지금 귀국의 왕은 혈과 기를 한 곳에만 쏟고 있어 병이 난 듯합니다."

마왕퇴 백서(帛書) 《노자》

1973년에 후난 성 창사 시(長沙市)에 있는 마왕퇴 3호 무덤에서 출토되었다. 진한(秦漢) 시대의 한자 서법의 발전과 서체의 하나인 예서(隸書)의 성숙 과정을 연구하는 데 독특한 가치가 있다.

숙향은 자산의 말에 동의하고 평공에게 그의 말을 전했다. 이에 평공은 자산을 박물군자博物君子(온갖 사물에 정통한 사람)라 칭송하며 후한 선물을 내렸다. 자산이 신화와 전설, 종교와 미신에 기대지 않고 인류의 이성과 지혜, 전문적인 지식으로 세상의 도리를 분석하고, 평가하고, 예측했다는 점은 춘추 시대 중기부터 지식이 점점 중요한 역할을 하기 시작했다는 사실을 드러낸다.

대철학가 노자

춘추 시대 말기

춘추·전국 시대에 중국 고대의 유명한 철학가이자 도가

道家를 창시한 노자老子는 《노자老子》라는 책을 써서 자신의 철학 사상을 논술했다. 노자는 성은 이李씨이고 이름은 이耳이며 자는 담聃으로, 초나라 고현苦縣(지금의 허난 성 루 읍鹿邑) 여향厲鄕 곡인리曲仁里 사람이다. 그는 동주東周 시기에 도서관을 관장하던 수장사守藏史로서 각종 사료와 문헌을 관리했다. 전하는 바로는 공자孔子가 그에게 '예禮'를 묻자 노자가 여러 가지 심오한 도리를 이야기했다고 한다. 그는 평생 도道와 덕德을 닦았고, 만년에 저서를 지어 도덕의 의미를 이야기했는데 그것이 바로 《노자》 또는 《도덕경道德經》이다.

이 책은 상·하 두 편으로 나뉘고, 모두 81장章 총 5,000여 자이다. 《도덕경》에서 노자는 '도'를 핵심으로 자신의 철학 체계를 세웠으며 여기에는 세계 본원설本原說, 소박한 변증법 및 인식론 등이 포함된다. '도'는 노자 철학 체계의 핵심이다. 그는 '도'가 세상 만물의 존재보다 앞서며 세상 만물을 탄생시킨 신비한 본원, 즉 근원이라고 여겼다.

노자가 소를 타고 서역(西域, 중국의 서쪽에 있던 여러 나라를 통틀어 이르는 말)으로 가는 함곡관을 나서는 모습의 조소(彫塑)

"천지가 생기기 전에 혼돈을 이룬 무엇인가가 있었다.
나는 그 이름을 알지 못하여 글자로 '도'라 했다."

다시 말해, 노자는 '도'가 천지가 생기기 이전에 있던 혼연일체의 물체로 신비하고도 감지할 수 없는 정신적 실체이며, 그것이 세계 만물을 만들어 내는 신비한 본령이라고 여겼다.

노자는 '도'를 만물의 본령으로 삼는 학설로써 전통적인 상제귀신上帝鬼神 사상에 종지부를 찍고 철학 사변을 한 단계 성숙시켰다. 또 노자는 '도'를 기초로 그의 소박한 변증법 사상을 제기했다. 그는 자연계든 인류 사회든 모두 언제나 운동 변화의 가운데에 있다고 여겼으며, 이러한 운동 변화 속에서 체계적인 상호 모순의 범주를 귀납했다. 예컨대 유와 무, 화와 복, 미와 악 등이 그것이다. 그리고 모든 모순 범주의 두 개의 대립 면은 상호 의존하고 상호 전화轉化(질적으로 바뀌어서 달리 됨.)하는 것으로 "세상 사람들이 모두 아름답다고 하는 것을 아름다운 것으로 알면, 그런 아름다움이란 추한 것일 뿐이다."라고 했다. 다시 말하면, 세상 사람들이 아름다움의 이유를 알 때 추함에 담긴 의미도 알 수 있다는 것이다.

모순되는 양측이 서로 존재의 조건이 된다는 사실을 인정한다는 전제에서, 노자는 대립 면 양측이 고정불변의 것이 아니며 그 반대의 방향으로 전화하지 않는 것이 없다고 여겼다. 그래서 그는 '거꾸로 가는 것이 도의 운동'이라고 하는 '반자도지동反者道之動'의 소박한 변증법 사상을 제기해 사물의 모순 전화의 보편적인 법칙으로 삼았다.

"화란 복에 기대고 있는 것이다. 복이란 화 속에 숨어 있다."

인식론 방면에서 노자는 사람의 지식이 감각 경험에서 온 것이라는 주장을 부정했다. 그는 '도'를 체험하는 데 감성적 인식은 전혀 필요하지 않으며, 단지 '허정虛靜(아무런 생각도 없고 마음이 가라앉아 고요함. 또는 그런 정신 상태)', '현감玄鑒(현람玄覽이라고도 함. 사물의 진상을 꿰뚫어 앎.)'만으로도 도를 들을 수 있는 '문도聞道'의 목적에 도달할 수 있다고 여겼다.

노자는 인류가 마땅히 순박한 자연 상태로 돌아가야 하며 그래야만 그가 말하는 이른바 '소국과민小國寡民(작은 나라에 적은 백성, 즉 여러 가지 문명의 도구가 있으나 쓸 필요가 없는 무위無爲와 무욕無慾의 이상 사회를 이르는 말)'의 유토피아 사상을 실현할 수 있다고 여겼다. 노자의 철학 사상은 훗날 두 가지 방향으로 발전했다. 첫 번째는 장자莊子가 노자의 세계관을 허무주의로 발전시킨 것이고, 두 번째는 '도'를 규율로 해석해 법가가 형성된 것이다. 이밖에 노자의 사상은 훗날의 도교 철학에도 큰 영향을 미쳐 도교의 '교주'

로 신봉되고 있다.

초나라 영왕이 목매어 자살하다

기원전 529년

주나라 경왕景王 7년(기원전 538년)에 초나라 왕이 제후들을 신申(지금의 허난성 궁이 시鞏義市 동북쪽)으로 소집했다. 이에 노나라 소공昭公은 제례를 핑계로 거절했고, 위나라 양공襄公은 병을 핑계로 거절했다. 6월 16일, 초나라 영왕과 채, 진陳, 정, 허, 서, 등, 돈頓, 호胡, 심沈, 소주小邾 등 나라의 제후 및 송나라의 태자 좌佐, 회이淮夷가 서로 만났다. 초거椒擧가 초나라 영왕에게 "제후들은 예의가 있는 자에게 귀의한다고 했으니 패자가 될지 여부는 이번 회합에 달렸다."라고 말해 주었다. 초나라 왕은 제후들과 결맹한 이후 차츰 교만한 기색을 나타내기 시작했다.

주나라 경왕 11년(기원전 534년) 4월, 진陳나라에서 다툼이 일어나 공자

초나라의 옛 도읍지 기남성(紀南城) 동남쪽 조감도

기남성은 선진 시대에 제나라 임치(臨淄)와 연나라 하도(下都)에 이은 제3의 대도시였다.

초招와 공자 과過가 태자 언사偃師를 죽이고 공자 유留를 태자로 세웠다. 그러고는 군사를 일으켜 진나라의 애공哀公을 공격했다. 이에 애공은 스스로 목숨을 끊었고, 공자 초는 즉시 태자 유를 왕으로 옹립하고 초나라에 사자를 보내 그 소식을 전했다. 그러자 애공의 또 다른 아들인 공자 승勝도 초나라로 가서 초나라 영왕에게 공자 초와 과가 적자와 군주를 시해한 자초지종을 폭로했다. 영왕은 예전부터 호시탐탐 진陳나라를 삼킬 기회를 노리고 있었다. 그래서 이 기회를 놓칠세라 공자 초가 보낸 사자를 죽였다.

이어서 9월에 자신의 아우인 공자 기질棄疾에게 초나라 군대를 이끌고 가서 진陳나라를 포위하게 했다. 초나라 군대는 진陳의 도성을 공격해 마침내는 진나라를 멸망시켰다. 초나라 영왕은 그 땅을 현으로 삼고 초나라 대부 천봉술穿封戌을 진공陳公으로 봉했다. 그리고 이번에는 채나라를 멸망시킬 계획을 세웠다.

주나라 경왕 14년(기원전 531년) 3월 15일, 초나라 영왕은 연회를 열겠다며 채나라 영후靈侯를 초대했다. 그러고는 몰래 그 길목에 군대를 매복시켰다. 이로부터 시작된 오랜 전쟁 끝에 초나라 군대가 결국 채나라의 도성을 쳐부수었다. 그러나 후에 채나라와 진陳나라는 동시에 나라를 재건했다.

주나라 경왕 15년(기원전 530년), 초나라 영왕은 서나라를 공격해 건계乾溪(지금의 안후이 성安徽省 보저우 시亳州市 동남쪽)까지 정복했다. 주나라 경왕 16년(기원전 529년) 봄에 영왕이 여전히 건계에서 쾌락만 좇고 있을 때, 영왕의 남동생인 공자 비比가 태자를 죽이고 스스로 왕이 되었다. 이 소식을 들은 영왕은 목을 매달아 목숨을 끊었다. 이와 함께 패업을 꿈꾸던 초나라 영왕의 거대한 바람도 연기처럼 흩어져 버리고 말았다.

오자서가 오나라로 도망가다

기원전 522년

주나라 경왕 23년(기원전 522년), 초나라 평왕이 중상모략을 믿고 태자 건建을 죽이려 태자의 스승인 오사伍奢를 감옥에 가두었다. 이에 태자 건은 눈치를 채고 송나라로 도망갔다. 평왕은 오사의 두 아들 오상伍尙과 오원伍員(자가 자서子胥)이 훗날 후환이 될까 봐 두려웠다. 그래서 사람을 보내 "너희가 오면 너희 아버지를 풀어 주겠다."라며 두 사람을 불러들였다. 이에 큰아들 오상이 아버지에게 효도하기 위해 갔다가 아버지와 함께 목숨을 잃고 말았다. 작은아들 오자서는 아버지의 복수를 하기 위해 송나라로 도망쳐서 태자 건에게 몸을 의지했다. 그러나 공교롭게도 송나라에서 내란이 일어나 오자서는 태자 건과 함께 정나라로 도망쳤다.

정나라에서 3년을 보내자 태자 건은 복수할 마음이 절박해져서 비밀리에 정나라 정공定公의 권력을 찬탈하려는 모의를 꾸몄다. 그러나 결국 정공에게 발각되어 죽임을 당하고 말았다. 오자서는 이제 태자가 된 건의 아들 승勝을 데리고 오나라로 도망갔다. 오나라와 초나라의 국경 지역인 소관昭關(지금의 안후이 성 한산 현含山縣 북쪽)에 이르렀을 때, 정나라 왕이 그를 잡으려고 이미 초상화를 널리 배포하고 현상금을 걸어 놓은 탓에 검문이 매우 철저했다. 이때 얼마나 걱정했는지 오자서의 검은 머리가 하룻밤 사이에 하얗게 변해 버렸다고 한다. 그러나 다행히도 마음씨 좋은 동고공東皐公을 만나 그의 도움으로 국경을 넘을 수 있었다.

오자서의 초상화가 그려진 거울

오자서와 태자 승은 병사들이 쫓아올까 봐 두려운 마음에 걸음을 재촉했다. 두 사람이 강에 이르자 어느 어부가 오자서와 태자 승을 배에 태워 강을 건너게 해 주었다. 오자서가 어부에게 고마움을 표시하며 지니고 있던 보검을 선물로 주었다. 그러자 어부는 "초나라에서 오자서를 잡는 사람에게는 곡식 5만 석과 높은 벼슬과 많은 녹봉을 준다는 명령이 떨어졌소. 그것도 개의치 않는 이에게 검이라고 다르겠소?"라며 거절했다.

그 후 오나라에 도착하기도 전에 오자서가 병이 나 쓰러지는 바람에 두 사람은 내내 구걸하며 오나라까지 갔다. 오나라 공자 광光이 오자서를 오나라 왕에게 데려갔다. 오자서는 오나라 왕에게 초나라를 정벌할 것을 권했다가 공자 광에게 저지당했다. 이로써 공자 광이 왕위를 노린다는 사실을 안 오자서는 그에게 용사를 추천했다.

훗날 공자 광이 오나라 왕 요僚를 죽이고 스스로 왕이 되었는데, 그가 바로 오나라 왕 합려闔閭이다. 오나라 왕 합려는 즉위한 후 오자서를 대부로 봉해 나라를 부강하게 하고 손무孫武 장군을 등용해서 군대를 정비해 부근의 작은 나라들을 차례로 집어 삼켰다.

주나라 경왕敬王 4년(기원전 506년), 오나라 왕이 초나라를 정복하기로 하고 손무를 대장으로, 오자서를 부장副將으로 삼았다. 오나라 군대는 곧바로 영도郢都까지 공격해 들어갔고, 오자서는 초나라 평왕의 시체를 파내 시체에 매질하는 것으로 아버지의 원수를 갚았다.

주나라 왕실에 두 왕이 병립하다

기원전 519년

주나라 경왕景王 25년(기원전 520년) 여름, 경왕이 죽자 주나라 대부 단목공單穆公 등이 경왕의 장자인 맹猛을 옹립했다. 그가 바로 도왕悼王이다. 이에 경왕의 서자인 왕자 조朝가 반란을 일으켜 왕위를 쟁탈하려 했고, 결국 그가 도왕의 군대를 격파했다. 그해에 주나라 도왕이 죽고 경왕敬王이 왕위를 이었다. 주나라 경왕 원년(기원전 519년), 진晉나라는 주나라 경왕을 옹립하고자 군사를 보내 왕자 조를 포위하고 공격해서 그의 군대를 패배시켰다.

진나라 군대가 철수하자, 6월에 왕자 조는 권토중래하여 여러 차례에 걸쳐 주나라 군대를 상대로 승리를 거두었다. 6월 24일, 왕자 조가 주나라 왕성으로 들어왔다. 이때 경왕은 왕성의 동쪽에 있는 적천狄泉에 거주해서 사람들은 그를 동왕東王이라고 불렀다. 그리고 왕자 조가 주나라 세경世卿(대를 이어 높은 벼슬을 하는 사람) 윤尹씨의 도움으로 왕으로 옹립되어 서왕西王이라고 불렸다.

이로써 하나의 나라에 두 왕이 병립하는 상황이 벌어지고 말았다. 왕자 조와 주나라 경왕은 오랜 세월 대치하며 서로 싸움을 계속했다.

주나라 경왕 3년(기원전 517년) 여름, 진晉나라의 조앙趙鞅이 노나라의 숙예叔詣, 송나라의 악대심樂大心, 위나라의 북궁희北宮喜, 정나라의 유길游吉 및 조나라, 주邾나라, 등나라, 설薛나라, 소주에서 온 이들과 만나 왕실을 안정시킬 방법을 논의했다. 그리고 조앙은 여러 나라에 명령을 내려 주나라 천자에게 식량을 수송하고 수비 장병을 준비시키도록 하며, 또한 내년에 주나라 경왕을 왕성으로 되돌려 보낼 것이라고 알렸다.

주나라 경왕 4년(기원전 516년) 10월 16일, 주나라 경왕이 진晉나라 군대의 옹호 아래 활滑(지금의 허난 성 옌스 현 남쪽)에서 군대를 일으켰다. 11월에 왕자 조를 지지하는 주나라 세경 소백영召伯盈이 진晉나라 군대를 만나 차례차례 승리를 거두었는데, 그 후 오히려 왕자 조를 배반하고 그를 몰아냈다. 그리하여 왕자 조가 일부 소召씨, 모毛씨, 윤씨 부족과 주나라 왕실의 전적典籍(책)을 지닌 채 초나라로 도망갔다. 이로써 11월 23일에 주나라 경왕이 성주成周(주 왕조가 지금의 허난 성 뤄양 시 근처에 건설한 동도東都)로 들어섰다.

연꽃과 두루미 모양의 방호

허난 성에서 출토되었으며 높이는 118cm이다. 방호의 윤곽은 춘추, 서주 시대 이래의 전통을 잇는 동시에 연꽃잎 모양의 뚜껑 중앙에 날개를 펴고 날아오르려는 두루미를 더했다. 또 측면 손잡이 부분의 용과 아래 바닥에 웅크린 짐승이 조각되어 이전과는 다른 스타일을 보인다.

옥에 조각한 사람 얼굴

오나라 전제가 왕을 암살하다

기원전 515년

오나라 왕 제번諸樊이 임종하면서 왕위를 형제 승계 방식으로 계승하라고 유언을 남겨 어린 동생 계찰季札도 즉위할 수 있게 되었다. 주나라 경왕景王 18년(기원전 527년), 오나라 왕 이말夷末이 죽어 계찰이 왕위를 계승해야 했는데 계찰이 끝까지 고사해서 결국 이말의 아들인 요가 왕으로 즉위했다. 이에 제번의 아들인 공자 광이 속으로 불만을 품고 몰래 왕위를 찬탈할 계획을 세웠다.

주나라 경왕敬王 5년(기원전 515년), 오나라 왕 요가 두 남동생인 공자 엄여掩余와 촉용燭庸에게 오나라 군대를 이끌고 초나라 잠읍潛邑(지금의 안후이성 휘산 현霍山縣 동북쪽)을 에워싸고 공격하라고 명했다. 그러나 두 공자는 초나라 군대에 가로막혀 진퇴양난에 빠지고 말았다. 오나라 공자 광은 이때야말로 왕을 없앨 좋은 기회라고 생각했다. 그는 용사 전제專諸와 함께 오나라 왕 요를 암살할 계획을 꾀했다. 이에 전제는 공자 광에게 자신의 노모와 어린 아들을 부탁하고, 죽음을 무릅쓰고 오나라 왕 요를 암살하러 갔다.

같은 해 4월, 공자 광이 지하실에 갑옷 입은 군사들을 매복시켜 놓고 오나라 왕을 초대해 연회를 열었다. 오나라 왕 요는 공자 광의 집 대문까지 길 양쪽에 갑옷을 입은 병사들을 늘여 세워 자신을 호위하게 했다. 이에 대문, 계단, 안문, 좌석에 이르기까지 오나라 왕 요의 근위병이 자리하지 않은 곳이 없었다. 근위병들은 손에 단검을 든 채 오나라 왕 요의 양쪽에서 왕을 호위했다. 음식을 나르는 사람들은 문 밖에서 먼저 옷을 벗고 다른 옷으로 갈아입어야만 문 안쪽으로 들어갈 수 있었다. 또 안으로 들어갈 때는 무릎으로 기어가야 했는데, 근위병들이 양쪽에서 검을 들고 있어 금세라도 칼날이 몸에 닿을 것만 같았다. 모든 것이 완벽하게 준비되자 공자

광이 발이 아프다는 핑계를 대고 지하실로 숨어들어 갔다. 이어서 전제가 요리된 물고기의 뱃속에 비수를 감추고 안으로 들어갔다. 그리고 왕에게 음식을 올릴 때 재빠르게 비수를 꺼내 요를 찔렀다. 그 순간, 양쪽에 있던 근위병의 단검도 전제의 등을 찔렀다. 이렇게 오나라 왕 요가 죽은 뒤 공자 광이 즉위했고, 그가 바로 오나라 왕 합려이다.

오나라 군대가 초나라의 도읍까지 들어가다

기원전 506년

주나라 경왕景王 4년(오나라 왕 합려 재위 9년, 기원전 506년), 오나라 군대가 초나라의 도성인 영을 함락했다. 이로써 오나라는 명성이 드높아져 하늘을 찔렀고, 결국에는 패업을 이루었다. 오나라와 초나라 사이에는 끊임없이 전쟁이 벌어졌다. 오나라 왕 요 시기까지도 양측은 서로 승패를 똑같이 나눠 가진 상태였다. 합려는 오나라 왕위를 찬탈한 후 오자서의 계획에 따라 병력을 나누어 잇달아 출격시켜서 초나라 군대를 자극했다. 이에 극도로 피곤해진 초나라 군대가 점차 수세에 몰리면서 오나라 군대가 초나라의 여러 성을 함락할 수 있었다.

춘추 시대의 전선(戰船)

춘추 시대 오나라의 대익전선(大翼戰船)이다. 중국 최초의 수상 전투가 춘추 시대에 등장했다.

기원전 506년 겨울, 오나라 왕이 오자서와 손무의 의견을 받아들여 직접 오나라의 대군을 이끌고 나서면서 당唐나라와 채나라의 군대를 앞장세웠다. 오나라 군대는 배를 타고 채나라에 도착해 회예淮汭에서 상륙한 후, 예장豫章 일대에서 한수漢水를 사이에 두고 초나라 군대와 대치했다. 초나라 군대는 잇달아 세 차례나 패했다. 오나라와 초나라 양측은 다시 백거柏擧(지금의 후베이 성 마청 시麻城市 동북쪽)에 정렬해서 대립했고, 이때 합려의 남동생 부개夫槪가 부하 5,000명을 이끌고 초나라 군대를 급습했다. 초나라 군대가 패전해서 후퇴하자, 오나라 왕 합려는 대군을 이끌고 긴 시간 동안 추격했다. 그리하여 마침내 청발수淸發水(지금의 후베이 성 안루 시安陸市)에서 초나라 군대를 따라잡았고, 초나라 군대가 강을 건너며 강 한복판에 이르렀을 때를 틈타 맹렬하게 공격한 결과 크게 승리했다. 살아남은 초나라 군사들은 계속해서 도망치다가 옹서雍澨(지금의 후베이 성 징산 현京山縣)에서 다시 오나라 군대에 잡혀 죽임을 당했다. 오나라 군대는 5전 5승을 거두며 초나라의 도성 영에 도달했다.

11월 27일에 초나라 소왕昭王은 자신의 여동생을 데리고 영에서 도망쳤고, 다음날 오나라 군대가 영에 들어섰다. 그리고 오자서는 초나라 평왕의 묘를 파헤쳐 그 시체에 매질을 300대 하며 옛 원한을 풀었다.

청나라 판본(版本, 목판으로 인쇄한 책)의 《손자병법》 사진

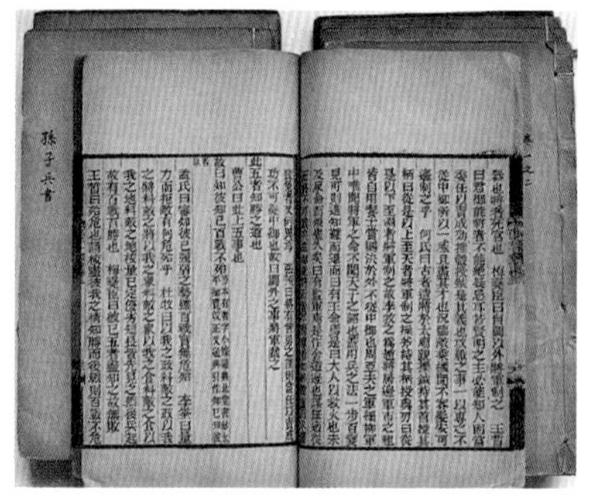

손무와 《손자병법》

춘추 시대 말기

손무는 춘추 시대 말기에 살았던 제나라의 병법가이다. 그 유명한 《손자병법孫子兵法》을 쓴 사람이기도 하다. 일찍이 그가 오나라에서 벼슬한 적이 있는데, 손무의 통솔 아래 오나라는 군사력이 급속도로 강성해져서 널리 명성을 떨쳤다.

주나라 경왕敬王 8년(기원전 512년)에 오자서가 오나라 왕 합려에게 손무를 뛰어난 군사가로 추천했다. 손무가 처음 만난 자리에서 13편으로 된 병법을 바치자 합려는 그를 매우 칭찬했다. 그리고 손무가 저술한 병법의 효과를 시험해 보고자 바로 그에게 병법으로 궁중의 미녀들을 훈련하도록 명령했다. 훈련을 시작한 후, 손무는 먼저 군기를 매우 엄격하게 다잡았다. 약속을 지키지 않았다는 이유로 각 무리의 대장이자 오나라 왕이 가장 총애하는 후궁 두 명을 참수했다. 그러자 궁녀들은 몹시 놀라서 서로 앞다투어 무릎을 꿇고 명령에 복종했다. 이를 통해 손무가 용병에 능하다는 사실을 알게 된 합려는 그에게 오나라 군대를 통솔하는 자리를 맡겼다. 그해에 합려는 초나라 도성 영을 치고 싶어 했다. 하지만 손무는 아직 기다려야 한다고 여겼다.

손무 조각상

주나라 경왕敬王 14년(기원전 506년)에 오나라 왕이 오자서와 손무에게 이제 초나라를 정복하기 위해 군사를 일으켜도 되는지 물었다. 그러자 두 사람 모두 이렇게 대답했다.

"초나라 장군 자상子常은 탐욕스럽고 당나라와 채나라에 모두 원한이 있습니다. 그러니 당나라, 채나라와 연합하면 초나라를 칠 수 있습니다."

이에 오나라 왕은 당나라, 채나라와 함께 연합군을 형성해 초나라를 정복하러 나섰다. 군대가 한수에 이르자 초나라에서도 군대를 보내 오나라 군대를 막아섰다. 두 나라 군대는 강을 사이에 두고 대치했다. 이 전쟁에서 오나라 군대가 초나라에 맞서 5전 5승을 거두며 초나라의 도성인 영을 점령했고, 이로써 초나라는 패권을 잃었다. 오나라는 이후로 오자서와 손무를 더욱 중용하여 나라를 다스리고 군대를 키워 날로 국력이 강성해졌다. 춘추 시대 말기, 오나라는 서쪽으로는 강대국인 초를 멸망시키고 북쪽으로는 제와 진晉나라를 위협했으며 남쪽으로는 월나라를 복종시켰다.

손무는 이전 세대, 특히 춘추 시대의 전쟁을 연구하고 군사 사상의 성과를 종합하여 자신의 독창적인 견해에 흡수시키고 융합했다. 이로써 그는 후대에 대대로 전해진 엄격한 사상과 합리적인 구조를 갖춘 군사 이론 체계를 만들어 냈다. 손무의 군사 사상은 크게 전쟁관, 전략 이론, 작전 사상의 세 부분으로 나뉜다. 그는 막강한 군대와 신중한 전쟁을 기본 준비자세로 삼고, 전쟁을 중요시하되 전쟁을 쉽게 일으키지 않았다. 그리고 병력을 남용해 전쟁을 일삼는 것에 반대하고, 위급한 상황이 아니라면 전쟁을 일으키지 않을 것을 주장했다.

막강한 군대와 신중한 전쟁이라는 기본 사상에 비추어 손무는 전쟁을 진지하게 연구하고 깊이 있게 이해해야만 전쟁에서 승리를 거둘 수 있다고 여겼다. 그래서 그는 '병사를 알아야 한다.'는 '지병知兵'과 '전쟁을 알아야 한다.'는 '지전知戰'의 사상을 제시하고 '나를 알고 적을 안다.'는 '지피지기知己知彼', '하늘을 알고 땅을 안다.'는 '지천지지知天知地'를 요구했다. 전쟁과 작전을 이끌 때 적과 나 양쪽의 여러 상황을 정확히 파악하고 이해해야만 백번을 싸워도 위태롭지 않다, 즉 백전불태百戰不殆할 수 있다는 것이다.

손무의 전략 이론은 나라 사이의 전쟁을 주요 연구 대상으로 삼고 국가의 이익을 출발점과 핵심 문제로 삼아 나라와 군대를 안정시키는 것을 첫번째 목적으로 세웠다. 그래서 손무는 전략에서 내적 요인을 통한 승리, 수도보법修道保法('길을 닦고 법칙을 확보한다.'는 뜻으로 각 방면에서 이길 수 있는 조건을 갖추어 전면적인 승리를 쟁취하는 전쟁 법칙), 그리고 벌모伐謀와 벌교伐交(전략에 통달한 사람은 무기를 쓰지 않고도 적을 이긴다. 그 첫 번째 전략은 적의 모략을 깨뜨리는 것伐謀이고, 그다음 전략은 적국과 타국의 교류를 단절시키는 것伐交이다.)를 중요하게 여겼다. 손무는 《손자병법》에서 보편적인 리더십을 갖춘 일련의 작전 원칙과 작전 방법을 제시했다. 그의 병법 사상은 중국 고대 군사학이 한 단계 더 성숙했음을 나타낸다.

오나라 합려가 월을 공격하다

기원전 496년

주나라 경왕敬王 24년(기원전 496년), 오나라 왕 합려가 월나라 왕 윤상允常이 죽었다는 소식을 듣고 군사를 일으켜 월나라를 공격했다. 이에 월나라의 새로운 왕 구천句踐이 병사를 이끌고 반격에 나서 추리檇李(지금의 저장 성 자싱 시嘉興市 남쪽)에 전투 대형을 펼쳤다. 그가 적진을 살펴보니 오나라 군대의 진영은 질서가 엄격하고 정연해 빈틈이 없어 보였다. 적의 군사력을 가늠하기 위해 돌격대를 보내 기습하게 해 보았지만 성과는 없었다. 그래서 구천은 '시선 돌리기' 전술을 사용하고자 이미 죽을 목숨인 죄인들로 자살특공대를 조직하고 세 조로 나누어 내보냈다. 그들은 오나라 군대의 진영 앞에 나아가 각자 자신의 목에 검을 겨누고 말했다.

"우리는 두 나라가 싸우는 이곳에서 군령을 어겨 죄를 지었다. 이에 형벌을 두려워하지 않고 죽음으로 속죄하겠노라."

그러고는 정말로 모두 스스로 목을 베어 죽었다. 오나라 군사들이 놀라서 그 광경을 바라보는 틈을 타 구천은 공격 명령을 내리고 오나라 군대에 참패를 안겼다. 이때 월나라 대부 영고부靈姑浮가 창으로 오나라 왕 합려의 발가락을 찍어서 잘라 내고 그의 신발을 가져갔다. 오나라 군대가 패해서

오나라 왕 부차의 검

월나라 왕 구천의 검

퇴각하는 도중에 합려는 추리에서 3.5km 떨어진 고개에서 죽고 말았다.

오나라 왕 합려가 춘추 시대의 마지막 패주였다는 데는 이견이 없으나, 그 세력은 패주로 인정받은 이전의 왕들에 훨씬 미치지 못한다. 춘추 시대의 진정한 패주는 사실 제나라 환공, 진晉나라 문공이다. 오나라와 월나라는 패주 쟁탈전의 열기가 식고 이미 새로운 세력과 제도가 등장하기 시작한 춘추 시대 말기에 일어났다.

구천이 오나라를 멸망시키고 스스로 패주를 칭하다

기원전 473년

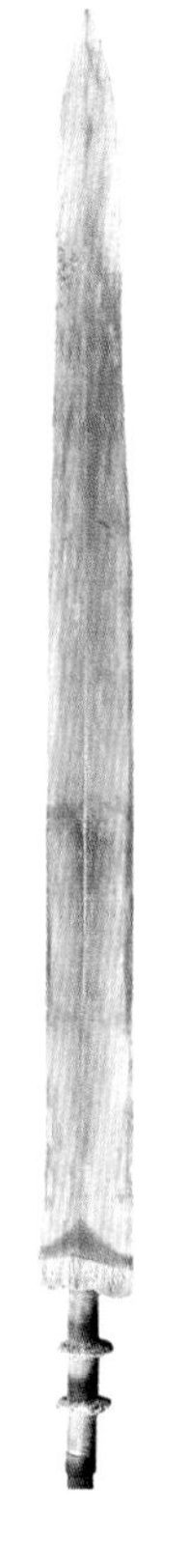
월나라 올북(兀北)의 검

주나라 경왕敬王 26년(기원전 494년), 오나라에 패한 월나라 왕 구천은 와신상담하여 백성을 구제하고 복수할 기회만을 노렸다. 기원전 482년, 합려의 뒤를 이은 부차夫差가 황지黃地(지금의 허난 성 펑추封丘 남쪽)에서 북쪽 지역의 제후를 소집했다. 그러자 구천은 그로써 오나라 내부의 경계가 허술해진 틈을 타 군대를 보내서 오나라 군대에 대승을 거두고 오나라의 태자를 죽였다. 부차가 이에 대한 보고를 받고는 두둑한 선물과 함께 월나라로 사람을 보내 화의를 청했다. 이에 구천은 아직은 자신이 오나라를 완전히 멸망시킬 힘은 없다고 생각하고 제안에 응했다.

4년 후 월나라는 한층 더 강해졌고, 반대로 오나라는 연이은 전쟁으로 정예 부대가 모두 제나라와 진晉나라에서 목숨을 잃었고 병사들과 백성은 극도로 피로한 상태였다. 이때 월나라 왕 구천은 다시금 오나라 정복에 나서 입택笠澤(지금의 장쑤 성 쑤저우 시蘇州市 남쪽)에서 오나라 군대를 꺾고 큰 승리를 거두었다.

기원전 476년, 월나라는 다시 오나라 정복에 나서 3년 동안이나 오나라를 포위했다. 결국 오나라 군대는 크게 패하고 부차는 스스로 목숨을 끊어 인생을 마감했다.

맥을 잡아 주는 중국사 중요 키워드

구천의 와신상담

주나라 경왕敬王 24년, 오나라 왕 합려가 전사하자 그의 아들 부차가 왕위에 올라 복수를 다짐했다. 주나라 경왕 25년(기원전 495년)에 부차는 대부 백비伯嚭를 태재로 삼고 그에게 활 쏘는 법을 배우게 한 후, 추리 전투에서의 모욕을 씻고자 했다. 주나라 경왕 26년(기원전 494년) 봄, 오나라 왕 부차가 아버지의 복수를 하고자 군대를 이끌고 월나라를 공격했다. 부초夫椒(지금의 저장 성 사오싱 시紹興市 북쪽)에서 오나라 군대가 월나라 군대를 크게 격파하여 월나라 군대는 회계산會稽山(지금의 저장 성 사오싱 시 동남쪽)으로 도망쳤다. 월나라 왕 구천은 갑옷을 입고 방패를 든 병사 5,000명을 이끌고 방어하는 한편, 몰래 오나라 태재 백비에게 뇌물을 주어 월나라와 강화할 것을 주장하게 하고 부차에게는 미녀를 바치며 강화를 청했다. 오자서가 그 요청에 응해서는 안 된다며 충언했지만, 결국 부차는 그의 말을 듣지 않고 월나라와 강화를 맺었다.

그에 따라 구천과 범려范蠡는 오나라에 인질로 잡혀 부차의 몸종으로 일하게 되었다. 구천은 대신 문종文種에게 국정을 맡겼다. 그렇게 3년이 지나 주나라 경왕 29년(기원전 491년)에 부차가 구천의 죄를 용서하고 월나라로 돌아가게 해 주었다. 구천은 3년 동안 받은 모욕을 잊지 않고 그 한을 풀고 복수의 칼을 갈기 위해 쓰디쓴 쓸개를 방에 걸어 두고서 밥을 먹을 때면 먼저 쓸개를 맛보았다. 또 편안한 마음에 자칫 복수의 결심을 잊을까 봐 장작을 깔고 그 위에서 누워 자며 스스로 경각심을 일깨웠다. 그뿐만 아니라 그는 직접 백성과 함께 밭을 갈았고, 그의 아내는 직접 베를 짜며 옷을 지었다. 그리고 고기를 먹지 않고 채식하며 검소한 의복에 만족하고 백성과 기쁨과 고통을 함께했다.

그렇게 "10년 동안 인구를 늘리고 국가 재정을 충실히 관리하여 튼튼하게 만들고 또 백성에게 오나라에 대한 적개심을 가르쳐十年生聚, 十年教訓" 월나라는 마침내 실패를 딛고 다시 일어설 수 있었다.

주나라 경왕 38년(기원전 482년) 여름, 부차가 원정을 나간 틈을 타 월나라 왕 구천이 군대를 이끌고 오나라를 공격해 오나라의 도읍을 함락했다. 주나라 원왕元王 3년(기원전 473년)에 구천이 다시 한 번 대대적으로 오나라를 공격하여 오나라 군대를 무찔렀고, 부차는 스스로 목숨을 끊었다. 이후 주나라 원왕이 구천을 후백으로 봉해 구천은 제후의 우두머리로 군림할 수 있었다.

기원전 473년, 오나라를 멸망시킨 뒤 구천은 군대를 이끌고 북쪽으로 향했다. 그는 회수를 넘어 서주笠澤(지금의 산둥 성 웨이산微山 동북쪽)에서 제나라, 진晉나라 등 제후와 만나고, 주나라 천자를 알현하고 공물을 바쳤다. 이에 주나라 원왕元王은 사람을 보내서 구천에게 제례용 고기를 하사하고 그를 제후의 우두머리인 후백侯伯으로 봉했다. 이로써 월나라는 패자가 되었다.

초나라가 강회 북쪽 지역을 점령하다

기원전 445년

춘추 시대에 강대국이었던 초나라는 춘추 시대 말에 새로이 강대국으로 등장한 오나라에 패했지만, 이후 오·월 전쟁이 일어나 외부의 군사적 압박이 가벼워졌다. 주나라 원왕 3년(기원전 473년)에 월나라가 오나라를 멸망시키자 초나라는 오나라의 위협에서 벗어나 다시 국력을 부흥시킬 수 있었다. 주나라 정정왕貞定王 22년(기원전 447년), 초나라가 채나라를 공격하여 멸망시켰다. 채나라는 주나라 초기에 제후국으로 봉해진 주요 제후국으로 줄곧 초나라, 진晉나라 등의 대국과 중간 지대를 두고 다투어 왔다.

채나라를 멸망시키고 세력을 한층 더 키운 초나라는 주나라 정정왕 24년(기원전 445년)에 진秦나라와 우호 관계를 맺고 사姒씨의 기杞나라를 공격

맥을 잡아 주는 중국사 중요 키워드

전국 칠웅

춘추 시대 이래 7개국은 개별적으로 발전하여 서로 다른 성격을 확립했다. 진秦나라 사람들은 변경 유목민 특유의 소박함, 강건함과 실리를 중시한 성격의 정통 중국인이다. 문자는 서주의 서체를 계승했고, 석고문에는 주나라 시가의 스타일이 반영되어 있다. 초나라 사람들은 다소 변두리 민족의 특색을 보이지만 대부분이 특이하고 화려하며 신비스러운 남방 색깔을 띤다. 중국의 신화와 점성술, 무술巫術은 바로 초나라와 남방의 각 민족에서 기원한다. 제나라와 노나라는 고대 문화의 중심에서 몰락한 소국으로 변해 몰락한 집안 같은 느낌이다. 연나라와 조趙나라는 예로부터 장사壯士가 많아 고전적이고 영웅주의의 비장함이 느껴진다. 한韓나라와 위나라 등 중원의 여러 나라는 중앙에 자리해서인지 기회주의적인 모습을 보인 때가 많으며, 대립 세력 사이에서 어찌해야 할 바를 몰랐다.

해 멸망시키는 등 계속해서 영토를 확장해 나갔다. 월나라가 오나라를 멸망시키기는 했지만, 강회 북쪽 지역을 완전히 점령한 것은 아니었다. 이에 초나라 혜왕이 기회를 틈타 군대를 보내서 동쪽으로 사수泗水 위쪽 지역까지 영토를 확장하고, 강회 북쪽 지역을 점령했다. 이처럼 지속해서 영토를 확장함으로써 초나라는 국력이 매우 강성해지며 영향력을 갖춘 대국으로 다시 자리매김했다.

유학의 대가 공자

공자(기원전 552년~기원전 479년)는 이름이 구丘, 자는 중니仲尼이며, 노나라 창평향昌平鄕 추읍陬邑(지금의 산둥 성 취푸 시 동남쪽)에서 숙양흘叔梁紇의 아들로 태어났다. 그는 중국 전통문화를 상징하는 인물로, 중국 사상 체계의 기틀을 잡은 인물이 바로 그이다. 공자는 도덕을 정치와 행위의 규범으로 삼아 개인적인 관점에 따라 인仁·의義·충忠·신信을 규범화하고, 춘추 시대의 도덕 사상을 개선했다.

그의 대동大同(사람마다 평등하고 자유로운 이상 사회) 정신, 날로 새로워지고자 하는 '일신우일신日新又日新'과 진취적인 개척 정신은 전국 시대 문명을 이끌어가는 주도적인 정신이 되었다. 그는 "예순 살에는 귀에 거슬림이 없고, 일흔 살에는 마음이 가는 대로 해도 법도를 넘지 않았다."라는 놀라운 경지에 이르렀다. 그가 정립한 유학 사상은 오늘날에도 세계적으로 존중받을 뿐만 아니라 중화 민족을 하나로 묶는 상징성을 띠기도 한다.

산둥 성 취푸 시에 있는 공자의 사당 공묘(孔廟) 내부 모습

공자는 평생 진(眞), 선(善), 미(美)를 추구하고, 이상적인 사회를 지향했다. 그의 성공과 실패는 모두 그의 품성과 관련이 있다. 사후 수 천 년 동안 그의 사상과 학설은 중국인, 특히 중국의 지식인에게 깊은 영향을 미쳤다.

공자가 제나라에 간 3개월 동안 고기 맛을 몰랐다

주나라 경왕敬王 3년(기원전 517년), 공자는 제나라에 가서 고소자高昭子의 가신家臣이 되었고 제나라 경공景公을 알현했다. 그리고 제나라의 태사와 음악에 대해 토론하고, 《소악韶樂》을 배우고, 음악을 감상했다. 그곳에 있던 3개월 동안 공자는 고기 맛을 몰랐다. 제나라 경공이 정치의 도에 대해 묻자 공자는 이렇게 대답했다.

"임금은 임금다워야 하고, 신하는 신하다워야 하며, 아버지는 아버지다워야 하고, 아들은 아들다워야 합니다.君君, 臣臣, 父父, 子子"

이 말을 듣고 경공은 공자를 칭찬했다. 나중에 경공이 또 정치의 도에 대해 물어보었다. 이에 공자가 "정치는 재물을 절약해야 한다."라고 대답하자 경공은 몹시 기뻐했다. 공자의 등장은 중국 역사에서 시대적인 상징이다. 그는 민족의 단결을 위한 예악을 보편적인 사회성을 띤 예악, 즉 사회제도로 전환했으며, 한 걸음 더 나아가 '인仁'을 제안하며 예악을 실현하는 목표로 삼았다. '인'은 한 측면으로는 개인의 인격을 지칭하며, 개인의 인격에는 빈부귀천의 구별이 없다. 또 다른 측면으로는 인간관계를 지칭하며, 인간관계는 피차 상대방의 인격을 인정하는 것이 중요하다. '인'을 실현하려면 반드시 교육과 교양을 갖추어야 한다. 그리고 예악은 '인'을 실현하기 위한 수단이므로 반드시 배우고 연구해야 한다.

공자가 노나라에서 벼슬을 하며 여러 나라를 떠돌아다녔다

노나라 정공定公 8년(기원전 502년), 계씨의 가신家臣인 공산불뉴公山不狃가 비費(지금의 산둥 성 페이 현費縣서북쪽) 지방을 점거하고 계씨에게 반란을 일으켰다. 이렇게 해서 권력을 잡은 공산불뉴는 사람을 보내 공자를 청했다. 공자가 그 청에 응하려 하자 제자인 자로子路가 그를 막았다.

당시 널리 명성이 퍼진 공자는 노나라 정공에게 등용되어 먼저 중도中都(노나라의 읍으로 지금의 산둥 성 원상 현汶上縣 서쪽)의 관리가 되었고, 1년 만에 모든 이가 그를 본받았다. 이에 공자는 사공司空으로 승진했고, 다시 대사구大司寇가 되었다. 공자는 인생의 전반부를 정치에 뜻을 두고, 예의범절을 따르고자 힘썼다. 그리고 노나라에서 벼슬하는 동안 사법과 교육 분야에서 자신의 포부와 재능을 펼쳤다. 아울러 삼환三桓 세력(신흥 세도가인 맹손씨孟孫氏, 숙손씨叔孫氏, 계손씨季孫氏)을 타도하는 데에도 힘을 쏟았다. 나중에 공자는 노나라의 군신들과 정치적 견해가 맞지 않아 쉰다섯 살이 되던 해에 노나라를 떠나 여러 나라를 떠돌아다니기 시작했다. 14년을 유랑하며 위, 진陳, 조, 송, 정, 채 여섯 제후국을 돌아다녔지만, 결국 그가 주장한 '인정덕치仁政德治'를 받아들이려는 이상적인 군주를 찾아내지 못했다. '인정덕치'란 인의를 정치철학의 근간으로 삼고 덕에 근거하여 펼치는 왕도 정치王道政治를 가리킨다.

공자가 노나라로 돌아가 저술을 시작하다

노나라 애공哀公 11년(기원전 484년), 공자는 노나라 대부 계강季康의 청을 받아들여 노나라로 돌아갔다. 자신의 정치적 이상을 펼칠 수 없는 현실을 깨달은 공자는 자신의 이상과 사상, 학식이 후세에 전해지기를 바라며 강의

공림의 고신도

역사는 기원전 479년에 공자가 세상을 떠나자 "공자를 노나라의 성 북쪽 사상(泗上)에 장사 지냈다."라고 기록한다. 훗날 공자의 후예 및 문중 사람들이 이곳에서 장사를 많이 지내 공자와 그의 후손들의 무덤이라는 뜻으로 '공림(孔林)'이라고 불렀다. 이는 공림으로 통하는 고신도(古神道)이다.

와 저술에 매달렸다. 이때 그가 서주 시대부터 춘추 시대 중기까지 전해지던 고시古詩 3,000편 중 거짓 없이 바른 '사무사思無邪'의 시 305편만을 남기고 이를 풍風, 아雅, 송頌의 세 종류로 분류해 《시경詩經》을 편집했다고 한다.

아울러 공자는 사학私學을 개설해 3,000여 명의 제자를 배출했으며, 그 가운데 육예六藝(예절, 음악, 말 타기, 서예, 수학, 활쏘기를 말함.)에 능통한 제자만도 70여 명이나 되었다. 그는 제자들과 함께 고서古書를 정리하고, 시사時事와 인물을 평론했다. 전하는 말에 따르면 그가 《서전書傳》, 《예전禮傳》을 짓고, 《역易》을 위한 《단사彖辭》, 《상사象辭》, 《계사繫辭》, 《서괘序卦》, 《설괘說卦》, 《잡괘雜卦》, 《문언文言》을 지었고 사람들이 이를 《십익十翼》이라고 칭했다고 한다. 또 3,000여 편의 시를 305편만 남겨 정리해 《시경》을 엮고, 《춘추春秋》를 수정해 문장을 간결하게 하고 행간에 은밀히 비판을 담았다고 한다. 마지막으로 음악을 바로잡고, 이를 육예 가운데서도 특히 중요하게 여겼다고 한다.

주나라 경왕敬王 41년(기원전 479년), 공자는 향년 일흔세 살의 나이로 세상을 떠났다. 노나라 애공이 추도문을 지어 공자를 추모했는데 이것이 추도문의 효시이다. 공자의 제자들은 모두 3년 상을 치렀고, 자공子貢은 무덤 옆에 여막廬幕(무덤가에 지은 초가로, 상이 끝날 때까지 상제喪制가 거처하는 곳)을 짓고 6년 동안 무덤을 지키다가 떠났다.

이회의 개혁

기원전 406년

주나라 정정왕 24년(기원전 445년), 위나라 문후文侯가 즉위했을 당시 위나라는 이미 중앙 집권의 봉건 국가를 수립한 상태였다. 기원전 406년, 위나라 문후는 이회李悝를 등용해서 개혁을 시도했다. 우선 경제적으로는 '땅의 힘을 다 이용해야 한다.'는 가르침과 평적법平糴法을 시행했다. 정치적으로는 신흥 지주 계급에 이익이 되는 정책과 조치를 펼쳤다. 그는 '일하는 사람에게만 먹을 것을 주고, 공을 세운 사람에게만 녹봉을 주는' 등의 방법으로 남아 있는 옛 귀족 세력의 특권이 세습되는 것을 방지하고, 신흥 봉건 계급의 발전을 위한 걸림돌을 제거했다. '땅의 힘을 다 이용한다.'는 교훈은 이회 경제 개혁의 주요 내용으로, 천맥阡陌(정전의 중간과 관개수로가 서로 만나 종횡으로 연결된 길을 말하는데, 경작지의 의미도 있다.)과 봉강封疆(귀족이 소유한 정전의 경계)을 개간해 경작에 힘씀으로써 생산력을 증대시켜 봉건 사회의 소농 경제를 발전시키는 것이 목적이었다.

이회가 경제 개혁에서 시행한 또 다른 중요한 조치는 바로 곡식 값을 조절하는 '평적법'이다. 평적법이란 풍년의 정도를 상·중·하 세 등급으로 나누고 흉년도 상·중·하 세 등급으로 나눈 다음, 풍년에는 풍년의 등급에 따라 나라에서 과잉 생산된 곡식을 사들이고 흉년에는 정상 가격으로 되팔아서 물가를 조절하고 백성을 구제하는 정책이다. 이는 훗날 봉건 왕조의 '균수법均輸法(지방마다 많이 생산되는 물품을 세금으로 거두어 가격 폭락을 막고 그 물건이 모자라는 곳에 팔아서 가격의 균형을 맞춘 한나라 무제 때의 경제 정책)'과 '상평창常平倉(물가가 내릴 때 나라

채색 구름무늬를 장식한 옻칠을 한 이배

맥을 잡아 주는 중국사 중요 키워드

증후을의 무덤

주나라 고왕考王 8년(기원전 433년)에 증후을이 죽었다. 1978년, 후베이 성 쑤이 현隨縣 레이구둔擂鼓墩에서 증후을의 무덤이 발굴되었다. 무덤 내부에는 여러 청동기가 수장되어 있었는데 대부분에 '증후을'이라는 명문이 새겨져 있었다. 증후을의 무덤에서는 다양한 문물이 다량 출토되었다. 청동 예기, 악기, 병기, 용기, 마차 용구 및 금기, 옥기, 칠목기 등 총 1만여 점에 달한다. 청동기는 종류가 다양하고, 화려하고 정교하며, 총 중량이 무려 10t에 달한다. 증후을의 무덤에서 출토된 청동 예기는 무덤에서 원래 놓여 있던 자리에 그대로 놓인 채 질서정연하게 배열되어 있다. 높낮이가 제각각인 이 예기들은 한 나라의 왕인 증후을이 사용한 기물들의 조합을 충실하게 보여 준다.

무덤에는 고문 자료도 매우 풍부하게 보존되었다. 장례에 사용된 수레와 말, 병기를 기록한 것을 보면 증후을 자신의 것도 있고 초나라 왕, 제후와 귀족이 보낸 것도 있어서 초나라와 밀접한 관계를 맺었다는 점을 미루어 알 수 있다. 병기 4,500여 점 가운데 길이 3.4m에 달하는 하나의 자루에 3개의 과戈(창날이 일자로 뻗은 형태가 아니라 가지처럼 수직으로 옆으로 뻗은 형태로, 꺾창이라고도 한다.)와 1개의 모矛(창날이 자루 끝에 달린 형태로 일반적으로 볼 수 있는 창. 뾰족창이라고도 한다.)가 달린 미늘창(극戟, 끝이 두세 가닥으로 갈라진 창으로 갈래창 혹은 가지창이라고도 한다.)이 있는데, 이는 새롭게 발견된 고대 병기이다.

칠을 한 상자 하나에서는 '이십팔수二十八宿'이라는 이름의 천문도가 발견되었다. 이는 중국이 세계 최초로 이십팔수(천구天球를 황도黃道에 따라 스물여덟 구간으로 등분한 구획. 또는 그 구획의 별자리)의 체계를 세운 나라라는 사실을 증명하는 자료이다. 증후을의 무덤은 여러 면에서 증나라의 문화가 고도로 발전했다는 점을 보여 준다.

에서 생활필수품을 사들였다가 값이 오를 때 내어 물가를 조절하던 기관)' 등의 효시가 되어 상인의 곡식에 대한 투기를 제한하고, 나아가 지주 경제를 한층 굳건히 하여 위나라를 부강하게 했다. 정치적으로는 '일하는 사람에게만 먹을 것을 주고, 공을 세운 사람에게만 녹봉을 주며' '음민淫民(이회가 귀족을 가리켜서 쓴 말)에게 주는 녹봉으로 사방의 재사들을 초빙'하는 정책을 펼쳤다.

군사적으로는 '무졸武卒'이라는 상비군 제도를 채택하여 나라가 항상 강

금잔, 금작

증후을 무덤에서 금기(金器) 5건, 금박(金箔) 900여 건이 발견되었다. 이는 당시에 남쪽 지역에서 금기가 매우 유행했다는 사실을 보여 준다. 이 금잔은 동잔을 모방해서 만들어졌고 구름무늬와 번개무늬, 반리문으로 장식되었으며, 금작에는 변형된 용무늬가 투조되었다.

대한 군사 역량을 유지할 수 있도록 했다. 이회는 전면적인 개혁을 시행하는 동시에 춘추 시대 말기 이후 여러 나라의 법률 조문을 널리 수집하고 이를 기초로 중국 최초의 체계적인 봉건 법전인 《법경法經》을 편찬했다. 이는 법률의 형식을 통해 봉건 지주 계급의 이익을 확보하려는 것이었다. 이회의 개혁은 위나라가 빠르게 부강해지도록 했을 뿐만 아니라 중국 역사에도 중대한 의미가 있다.

그의 개혁을 계기로 전국 시대의 정치, 법률, 경제, 군사, 문화의 혁신이 차츰 발전하고 널리 적용되어 전체 사회 구조와 제도의 변동을 가져왔다. 이로부터 중국 문명은 한층 더 광범위해지고 한층 더 깊이가 생겼다.

중산국이 멸망하다

기원전 405년

은제 머리 인용(人俑) 청동 등

'용(俑)'은 사람 모양을 본뜬 인형을 일컫는다.

주나라 위열왕威烈王 12년(기원전 414년), 중산국中山國 무공武公이 즉위해 고顧를 도읍으로 삼았다. 중산국은 전국 시대의 주요 제후국이다. 한漢나라 유향劉向이 엮은 《전국책戰國策》에는 〈중산책中山策〉편이 있다. 일반적으로 중산국은 중원의 다른 제후국과 달리 화하華河 지역에 속하지 않는 북방 소수민족 백적白狄의 나라로 여겨지는데, 춘추 시대에는 선우鮮虞로 불렸다. 백적은 원래 진晉나라 서쪽 지역의 오랑캐로 성은 희姬씨이다. 고대에는 선우를 가리켜 '백적白狄의 별종'이라고 하기도 했다.

지금의 허베이 성 중부 지역에 백적 일파가 세 개의 소국小國을 세웠다. 선우는 지금의 정딩正定에, 비肥는 가오청 시藁城市에, 고鼓는 진 현晉縣에 자리를 잡았다. 춘추 시대 말기, 진晉나라가 세력을 확장하면서 비와 고 두 나라가 멸망하고 선우만이 꿋꿋하게 살아남았다. 《좌전左傳》에 주나라 경왕敬王 28년(기원전 492년)부터 '중산'이라는 명칭이 등장하기 시작했다. 중산국의 왕묘에서 출토된 청동 방호의 명문에는 '황조皇祖 문文, 무武'라는 기록이 있다. 주나라 위열왕 18년(기원전 408년), 위나라 문후가 장군 악양樂羊을 파견해 중간에 있는 조나라를 거쳐서 중산국을 공격했다. 위나라 군대는 3년 동안 고전한 끝에 결국 중산국을 멸망시켰다.

은으로 된 봉황 무늬를 배치한 청동 준

한, 조, 위를 제후로 봉하다

기원전 403년

춘추 시대에 진晉나라에는 본래 조씨, 위씨, 한韓씨, 지知씨, 범范씨와 중행中行씨의 6경卿이 있었다. 전국 시대 초기(기원전 458년)에 지씨, 조씨, 한씨, 위씨가 범씨와 중행씨를 합병해 그들 가문의 땅을 나눠 가졌다. 기원전 453년에 조씨, 한씨, 위씨가 다시 지씨를 멸망시켜 지씨 가문의 땅을 나눠 가졌다. 이로부터 한씨, 조씨, 위씨 세 가문이 진晉나라를 장악해 정권을 통제했고, 진나라의 왕은 허수아비로 전락해 오히려 그가 세 가문에 알현하는 지경이 되었다. 진나라의 재상을 지낸 이 세 가문의 위사魏斯, 조적趙籍, 한건韓虔은 이후 각각 위魏나라, 조趙나라, 한韓나라를 세웠다. 그래서 이 세 가문을 가리켜 '삼진三晉'이라고 칭한다.

제나라의 전도자田悼子가 죽은 뒤 전田씨가 내란을 일으켰다. 그러자 삼진은 그 기회를 틈타 제나라를 공격해서 중원 지역에서 자신들의 세력 범위를 넓히고자 했다. 주나라 위열왕 22년(기원전 404년), 삼진 연합군이 다시 한 번 제나라를 공격해 제나라의 장성齊長城[서쪽으로는 방문防門(지금의 산둥 성 페이청 시(肥城市 서북쪽)에서 시작해 동쪽으로는 낭야琅琊에 이르러 바다에 닿는다.]이 있는 곳까지 치고 들어갔다. 이 일로 삼진은 순식간에 천하에 명성을 떨쳤다. 주나라 위열왕 23년(기원전 403년), 주나라 천자가 삼진의 한건, 위사, 조적을 정식 제후로 책봉했다. 역사적으로 이 일을 가리켜 "세

철로 만든 쟁기 날

나라가 진을 분할했다."라고 말한다.

한나라는 지금의 허난 성 중부 및 산둥 성 동남부를 차지하고 양적陽翟(지금의 허난 성 위저우 시禹州市)을 도읍으로 삼았고, 조나라는 지금의 허베이 성 중부와 허난 성 북부, 그리고 산둥 성 일부 지역을 차지하고 한단邯鄲(지금의 허베이 성 한단 시邯鄲市)을 도읍으로 삼았으며, 위나라는 지금의 산시 성陝西省 동부, 산시 성山西省 서남부 및 허난 성 북부 지역을 차지하고 안읍安邑(지금의 산시 성山西省 샤 현夏縣)을 도읍으로 삼았다.

묵자가 묵가학파를 만들다

전국 시대 초기

노나라 사람 묵적墨翟은 공자 이후, 맹자 이전 시기에 태어나 송나라 대부를 지냈다. 어렸을 때 유가 교육을 받았지만, 훗날 유학을 포기하고 스스로 묵가墨家학파를 창시했다고 전해진다. 《묵자墨子》는 총 53편으로 구성되는데 대부분 내용이 묵적의 제자와 문인들이 묵적의 언행을 기록한 것이다. 묵자의 사회 이론은 겸애兼愛로, "모든 사람이 다 같이 서로 사랑하고 다 같이 서로 이롭게 한다."라는 원칙을 천하를 구할 처방전으로 삼고 또한 사치와 탐욕, 무절제한 낭비에 반대했다.

《묵자》

전국 시대 묵가학파 저작의 총서이다.

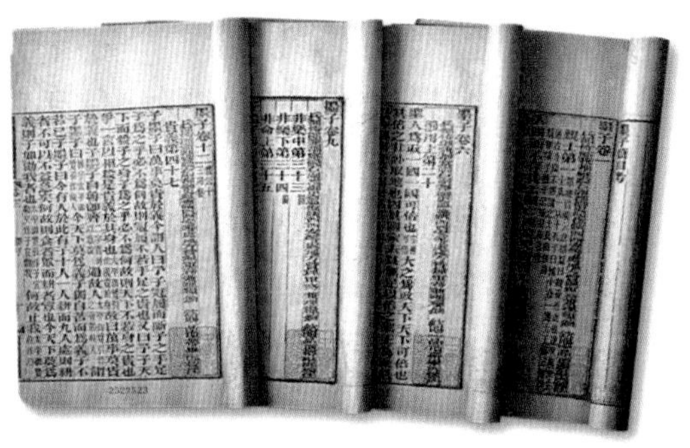

묵가학파의 또 다른 위대한 공헌은 과학 기술에 대한 그의 관점이다. 《묵자》는 특히 그 안의 '묵경墨經'에 과학 기술에 대한 내용을 많이 담고 있다. 묵자가 역학 영역에서 일군 공헌은 분석이다. 그는 도르래, 지렛대, 원구의 평형 등의 원리를 분석하여 해설했다. 묵자가 탐구한 기하 광학(빛을 광선의 집합으로 보고, 광선의 세 가지 성질을 근거로 빛이 전파되는 경로나 상像의 형성 등을 기하학적으로 고찰하는 학문)의 핵심은 그림자이다. 그는 그림자의 구성과 변화를 설명하는 중에 기하 광학에 관련된 내용을 포함했다. 따라서 묵자의 기하 광학은 그것의 변환 정규형의 응용이며, 이 정규형은 그의 독특한 논리 방법인 삼표법三表法(시비와 진위를 판단하는 세 가지 기준으로 근본本, 근거原, 실용用을 뜻한다.) 중 '실용'의 승화이다.

묵경의 내용은 작은 구멍을 통과해서 물체의 모습을 맺게 되는 실험을 통해 빛에 직선의 성질을 비롯해 투영 성질과 반사 성질이 있다는 사실과 평면 거울, 볼록 거울, 오목 거울에 비친 영상과 실제 물체의 관계 등의 물리 지식을 포함한다. 기하학 역시 묵경의 일부분이다. 묵경은 중국인이 수학 분야에서 대수학만을 다루어 기하학을 이해하지 못한다는 인식을 확실히 깨뜨렸다. 묵자의 기하학은 여러 기본적인 기하학 관념에서 당시 기하학의 추상적인 수준을 드러낸다.

묵경의 논리는 내용이 매우 풍부하다. 묵경은 또한 사유가 이름名, 즉 개념으로부터 성립한다고 주장했다. 유개념類概念[어떤 개념의 외연外延(일정한 개념이 적용되는 사물의 전 범위. 이를테면 금속이라고 하는 개념에 대해서는 금, 은, 구리, 쇠 따위이고 동물이라고 하는 개념에 대해서는 원숭이, 호랑이, 개, 고양이 따위이다.)이 다른 개념의 외연보다 크고 그것을 포괄할 경우, 전자를 후자에 대하여 이르는 말. 예를 들면 소나무, 매화나무 따위의 종개념種概念에 대하여 식물이 이에 해당한다.]인 달명達名, 종개념種概念인 유명類名, 고유명사인 사명私名의 세 가지 이름의 구분 및 일컫는 대상謂(이전移, 제시擧, 적용加)의 논리 어법에 관한 묵경의 논리는 특히 중요하다.

이 구조의 핵심은 4동同[4동은 중동, 체동, 유동, 합동을 가리킨다. 먼저 중동重同은 두 개념의 외연外延(하나의 개념에 부합하는 것의 전체)이 같은 것이고, 체동體同은 한 측이 다른 한 측을 포용하는 것이며, 유동類同은 외연이 서로 교차하는 것, 합동合同은 두 사물이 또 다른 개념의 외연을 구성하는 것이다.]으로, 이것이 묵경

개념의 기본적인 구조를 구성한다. 묵자의 논리는 개념 구조 및 그 변환에서 기묘한 경지에 도달했다. 그 후로는 묵경의 수준에 도달한 사람이 없다.

오기의 개혁

기원전 385년

주나라 안왕安王 12년(기원전 390년), 위나라 문후가 유능한 신하 오기吳起를 의심하여 그의 하서河西 군수郡守 직책을 빼앗았다. 그러자 오기는 위기감을 느끼고 위나라를 떠나 초나라로 도망쳤다. 이듬해에 초나라 도왕悼王이 오기를 영윤令尹(재상에 해당하는 직위)으로 등용해서 초나라의 변법을 진행하게 했다. 주나라 안왕 17년(기원전 385년), 초나라 영윤 오기가 변법을 시행했다. 그는 초나라의 가난한 국면을 바꿀 방법은 관직 체계를 새롭게 편

맥을 잡아 주는 **중국사 중요 키워드**

전국 시대에 철기가 널리 보급되다

춘추·전국 시대에 중국은 세계 최초로 생철을 주조하는 기술을 발명했다. 중국은 수직 용광로를 발명해 중원 지역에서 철을 제련하기 시작한 지 얼마 지나지 않아, 곧 고온 액체 환원법으로 비교적 순수한 생철生鐵(무쇠)을 제련해 냈다. 창사 양자 산楊家山에 있는 정형기鼎形器는 중국 최초이자 세계 최초의 생철 주물이다.

춘추·전국 시대의 생철 주조 유적은 허베이 성 이 현易縣 옌샤두燕下都, 허베이 성 싱룽 현興隆縣, 허난 성 덩펑 시 등지에서 발견되어 다량의 쇠 부스러기, 거푸집 일부 및 노벽爐壁(화로 벽)의 잔해가 출토되었다. 이미 출토된 춘추 시기의 주철 실물로는 쇠솥, 쇳조각, 쇠막대, 쇠칼(비수), 쇠가래, 쇠자귀가 있다. 제련업과 주조 기술의 비약적인 발전으로 철기는 생활 곳곳으로 파고들었는데, 당시의 생철은 주로 무기, 생활 도구와 생산 도구를 제조하는 데 사용되었다.

전국 시대 중기 이후에는 철기의 성형, 가공 기술이 높은 수준에 도달해서 보편적으로 백주철(녹은 상태에서 급속하게 식혀서 만든 백색을 띠는 주철) 주물을 고체 상태에서 고온의 열처리를 통해 강鋼 수준으로 탄소량을 줄이는 주철탈탄강법鑄鐵脫炭鋼法을 이용해 철기를 제조했다. 전국 시대 중·말기에는 연철로 철제 병기를 만드는 방법이 날로 보편화되었는데, 강철 병기는 바로 이로부터 생산되기 시작했다.

성하고 상벌 제도를 제정하며 '법을 확실히 따르도록 명령하여' 혁신적인 변법을 시행하는 것밖에 없다고 생각했다.

그는 변법을 단행하면서 먼저 귀족을 억압하고, 중앙 집권 체제를 강화했다. 3대 이상 작위와 녹봉을 받으면 그것을 회수하여 그 자손이 더 이상 작록을 세습하지 못하게 했다. 또 정치 기구를 정돈해서 무능하고 불필요한 관리를 줄이고, 관리의 녹봉을 줄여 그 경비로 군대를 훈련하고 병사들에게 공적을 세우는 것을 장려했다. 또 은밀한 청탁을 엄격히 금지하여 서로 결탁해 나라에 위협을 가하지 못하도록 했다. 그리고 나라에 충성을 다할 것을 제창하게 하고, 개인의 '사적'인 이익을 위해 나라의 이익에 손해를 입히는 일을 방지하기 위해 귀족이 나랏일에 간섭할 수 있는 범위를 제한했다.

군사적으로는 군비를 확대해 강력한 군대를 갖추고, 이를 왕이 통솔하게 하여 전국 통일을 이루고자 했다. 아울러 종횡가縱橫家(세인의 세속적 감정에 호소하는 능란한 변설로 각국의 제후에게 유세하며 외교적 책략을 구사해 국제 관계를 정립시킨 외교가를 가리킴.)가 나라 안에서 유세하지 못하도록 글로써 명백히 규정했다. 오기는 또 초나라를 위해 영토를 개척해 남쪽으로 양揚나라와 월나라, 북쪽으로 진陳나라와 채나라를 병합했으며, 삼진을 격퇴하고, 진秦나라를 공격해 위나라의 영토인 황하까지 진격했다.

오기의 변법은 초나라의 옛 귀족 계층에 심각한 타격을 안겨 주고 반대로 왕실의 권력은 강화함으로써 초나라가 급속도로 강성해지게 했다. 그러나 오기의 변법은 중앙 집권과 강병 등에만 집중한 나머지 사회, 경제 제도의 개혁 조치가 부족했고

호랑이 받침대에 새 모양의 북 걸이

짐승 모양의 허리띠 고리

토지 소유제 문제는 건드리지 않아서 전면적인 개혁을 하지는 못했다. 그리고 그의 개혁 조치 가운데 일부는 널리 백성의 지지를 받았지만, 초나라의 옛 귀족들은 그에게 뼈에 사무치는 원한을 품었다. 이에 변법을 시행한 초기에는 옛 귀족을 중심으로 한 세력이 오기의 변법을 반대했다. 주나라 안왕 21년(기원전 381년), 초나라 도왕이 죽자 오기는 결국 그들에 의해 사지가 찢겨 죽고 말았다. 그러나 오기의 변법이 초나라에 깊은 영향을 미친 것은 부인할 수 없는 사실이다.

제나라 위왕이 제나라를 다스리기 시작하다

기원전 378년

제나라 위왕威王(?~기원전 320년)은 이름이 인제因齊로, 제나라 환공의 아들이다. 기원전 378년, 환공의 뒤를 이어 왕위에 오른 그는 36년 동안 나라를 다스리며 제나라가 '전국 칠웅' 가운데 강자로 자리매김하게 했다. 하지만 사실 처음 즉위했을 때만 해도 그는 국정은 전혀 돌보지 않고 경대부에게 모든 일을 맡겼다. 이에 경대부가 자신들이 왕이라도 된 양 제멋대로 날뛰어 나라는 어지러워질 대로 어지러워졌다. 논밭이 황폐해지고 굶주린 백성의 불만이 나날이 커지면서 곳곳에서 소란이 일어났다. 게다가 위왕이 나라를 돌보지 않은 9년 내내 주변의 제후들이 연이어 군대를 일으켜 침략해 오는 바람에 제나라는 나날이 국력이

제나라 도성 유적

약해져 갔다.

주나라 열왕 6년(기원전 370년)에 드디어 정신을 차린 위왕은 관리들의 폐단과 부정부패를 조사하고, 강경한 조치를 취해 탐관오리를 엄중하게 벌하고 천하의 인재를 끌어모았다. 탐관 아대부阿大夫와 그의 주변에 빌붙어 아첨하던 무리를 사형에 처하고, 추기騶忌, 단간명段干明, 전신사田臣思, 단자檀子, 전반田盼, 검부黔夫, 종수種首, 전기田忌 등의 인재를 조정 대신으로 등용했다.

기원전 353년에는 위나라의 대군에 포위된 조나라를 구하기 위해 군대를 파병해 계릉桂陵에서 위나라 군대를 크게 무찌르고 조나라를 곤경에서 구했다. 이와 함께 제나라의 세력은 날로 커져 갔다.

기원전 341년에 제나라가 다시 마릉馬陵에서 위나라 군대를 섬멸하자 위나라 혜왕惠王은 화친을 청했고, 조나라는 과거에 빼앗아간 장성長城을 제나라에 돌려주었다. 제나라의 위세에 겁을 먹은 여러 제후는 이후 20여 년 동안 감히 제나라의 국경을 침범하지 못했다. 제나라 위왕은 나라를 제대로 다스리는 데 힘써 나라를 질서정연하게 정비했다. 이에 온 백성이 자신의 일에 모든 정성을 다했고, 지방 관리들도 모두 성실하게 공무에 임하며 누구도 감히 거짓으로 꾸미지 않게 되어 제나라는 독보적인 세력을 갖추게 되었다. 위왕 말년에 이르러 '제나라는 제후 가운데 최강자'로서 패권 다툼에서 주도권을 차지했다.

구련운(勾連雲) 무늬의 옥등

이 옥등은 신장웨이우얼 자치구(新疆維吾爾自治區)에 서 생산되는 화전옥(和田玉)으로 만들어졌다. 부분적으로 적갈색으로 변한 흔적이 보인다. 등접시, 등기둥, 등받침의 세 부분으로 구성되며, 옥 세 조각을 각각 조각해서 하나로 붙였다. 등접시는 원형으로 접시 면이 평편하고 매끈하다. 접시의 외벽에는 구련운 무늬가 장식되어 있고, 한가운데에는 다섯 꽃잎이 솟아 있다.

진나라가 부흥하기 시작하다

기원전 364년

진秦나라는 헌공獻公 때 내란을 끝내고 여러 가지 개혁을 실행하면서 차츰 강대해지기 시작했다. 진나라 헌공 24년(기원전 366년), 진나라는 낙양洛陽에서 한·위 연합군을 크게 무찔렀다. 진나라 헌공 26년이자 위나라 혜왕 6년(기원전 364년)에는 진나라 군대가 위나라의 석문石門(지금의 산시성山西省 윈청 시運城市 서남쪽)에서 대승을 거두고 무려 적병 6만 명의 목을 베었다. 이후 조나라가 위나라를 돕기 위해 군사를 보내자 진나라 군대는 퇴각했다. 이것이 전국 시대에 진나라가 거둔 첫 번째 중대한 승리였다. 주나라 현왕顯王은 진나라 헌공에게 축하의 의미로 예복을 보내며 그를 '방백方伯(지방 제후들의 우두머리)'이라고 불렀다.

진나라는 헌공의 재위 시기에 거둔 진·위 석문 전투라는 업적을 계기로 부흥하기 시작했다. 헌공의 개혁을 거친 진나라는 효공孝公이 즉위(기원전 361년)한 무렵 이미 새로운 면모를 갖추었다. 그러나 진나라 목공穆公 시대의 번성과 비교하면 한참 떨어지는 수준이었다. 자세히 보면 효공이 왕위에 오른 당시는 제·초·위·연·한·조 6국이 함께 강세를 떨치던 때였다.

당시 진나라는 외진 옹주雍州(중국 역사상의 옛 행정 구역)에 자리해 중원 제후들의 회맹에 참여하지 못했고, 심지어 중원의 제후들은 진나라를 이적夷狄, 즉 오랑캐로 간주했다. 이를 치욕스럽게 느끼며 성공을 다짐한 진나라 효공은 어질고 바른 정치를 펼치고, 힘을 키워 동쪽으로는 진晉나라의 내란을 평정해 국토가 황하에 이르게 하고, 서쪽으로는 오랑캐를 제패해 국토가 천 리에 이르도록 확장시켰다. 이에 천자가 패주의 칭호를 내리니 제후 각 나라가 모두 와서 축하했다.

용 모양의 옥패(玉佩)

효공은 또 진나라를 강성하게 할 뛰어난 인재를 모집해 그들에게 높은 지위를 주고 토지도 나누어 주었다. 아울러 널리 은혜를 베풀어 가난한 백성과 의지할 데 없는 고아, 과부를 구제하고, 전사들을 모집해서 공을 세운 사람에게는 상을 내렸다. 진나라 효공의 이처럼 진심을 다한 절실한 구인 활동은 점차 효과를 발휘하여 천하 곳곳에서 인재들이 진나라로 모여들어 법제 개혁에 탄탄한 기반이 마련되었다.

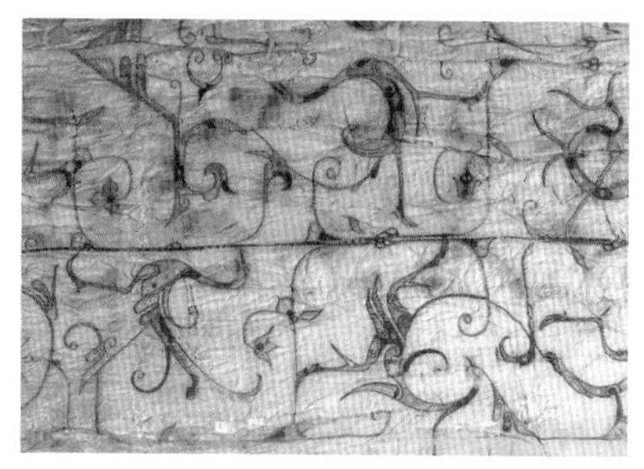
마주 보는 봉황과 용무늬의 비단 이불

상앙의 변법

기원전 350년

기원전 356년, 상앙商鞅이 처음으로 진나라의 법률을 고치는 변법을 추진해 성공을 거두었다. 주나라 현왕 17년(기원전 352년), 진나라는 상앙을 대량조大良造로 임명했다. 이는 중원 여러 나라의 상국相國(고대 중국의 재상) 겸 장군에 해당하는 벼슬이었다. 진나라 변법의 성과를 한층 탄탄히 하고 중앙 집권 체제를 강화하기 위해서 상앙은 주나라 현왕 19년(기원전 350년)에 제2차 변법을 단행했다.

육각형 무늬의 끈 띠

첫째, '천맥과 봉강을 개간'하고 정전제를 폐지했다. '천맥과 봉강 개간'이라는 말은 즉 토지의 국유화를 나타내는 천맥과 봉강을 없애고 토지의 국유화를 폐지한다는 의미이다. 일찍이 춘추 시대 말기에 진晉나라 6경 중 조씨가 정전제를 폐지한 바 있다. 상앙의 변법商鞅變法은 조씨의 개혁 경험을 받아들이고 한층 더 발전시켜 진秦나라 국경 안에서 공식적으로 정전제를 폐지하고, 지주와 자작농의 토지 소유를 인정하며, 법률을 통해 공개적으로 토지의 매매를 허용했다. 그리고 정부 소유 토지의 수전제授田制(토지를 나라가 소유하는 형태에서 노동자 개인이 사용하는 새로운 토지 제도)를 확대하여 지주 경제의 발전을 용이하게 하고 지주 세력의 토지세 수입을 증가시켰다.

둘째, 현縣 제도를 보편적으로 시행했다. 상앙의 제2차 변법 이전에도 진

상앙이 만든 네모난 되(方升)

되는 도량형 기구이다. 표면에는 32자의 명문이 새겨져 있다. 살펴보면 진나라 효공 18년(기원전 344년)에 제나라에서 경대부를 이끌고 진나라를 방문했으며, 연말에 진나라의 대량조인 상앙이 1치(寸)를 1승(升)으로 통일했다는 내용이다. 명문을 통해 이 되가 바로 상앙이 도량형을 통일할 때 규정한 1승짜리 표준 도량 기구였다는 것을 알 수 있다.

나라 일부 지역에는 현 급의 행정 기구가 존재했다. 상앙은 변법을 통해 이 행정 기구를 전국으로 확대해 진나라 지방 정권의 기본 조직 단위로 삼았다. 처음에 설치된 현은 30여 개였고 이후 국토를 확장하면서 그 수도 함께 증가했다. 각 현에는 현령縣令과 현승縣丞을 두었다. 현령은 현의 최고 행정 관리이고, 현승은 현령의 조수였다. 이 밖에도 군사를 담당하는 현위縣尉를 두었다. 현 제도의 시행으로 지방의 정치와 군사 권력이 모두 중앙에 집중되어 중앙 집권의 봉건 체제를 더욱 강화할 수 있었다.

셋째, 도량형을 통일했다. 이전에는 각 지역의 도량형이 서로 달라서 무역과 교류에 불편함이 있었다. 두斗, 통桶, 권權, 형衡, 장丈, 척尺 등의 도량형을 통일하자 지역 간의 상업 교류가 한층 편리해졌고, 또한 세금 제도와 봉록 제도俸祿制度의 통일에도 적극적인 영향을 미쳤다.

넷째, 호구 및 인구를 기준으로 군부軍賦(군사상의 용도를 위해 국가에 납부하는 부세)를 징수했다. 이 제도는 진나

맥을 잡아 주는 중국사 중요 키워드

전국 시대 양잠업의 발전

전국 시대에는 양잠업이 큰 발전을 이루었다. 인공 재배를 통해 뽕나무를 대량 재배하기 시작했고, 그 재배 방식은 자연 생태에서 교목을 생장하게 하는 방식에서 경제성이 높은 각종 인위적인 재배 방식으로 전환되었다. 전국 시대의 청동기에서 볼 수 있는 뽕잎 채취 도안을 보면 미관에 좋고 생산성이 높은 교목 뽕나무뿐만 아니라 이미 가지치기를 거친 가지가 높은 뽕나무와 가지가 낮은 뽕나무도 있다.

양잠 기술에도 눈부신 발전이 있었다. 전국 시대의 사상가 순황荀況(순자의 본명)이 쓴 〈잠부蠶賦〉에는 누에의 형태와 생활사가 묘사되어 있고, 누에의 생활 습성을 비교적 깊이 있게 관찰하고 연구했다. 예컨대 〈잠부〉는 누에의 생장과 발육에 필요한 환경 조건을 "여름에 태어나지만 더위를 싫어하고, 습기를 좋아하지만 비를 싫어한다."라고 표현했다.

맥을 잡아 주는 중국사 중요 키워드

《상서》

중국 고대 역사 문헌의 집대성이라고 할 수 있는 《상서》는 전국 시대에 엮였다. 《상서》는 《우서虞書》, 《하서夏書》, 《상서商書》, 《주서周書》라고도 불리는데, 전국 시대에는 《서》라고 통칭되다가 한漢 왕조에 이르러 《상서》로 불렸다. '상尙'은 '상고上古 시대', 즉 아주 오랜 옛날을 의미하고, '서書'는 죽간竹簡과 비단에 쓰인 역사 기록을 뜻한다. 다시 말해 '상서'는 '아주 오랜 옛날의 역사책'이라는 뜻이다. 전하는 바로 《상서》에는 전모典謨, 훈訓, 고誥, 서誓, 명命 등으로 불리는 우虞, 하, 상, 주 각 시대의 문헌이 수록되어 있다. 그 내용을 보면 상나라와 주나라 통치자의 담화를 기록한 것이 대부분이고, 일부는 춘추·전국 시대의 사람이 옛 자료에 근거해 엮어서 지은 것이다.

《상서》의 편찬 연대에 대해 과거에는 공자가 편찬한 것이라는 설이 있었으나, 오늘날에는 전국 시대에 편찬되었다는 견해가 보편적이다. 진秦 시황始皇이 명령한 분서갱유焚書坑儒(진시황이 학자들이 나라의 정치를 비판하는 것을 막기 위해 민간의 서적을 불태우고 유생, 즉 유학을 따르는 선비들을 구덩이에 묻어 죽인 일) 사건 이후 《상서》 대부분이 소실되었다. 《상서》는 그 안에 담긴 내용이 풍부하여 중국 사학, 문학, 정치학에서 중요한 위치를 차지한다.

《상서》에서 언급하는 우, 하, 그리고 상나라 시대의 일부 문헌은 전해지는 말을 옮긴 것이라 신빙성이 떨어진다. 그러나 대부분이 상나라와 서주 시대의 작품이라 중요한 문헌적 가치가 있다. 이들은 모두 의식적으로 왕조의 흥망성쇠를 통해 얻을 수 있는 역사적 경험과 현실적 교훈을 정리해 후대에 많은 영향을 미쳤다. 한나라 시대 이후로 《상서》는 줄곧 중국 봉건 사회 정치철학의 경전으로 여겨져 제왕의 교과서이자 귀족, 관료, 사대부가 반드시 따라야 할 '경전이자 법'으로 역사적으로 중요한 영향을 미쳤다.

라의 군사력 강화에 든든한 밑바탕이 되었다. 이러한 개혁 조치를 바탕으로 급속도로 강대해진 진나라는 마침내 위나라에 하서河西 지역(지금의 간쑤 성 내의 황허 강 서쪽 일대) 땅을 요구하기에 이르렀다. 주나라 현왕 17년(기원전 352년), 대량조 상앙은 군대를 이끌고 위나라의 수도인 안읍을 포위해 결국 위나라가 진나라에 투항하게 했다. 이듬해에도 다시 군대를 이끌고 위나라 고양固陽(지금의 중국 네이멍구 자치구 바오터우 시包頭市에 있는 현)을 공격해 투항을 받아 냈다. 이로써 진나라는 낙수洛水(뤄수이 강. 산시 성陝西省와 허난 성 두 성을 지나며 동쪽으로 흐르는 황허 강의 지류)를 넘어 기원전 408년에 위나라가 빼앗아간 하서 지역 일부를 되찾았다.

다섯째, 함양咸陽(지금의 시안 시)으로 천도했다. 함양은 남쪽으로는 웨이수이 강渭水(황허 강의 가장 큰 지류)에 이르고 북쪽으로는 고원에 닿았다. 이곳은 진령산맥秦嶺山脈(산시 성陝西省 남부의 산맥인 친링秦嶺 산맥)의 품에 자리한 지리적 위치로 왕래가 편리하고, 물자 이동에도 용이하다. 함양성城은 그 규모가 굉장해서 성 안에 남문, 북문, 서문이 있고, 상앙의 감독 아래 건설된 함양궁도 그 안에 있었다. 함양궁은 궁전 여러 채가 연결되어 구성된 궁전군群으로 매우 호화로우며 비할 데 없이 아름답다. 봉건 통치를 강화하기 위해 상앙은 중원 민족의 기풍과 풍습에 따라 진나라의 사회 풍속을 개혁했다. 이 변법이 큰 성공을 거두면서 진나라의 국력은 계속해서 강해져 이후 진나라가 6국을 통일하는 데 밑거름이 되었다.

제와 위의 마릉 전투

기원전 342년

주나라 현왕 27년(기원전 342년), 한韓나라와 위나라는 오랜 세월에 걸친 교전으로 양측 모두 기진맥진했다. 이때 제나라 위왕이 전기와 전영田嬰을 장수로, 손빈孫臏을 군사로 임명하고 군대를 일으켜 위나라를 치고 한나라를 구했다. 그러자 위나라 혜왕이 태자 신申과 방연龐涓을 장수로 삼아 10만 대군을 이끌고 전쟁터에 나가 싸우게 했다. 손빈은 적을 유인할 생각으로 직접 위나라의 수도 대량大梁으로 진군했다. 위나라 사령관 방연은 그 소식을 듣고 바로 한나라에서 군대를 철수시켰다.

제나라 군대가 이미 위나라 국경에 들어서자 방연은 얼른 군대를 철수시켜 황급히 제나라 군대를 추격해 위나라로 향했다. 방연의 군대가 제나라 군대가 첫날 야영한 곳에 도착해서 보니 야영지가 몹시 넓었다. 그들이 밥을 지어 먹은 아궁이 수를 세어 보니 제나라 군사의 수는 어림잡아 10만 명 정도였다. 그리고 제나라 군대가 이튿날 야영한 곳에 도착해 보니, 야영지의 크기가 작아지고 아궁이 수도 줄었다. 그래서 방연은 제나라 군사가 이미 10만 명에서 5만 명 정도로 줄어들었을 것으로 추측했다. 이어서 제나라 군대가 셋째 날 야영한 곳에 도착해 보니, 야영지가 더욱 작아지고 아궁이 개수도 매우 줄어들었다. 이를 보고 방연은 제나라 군사가 이제 3만 명 정도밖에 남아 있지 않을 것이라고 추측했다. 그래서 그는 위나라 군대의 일부를 남겨 둔 채 직접 정예 부대만 이끌고 제나라 군대를 추격하는 데 박차를 가했다.

위나라 군대는 밤낮으로 길을 재촉해 마릉馬陵(지금의 허난 성 판 현范縣 서북쪽)에 이르렀다. 이곳은 길이 좁고 그 양쪽의 지세가 험준했다. 그리고 손

호랑이 머리 모양의 은 장식

마릉도

전국 시대의 양을 물고 있는 호랑이 모양 청동 장식패

이 식패(飾牌)는 길이 11cm로 그 모양이 생동감이 넘친다. 튼튼한 사지의 맹호가 입을 크게 벌려 힘껏 양 한 마리를 물어뜯고 있다.

빈이 이미 이곳에 매복하고 있었다. 이런 상황을 전혀 예측하지 못한 위나라 군사들은 갑자기 제나라 군대가 나타나자 당황해서 어쩔 줄 몰랐고, 결국 순식간에 제나라 군대의 공격에 무너져 뿔뿔이 흩어지고 말았다. 방연은 자신들의 적은 군사로 수많은 적군을 이길 수 없으며 이미 실패가 굳어진 것을 보고 검을 뽑아 스스로 목숨을 끊었다. 제나라 군대는 승리의 기세를 몰아 위나라 군대를 추격해서 섬멸했다. 이 과정에서 위나라 태자 신은 포로가 되었고, 위나라 군대는 전례가 없는 참패를 당했다. 마릉 전투는 중국 군사 역사상 가장 뛰어난 전투로 손꼽히며, 손빈의 용병술을 보여 주는 대표적인 전투이다.

진나라 재상 장의가 연횡책을 시행하다

기원전 328년

주나라 현왕 41년(기원전 328년), 장의張儀는 진秦나라의 재상으로서 '연횡連橫' 책략을 추진했다. 장의는 본래 위나라 사람이며, 진나라에 가서 혜문왕에게 재상으로 등용되었다. 장의는 한韓나라, 위나라와 연합하는 '연횡'책략을 채택하고 한, 위 두 나라의 태자가 진나라로 들어와 진나라 왕을 알현하게 했다. 그리고 얼마 후 진나라는 공자 상桑에게 군대를 이끌고 위나라의 포양蒲陽(지금의 산시 성山西省 시 현隰縣)을 공격해 점령하게 했다. 나중에 장의는 진나라 혜문왕에게 포양을 위나라에 돌려주라고 청하고, 공자 요繇를 '볼모'로 위나라에 보내게 했다. 한 차례 밀고 당기기를 한 뒤에는 장의가 직접 위나라로 건너갔다. 그리고 위나라 혜왕에게 이해득실을 정확히 인식해 진나라에 무례하게 행동하지 말 것을 권하고, 포양을 되돌려 준 데 대한 답례의 뜻으로 상군上郡의 땅을 진나라에 주겠다는 뜻을 밝히도록 설득했다.

진나라 혜문왕은 또 초나라로 사람을 보내 초나라 회왕懷王에게 연합할 것을 설득하고, 위나라에도 상군의 땅을 줄 수밖에 없도록 압박했다. 그 결과 초나라 회왕이 진나라와 연합한다고 선포했고, 이 소식을 들은 위나라는 매우 놀랐다. 위나라는 결국 소량少梁 등의 땅을 포함하는 상군의 열다섯 개 현을 한꺼번에 진나라에 넘기고, 진나라와 우호 관계를 맺었다. 그 후 진나라는 소량을 하양夏陽으로 개명했다.

1년 후, 진나라는 예전에 위나라를 공격해서 빼앗은 초焦(지금의 허난 성 싼먼샤三門峽 서쪽)와 곡옥曲沃(지금의 허난 성 싼먼샤 서남쪽) 두 땅을 위나라에 돌려주었다. 이렇게 장의의 '연횡' 책략은 큰 성공을 거두었다. 그의 계략에 따라 진나라는 한韓나라와 위나라에 밀고 당기기 전략을 써서 두 나라가 진나라의 말을 따르도록 강요하고, 또한 힘껏 진나라를 섬겨 서로 간의 평화가 유지되도록 했다. 장의는 또 군대를 이끌고 동쪽으로 진격해서 진나라가 하서, 상군 등의 땅을 완벽히 점령하도록 하고, 하동河東 지역을 점령해서 황하를 손에 넣어 널리 그 기세를 떨쳤다.

다섯 나라가 합종해 진나라를 공격하다

기원전 318년

마릉 전투에서 참패한 후 위나라는 또 여러 차례 진秦나라의 공격을 받고 패하면서 황하 서쪽의 넓은 영토를 잃었다. 위나라 혜왕은 재위 말기에 널리 현자를 모집해 나라의 진흥을 꾀했다. 그리고 제, 초, 연, 조, 한韓 등 여러 나라의 지원 아래 공손연公孫衍을 상국으로 임용해서 여섯 나라가 연합해 진나라에 대항하자는 '합종항진合縱抗秦' 전략을 시도했다.

주나라 신정왕愼靚王 2년(기원전 319년) 겨울, 위나라 혜왕이 죽고

전국 시대의 철 투구

그의 적자가 양왕襄王으로 즉위했다. 공손연은 전국 시대의 주요 종횡가이고, 합종과 연횡은 당시의 중요한 군사 외교 활동이었다. 그가 동쪽 지역 여러 나라의 지지 아래 위나라 상국으로 임명되면서 합종이 형성되었다.

주나라 신정왕 3년(기원전 318년), 공손연은 위, 조, 한, 연, 초 다섯 나라와 함께 진나라를 공격하기로 하고 초나라 회왕을 합종의 우두머리인 종장縱長으로 추대했다. 이들에 맞선 진나라 군대는 함곡관函谷關(지금의 허난성 링바오 시靈寶市 북쪽)에서 다섯 나라의 연합군을 격파했다. 그 결과 위나라의 손해가 가장 처참해 위나라 영왕은 혜시惠施를 초나라에 보내 진나라와 강화를 맺고자 하는 뜻을 전했다. 이때 의거義渠(경수涇水 상류에 거주한 이민족) 왕이 진나라가 다섯 나라의 연합군과 교전을 벌이는 틈을 타 군대를

맥을 잡아 주는 **중국사 중요 키워드**

유법 투쟁

춘추 시대 이래로 《주례》가 차츰 과거의 영향력을 잃으면서 예전의 법령과 제도도 함께 힘을 잃어 관중, 자산子産 등의 개혁가가 등장했다. 그들은 법령과 형서刑書(형벌 규정을 적어 놓은 책)를 반포해 전부田賦(토지세) 제도를 개혁해 전국 시대 법가 사상의 선구자가 되었다. 법가의 창시자인 이회는 위나라의 재상을 역임할 때 관작 세습제를 폐지하고, '일하는 사람에게만 먹을 것을 주고, 공을 세운 사람에게만 녹봉을 주는' 원칙에 따라 관리를 선발했다. 이는 '어짊을 어질게 여기고 친함을 친하게 여기는賢其賢而親其親' 덕을 중요시하는 관점과는 차이가 있다. 상앙은 진秦나라의 변법 때 도덕적 교화를 배척하고, 유가의 예악을 경시하며, 고대의 치세治世를 본받는 데 반대했다.

전국 시대 말기, 한비韓非가 법가의 사상을 집대성해 '법', '술術', '세勢' 세 가지를 하나로 융합했다. 그는 나라를 잘 다스리려면 반드시 엄격하게 체벌을 해야지, 인, 의, 도덕의 가르침에 따라서는 안 된다고 여겼다. 유가의 이론과 실천에 대한 법가의 비판은 노예 제도 사회에서 봉건 사회로 넘어가던 당시의 추세에 순응한 결과였다. 그러나 법가는 '몰인정'하고, 지나치게 억제하는 정책을 펼쳐 잔혹하고, 비인간적이라는 결함을 드러냈다. 진나라가 멸망한 뒤 그들의 법치 사상은 한漢나라 유학자들에 의해 유학으로 흡수되었다. 이에 따라 도덕과 형벌을 함께 사용함으로써 지주 계급이 자신들의 통치 지위를 유지하는 데 유리한 도구가 되었다.

일으켜서 뒤에서 진나라를 습격했다. 이로써 진나라 군대는 이백李伯(일설에는 백양성伯陽城이라고 함. 지금의 간쑤 성 톈수이 시天水市 동쪽)에서 참패하고 말았다. 전쟁이 끝난 후 진나라는 의거의 견제를 받으며 다시는 다섯 나라의 연합군과 교전을 벌이지 않기로 하고 강화에 동의했다.

연나라 왕 쾌의 양위

기원전 316년

주나라 신정왕 5년(기원전 316년), 연나라 왕 쾌噲가 재상 자지子之에게 자신의 왕권을 넘겨주었다. 과감한 결단력으로 연나라의 정치 개혁을 진행한 재상 자지는 연나라 왕 쾌의 신임을 받던 신하였다. 연나라 왕은 관리의 직인을 모두 거두어들이고, 300석 이상 녹봉을 받는 고관의 임명권을 자지에게 넘겼다. 이는 실질적으로 왕위를 양도한다는 것과 같았다. 이렇게 해서 자지는 왕이 되어 국가 대사를 처리했다. 쾌는 연로하여 점차 국정을 살피지 않게 되었고, 이로써 그는 신하와 같은 위치가 되었다. 연나라 왕 쾌가 양위한 일은 춘추·전국 시대에는 결코 볼 수 없는 일이었다.

이듬해에 연나라에서는 대란이 일어났다. 장군 시피市被와 태자 평平이 손을 잡고 자지를 칠 계획을 세웠다. 시피가 병사를 이끌고 자지의 궁을 포위했다. 하지만 자지의 군대가 버티는 궁을 쉽사리 함락시키지 못했다. 싸움이 길어지자 자지를 따르는 백성이 들고 일어나 장군 시피를 살해했다. 내전은 수개월 동안이나 지속되었다.

주나라 난왕赧王 원년(기원전 314년), 자지가 드디어 내란을 평정했다. 그러나 그동안 중산국이 기회를 틈타고 침략해 들어와 국경 주변의 수백 킬로미터에 이르는 영토와 성읍 수십 곳을 점령해 연나라에 크나큰 손실을 입

매 모양의 금관장식

매 모양의 금관장식은 전국 시대의 흉노 무덤에서 출토되어 흉노 왕의 금관으로 추정된다. 금관은 관의 꼭대기인 관정(冠頂)과 왕관의 테두리인 대륜(臺輪)으로 구성된다. 관정은 꽃받침 모양이며, 그 위에 날개를 펼치고 날아가려는 자세의 매가 도도하게 서 있다.

혔다. 제나라도 연나라가 내란에 휩싸인 틈을 타 연나라 왕 쾌를 죽이고 자지를 붙잡았다. 주나라 난왕 원년, 조나라 무령왕武靈王이 연나라 공자 직職을 구해서 돌아가 연나라 소왕昭王으로 즉위하도록 도왔다. 이후 연나라 소왕이 인재를 구하자 악의樂毅, 극신劇辛, 소진蘇秦 등이 연나라로 모여들었고, 소왕은 그들의 도움으로 부국강병을 이루는 데 성공하고 부왕 쾌를 죽인 제나라에 복수할 수 있었다.

호복을 입고 말을 타고 활을 쏘는 조나라 무령왕

기원전 307년

주나라 현왕 43년(기원전 326년), 조나라 숙후肅侯가 죽고 무령왕이 그 뒤를 이어 즉위했다. 그는 부지런히 나랏일을 돌보는 동시에 선조의 업적을 더욱 빛내고자 중원의 여러 나라가 서로 다투는 틈을 타 중산국과 북부 유목 부족 지역으로 영토를 확장했다.

주나라 난왕 9년(기원전 307년), 조나라 무령왕은 중산국의 방자房子(지금의 허베이 성 가오 읍高邑 서남쪽)을 공격해 점령하고 북쪽으로 무궁지문無窮之門(지금의 허베이 성 장베이 현張北縣)까지 진격했다. 그리고 다시 서쪽으로 방향을 꺾어 황하 근처에 이르러서 조나라 북쪽의 유목 부족 지역을 살펴보았다. 무령왕은 북쪽의 산과 구릉 지역에서는 중원 지역에서 보편적으로 사용되던 전차 대신 호인胡人, 즉 오랑캐의 말을 타고 활을 쏘는 전투 기술이 유리하다는 사실을 발견했다. 그래서 그는 군사 개혁을 단행해 호인의 말 타고 활 쏘는 기술을 배우고, 그에 어울리는 호인의 짧은 윗옷을 받아들였다. 대신 비의肥義의 지지를 얻어 복장 개혁을 단행한 무령왕은 호인의 옷인 호복胡服을 널리 퍼뜨리고자 앞장서 호인의 복장을 했다. 또 그는 숙부인 공자 성成을 설득해서 호복을 하고 조정에 나오게 하고, 봉건 귀족인 조문趙文 등의 반대 의견에 반박하며 전국적으로 호복을 퍼뜨리도록 명령했다. 그리고 병사들에게 말 타고 활 쏘는 연습을 하게 했다. 이런 무령왕의 개혁은 금세 효과를 발휘했다. 호복을 입고 말을 타고 활을 쏘면서 조나라는 영토 확장과 세력 강화를 이루었을 뿐만 아니라 진晉나라를 계승한 뒤 연나라와 함께 북방 민족을 융합하는 중심이 되었고, 중원 지역의 생활에 새로운 요소를 가져왔다.

기원전 299년, 그는 태자 장章을 폐하고 작은아들 하何를 태자로 세워 왕위를 물려주었다. 하지만 스스로 임금의 아버지라는 뜻으로 주부主父라고 칭하면서 실질적인 권력까지 전부 아들에게 넘겨주지 않았다.

기원전 295년에 폐위된 태자 장이 반란을 일으켰다가 실패하고 무령왕이 있던 사구沙丘로 도망쳤다. 그러자 작은 아들 하, 즉 혜문왕惠文王의 수하였던 공자 성成과 이태李兌가 사구로 쫓아가 장을 죽였다. 반란은 이렇게 해서 끝이 났지만, 주부의 관저를 포위하고 병사를 움직인 것에 대해 문책받을 것이 두려웠던 이태 등이 계속 사구에 대한 포위를 풀지 않았다. 결국 3개월 후 주부는 굶어 죽었다.

연나라 악의가 제나라를 멸망시키다

기원전 284년

연나라 소왕이 즉위한 후, 악의는 소왕을 도와 정치 개혁을 단행해서 국력을 한층 강하게 했다. 연나라 소왕 28년(기원전 284년), 소왕이 악의에게 제나라를 공격하여 아버지의 원수를 갚는 일을 상의하자 악의는 조, 초, 위 등의 나라와 연합해서 함께 제나라를 멸망시킬 것을 건의했다. 이에 소왕은 위나라와 초나라에 사신을 보내고, 악의를 조나라로 보내 직접 조나라 혜문왕을 만나도록 했다. 조나라 혜문왕은 악의에게 상국의 직인을 주었다. 그 후 연나라 소왕은 악의를 상장군으로 임명하고, 전국에서 군사를 징발했다. 그리고 조, 진秦, 위, 한韓 등의 나라와 연합해서 제나라를 공격

장자

장자莊子(기원전 365년~기원전 290년, 일설에는 기원전 369년~기원전 286년이라고 함.)는 이름이 주周이고 자는 자휴子休로, 송나라 蒙몽(지금의 허난 성 상추 현商丘縣 동북쪽)읍에서 태어났다. 그는 전국 시대의 유명한 철학자이자 도가 사상의 대표적인 인물로 노자와 함께 '노장老莊'이라고 불린다. 장자는 권세와 지위가 높은 사람을 경멸하고 자유로운 시골 생활을 숭상했다. 그는 방관자의 신분으로 당시 사회에 일어나는 여러 현상과 다툼을 관찰하고, 날카로운 통찰력과 복잡한 인생 경험을 바탕으로 풍부하고 호방하게 자신의 사상을 표현해 냈다.

장자는 학식이 깊고 넓으며, 사고가 빠르고, 상상력이 풍부했다. 그는 삶과 죽음의 이치를 알고 순응하는 것을 즐거움으로 이해하는 태도를 보였다. 그는 절대적으로 무한한 정신적인 자유를 좇고, 도道와 하나가 되는 경지를 갈망했다. 장자의 성격과 사상, 그리고 인생 태도는 역대 지식인에게 깊은 영향을 끼쳤다. 그의 저작인 《장자莊子》는 선진先秦 시대에 가장 유명한 철학 저작으로 위·진 남북조魏晉南北朝 시대의 현학玄學(노자와 장자 일파의 학설)과 반야학般若學(불교의 내용과 이치에 관한 학문으로 주로 《반야경般若經》에 바탕을 두고 성립되었다.) 사조에도 심원한 영향을 미쳤다.

해 큰 승리를 거두었다. 제나라 장군 달자達子가 흩어진 군사들을 진주秦周(지금의 산둥 성 쯔보 시 서북쪽)로 불러 모아 전열을 가다듬었지만 다시금 패했고, 그는 그 전투에서 전사했다.

악의는 진秦나라와 한韓나라의 군대를 돌려보내고, 위나라에는 옛 송나라의 땅으로 공격해 들어가도록 하고 조나라에는 하간河間을 공격해 빼앗도록 했다. 그리고 자신은 연나라 군대를 이끌고 제나라의 도읍 임치臨淄를 공격했다. 연합한 이 다섯 나라는 마침내 제나라를 정복했다. 그 후 진秦나라는 제나라가 점령했던 송나라의 대도시 정도定陶(지금의 산둥 성 딩타오 현定陶縣 서쪽)를 가지고, 위나라는 과거 송나라에 속했던 대부분 영토를 가졌으며, 조나라는 제수濟水 서쪽의 넓은 영토를 가졌다. 심지어는 노나라도 그 혼란스러운 틈을 타고 제나라의 서주徐州(지금의 산둥 성 텅저우 시滕州市 동남쪽)를 공격하고 점령해 제나라에 심각한 타격을 입혔다.

강에 투신해 자살한 굴원

기원전 278년

굴원屈原은 이름이 평平이고 또 다른 이름은 정칙正則이며 자는 영균靈均이다. 기원전 339년에 초나라 귀족 집안에서 태어난 그는 견문이 넓고 기억력이 뛰어났으며, 외교적 언사에 능했다. 초나라 회왕의 재위 시기에 그는 좌도左徒(국왕 곁에 있는 관리로 조서나 명령을 내릴 때 초안을 잡고 외교 협상 등의 일을 함.)로서 왕령을 반포하는 일을 주관했다. 그는 법령을 제정해 초나라의 정치를 개혁하고 그 법에 따라 나라를 다스려야만 부강해질 수 있다고 주장했다. 아울러 현인을 등용할 것을 강조하고, 대외적으로는 제나라와 연합해 진秦나라에 대항할 것을 주장했다. 그 결과 그는 자란子蘭(회왕의 막내), 정수鄭袖(회왕의 총애를 받은 왕비), 상관대부 근상靳尙 등에게서 시기와 위협을 받았다. 회왕은 결국 그들의 참소를 믿고 더 이상 굴원을 중용하지 않았다. 그 결과 초나라는 외교적으로 여러 차례 좌절과 실패를 겪고, 단丹과 남전藍田 등에서 잇달아 진秦나라 군대에 패하고 말았다. 나중에는 진秦나라 소왕에게 속아서 진나라에 갔다가 억류되어 영토 일부를 진나라에 넘길 것을 강요당했다. 회왕은 이를 거부하며 조나라로 도망갔지만, 조나라가 받아 주지 않아 다시 진나라로 압송되었고 그곳에서 죽고 말았다.

전국 시대의 착금(錯金, 기물에 금색을 칠하거나 상감하는 것)된 수레의 월(軏, 수레의 끌채 맨 끝의 가로나무를 고정하는 쐐기) 장식

회왕의 뒤를 이어 즉위한 경양왕頃襄王도 근상의 참소를 믿고 굴원을 유배 보냈다. 나라의 앞날을 내다보며 근심에 빠진 굴원은 산발하고 초췌한 안색으로 강가를 방황했다. 초나라의 운명을 걱정하던 굴원은 초나라 수도 영도郢都가 점령되었다는 소식을 듣고 멱라 강汨羅江에 몸을 던져 자살하고 말았다. 굴원의 이런 뜨거운 우국충정은 사람들에게 큰 감동을 주었다. 훗날 사람들은 그가 강에 몸을 던진 날을 단오절端午節로 정하고, 용 모

양의 배를 타고 벌이는 용주龍舟 시합을 하고 찹쌀밥과 대추를 대나무 잎으로 싸맨 쭝쯔粽子를 먹는 등의 활동으로 그를 기념한다. 이로써 단오절은 중국의 중요한 전통 명절이 되었다.

진과 조의 장평 대전

기원전 260년

주나라 난왕 53년(기원전 262년), 진秦나라 군대가 한韓나라 상당上黨(지금의

산시 성山西省 친허 강沁河 이동 지역)을 포위했다. 그러자 상당 군수 풍정馮亭이 조나라 군대의 힘을 빌려 진나라에 저항할 생각으로 조나라에 상당을 바치면서 진나라와 조나라 사이의 장평에서 큰 전투가 벌어졌다. 처음에 조나라 왕은 염파廉頗를 장군으로 삼아 군대를 출정시켰다. 염파는 험준한 지세에 의지하여 보루를 더욱 견고히 하고, 성 안의 수비를 굳건히 하며 함부로 성 밖으로 나가 교전하지 않았다. 두 나라는 이렇게 3년 동안을 대치하면서 결판을 내지 못했다.

진나라와 조나라의 장평 대전을 그린 그림

주나라 난왕 55년(기원전 260년), 진나라의 이간책에 말려든 조나라 왕은 조괄趙括이 염파를 대신하게 했다. 이에 진나라에서는 명장 백기白起를 전쟁터로 내보냈다. 백기는 조괄이 실전 경험이 부족해 탁상공론밖에 할 줄 모르며 자만심에 빠져 적을 얕보는 인물이라는 점을 알고, 이를 이용해서 전투 중에 거짓으로 후퇴하며 그를 유인했다. 그 모습을 본 조괄은 진나라 군대가 열세에 처해 후퇴한다고 여기고, 즉시 진나라 군대를 바싹 뒤쫓아 진나라 군영까지 쳐들어갔다. 양측이 격전을 벌일 때 백기가 대기하던 복병에 신호를 보냈다. 그러자 갑자기 또 다른 진나라 군대가 나타나 조나라의 좌우 양쪽 날개로 돌아 들어오면서 에워쌌다.

진나라 왕이 이 소식을 듣고 직접 하내河內(지금의 허난 성 황허 강 이북 지역)로 가서 열다섯 살 이상의 장정은 모두 징발해 장평 전투에 투입했다. 진나라 군대는 조나라의 구원병을 막는 한편, 포위된 조나라 군대의 식량 보급로를 단절시켰다. 결국 조괄은 화살에 맞아 전사하고 병졸 40여만 명은 진나라에 항복했다. 진나라 장군 백기는 조나라 군사들이 나중에 반기를 들지 않을까 하는 걱정에 그들 가운데 어리거나 허약한 240명만 조나라로 돌려보내고, 나머지는 모두 장평에 생매장했다. 이로써 진나라와 조나라의 장평 대전은 조나라의 참패로 끝났고, 이로부터 조나라는 국력이 크게 쇠약해졌다.

진나라가 한단을 포위하다

기원전 258년

주나라 난왕 57년(기원전 258년), 조나라가 여섯 성을 넘겨주겠다는 약속을 어기자 진秦나라 소왕이 오대부 왕릉王陵을 보내 조나라의 도성 한단을 공격하게 했다. 이로써 진나라와 조나라 사이에 한단 전투가 발발했다. 조나라는 군신과 백성이 모두 한마음이 되어 진나라에 대한 적개심을 불태우고 나라의 어려움을 함께하며 도성을 굳게 지켰다. 이로써 진나라 군대는 오랫동안 한단을 함락하지 못하고 애꿎은 장수만 여럿 갈아치웠다.

포위가 길어지면서 전세가 나날이 긴박해지자 조나라 왕은 평원군平原君을 초나라와 위나라로 보내 구원을 요청하게 했다. 이에 평원군이 초나라로 가서 초나라 왕과 합종에 대해 상의하며 이해관계를 설명했다. 아침부터 한낮까지 이야기를 나누었지만, 결국 초나라 왕의 동의를 얻지는 못했다. 그러자 평원군의 문객 모수毛遂가 한 손으로 허리에 찬 장검을 짚고 계단을 올라가더니 초나라 왕에게 '지금 열 보 안에 초나라 왕의 목숨을 빼앗을 수 있다.'고 말했다. 그러고는 진나라 군대가 초나라에 쳐들어와 '첫 싸움에서 언성과 영성을 빼앗고, 두 번째에는 이릉을 불태우고, 세 번째에는 초나라 역대 조상의 종묘를 훼손해 수모를 준' 굴욕적인 역사를 거론하며 초나라 왕을 자극했다. 그리고 이어서 합종은 조나라가 아닌 초나라를 위한 일이라고 지적했다. 결국 초나라 왕은 합종에 동의하며 춘갑군春甲君에게 군사를 이끌고 가서 조나라를 돕게 했다. 초나라의 원조를 얻은 뒤 평원군은 다시 위나라로 가서 원조를 요청했다. 이에 위나라 왕은 장군 진비晉鄙에게 10만 대군을 이끌고 가서 조나라를 돕게 했다.

이 소식을 접한 진나라 소왕은 사신을 보내 위나라 왕을 위협했다. 그러자 놀란 위나라 왕은 다시 명령을 내려 진비에게 업鄴에 주둔하며 움직이지 못하게 했다. 얼마 후, 위나라 신릉군信陵君이 위나라 왕의 애첩이 훔쳐다 준 호부虎符[범 모양의 병부兵符(군대를 동원하는 표지로 쓰인 패)]를 가지고 업으로 가서 진비를 죽였다. 그리고 스스로 위나라 군대를 이끌고 조나라를 도왔다.

기원전 257년, 초나라와 위나라의 지원군이 한단에 도착해 조나라 군대와 안팎으로 협공을 펼쳤다. 결국 진나라 군대는 참패를 맛본 채 하서 지역으로 퇴각했고, 이로써 조와 위 두 나라는 잃었던 땅 일부를 되찾았다.

연악동호(宴樂銅壺)

전국 시대에 수륙(水陸) 공격 전투에서 올린 업적을 치하하는 연회 모습을 상감한 청동 주전자이다. 전국 시대의 전투 대형을 볼 수 있다.

이빙 부자가 도강언 방조제를 쌓다

기원전 약 251년

진秦나라 소왕 56년(기원전 251년), 이빙李氷이 수리 공사를 주관했다. 이빙은 진나라 소왕과 효문왕孝文王 시절의 촉군蜀郡 군수로, 당시 민강岷江에 대형 제방인 도강언都江堰을 건축했다. 도강언은 세계에서 가장 오래된 수리 시설이다. 도강언은 물길을 나누는 공정을 시행한 어취魚嘴, 물의 유입량과 토사를 조절하는 공정을 시행한 비사언飛沙堰, 물을 끌어오는 공정을 시행한 보병구寶甁口의 3대 핵심 시설로 구성된다.

어취는 강 중심에서 물길을 나누는 제방 역할을 하는 곳으로, 민강을 외강과 내강으로 나눈다. 내강은 물을 끌어오는 간선 수로로, 내강을 흐르는 물은 비사언, 인자제人字堤(제방의 이름)와 보병구를 거치면서 진흙과 모래가 배출되고 물의 양이 조절된다. 외강은 민강 본래의 강줄기로 주로 홍수 때 배수 역할을 하며 소小어취 물길에서 사흑하沙黑河까지 관개용수를 공급하는 역할도 한다. 이 3대 시설이 합리적인 계획과 세심한 설계를 거

도강언

쳐 시공된 덕분에 도강언 수리 공정은 관개, 토사 침적 방지, 홍수 방지 등의 종합적인 효과를 발휘했다.

형가가 진나라 왕 암살을 시도하다

기원전 227년

연나라 왕 희喜 28년(기원전 227년), 연나라 태자 단丹이 형가荊軻를 자객으로 보내 진秦나라 왕을 살해하고자 했다. 형가가 출발할 때 태자 단과 배웅객은 모두 흰 옷과 흰 모자 차림으로 역수易水 강가에 모여 그를 배웅했다. 감정이 격해진 형가는 노래를 부르고는 수레에 올라 떠나며 끝내 한 번도 뒤돌아보지 않았다.

진나라에 도착한 형가는 진나라 왕(시황제)이 총애하는 신하 중서자中庶子 몽가蒙嘉를 돈으로 매수해 함양궁咸陽宮에서 알현할 기회를 얻었다. 형가는 연나라 지도를 들고 진나라 왕 앞으로 나아가 천천히 지도를 펼쳤다. 지도가 다 펼쳐지자, 형가는 그 안에 숨겨 두었던 비수를 오른손에 쥐고 왼손으로는 진나라 왕의 옷소매를 잡고서 그를 찔렀다. 그러나 놀란 진나라 왕이 옷소매를 잡힌 채로 벌떡 일어나는 바람에 소매가 찢어졌고, 형가는 그를 찌르지 못하고 손을 놓치고 말았다. 진나라 왕은 방어하기 위해 자신의 칼을 뽑으려고 했지만 칼이 너무 길어서 뽑지 못하고 일단 형가를 피해서 기둥 사이를 돌며 도망쳤다. 형가가 계속해서 왕을 쫓는데, 그 자리에 있던 진나라의 군신들은 모두 너무 놀라서 그저 멍하게 있을 뿐 어찌할 바를 몰랐다. 진나라 왕이 마침내 칼을 뽑고 형가를 내리쳐서 그의 왼다리를 잘라 버렸다. 상처를 입고 쓰러진 형가가 비수를 던져 보았지만 진나라 왕을 맞추지 못했다. 진나라 왕은 다시 형가를 여덟 군데나 찔렀다. 형가는 기둥에 기대어 웃으며 진나라 왕을 크게 욕하고 결국 숨을 거두었다.

History of China

맥을 잡아주는 세계사

The flow of The World History

제 4 장 |

통일 제국을 이룬 진秦과 한漢

1. **진 왕조** 기원전 221년 ~ 기원전 206년
2. **서한** 기원전 206년 ~ 25년
3. **동한** 25년 ~ 220년

CHINA

1 진왕조

시기 : 기원전 221년 ~ 206년
인물 : 진시황, 맹강녀, 이세, 진승, 오광

통일 왕조의 탄생

진秦나라는 파죽지세로 여섯 나라를 잇달아 멸망시켰다. 그리하여 기원전 221년에 전국을 통일한 진나라 왕 영정嬴政은 자신의 '공이 삼황보다 높고, 덕이 오제보다 높다.'라며 스스로 '시황제'라 칭했다. 진 왕조는 중국 역사상 처음으로 중앙 집권을 한 봉건 왕조이다. 진 왕조는 주 왕조의 분봉제를 폐지하고, 군현제郡縣制(전국을 군으로 나누고 이를 다시 현으로 구분해 중앙 정부에서 지방관을 보내어 직접 다스리던 제도)를 이어 받아 당시 중국의 지도를 지금의 광둥 성과 광시좡 족 자치구广西壯族自治區 및 베트남 북부 일대까지 포함하게 해 당시 세계에서 가장 거대한 제국이 되었다.

이 밖에도 진시황은 북쪽의 흉노를 공격해 영토를 넓히고 장성을 건축했으며, 문자와 화폐, 도량형을 통일하고, 후대에 진시황릉 병마용兵馬俑이라는 '세계 8대 불가사의'를 남겨 주었다. 그러나 한편으로 진 왕조는 과도한 노역과 잔혹한 법령 시행으로 백성을 고달프게 했다. 그 결과, 진시황이 죽은 지 얼마 지나지 않아 곳곳에서 농민들이 반란을 일으켰고, 한 시대를 주름잡은 진 제국은 겨우 15년 만에 연기처럼 사라져 버리고 말았다.

한눈에 보는 세계사

기원전 264년 : 제1차 포에니 전쟁 발발
기원전 218년 : 제2차 포에니 전쟁 발발

진시황이 중국을 통일하다

기원전 221년

진시황 초상

기원전 221년, 진나라는 왕분王賁에게 군사를 주어 제나라를 공격하도록 했다. 이로써 진나라는 여섯 나라를 병합해 통일하고 중국 역사상 첫 번째로 통일된 다민족 전제주의 중앙집권의 봉건 왕조를 수립해 봉건 사회의 경제 발전에 안정적인 정치적 기초를 다졌다. 진나라 왕 영정은 스스로 시황제라고 부르며 군주제를 시작했다. 진시황은 이사李斯의 건의를 받아들여 전국을 36군으로 나누었고, 바로 여기에서부터 중앙집권 제도가 확립되었다. 진시황은 전국 시대 진나라의 관리제도를 기초로 통일 국가에 필요한 일련의 새로운 제도, 즉 삼공구경제三公九卿制와 군현제를 시행했다. 삼공구경제란 황제 아래에 승상丞相, 태위太尉, 어사대부御史大夫의 3명의 공公이 있고 그들 아래에 구체적인 정무를 분담하는 경卿을 아홉 명 두는 제도였다. 그리고 군현제에 따라 지방 행정 기구는 군과 현의 두 등급으로 나누어 군에는 수守, 위尉, 감監(감어사監御史)을 세우고, 만 호 이상의 현에는 영令을 세우고, 만 호 이하의 현에는 장長을 세웠다. 이렇게 중앙에서부터 지방에 이르는 엄격한 통치 네트워크를 형성했다.

진시황이 태산에 올라가 하늘과 땅에 제사를 올리다

기원전 219년

진시황 28년(기원전 219년), 진시황은 태산泰山 산에 올라가 하늘과 땅에 제사를 올리고 바위에 자신의 공덕을 새겼다. 이처럼 고대에 통치자가 태산에 올라가 하늘과 땅에 제사를 올리는 의식을 봉선封禪이라고 한다. '봉'은 태

동량(銅量)

측정기. 진시황은 여섯 나라를 병합한 후 문자, 도량형 등을 통일하는 일련의 개혁을 진행했다. 이 동량의 외벽에는 진시황 26년에 도량형을 통일한다는 조칙서가 새겨져 있는데, 이는 당시 통일된 측정기의 표준 기구이다.

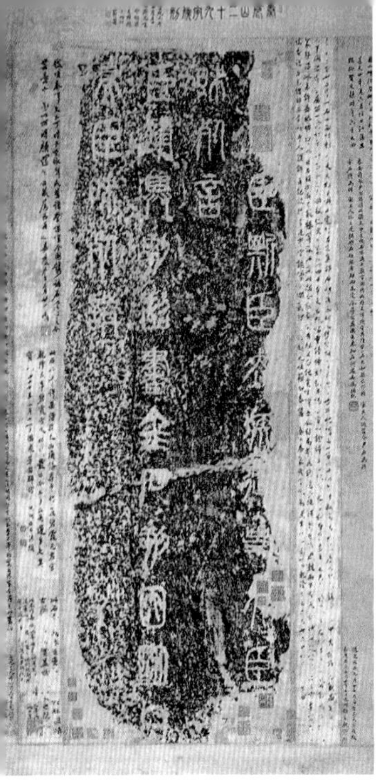

태산각석[泰山刻石, 명탁본(明拓本)]

태산각석은 '봉태산비(封泰山碑)'라고도 한다. 진시황 28년(기원전 219년), 진시황이 동부 일대를 순시하던 길에 태산에 오르자 승상 이사 등이 그곳에 각석(刻石, 글자나 무늬 따위를 새긴 돌)을 세워 진시황의 공덕을 칭송했다. 태산각석의 서법(書法)은 단정하고 힘이 넘치며 거침없이 미끈하고 아름다운 표준적인 소전(小篆)체로, 진 왕조 시대의 소전체 연구에 귀중한 자료가 되어준다. 원석은 이미 소실되었고, 청(淸)나라 건경(乾慶) 20년(1815년)에 잔석(殘石) 두 조각을 파냈는데 겨우 4행의 열 글자가 남아있을 뿐이었다. 세상에 전해지는 것은 명 왕조 때 안국(安國)이 소장했던 북송 때의 탁본 165자가 있다.

산에 흙을 쌓아 제단을 세우고 하늘에 제사를 올리는 것을 뜻하고, '선'은 태산 아래의 작은 산에서 땅에 제사를 지내는 것을 뜻한다. '봉'과 '선'을 동시에 진행하지만 '선'보다 '봉'의 규모가 훨씬 웅장했다.

기원전 219년, 진시황이 문무 대신과 유생·박사 70명을 이끌고 태산에 올라 봉선 의식을 치렀다. 하지만 오랜 세월 동안 봉선 의식이 진행된 적이 없어서 대신들도 이 의식을 어떻게 진행하는지 알지 못했다. 그래서 진시황이 유생을 불러 물어보았지만, 유생들 사이에서도 의견이 분분했다. 진시황은 결국 유생들을 물리고, 자신이 생각한 대로 수레 길을 열고 태산의 정상에 올라 봉례封禮를 올렸다. 그리고 정상에서 내려와 근처에 있는 양보산梁父山에서 선례禪禮를 지냈다.

진나라가 만리장성을 건축하다

기원전 214년

진시황 33년(기원전 214년)에 진나라 장군 몽염蒙恬이 30만 대군을 이끌고 흉노를 정벌해 하투河套 남북의 넓은 지역을 수복했다. 그리고 이 지역에 44개 현을 설치해 구원군九原郡을 증설했다. 그 후 이 지역을 굳건히 지키기 위해서 진시황은 수많은 백성과 노동자를 징발해 경계에 성을 쌓게 했다. 이로써 이전에 진秦, 조, 연나라에서 쌓았던 장성에 이어 지형에 맞추어 견고하게 연결한 유명한 만리장성을 건축했다. 당시 장성 건축 현장의 조건은 몹시도 열악했다. 농민과 죄수 30만 명 이상이 북쪽에서 눈보라가 몰아치는 국경 지역에서 흙과 돌을 어깨에 메고 손에 들고 날라다 쌓았다. 그렇게 10여 년 동안 수많은 백골을 만리장성에 묻은 뒤, 드디어 서로는 임조臨洮에서 출발해 동으로는 요동遼東에 이르는 진 왕조의 만리장성이 완성되었다.

맥을 잡아 주는 중국사 중요 키워드

문자, 화폐, 도량형의 통일

진시황 26년(기원전 221년), 진시황은 문자, 화폐, 도량형을 통일시키기 시작했다. 이는 중앙의 통치를 강화하고 통일을 유지하기 위한 진시황의 핵심 조치였다. 진 왕조가 통일하기 이전의 전국 시대에는 문자의 서체가 너무 다양해 매우 혼란한 상태였다. 나라마다 서체가 달랐을 뿐만 아니라 실제로는 같은 글자이지만 자형이 달라서 소리 부분인 성부聲符 또는 의미 부분인 형부形符(형성자에서 뜻을 나타내는 부분)가 서로 다른 경우도 많았다.(예컨대 '鷄'자와 '雞'자는 모두 '닭 계'자이지만 의미를 나타내는 형부가 서로 다르다.)

진나라가 여섯 나라를 통일한 후 이러한 '문자의 차이'가 정책 법령을 추진하고 통일된 문화를 전파하는 데 심각한 걸림돌이 되었다. 그러자 진시황은 승상 이사에게 제각각인 문자를 정리하여 진 왕조의 표준 문자로 삼을 새로운 글자체를 제정하라고 명령했다. 이에 따라 이사는 사주史籀(중국 주나라 선왕 때의 태사)의 대전大篆(한자의 열 가지 서체 중 하나로, 사주가 만든 한자 서체)을 간략하게 정리해서 소전을 만들어 내 전국 시대 이후로 여러 나라에서 무질서하게 이체異體를 사용하던 상황을 종결시켰다.

이로써 진 왕조는 다민족 통일 국가의 형성과 문화의 발전에 유리한 기반을 마련했다. 또한 이때부터 한자의 형태 구조가 기본적으로 표준화되기 시작했다. 이는 중국의 문자 발전사에서도 중요한 의미가 있다. 또 한편 전국 시대에는 문자뿐만 아니라 화폐 제도도 무척 혼란스러웠다. 모양만 해도 위, 조, 한韓나라에서 통용된 농기구 모양의 포폐, 제, 연, 조나라에서 유통된 칼 모양의 도폐刀幣, 진秦나라의 둥근 화폐, 초나라의 의비전蟻鼻錢, 영원郢爰 등 매우 다양했다. 화폐 제도의 혼란은 상품의 교환과 나라의 재정 수지에 불리했기 때문에 진시황은 전국의 화폐를 통일하도록 명령했다. 이에 일鎰[24량(약 144g)]을 단위로 하는 황금을 상폐上幣로 하고, 무게가 12수銖[냥兩의 24분의 1]이고 반량半兩이라는 문자를 새긴 원형방공전圓形方孔錢(둥근 모양에 네모난 구멍이 뚫린 동전)을 하폐下幣로 했다. 전국 시대에는 여러 나라의 도량형 제도도 각각이어서 매우 혼란스러워 상품의 교환과 나라의 조세 수입 통계에 여러 가지 불편이 초래되었다.

진시황은 이로 말미암아 발생할 수 있는 경제 혼란을 막고 조세를 안정적으로 징수하기 위해 상앙 변법 때 제정한 도량형을 표준으로 삼아 전국의 도량형을 통일했다. 아울러 6척尺(전한前漢 시대를 기준으로 1척은 약 22.5cm)을 1보步(전한 시대를 기준으로 1보는 약 1.35m)로, 240보를 1무畝(전한 시대를 기준으로 1무는 약 7.365㎡)로 규정했다.

진나라 장성의 배수 질기와

길이 70.2cm로, 퉁웨이 현(通渭縣)에 있는 진나라 장성 유적에서 출토되었다. 진흙으로 만든 회도(灰陶)이며 반(半)원통형의 온몸에 가는 밧줄 무늬가 있다. 질기와는 진 왕조의 중요 건축 재료이다.

만리장성은 흉노의 소요를 막고, 장성 안쪽에 사는 백성의 생산과 생활의 안정을 보장하는 중요한 역할을 했다. 또한 세계 역사상 가장 위대한 건축물의 하나이자 세계 7대 불가사의로서 만리장성은 중화 문명의 유구한 상징이 되었다.

분서갱유

기원전 213년~기원전 212년

진시황 34년(기원전 213년), 진시황이 함양에서 연회를 열었다. 이때 박사 순우월淳于越이 군현제를 지적하며 친척과 공신들에게 영토를 나눠 주는 분봉제를 주장했다. 그는 진시황이 옛 법에 따라 서주 시대 이래의 분봉제를 회복시켜 태평천하를 이루도록 설득하려고 했다. 그러자 진시황은 신하들에게 그 주제에 대해 토론하게 했다. 승상 이사는 고대에는 천하가 어지럽고 통일된 법이 없어 여러 제후가 반란을 일으켜 천하가 분열했으며, 이는 모두 유학의 학설과 사학私學이라는 존재가 사람의 마음을 분열시키기 때문이라고 여겼다. 그래서 그는 진시황에게 사학을 없애고 《진기秦記》 이외의 사서와 진나라 박사관博士官에서 소장하는 《시詩》, 《서書》, 제자백가의 서적 등을 제외하고는 모두 각자 자신의 소재 군에 제출해서 군의 수守와 위尉의 감독하에 불태우게 해야 한다고 건의했다.

또한 의술, 점술, 농업에 관한 책은 소각 대상에서 제외하고, 만약 법령을 배우고자 하면 관리를 스승으로 삼게 하라고 했다. 진시황은 이사의 건의를 받아들여 분서焚書를 명령했고, 이로써 수많은 문화 전적이 순식간에 모두 불에 타 버리고 말았다.

짐승머리 봉황 형상의 칠작
(漆勺, 칠을 한 국자)

높이 13.3cm로, 후베이 성 윈멍 현(雲夢縣) 수호지(睡虎地) 9호 진묘(秦墓)에서 출토되었다. 나무 재질이고, 짐승의 머리에 봉황의 몸통으로 모양이 매우 특이하다. 안에는 적황색 옻칠을 했고, 밖은 검은 옻칠 바탕에 붉은색과 갈색을 이용하여 봉황의 깃털과 짐승 머리의 눈, 코, 귀 등을 그렸다. 봉황 모양 칠작의 꼬리 부분에는 '함구(咸口)', '구구정구(ㅁㅁ亭ㅁ)'라는 문자가 두 곳에 낙인되어 있다.

이듬해에 진시황은 불로장생을 원하며 신선술을 아는 방사方士들을 불러 모았다. 그중에서도 진시황은 특히 후생侯生과 노생盧生을 신임했다. 그런데 불로장생약을 찾으러 떠난 그들은 돌아오지 않고 진시황을 비난하고 자취를 감춰 버렸다. 자신이 후대한 이들의 배신에 크게 노한 진시황은 함양에 있는 선비들을 모조리 잡아다가 심문해서 조정과 자신을 비방하거나 법을 어긴 자를 색출해 내도록 했다. 그 과정에서 선비들이 서로 책임을 전가하며 비열한 태도를 보이자, 체포된 선비 460여 명을 모두 생매장해 버렸다. 그들 중에 유생이 많았기 때문에 이를 '갱유坑儒'라 부른다. 이 두 사건은 중국 문명사의 대참사로, 역사에서는 이를 '분서갱유'라고 부른다. 진시황의 분서갱유는 고대 문명을 심각하게 훼손했을 뿐만 아니라 중국 고대 봉건 제도 역사에서 군주 전제주의에 최악의 선례를 남겼다.

맥을 잡아 주는 중국사 중요 키워드

맹강녀가 장성에서 울다

전설에 따르면, 진시황이 북쪽 국경 부근에 장성을 쌓기 위해 천하에서 수많은 장정을 징발했다. 맹강녀孟姜女는 장성 건축 현장에 징발된 남편을 찾아 천 리 길을 나섰다. 그러나 남편이 고된 노역으로 이미 죽었다는 소식을 듣고 비탄에 잠긴 그녀는 통곡을 그칠 줄 몰랐고, 결국에는 장성을 무너뜨리고 말았다. 그리고 스스로 바다에 몸을 던져 목숨을 끊었다. 사람들은 맹강녀가 바다에 몸을 던진 자리에 맹강녀 사당(지금의 허베이 성 친황다오 시秦皇島市)을 지었다.

전하는 바에 따르면 사당에서 동남쪽으로 4km 지점에 바다 위로 암초 두 개가 드러나 있는데, 이것이 바로 맹강녀의 무덤과 비석이라고 한다. 또 사당 뒤에 자리한 큰 바위 위에는 작은 구멍이 있는데, 이는 맹강녀가 남편을 그리며 발을 디딘 자취라고 한다. 그래서 바위 위에는 '망부석望夫石'이라는 세 글자가 새겨져 있다. 사당 안의 문 양측에는 또 "바닷물은 아침마다 밀려왔다 밀려가고, 뜬구름은 늘 피어났다 사라지네海水朝朝朝朝朝朝朝落 浮雲長長長長長長長消"라는 유명한 대련對聯(문이나 기둥에 써 붙이는 대구對句)이 쓰여 있다. 그러나 '조朝'와 '장長' 두 글자는 각각 중국어에서 독음이 두 가지이기 때문에 어느 독음으로 읽느냐에 따라서 여러 가지 서로 다른 뜻이 될 수 있다.

아방궁을 짓다

기원전 212년

진시황 35년(기원전 212년), 진시황은 위하 남쪽의 상림원上林苑(지금의 산시 성陝西省 시안 시 서북 싼자오 진三校鎮 남쪽)에 조궁朝宮(황궁의 정전正殿)을 지었다. 가장 먼저 지은 것은 전전前殿 아방궁阿房宮으로, 동서 너비 500보(진나라 도량형에서는 6척을 1보로 한다.), 남북 길이 50장丈(전한 시대를 기준으로 1장은 225m)에 1만 명을 수용할 수 있었다. 궁전 앞에는 다섯 장 높이의 깃대가 세워졌고, 또 각기 무게가 24만 근(약 12만kg)인 사람의 동상 12개가 서 있었다. 그리고 궁전의 문은 모두 자석으로 만들어서 누군가가 품에 무기를 숨기고 입궁하려고 하면 자기를 띤 문에 무기가 달라붙어 탄로가 나게 되어 있었다. 주위에는 모두 복도를 건설하여 각각의 궁실로 연결되도록 했는데, 그 복도는 지세에 의해 남산南山(지금의 산시 성陝西省 시안 시 남쪽)까지 이어졌다.

또 남산의 정상에 궁궐을 지어서 아방궁의 대문으로 삼았다. 그리고 아방궁에서 위수의 북쪽 기슭을 통해 함양궁까지 이르는 길에도 궁궐과 궁궐을 연결하는 복도를 만들었다. 이로써 마치 북극성北極星인 천극성天極星의 끝자락에 있는 자궁紫宮이 은하수를 건너 궁실宮室(28수의 하나)의 천정天庭에 연결된 것과 같은 형상을 만들었다. 아방궁은 매우 많은 자금이 투입되어 백성을 고생시키고 재산을 축내게 했다.

아방궁은 진시황이 죽을 때까지도 준공되지 못해 진나라 이세황제二世皇帝가 계속해서 건축했다. 얼마 뒤 진나라 왕조가 멸망하고 초나라와 한漢나라의 전쟁 때 항우項羽가 쳐들어와 진나라 황실에 불을 질렀다. 그 후 불은 장장 3개월을 타오르고도 꺼질 줄을 몰랐다. 이렇게 해서 아방궁은 결국 잿더미가 되고 말았다.

구름무늬의 긴 받침다리 옥배(玉杯)

1976년에 산시 성(陝西省) 시안 시 처장(車長) 마을의 진나라 아방궁 유적에서 출토되었다. 청옥으로 만들어진 높이 14.5cm, 입구 너비 6.4cm의 옥배(옥 잔)로, 변질하여 누르스름한 색을 띠고 간간이 갈색이 섞여 있다. 옥배의 몸통은 곧고 둥근 통 모양이다. 표면에 윗부분에는 꽃받침무늬와 흐르는 구름(流雲)무늬, 중간 부분에는 새털구름무늬, 아랫부분에는 흐르는 구름무늬와 여의(如意)무늬가 장식되어 있다. 다리는 일반적인 두형(豆形, '두'는 두껍고 굽이 높으며 뚜껑이 있어서 고기붙이, 국 따위를 담는 데 쓰는 나무로 된 제기이다.)이고, 두형의 배 부분 장식 선에는 줄묶음무늬가 장식되어 있다. 이 옥배는 출토된 진 왕조의 옥기 중에 보기 드문 걸작이다.

사구에서 병사하다

기원전 210년

진시황 37년(기원전 210년) 겨울, 동부 일대를 순시하던 진시황이 평원진平原津(지금의 산둥 성 더저우 시德州市 남쪽)에 이르렀을 때 병이 났다. 그 이듬해 7월에 병이 더욱 무거워져서 사구沙丘(지금의 허베이 성 핑샹 현平鄕縣 동북쪽)로 가서 요양했지만, 병세는 나날이 악화했다. 그러자 진시황은 어렵사리 큰아들 부소扶蘇에게 즉시 함양으로 돌아와서 장례를 주관하라는 내용의 유서를 썼다. 그러고 나서 중거부령中車府令 조고趙高에게 유서를 봉해 옥새와 함께 부소에게 전달하게 했다. 하지만 사자를 보내 그 유언을 전할 사이도 없이 진시황은 사구 평대平臺에서 숨을 거두고 말았다. 그런데 이때 승상 이사는 나라에 변란이 일어날까 두려워 황제의 죽음을 철저히 비밀에 부쳤다.

조고는 어려서부터 궁에 들어와 환관으로 일하며 진시황의 총애를 받은 인물로, 법률에 정통해서 중거부령에 임명되었다. 진시황은 살아생전에 조고가 호해胡亥(진시황의 둘째아들)에게 법률을 가르치도록 했다. 그래서 조고와 호해는 매우 친밀한 사이였다. 한편, 과거에 조고가 법을 어긴 적이 있는데 당시 몽염의 동생 몽의蒙毅가 법에 따라 그에게 사형을 선고했다. 다행히 진시황에게 사면을 받아 목숨을 구했지만, 조고는 이 일로 몽씨 형제에게 원한을 품고 있었다. 그런 중에 진시황이 죽자 조고는 그 기회를 이용해 호해, 이사와 모의해서 제멋대로 유서를 없애 버렸다. 그리고 진시황의 유언을 날조해 호해를 태자로 옹립하고, 소부와 몽염에게는 자살을 명령했다. 이를 역사에서는 '사구의 변'이라고 부른다. 소부는 유서를 읽고 자살했고, 몽염은 그와 달리 의심하며 자살하려고 하지 않았다. 이에 조고가 그를 감옥에 가두고 억지로 독약을 먹여 죽였다. 이후 태자 호해가 함양에서 황위를 계승하여 즉위하니 바로 진나라의 이세 황제이다.

진시황이 여산에 묻히다

기원전 210년

진시황은 36년(기원전 246년~기원전 210년) 동안 재위했다. 그는 여섯 나라를 통일해 중국 최초의 중앙집권 봉건대제국의 황제가 되었고, 죽은 뒤에는 여산驪山(즉 지금의 리산 산) 북쪽 산기슭에 묻혔다. 진시황릉은 지금의 산시 성陝西省 린퉁 시臨潼市에서 동쪽으로 5km 지점의 옌자이 향晏寨鄉에 자리하는데, 남쪽으로는 리산 산에 이어 있고 북쪽으로는 웨이수이 강에 임한다. 능의 밑 부분은 장방형을 이루며 동서 길이가 345m, 남북 길이가 350m, 높이가 43m이다. 능의 사방으로 내성과 외성 두 겹의 성벽을 쌓았다. 내성은 둘레가 2.5km이고 외성은 둘레가 6km이다. 능은 내성 정중앙에서 남쪽으로 치우쳐 자리하는데, 북쪽을 제외한 나머지 세 면은 모두 능의 중앙을 향해 문을 만들었다.

진시황릉의 바깥 풍경

능묘 외에도 능의 북쪽에서 대형 침전寢殿과 편전便殿이 있는 건축군이 발견되었고, 서쪽에서는 도기를 굽는 가마, 석제와 기와 등을 쌓아 두었던 곳, 죄수들의 묘지가 있다. 능의 남쪽은 리산 산이고, 동쪽에는 대형 병마용 갱이 있다. 1974년부터 능의 동쪽에서 세계적으로 유명한 진시황 병마용을 발굴하기 시작했다. 막대한 수량과 다양한 유형을 자랑하는 병마용은 실제 사람의 크기로 만들어졌으며, 생동감이 넘쳐 진짜 사람 같은 느낌이다. 이는 진 왕조 장인의 뛰어난 재능과 높은 예술적 조예를 반영할 뿐만 아니라 진시황릉의 거대한 규모, 백성의 고생(37년 동안 72만 명에 이르는 백성을 동원하여 건축)과 사치스러움을 드러내기도 한다. 병마용의 출토로 당시 천하를 통일했던 진나라 군대의 강대한 군사력이 다시 세상에 드러났다.

진시황 병마용

사슴 무늬 와당

둥근 모양의 이 와당(瓦當, 지붕에 기와를 얹어 내려온 끝을 막아주는 것. 마구리 또는 막새라 부른다.) 중앙에는 사슴 한 마리가 서 있는데 모가지를 젖힌 모습이 매우 생동감 넘친다. 기와에 사슴 무늬를 새기는 것은 녹봉을 얻는다는 뜻으로, '사슴(鹿)'을 빌려 '녹(祿)'을 표현해 행운을 뜻한다.

대택향의 봉기

기원전 209년

진나라 이세 원년(기원전 209년) 7월, 이세 황제가 여좌閭左(진나라 때 빈곤한 농민은 마을 왼쪽에, 부자는 오른쪽에 살았다.)를 징발해 변경을 방비하라는 명령을 내렸다. 이에 백성 900명이 강제로 징발되어 어양漁陽(지금의 베이징 시 미윈 현密雲縣)으로 끌려가 변경을 수비하게 되었다. 이때 이들 가운데 진승陳勝과 오광吳廣이라는 인물이 둔장屯長(진나라 군대에서는 50명을 묶어 '둔'이라 했고, 둔의 우두머리를 '둔장'이라고 불렀다.)을 맡았다. 그들이 대택향大澤鄕(지금의 안후이 성 쑤저우 시宿州市 동남쪽에 있는 류劉씨 집성촌) 부근에 이르렀을 때, 엄청난 폭우가 쏟아지는 바람에 도로가 끊겨 버려서 기한 안에 목적지에 도달할 수 없게 되었다.

엄격했던 당시 진나라 법으로는 기한에 맞춰 목적지에 당도하지 못하면 모두 참수형에 처하게 되어 있었다. 이에 진승과 오광이 모의를 했다. "지금 도망가도 나중에 잡혀서 죽고, 거사를 일으켜도 죽는다. 어차피 죽음을 기다리느니 거사를 일으키는 것이 어떠한가?" 진승이 이어서 말했다. "천하가 이미 진나라의 가혹한 법에 신음한 지 오래되었다! 만약 오늘 우리가 부소와 항연項燕의 이름을 빌려 천하를 위해 들고 일어난다면, 모두 호응하여 많은 사람이 우리 뒤를 따를 것이다." 오광이 이에 동의했다.

이후 진승과 오광은 "물고기의 뱃속에서 의미심장한 글귀가 쓰인 비단이 나온 것으로 일을 꾸미고, 등불을 켜고 여우 소리를 내는" 등의 수단을 이용해서 여론을 조성하며 "초나라가 일어나 진승이 왕이 된다."라고 외쳤다. 그런 다음, 그들을 압송하던 관리 두 명을 죽이고, "왕후장상의 씨가 어찌 따로 있는가?"라며 호소했다. 이에 900명이 이구동성으로 거사를 일으키는 데 찬성했다. 그들은 높은 단을 세우고 맹세하며 국호를 대초大楚라 정하고, 진승은 스스로 장군이 되고 오광은 도위都尉가 되었다. 그들은 먼저 대택향을 습격했고, 계속해서 기현蘄縣과 부근의 각 현을 공격하여 함락했다. 중국 역사상 첫 번째 대규모 농민 봉기는 바로 이렇게 발발했다.

이어서 진현陳縣(지금의 허난 성 화이양 현淮陽縣)을 공격할 때, 진승은 스스로 왕의 자리에 오르고 국호를 '장초張楚'라 했다. 이와 함께 농민 봉기는 정점에 달했다. 훗날 진승은 교만해진 한편 참언讒言을 믿고 주변의 충고에는 귀 기울이지 않은 채 옛 동료들을 죽였다. 이로써 그는 함께 봉기를 일으킨 민초들과 점점 소원해졌고, 더욱이 일부 장수들이 이권을 놓고 쟁탈하다가 서로 죽이는 상황까지 발생했다. 결국 진승과 오광도 차례로 죽임을 당하면서 봉기는 더 이상 지속할 힘을 잃게 되었다.

거록대전

기원전 207년

진나라 이세 3년(기원전 207년) 10월, 초나라 회왕이 송의宋義를 상장군으로, 항우項羽를 차장次將, 범증范增을 말장末將으로 임명하여 진나라 군대에 포위된 거록巨鹿으로 출정해서 조나라 왕 헐歇을 구하도록 했다. 송의는 군대를 이끌고 안양安陽(지금의 허난 성 안양 시 서남쪽)에 도달했을 때 진나라 군대의 기세가 드높다는 말을 듣고 죽음이 두려워 행군을 멈추었다. 그러고는 진나라 군대와 조나라 군대가 싸우면서 진나라의 군사력이 소모되기만을 기다렸다. 송의가 46일 동안이나 진군하지 않자 항우가 마침내 진군을 재촉했다. 그러나 송의는 그의 말을 무시하고 오히려 자신에게 복종할 것을 명령했다. 이에 항우는 분노하여 송의를 죽여 버렸다. 여러 장군은 항우가 송의의 목을 자르자 모두 항우의 지휘에 복종하겠다고 했다.

이 소식을 들은 초나라 회왕은 즉시 항우를 상장군으로 임명하고, 그에게 군대를 이끌고 북쪽으로 진격하도록 했다. 진나라 군대가 거록을 포위하고 있을 때 조나라 장수 진여陳餘가 수만 대군을 이끌고 거록성 북쪽에 주둔하고 있었다. 그런데 그는 병력이 적다는 이유로 겁을 먹고 진나라 군대에 맞서 싸울 엄두를 내지 못했다.

조나라를 구하기 위해서 제, 연 등 제후국의 병사 수만 명이 10여 개 진영으로 나뉘어 진여의 군대 부근에 주둔하고 있었지만, 감히 누구도 먼저 군대를 움직일 엄두를 내지 못했다. 이에 항우가 군사를 이끌고 거록에 도착해서 바로 진나라 군대를 공격했다. 초나라 군대는 더없이 용맹했고, 모두 일당백으로 전투에 임했다. 제후국의 장수들은 모두 자신의 진영에서 초나라와 진나라의 전투를 관망했는데, 초나라 군대가 사기충천해서 용맹하게 적군을 죽이는 모습에 간담이 서늘해졌다. 목숨을 건 혈전을 거쳐 항우의 군대는 결국 진나라의 20만 대군을 물리쳤다. 그리고 진나라 장수 왕리王離를 생포하고 소각蘇角을 참수했다. 진나라 장군 장한章邯은 남은 병사들을 이끌고 극원棘原(지금의 쥐루성巨鹿城 남쪽)으로 퇴각했다.

전투가 끝난 후 항우가 제후국의 장수들을 불러들이자 모두 항우 진영의 문을 통과할 때 무릎걸음으로 나오며 감히 고개를 들어 항우를 쳐다보지 못했다. 항우의 위세에 굴복한 제후들은 항우를 제후국 연합군의 상장군으로 삼고, 모두 항우의 지휘에 따랐다.

유방이 함곡관으로 들어가 진나라를 멸망시키다

기원전 206년

진나라 이세 2년(기원전 208년) 윤9월, 패공沛公 유방劉邦이 초나라 회왕의 명령을 받들어 병사를 이끌고 서쪽 함곡관函谷關(지금의 허난 성 링바오 시 동남쪽)으로 들어가 진 왕조를 토벌했다. 이듬해 유방은 역이기酈食其의 계략에 따라 진나라 군대의 칼날을 피해서 먼저 교통의 요지인 진류陳留(지금의 허난 성 카이펑 현 동남쪽)를 공략해 군량을 대량 획득했다. 이어서 3월에는 백마白馬(지금의 허난 성 화 현滑縣 동쪽)를 공격하고 4월에는 영천潁川(지금의 허난 성 창거 시長葛市, 쉬창 현許昌縣 일대)을 점령했다. 장량張良이 군사를 이끌고 이곳에서 유방과 연합하자 유방은 한왕韓王 한성韓成에게 양적陽翟(지금의 허난 성 위 현禹縣)을 지킬 것을 청한 뒤, 장량과 함께 남쪽으로 갔다. 이어서 7월에 그는 남양南陽(지금의 허난 성 난양 시)을 얻었다. 유방의 세력은 나날이 강력해져 서진西進 도중에 차례로 단수丹水(지금의 허난 성 시촨 현 서쪽), 호양胡陽(지금의 허난 성 탕허 현唐河縣 후양 진胡陽鎭)과 석현析縣(지금의 허난 성 시샤 현西峽縣) 등을 함락했다. 8월, 유방은 수만 명에 달하는 대군을 이끌고 무관武關(지금의 산시 성陝西省 상난 현商南縣 남쪽)을 함락하고 성 안의 주민을 깡그리 학살했다. 그리고 군대를 이끌고 북상해 곧장 함양으로 향했다.

그는 장량의 계략에 따라 산 위에 수많은 깃발을 대거 꽂아 병사가 많은 듯 가장하고, 한편으로 역이기와 육가陸賈를 보내서 진나라 장수들을 뇌물로 회유했다. 이와 함께 자신은 병사를 이끌고 요관嶢關을 돌아 궤산蕢山을 넘어서 갑작스레 남전藍田(지금의 산시 성陝西省 란톈 현의 서쪽)을 습격하여 남북 양쪽의 진나라 군대를 크게 무찔렀다. 이렇게 해서 요관을 지키던 진나라 군대는 완전히 무너지고 말았다. 기원전 206년에 패공 유방은 패상覇上(지금의 산시 성陝西省 시안 시 동쪽)에 주둔했고, 진나라 왕 자영子嬰이 그에게 투항하면서 진 왕조는 멸망했다.

CHINA

2 서한

시기 : 기원전 206년 ~ 25년
인물 : 유방, 항우, 한신, 여 태후, 주발, 문경, 이발, 한 무제, 장건, 곽거병, 사마천, 여용, 풍 부인, 소군, 왕망, 유현

민족 강성의 기점

서한西漢 시대의 휴양생식休養生息(나라의 전쟁이나 큰 변혁 뒤에 백성의 부담을 줄이고 생활을 안정시키는 것) 정책은 사회와 경제의 발전을 촉진했다. 또한 나라에서 과학 기술의 발전에 중점을 두어 농업 생산 도구와 생산 기술이 개발되고, 공업과 상업이 장족의 발전을 이룩했으며, 종이의 발명으로 대표되는 과학 기술의 성과가 널리 활용되었다. 또 장건張騫이 외교 사절로 서역에 가 실크로드를 개척하면서 외국과의 문화 교류에 새로운 시대가 열렸고 경제의 눈부신 발전이 촉진되었다.

서한이 중원을 통일하면서 이루어진 정치와 경제의 통일은 사상 문화의 통일을 요구했다. 한나라 초기에는 황로 사상黃老思想(중국 전국 시대부터 한나라 초기에 걸쳐 유행한 도가 학파의 사상)을 숭상했다. 그러다 한나라 무제武帝 때에는 '백가를 모두 내치고 유가만을 존중해야 한다.'며 유학을 봉건 통치 사상으로 확립했다. '중국은 하나'라는 사상인 이른바 '대일통大一統'의 서한 역사는 매우 풍부하고 복잡하다. 서한은 정치적 혼란을 다스리는 데 실패하기도 하고 성공하기도 하면서 흥망성쇠를 겪어 내 중국 역사에서 중요한 위치를 차지한다.

한눈에 보는 세계사

기원전 218년 : 제2차 포에니 전쟁 발발
기원전 195년 : 위만, 고조선의 왕이 됨.
기원전 108년 : 고조선 멸망, 한군현 설치
기원전 58년 로마 카이사르, 갈리아 정복
기원전 57년 : 신라 건국
기원전 37년 : 고구려 건국
기원전 31년 악티움 해전
기원전 27년 로마, 제정 시작

유방의 약법삼장

기원전 206년

한나라 원년(기원전 206년) 10월, 유방이 군대를 이끌고 남전(지금의 산시 성陝西省 란톈 현의 서쪽)에서 패상에 이르렀다. 그러자 진秦나라 왕 자영이 아무 장식도 없이 백마가 끄는 마차를 타고 인수印綬(관직에 임명될 때 임금에게서 받는 신분이나 벼슬을 나타내는 관인官印을 몸에 차기 위한 끈)를 목에 맨 채 진나라 황제의 옥새와 병부, 절장節杖(고대에 사신이 관문을 출입할 때 지닌 상징적인 증빙 또는 증표로 일종의 위임장이다. 대다수가 대나무 또는 나무로 만들어졌다.)을 바치며 지도軹道(지금의 산시 성陝西省 시안 시 동쪽) 근방에서 항복했다. 이로써 진 왕조는 짧은 역사를 끝으로 멸망했다.

희극(戱劇) 속 항우의 모습

이윽고 유방은 서쪽으로 나아가 함양에 입성했다. 이때 여러 장수가 서로 금은보화를 차지하려고 앞다투어 동분서주한 가운데, 오직 소하蕭何만이 진나라 승상부와 어사부에 보관되어 있는 지도, 서적, 문서와 법령을 챙겨 보관했다. 유방은 이를 통해 천하의 산천과 요새의 위치, 백성의 인구 분포, 각 지방의 경제력, 백성의 민원 등을 파악하고, 천하를 평정한 뒤에 전략의 틀을 다질 수 있었다. 그 후 번쾌樊噲와 장량의 건의에 따라 대군을 패상으로 이동시켰다.

11월, 유방은 여러 현의 촌로와 호걸들을 패상으로 불러들여 말했다. "촌로들께서는 진 왕조의 가혹한 법 아래서 오래 고생하였소. 내가 제후들과 맹약하기를 먼저 함곡관에 들어간 자가 관중關中의 통치자가 되기로 했으니, 내가 마땅히 관중의 통치자요. 지금 여러 촌로에게 법규 세 가지만 약정하겠소. 사람을 죽인 자는 죽이고, 사람을 다치게 한 자와 도둑은 죄에 따라 형을 내리겠소. 이 세 가지를 제외한 진의 가혹한 법률은 모두 폐지하여 없애겠소." 그가 이러한 약법삼장約法三章을 반포해 시행하자 진나라 백성은 크게 기뻐했고, 이로써 유방은 백성의 마음을 얻을 수 있었다.

홍문의 연회

기원전 206년

한漢나라 원년(기원전 206년) 12월, 항우가 군사를 이끌고 함곡관으로 왔다. 그는 관문이 닫혀 있고 또 유방이 이미 관중을 평정했다는 것을 듣고 크게 노했다. 그리고 이어서 영포英布 등에게 명해 함곡관을 공격하고 유방을 토벌할 준비를 하게 했다. 이때 항우의 병사는 40만이었는데 백만이라고 말했고, 빠르게 함곡관을 점령한 후 신풍新豊 홍문鴻門(지금의 산시 성陝西省 린퉁 시 동쪽)에 주둔했다. 한편 유방의 병사는 10만이었는데 20만이라고 말했고 패상에 주둔했다. 항우의 모사 범증范增이 항우에게 즉각 유방을 공격할 것을 권했다. 그런데 그 자리에 함께 있던 항우의 숙부 항백項伯은 유방의 모사인 장량과 친구지간이었다. 친구 장량의 목숨이 위태로워질 것을 걱정한 항백은 밤의 어둠을 틈타 말을 달려 유방의 진영으로 갔다. 그리고 범증의 계책을 이야기하며 장량에게 빨리 피하라고 알려 주었다. 그 말을 들은 장량은 즉시 유방에게 상황을 알렸다. 유방이 항백에게 어떻게 하면 좋을지 묻자, 항백은 유방에게 이튿날 홍문으로 찾아오라고 했다. 그리고 항백은 다시 밤새 말을 몰아 군영으로 돌아가서 항우를 설득했다.

육박도(六博圖)

이는 보기 드문 한 왕조 때의 인물 목각 작품이다. 간결하고 명쾌한 예술적 조형으로 두 노인이 대국하는 긴장된 분위기를 묘사한다.

이튿날 아침, 유방이 직접 항우를 찾아오자 항우가 연회를 베풀어 그를 초대했다. 연회 중에 범증이 세 번이나 옥 술잔을 자꾸

홍문의 연회

가슴 앞으로 들어 보였다. 어서 유방을 죽이라고 항우에게 보내는 신호였다. 그러나 항우는 아무런 행동도 하지 않았다. 이에 마음이 급해진 범증은 항우의 사촌동생 항장項庄을 찾아가서 유방에게 술을 권하고 흥을 돕는다고 칼춤을 추다가 기회를 봐서 유방을 죽이라고 했다. 얼마 후 이를 알아챈 항백이 자신도 칼을 뽑아들고 나가서 칼춤을 추며 자신의 몸으로 유방을 보호했다. 이렇게 상황이 위태로워지자 장량이 밖으로 빠져나가 번쾌를 불렀다. 번쾌는 검과 방패를 들고 군막 안으로 들어와서 공을 세운 사람을 죽이려고 한다며 항우를 비난했다. 잠시 후 유방은 볼일을 본다며 자리를 빠져나왔고 번쾌 등의 호위를 받으며 황급히 패상으로 돌아가 목숨을 건졌다.

금으로 만든 짐승(金獸)

한신의 배수일전

기원전 204년

한나라 원년(기원전 206년) 8월, 한신韓信은 겉으로는 잔도(험한 벼랑 같은 곳에 낸 길. 선반처럼 달아서 낸다.)를 만드는 척하면서 몰래 진창으로 들어가 기습하는 계책으로 일거에 진나라 땅이던 옹雍, 새塞, 적翟 세 곳을 평정했다. 이로써 그는 초나라와 한나라의 전쟁에서 항우와 천하를 두고 싸우는 유방에게 든든한 후방 기지를 만들어 주었다.

뿔 모양 옥배

한나라 2년(기원전 205년) 5월부터 유방은 한신 등을 잇달아 파견해 위, 대代, 조, 연나라를 공격하게 했다. 한나라 3년(기원전 204년) 10월, 한신은 수만 명에 달하는 군사를 이끌고 태행산太行山을 넘어 동쪽으로 진격해서 조나라 땅을 공격했다. 당시 조나라 왕 헐과 장군 성안군成安君 진여는 20만 병력을 모아 정형井陘 입구[토문관土門關이라고도 함. 지금의 허베이 성 징싱 현井陘縣으로, 태행산 8대 협곡의 입구)를 점거하고 한신에 맞서 싸울 채비를 하고 있었다. 광무군廣武君 이좌거李左車가 한신의 군대와 정면으로 맞서지 말고 후방으로 기습 부대를 보내 정형의 협도에서 한신의 군대를 포위할 수 있다고 건의했지만, 진여는 그의 말을 듣지 않았다.

이 소식을 들은 한신은 크게 기뻐했다. 그리고 '목숨을 걸고 싸우는' 배수진背水陣 전술을 쓰기로 하고 정형 입구에서 30리 떨어진 곳에 물을 등지고 진을 치게 했다. 날이 밝자 한신은 대장의 깃발과 의장儀仗을 세우고, 북을 울리게 하며 정형 입구로 행군했다. 이를 본 조나라 군대는 보루에서 나와 맞서 싸웠다. 한참 동안 치열한 전투가 벌어진 뒤 한나라 군대는 짐짓 패해서 후퇴하는 척하며 물가로 도망갔다. 조나라 군대는 한나라 군사들이 물을 등진 채 퇴로도 없이 서 있는 모습을 보고, 보루를 비운 채 모두 출동해서 한나라 군대에 맹공을 퍼부었다. 이때 조나라 군영 부근에 매복했던 한나라 기병 2,000명이 보루 안으로 진입해 조나라 군대의 깃발을 모조리 뽑아 버리고 한나라 군대의 깃발을 세웠다.

한편, 조나라 군대는 전투가 길어지면서 자신들의 전세가 기울자 군영으로 퇴각하려 했다. 그런데 보루에는 어느새 한나라의 깃발이 펄럭이고 있었다. 조나라 군사들이 그 모습을 보고 혼란에 빠져 우왕좌왕하자, 한신은 기회를 놓치지 않고 앞뒤로 협공해 조나라 군대를 대파했다. 진여는 지수泜水 부근에서 한나라 군사에게 죽임을 당했고, 조나라 왕 헐과 이좌거 등은 한나라 군대에 포로로 사로잡혔다.

서한 시대의 무릎을 꿇은 모양의 갑용(甲俑, 갑옷을 입은 용)

서한 시대의 군복은 일반적으로 관, 책(幘, 두건의 한 종류)류, 두루마기류, 갑옷류가 있다. 무관은 관을 쓰고 병사는 천으로 머리를 묶는데, 이것을 책이라고 한다. 또 모두 몸에 달라붙는 좁은 두루마기를 입고, 발에는 장화를 신는다. 철갑은 '현갑(玄甲)'이라고 하는데, 네모난 갑옷 조각을 이어서 만든 찰갑(札甲)에서 물고기 비늘 모양의 어린갑(魚鱗甲)으로 발전했다. 서한 시대의 무릎을 꿇은 모양의 갑용은 서주(徐州) 사자산에서 출토되었다. 머리에는 투구를 쓰고, 안에 두루마기를 입고 그 위에 갑옷을 걸쳤다.

오강에서 항우가 자결하다

기원전 203년

초나라와 한나라가 강화 조약을 맺어 홍구鴻溝를 경계로 땅을 양분한 후, 항우는 협상에 따라 군대를 이끌고 동쪽으로 회군했다. 그런데 유방이 장량과 진평의 건의를 받아들여 이 기회를 틈타 초나라 군대를 추격했다. 이후 여러 차례 격렬한 전투가 벌어

졌고, 한나라 고조高祖 4년(기원전 203년) 12월에 한신이 한나라와 제후국의 연합군을 이끌고 해하垓下(지금의 안후이 성 링비 현靈壁縣 동남쪽)에서 항우의 10만 군대를 포위했다. 밤이 되자 한나라 군사들이 사방에서 초나라 노래를 불러 항우 군대의 마음을 흔들어 놓았다. 결국 10만 명에 이르던 초나라 군대는 병사들이 앞다투어 도망쳐 수천 명밖에 남지 않았다. 항우는 사면에서 들려오는 초나라 노래를 듣고 한나라 군대가 이미 초나라 땅을 전부 점령했다고 생각해 절망에 빠졌다. 깊은 밤, 장막에서 술을 마시던 항우는 비통한 마음을 금할 수 없어 자신이 총애하는 우희虞姬를 향해 비분강개한 감정을 담은 노래를 읊었다. "힘은 능히 산을 뽑고도 남음이 있고, 기백은 능히 천하를 덮었노라! 때가 이롭지 못하니, 오추마야, 너마저 달리지 않으니 어쩔 수 없구나! 우희야, 우희야, 이를 어쩐단 말이냐!力拔山兮氣蓋世, 時不利兮騅不逝! 騅不逝兮可奈何, 虞兮虞兮奈若何!" 그러자 우희가 답가를 하고는 항우의 칼을 뽑아 자결했다. 이에 항우는 오추마에 올라 정예 부대 800명을 이끌고 어둠을 틈타 포위를 뚫고 남쪽으로 도망쳤다.

날이 밝은 후 한신이 관영灌嬰에게 기병 5,000명을 이끌고 추격하게 했다. 항우가 회하淮河를 건넜을 때, 그의 휘하에는 겨우 백여 명만 남아 있었다. 음릉陰陵(지금의 안후이 성 허 현和縣 북쪽)에 이른 초나라 군대는 길을 잃어 한나라 군사들의 추격을 받게 되었다. 항우는 다시 병사들을 이끌고 동쪽으로 도망쳐 동성東城(지금의 안후이 성 딩위안 현定遠縣 동남쪽)으로 달아났는데, 이때 그의 곁에는 단지 스물여덟 명만이 남아 있었다. 이윽고 오강烏江(지금의 안후이 성 허 현 동북쪽)에 이르러 항우는 그 강을 건너서 강동江東으로 돌아가려고 했다. 당시 오강의 정장亭長이 작은 배 한 척을 그곳에 마련해 두고 기다리고 있었다. 그러나 항우는 강동에 있는 어른들을 뵐 낯이 없다고 여기고 자신을 쫓는 한나라 추격병 수백 명을 벤 후 검을 들어 자결했다. 이때 그의 나이 겨우 서른한 살이었다.

유방이 황제라 불리다
기원전 202년

항우가 오강 강가에서 패해 자결하고 이후 유방이 초나라 땅을 평정했다. 그러자 다른 지역들도 하나 둘 한나라에 투항했다. 한나라 5년(기원전 202년) 2월, 여러 제후국의 왕들이 모두 한나라 왕을 황제로 추대했다. 이에 유방은 사수氾水(지금의 산둥 성 차오 현曹縣 부근)의 양陽에서 황제로 즉위해 서한 왕조의 개국 황제가 되었다. 그가 바로 역사에서 일컫는 '한나라 고조'이다. 이와 함께 왕후 여치呂雉는 황후가 되고, 태자는 황태자라고 불렸다.

유방은 즉위 초기에 낙양을 도읍으로 삼았으나, 머지않아 장안長安으로 천도했다. 유방이 천하를 얻은 것은 결코 우연이 아니었다. 그는 군신들과 낙양의 남궁에서 연회를 즐기며 이미 자신의 속뜻을 밝힌 바 있다. "계책을 내고 천 리 밖의 승리를 결정하는 것으로 논하자면 나는 장량만 못하다. 나라를 다스리고 군수를 공급하는 것으로 논하자면 나는 소하만 못하다. 천만 장수를 이끌고 백전백승하는 것만 논하자면 나는 한신만 못하다. 이 세 사람은 모두 걸출한 인재로 나는 그들을 잘 이용했을 뿐인데 천하를 얻었다. 항우에게는 범증이 있었지만 그를 잘 이용하지 못해 결국에는 내 손에 패하고 말았다."

채색 도자 지휘용(俑)

진흙 재질의 회도. 이 용의 조형은 비율이 적당하고, 자태와 표정이 모두 뛰어나며 위엄이 있다. 또한 채색이 선명하고 도기 공예 기술이 매우 뛰어나서 침착하고 기민한 젊은 지휘관의 이미지를 성공적으로 그려 냈다.

한나라 초의 휴양생식
기원전 202년

한나라 고조 5년(기원전 202년) 5월, 유방은 '휴양생식' 정책을 펼쳐 정권 수립 초기에 붕괴 위기에 있던 경제 상황을 헤쳐 나가고자 했다. 예컨대 군대를 대거 해산해서 모두 귀향해 농업에 종사하도록 하고, 함곡관 공격에 참여해 진나라를 멸망시키는 데 일조한 관동關東

맥을 잡아 주는 중국사 중요 키워드

연의 전설

전설에 따르면 초나라와 한나라가 서로 경쟁하던 시기에 한신이 연을 발명했다고 한다. 당唐나라 시대에 조흔趙昕이 쓴 《식정요문息燈鷂聞》은 해하 전투에서 한신이 연을 만들어서 장량에게 연을 타고 하늘로 올라가 초나라 노래를 목청 높여 부르게 했으며, 그 노래가 초나라 군영까지 전해져 항우의 군사들의 마음을 흔들었다고 전한다.

송宋 왕조의 《사물기원事物紀原》에는 한신이 연을 이용해서 거리를 잰 일이 기록되어 있다. 중국은 이미 2000여 년 전부터 비단, 삼베, 대나무 등을 사용했는데, 이것들은 모두 연을 만드는 원료이므로 연이 이 시기에 등장했다는 설은 신빙성이 있다. 또 한신이 군사적 필요로 연을 발명했다는 설도 충분히 가능성이 있다. 그러나 장량이 연을 타고 하늘로 올라갔다는 설만큼은 믿기 어렵다.

연(鳶)

연이 처음 등장한 때는 진·한시대로 발명된 지 벌써 2000여 년이 되었다.

사람 중 관중關中에 남길 바란 이들에게는 12년 동안, 그리고 관동으로 돌아온 사람들에게는 6년 동안 노역勞役을 면제해 주었다. 군사 가운데 낮은 벼슬아치인 이졸吏卒 또는 대부 이하의 사람들은 모두 대부로 승급시켜 주었고, 대부 이상은 본인과 가족의 노역 및 세금을 면제해 주었다. 사대부 이상 작위의 사람들에게는 먼저 전답과 주택을 주고, 약간의 호戶를 '식읍食邑(조세를 개인이 받아서 쓰는 고을)'으로 하사했다.

또 전란 중에 산천을 방랑한 백성을 고향으로 돌려보내고, 원래의 관작과 전답, 택지를 복원해 주었다. 배고픔을 견디지 못하고 몸을 팔아 노비 신분이 된 사람들도 모두 평민으로 복원해 주었다. 상인들은 비단옷을 입거나 무기를 지닐 수 없고 수레나 말을 탈 수도 없으며 관리가 될 수 없도록 규정했고, 또한 조세를 두 배로 거두었다. 반면에 전조田租는 15분의 1로 경감시켰다. 또 소하에게 《구장률九章律》을 제정하게 해서 이전에 임시로 반포하여 시행한 약법삼장을 대신하게 했다. 아울러 육가에게는 진나라가 천하를 잃은 이유를 논하게 해 한나라 초의 '무위 정치無爲政治'를 기본으로 하는 '황로 정치黃老政治'의 사상을 형성했다. 그 밖에 흉노에게는 '화친'정책을 시행하여 잠시였지만 군사적 긴장 완화와 안녕에 힘썼다. 유방이 펼친 일련의 휴양생식 정책과 실행 정책은 양호한 사회적 효과와 경제적 이익을 가져왔고, 한 왕조 초반에 경제를 회복하고 발전시키는 데 탄탄한 기초가 되어 주었다.

백등에서 포위당하다

기원전 200년

한 왕조 초기, 흉노의 묵돌冒頓 선우單于(묵돌은 이름이고 선우는 왕을 뜻하는 흉노족 단어이다.)는 끊임없이 한 왕조의 북쪽 군현을 공격했다. 한나라 고조 7년(기원전 200년) 9월, 묵돌 선우가 이끄는 흉노의 대군이 한나라에 침입해 마읍馬邑(지금의 산시 성山西省 쉬저우 시朔州市 서북쪽)에서 한왕韓王 신信(한신과 이름이 같아 구분하기 위해 '한왕 신'이라 부름.)을 포위했다. 그러자 한왕 신은 사람을 보내 묵돌에게 강화를 청했는데, 이것이 한나라 고조 유방의 의심을 사고 말았다. 고조의 노여움을 알게 된 한왕 신은 나중에 그로 인한 화가 미칠 것이 두려워 흉노에게 마읍을 바치고 투항했다. 이후 묵돌 선우는 한왕 신의 도움을 받아 남쪽으로 진격했고, 구주句注를 넘어 진양晉陽(지금의 산시 성山西省 타이위안 시)을 포위하고 공격했다. 그러자 유방은 한왕 신을 응징하고자 직접 대군을 이끌고 북쪽으로 향했다. 한왕 신은 한나라 군대를 맞아 결국 무참히 패했고, 혼란을 틈타 흉노로 도망쳤다.

한편, 유방은 묵돌이 대곡代谷(지금의 산시 성山西省 판스 현繁峙縣 서북쪽)에 주둔한다는 보고를 받고 그를 공격하려 염탐꾼을 보냈다. 묵돌이 이를 간파하고 정예 병사와 건장한 우마牛馬 등은 숨기고 늙고 약한 병사와 가

옥으로 만든 벽사

1975년에 셴양 시 저우링 향(周陵鄕) 신좡(新莊) 마을에서 출토되었다. 벽사(辟邪, 사슴과 비슷하게 생긴 상상의 동물. 예전에 중국에서 사악함을 물리친다고 하여 인장이나 깃발에 장식으로 많이 그려 넣었다.)는 청백색의 옥에 입체적으로 조각했다. 고개를 쳐들고 가슴을 내밀었으며 두 눈은 앞을 바라보고 입을 벌린 채 이빨을 드러내고 있다. 머리 양쪽에 귀가 있고 위에는 외뿔이 있으며, 턱 아래에는 수염이 가슴까지 내려오고, 긴 꼬리는 말려서 땅까지 늘어져 있다. 앞발에는 육시(肉翅, 땅 짐승의 근육이 있는 날개)의 날개가 있고 반은 엎드리고 반은 일어난 모습이다.

흉노 고분 벽화

잡기는 중국 고대부터 전해 내려 온 오락이라고 할 수 있다. 한나라 시대 이후 실크로드를 따라 중원에 수많은 새로운 공연 형식이 전해졌다. 그리고 이것이 중원의 전통 기예들과 융합되어 다채로운 기예가 탄생했다.

축뿐인 것으로 위장했다. 유방은 그의 계략에 넘어가 한나라 군사 32만 명을 전부 북쪽으로 보내서 흉노를 치게 했다. 게다가 적의 동향에 관한 유경劉敬의 보고는 무시한 채 직접 선두 부대를 이끌고 평성平城(지금의 산시 성山西省 다퉁 시大同市 동쪽)으로 향했다. 결국 백등산白登山(지금의 산시 성山西省 다퉁 시 동북쪽)에서 한나라 군대는 묵돌의 40만 정예 기병에게 무려 7일 동안 포위되었다. 흉노의 포위망을 뚫지 못해 안팎이 서로 돕지 못하던 중, 진평의 계략에 따라 묵돌의 연지瘀氏(흉노의 왕후)에게 많은 뇌물을 준 뒤에야 유방은 비로소 포위에서 벗어나 한나라 대군이 주둔하는 평성으로 돌아올 수 있었다. 그 후 묵돌의 군대가 북쪽으로 떠나고, 유방도 퇴각했다. 이 일을 통해 유방은 무력의 수단만으로는 아직 흉노와의 분쟁을 해결할 수 없다는 사실을 깨달았다. 그리고 이 교훈을 바탕으로 한동안 '화친' 정책으로 흉노를 구슬리는 것을 변경 지역의 안녕을 수호하는 주요 수단으로 삼았다.

여 태후가 섭정하다

기원전 187년

한나라 고조 12년(기원전 195년) 4월에 유방이 병으로 사망했다. 5월에 혜제惠帝(유영劉盈)가 즉위하여 고조의 황후인 여呂 황후는 태후가 되었고, 차츰 정권 찬탈의 야심을 드러냈다. 여 태후는 조나라 왕 여의如意를 독살하고, 유방의 애첩이던 척戚 부인의 팔다리를 자르고 눈알을 빼 내고 귀에 불을 지펴 멀게 했으며, 벙어리가 되는 약을 입에 들이부은 후 '사람 돼지'라는 뜻의 '인체人彘'라고 부르며 변소에 가두었다. 혜제가 이 '인체'를 본 뒤, 어머니의 잔혹함에 질려 밤낮으로 주색에 빠져 지내며 정사를 살피지 않았다. 그러다 결국 혜제 7년(기원전 188년)에 미앙궁未央宮에서 세상을 떠나고 말았다.

혜제와 장張 황후 사이에 아들이 없었기에 여 태후는 후궁이 낳은 아들을 혜제의 아들로 삼아 태자로 세웠다. 혜제의 사후에 뒤를 이은 태자를 역사에서는 소제少帝라고 부른다. 이후, 소제가 어리다는 이유로 여 태후가 섭정하며 실질적으로 황제의 권력을 행사했다. 이듬해, 즉 고후高后 원년(기원전 187년), 여 태후는 여씨들에게 분봉하는 일로 왕릉王陵 등의 대신과 유씨 제후왕들의 강력한 반대에 부딪혔다. 이에 화가 난 여 태후는 왕릉을 승상 자리에서 끌어내리고, 자신의 측근인 심식기審食其를 좌상으로 앉히고 조정을 좌지우지했다. 그리고 이후부터 유씨 제후왕을 박해하고 제거하는 한편 '유씨 성이 아닌 왕에게는 분봉하지 말라.'는 맹약을 어기며 여씨들에게 분봉하는 데 주력했다.

여씨가 대거 왕으로 봉해지면서 한 왕조의 근본 체계가 흔들리고 공신들이 피해를 보게 되었다. 이로써 분쟁의 씨앗이 뿌려져 여 태후의 사후에 여씨들의 난이 일어났다.

'황후지새' 옥새

옥새에 전서로 '황후지새(皇后之璽)'라는 네 글자가 음각되어 있다. 네 측면에는 구름무늬가 역시 음각되어 있다. 손잡이 꼭지에는 이호(螭虎), 즉 교룡과 범이 조각되어 있다. 한나라 고조의 장릉(長陵) 부근에서 발견되었는데, 여 태후가 생전에 사용하던 옥새인 어용지보(御用之寶)가 분명하다.

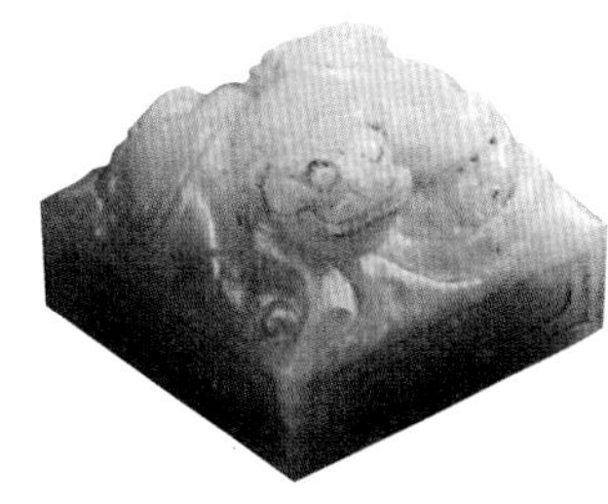

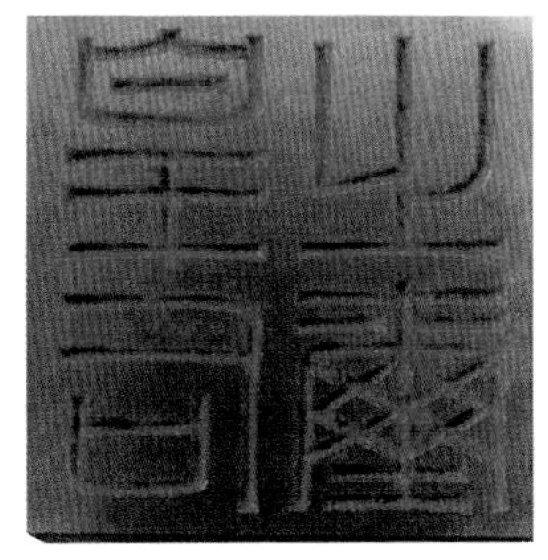

주발이 유씨 천하를 안정시키다

기원전 180년

한나라 고후 8년(기원전 180년) 7월에 여 태후가 병으로 죽었다. 그 후 9월에 여씨 일족 일부가 병사를 모아 반란을 일으켜서 정권을 찬탈하고자 했다. 그러자 제나라 왕 유양劉襄이 '군사를 이끌어 왕이 되어서는 안 되는 사람을 제거한다.'라는 명분으로 군사를 일으켜 서쪽의 한나라로 향했다. 그리고 한나라의 상국 여산呂産이 대장군인 영음후潁陰侯 관영에게 군대를 이끌고 여씨 반란군에 맞서 싸우게 했다. 관영은 본래 유씨에게 충성한 공신 무리에서도 핵심 인물이었다. 그는 군사를 이끌고 형양滎陽에 이르러 그곳에 주둔하며 사람을 보내서 제나라 왕과 연합했다. 그러고는 준비를 하고

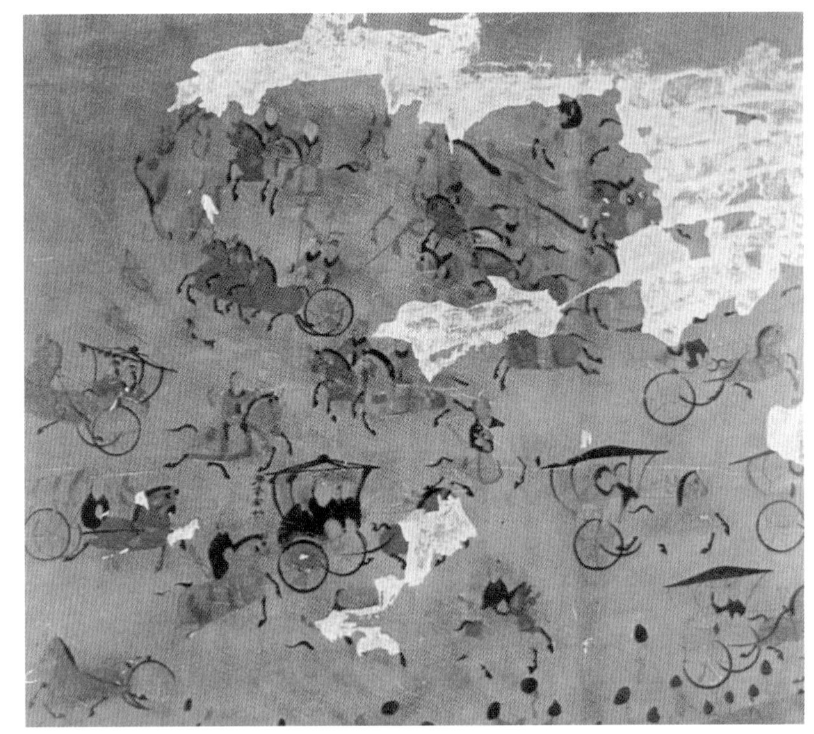

거효렴도(擧孝廉圖)

진, 한 시대에는 찰거제[察擧制, 한나라 문제가 시행한 인재 선발 제도이다. 주에서는 한 명의 수재(秀才)를, 그리고 군에서는 인구에 따라 일정 수의 효렴[孝廉, 중국 한나라 때에 치르던 관리 임용 과목, 또는 그 과(科)에 뽑힌 사람을 추천하게 하고, 수도에서 시험을 치러 관리로 임명했다.]로 인재를 선발했다. 효렴, 무재(茂才) 등의 상시로 주관하는 상과(常科)와 임시로 주관하는 특과(特科)가 찰거제의 구체적인 시행 방법이었다. 그림은 한나라 무덤의 벽에 그려진 효렴을 추천하는 그림이다.

여씨의 반란을 기다렸다.

도읍에서 태위 주발周勃, 우승상 진평陳平 등이 비밀 모의를 하며 상장군 여록呂祿이 병권을 내놓게 할 계략을 짰다. 그 후, 주발이 군문軍門에 들어가 호령했다. “여씨의 편을 들 사람은 오른쪽 어깨를 드러내고, 유씨의 편을 들 사람은 왼쪽 어깨를 드러내라!” 그러자 병사들이 모두 왼쪽 어깨를 드러내고 하늘이 무너져라 함성을 질렀다. 이로써 주발이 북군을 통솔하게 되었다. 이어서 주발은 주허후朱虛侯 유장劉章에게 황제를 경호한다는 명목으로 병사 천여 명을 이끌고 입궁해서 남군을 통솔하는 상국 여산을 죽일 기회를 노리게 했다. 그리고 여록을 죽인 뒤에는 사람을 보내 여씨 일족은 노소를 불문하고 모두 몰살했다. 이로써 여씨 무리가 섬멸되고, 통치 대권은 다시 유씨의 수중으로 돌아왔다.

여씨의 반란이 평정된 후 주발, 진평 등의 대신들은 비밀리에 황제를 옹립했다. 소제와 여러 왕자 모두 혜제의 자식이 아니었기에, 그들은 결국 대왕代王 유항劉恒을 선택했다. 대왕이 한나라 고조의 당시 생존한 아들 가운데 나이가 가장 많고 사람됨이 너그러우며, 그 어머니 박薄씨도 신중하고 선량해서 대왕이 제위를 계승하기에 가장 적합했다. 이에 대신들은 사람을 보내 대왕을 장안으로 모셔와서 즉위하게 했다.

그해 윤 9월, 대왕 유항 일행이 대代에서 장안으로 와 여러 군신의 추대를 받아서 황제에 즉위했다. 그가 바로 태종太宗 효문孝文 황제인 문제文帝이다. 문제는 즉위 후 천하에 사면령을 내리고 휴양생식 정책을 적극적으로 시행하여 한 왕조의 성세를 열었다.

문경의 치

기원전 179년~기원전 141년

한나라 고후 8년(기원전 180년), 한나라 문제는 즉위 후 계속해서 휴양생식 정책을 펼쳤다. 문제의 기본 정책은 농업을 위주로 부역과 세금을 가볍게 하며, 법과 금지를 줄이는 것이었다. 농민의 부담을 줄이기 위해 농민에게는 곡식을 심을 것을 장려했고, 15분의 1을 내던 전조세田租稅를 30분의 1로 바꾸었다가 나중에는 아예 걷지 않았다. 그러다 경제景帝 때에 이르러서야 30분의 1의 전조세가 부활했다.

또 부역을 경감시키기 위해서 문제는 제후들을 각자의 봉국으로 귀향하게 해 병사들이 물자를 운송하는 고통을 덜게 했다. 흉노에 대한 정책도 화친하는 방향으로 유지하며 전쟁이 일어나는 것을 피해 여러 방면에서 나라의 안정을 도모했다.

한나라 문제가 후원後元 7년(기원전 157년) 6월에 죽고 유계劉啓가 즉위했는데, 그가 바로 한나라 경제이다. 경제는 문제의 정책을 지속하고 한편으로 더욱 개선했다. 경제는 제후들의 세력을 억제하는 '삭번削藩'을 시행해 오초칠국의 난을 평정하고, 제후들이 행사하던 관리 임명권과 면직권을 오직 한나라 조정에서만 행사할 수 있게 해 중앙 집권 체제를 굳건히 했다. 또 흉노에 대해서는 지속적으로 화친 정책을 채택했다. 한나라 경제 후원 3년(기원전 141년), 경제가 세상을 떠났다. 한 문제와 한 경제가 통치한 39년 동안에는 사회가 상대적으로 안정되고 경제가 번영해 백성이 넉넉한 생활을 할 수 있었다. 그래서 역사에서는 이 시기를 '문경의 치文景之治'라고 부른다.

누거[耬車, (모형)]

누거는 세계 최초의 파종기로, 중국 고대의 누거가 현대 파종기의 시조이다.

오초칠국의 난을 평정하다

기원전 154년

한나라 초, 고조 유방은 형제가 적고 아들들은 나이가 어린 데다 다른 성의 제후들은 믿지 못해 동성의 사람들을 대거 왕에 분봉했다. 몇 명의 황제를 거쳐 경제 때에 이르자 제, 초, 오 세 제후국이 점유하는 땅이 천하의 반을 넘었다. 이에 경제는 조조晁錯의 '삭번' 건의를 받아들여서 봉토를 줄여 제후들의 격렬한 반대를 불러일으켰다.

이광이 말을 타며 활을 쏘는 그림

한나라 경제 3년(기원전 154년) 정월, 오, 초 등 일곱 나라가 '조조를 베고, 황제 측근의 간신배를 제거하자.'는 명분으로 무장 반란을 일으켰다. 역사에서는 이를 가리켜 '오초칠국의 난'이라고 한다. 이때 경제는 참언을 듣고 실수로 조조를 죽였다. 그러나 곧 이를 후회하고 무력으로 반란을 평정하기로 결정을 내렸다. 경제의 출전 명령을 받은 태위太尉 주아부周亞夫는 수비 전술을 펼쳐 계속해서 승리를 거두었다.

시간이 흐르면서 오·초 연합군은 군사 대부분이 굶어 죽거나, 투항하거나 도망쳐 버려서 결국 후퇴할 수밖에 없었다. 3월에 오나라 왕 유비劉濞가 얼마 남지 않은 군사들을 이끌고 단도丹徒(지금의 장쑤 성 전장 시鎭江市)로 후퇴했으나 동월東越 사람들에게 살해되었다. 다른 왕들도 패전한 뒤 자살하거나 다른 사람의 손에 목숨을 잃었다. 이렇게 해서 석 달 동안 이어진 칠국의 난이 평정되고, 삭번 정책은 굳건히 자리를 잡았다. 그리고 그 결과 고조가 동성 일족에게 분봉하면서 생겨난 모순이 어느 정도 해결되었다. 또한 이후 한나라 무제가 제후들의 땅을 자식들에게 나눠 주게 하는 추은령推恩令을 시행해 제후국의 세력을 한층 더 약화시키는 데 필요한 조건을 마련했다.

이광이 지혜로 흉노를 물리치다

기원전 144년

한나라 고조가 백등에서 포위된 이후 한 왕조의 역대 황제들은 흉노에 화친 정책을 펼쳤다. 경제 시대까지 흉노는 늘 한 왕조의 북쪽 군현을 침범했지만 큰 위협을 가하지는 않았다. 그러다가 경제 중원 6년(기원전 144년)에 흉노의 기병이 상군相君(지금의 산시 성陝西省 위린 시榆林市 동남쪽)과 안문雁門(지금의 산시 성山西省 위안핑 시原平市 북쪽)을 침범해 한나라 황실 수렵장에서 말을 약탈하고 한나라 이졸 2,000여 명을 죽이는 사건이 일어났다.

당시 상군의 태수이던 이광李廣이 기병 100여 명을 이끌고 순시를 나갔다가 흉노 기병 수천 명을 만났다. 흉노군을 보고 부하들이 겁에 질려 달아나려 하자 이광이 저지하며 말했다. "우리는 지금 본진에서 수십 리나 떨어져 있다. 기병 100명이 도망친다면 흉노는 활을 쏘며 추격해 우리를 전멸시킬 것이다. 하지만 우리가 도망치지 않으면 흉노는 우리를 유인책으로 여겨 감히 공격하지 못할 것이다." 그리고 부하들에게 전진 명령을 내려 흉노의 진지에서 2리 정도 떨어진 곳까지 다가간 후 말안장을 풀고 있는 여유로운 모습을 보이게 했다.

해질 무렵 백마를 탄 흉노 장수가 자기 병사들을 순시할 때, 이광이 기병 단 10여 명을 이끌고 가서 그를 죽였다. 그러고는 돌아와서 다시 안장을 풀고 누워 휴식을 취했다. 곧 날이 어두워졌으나 흉노는 한나라 군대가 근처에 매복해 있을지도 모른다는 생각에 감히 반격에 나서지 못했다. 그렇게 한밤중이 되자 흉노는 한나라 대군이 습격해 올지 모른다는 두려움에 북쪽으로 철수해 버렸다. 그리고 이광은 날이 밝자 군대를 이끌고 무사히 본진으로 돌아왔다.

한나라 무제가 즉위하다

기원전 141년

한나라 경제 후원 3년(기원전 141년) 정월, 경제가 죽고 황태자 유철劉徹이 즉위했다. 그가 바로 무제, 즉 효무孝武 황제이다.

한 무제의 통치 시기는 중국 역사상 일대 전환기였다. 그는 54년에 이르는 재위 기간에 한족漢族을 주체로 하는 통일 다민족 봉건 국가를 굳건히 하고 발전시키는 데 중요한 공헌을 했다. 정치적으로는 한나라 경제의 정책을 이어 제후들에 대한 통제를 강화했다. 추은령을 시행해 봉국의 세력을 와해시키고, 좌관률左官律을 제정해 제후국에 파견된 관리가 왕으로 봉해진 제후와 군신 관계를 맺는 것을 금지했으며, 부익법附益法을 공포해 제후들이 세금 항목을 새로 만들거나 마음대로 세금을 더 많이 거두어들이는 것을 금지했다.

또 무제는 각종 구실을 내세워 제후들의 작위를 빼앗는 것으로 한나라 초기 이래 제후들의 힘이 강대해지면서 제어하기가 어렵던 국면을 해결했다. 이뿐만 아니라 자사刺史 제도를 만들어 지방 관료와 토착 세력을 감찰하고 통제했다. 중앙 집권을 강화하고 황제의 통치 권력을 굳건히 하기 위해 승상의 권력을 약화시키는 조치를 취하고, 혹리酷吏(한나라 무제 때 모든 일을 법령에 근거하여 혹독하고 무자비하게 시행한 관료)를 양성해 형법을 엄격하게 하며, 관리 선발 제도인 찰거제를 수립하고, 국립 대학인 태학太學을 세웠다. 경제적으로는 철, 소금, 화폐의 생산과 판매를 국가에서 독점했고, 균수관均輸官과 평준관平準官을 두어 운수運輸와 무역도 국가에서 독점하여 물가의 안정을 꾀했다.

또한 산민고민算緡告緡(상인의 영업 자산에 대한 특별 과세로 상인에게는 자산 2,000전에 대해 1산算, 즉 120전, 수공업자에게는 4,000전에 대해 120전을 부과했다. 일반 백성의 소차軺車(말 한 필이 끄는 마차)에 대해서는 1산, 상인의 소차에는 2산, 길이가 5장 이상인 배에는 1산을 부과했다. 이 조세 제도는 신고제로, 허위 신고자에 대해서는 재산을 몰수했다. 그리고 몰수된 재산의 절반을 고발자에게 주어 고발 제도를 장려했다. 그런 고발을 고민告緡이라고 일컬었다.)령을 시행해 거부 상

옥곰

1975년에 셴양 시 저우링 향 신좡 마을에서 출토된 높이 4.8cm, 길이 8cm의 옥 조각품이다. 위아래 입술을 꽉 다물고 두 귀를 머리 뒤로 붙인 채 둥글고 생기 있는 눈으로 앞을 바라보며 네 다리를 엇갈리면서 천천히 걷는 모습을 표현했다. 뺨 가장자리와 다리 측면으로 털을 몇 가닥 새겼는데 마치 털이 온몸을 덮고 있는 듯한 느낌이 들게 한다. 이 옥곰은 또한 몸체와 머리 부분의 특징이 두드러지게 표현되었다. 작가는 간단하고 숙련된 기술로 비만하게 움직이는 몸체와 비대하면서도 귀여운 모습을 잘 표현해 냈다. 이것은 실로 보기 드문 옥 조각품이다.

인들에게 타격을 입혔다.

한편, 황하를 관리하고 관개수로를 건설하는 등 수리 시설 건설에 힘썼다. 그리고 대전법代田法(정복한 북방 지역에 백성의 이주를 장려하기 위해 이주한 백성에게 땅을 나누어 주는 제도)을 실행하고 농기구를 개선해 농업 생산의 발전을 촉진했다. 사상적으로는 "백가를 모두 내치고 유가만을 받들어야 한다."라는 동중서董仲舒의 건의를 받아들여 중앙 집권을 강화하고, 대일통의 유가 사상을 봉건 통치 사상으로 삼았다. 민족 관계에서는 여러 차례 군대를 파병해서 흉노에 반격해 북쪽 변경 지역에 흉노가 미치던 위협을 해결했다. 또 두 차례에 걸쳐 장건을 서역으로 보내 서역 지역과의 경제, 문화 교류를 실현하고 발전시켰다.

그 밖에 야랑夜郎과 공작邛笮 등의 땅에도 보내 위로하게 함으로써 서남 지역의 국가들을 파악하고 그들에 대한 통제와 개발을 강화했다. 아울러 남월南越 지역을 통일하여 남해南海, 창오蒼梧 등 아홉 개 군郡을 세웠다. 무제의 통치 시기에 서한은 아시아에서 가장 부강하고 번영한 다민족 국가였고, 아울러 이 시기는 중국 봉건 왕조 역사상 가장 강성한 시대였다.

사슬이 있는 쌍록 무늬 동패

동패는 15.5cm 길이의 사슬이 달렸고 두 마리 사슴이 교배하는 모습은 흉노족의 생육 숭배를 드러낸다. 생육 숭배는 초기 사회의 보편적인 현상으로, 인구의 번성과 자손의 번영을 기원하는 목적에서 비롯되었다.

장건, 서역을 개척하다

기원전 139년~기원전 115년

건원 2년(기원전 139년), 장건이 무제 유철의 명령으로 월지인들을 둔황敦煌과 기련祁連 사이의 동쪽으로 이주시키고 또 한나라와 연합하여 흉노의 침략을 막아 내도록 설득하기 위해 대월지大月氏로 향했다.

장건은 한나라 성고成固(지금의 산시 성陝西省 청구 현成固縣) 사람이다. 당시 서역은 중원 사람들이 알지 못하는 미지의 세계였지만 장건은 의연하게 황제의 명령을 받들었다. 장건이 외교 사절로서 중앙아시아 지역으로 향한 직접적인 목적은 흉노족에게 쫓겨 서쪽으로 옮겨 간 대월지를 찾기 위함이었다. 도중에 남산 북쪽 기슭을 지날 때, 그는 불행히도 흉노의 포로가 되었다. 그리고 그로부터 무려 10년 동안 흉노에 억류되어 지내면서 강요에 못 이겨 흉노 여인과 결혼하고 아들을 낳았다.

그러나 그는 자신의 임무를 포기하지 않고 끝내 흉노에서 도망쳐 나와 대완大宛, 강거康居를 거쳐서 결국에는 대월지에 도달했다. 그런데 대월지는 이미 토지가 비옥하고 물산이 풍부한 지역에 새로운 왕국을 건설하여 사람들이 안정된 생활을 추구하고 흉노에 대한 복수심 따위는 이미 거의 잊은 상태였다. 이에 장건은 어쩔 수 없이 자신의 임무를 완수하지 못한 채 귀국했다.

장건의 이번 서역행은 비록 대월지가 한나라와 함께 군대를 일으켜 흉노

둔황 벽화 〈장건이 서역 출사를 위해 한나라 무제에게 이별을 고하는 그림〉

한나라 무제가 군신을 이끌고 장안 교외 지역까지 나가서 서역으로 향하는 장건을 배웅하는 모습이다. 홀(笏. 벼슬아치가 임금을 만날 때에 손에 쥐던 물건)을 들고 땅에 무릎을 꿇고서 이별을 고하는 사람이 장건이다.

에 대항하도록 하는 목적을 달성하지는 못했지만, 그가 대완, 대월지, 대하大夏, 강거 등의 나라에 도달해 그 나라들의 주위에 또 다른 나라들이 있다는 것을 알게 되었다. 그리고 아울러 서역 각국의 지리적 특징과 생산물의 정황, 풍토, 민심을 이해하게 되었다.

몇 년 후, 한나라는 흉노를 고비 사막 북쪽으로 쫓아내고 하서 회랑回廊 지역(흔히 둔황을 가리키는 말로 쓰인다. 황허 강을 중심으로 볼 때 간쑤 성은 서쪽에 자리하며, 서북쪽으로 길게 비스듬히 있는 모양이 마치 기나긴 복도 같다고 하여 '하서 회랑'이라 이름 붙여졌다.)을 장악했다. 이렇게 해서 중국에서 서역으로 통하는 길이 뚫렸다. 한나라 무제는 다시 장건을 서역으로 보냈다. 이번에는 그를 중랑장中郎將에 임명하고 300명을 함께 보냈다. 그리고 한 사람당 말 두 필을 준비해서 소와 양 1만 두頭와 수천만 금에 달하는 금은보화를 가지고 오손국烏孫國[지금의 신장웨이우얼 자치구 일리Ili(중국어로는 이리허伊犁河) 강과 이식쿨Issyk-Kul(중국어로는 이싸이커伊塞克) 호수 일대]으로 가게 했다.

장건 일행은 목적지에 도착한 후, 오손 왕에게 한나라에 귀속하고 동쪽으로 이주할 것을 건의했다. 한나라는 본래 흉노의 혼야왕渾邪王이 지배하던 지역을 오손 왕에게 주고 또 그에게 공주를 시집보내서 사돈 관계를 맺음으로써 두 나라가 공동으로 흉노에 대항하고자 했다. 그러나 오손 왕은 당시 한나라의 세력을 몰랐기 때문에 동쪽으로 옮겨 가려 하지 않았다. 오손이 뜻대로 움직이지 않자, 장건은 수하에게 한나라의 절장을 들고 대완, 강거, 월지, 대하 등의 중앙아시아 국가들을 찾아가서 황제의 선물을 전달하며 우호 관계를 바라는 뜻을 나타내도록 했다.

원정元鼎 2년(기원전 115년)에 장건이 한나라로 돌아올 때, 오손 왕이 사자 수십 명을 함께 한나라의 장안으로 보내 감사의 뜻을 표했다. 이로써 한나라 왕실과 오손국의 우호적인 통상 관계가 시작되었다. 얼마 지나지 않아 장건이 파견한 부사副使도 돌아와 중앙아시아 각국과 한나라 왕실 간에 왕래가 시작되었다. 바로 이때부터 한나라와 서역의 교통이 시작되었다.

중앙 군대의 개혁

기원전 139년

건원 2년(기원전 139년)부터 수십 년에 걸쳐 한나라 무제는 중앙 군대를 개혁했다. 한 왕조 시기에는 군대가 크게 중앙군과 각 군현의 지방군, 그리고 변방군으로 구성되었다. 그중에 중앙군은 도읍에 주둔하는 군대와 전략적 요지에 주둔하는 군대를 포함했으며, 조정에서 실제로 관리한 것은 도읍에 주둔하는 군대였다. 도읍에 주둔한 군대는 서한 중기 이전에 임무에 따라 세 부분으로 나뉘었다. 낭중령郎中令이 이끄는 황제 시위侍衛부대와 위위衛尉가 지휘하는 황궁위대皇宮衛隊, 즉 남군南軍과 중위中尉가 이끄는 도읍 위수衛戍부대, 즉 북군北軍이다. 남군과 북군은 훈련이 잘되어 도읍의 치안을 강화했고, 서로 소속이 달라서 부대 간에 연합하여 반란을 일으키는 일을 피할 수 있었다.

남북군 제도는 진秦, 한漢 시기 군대 제도의 큰 특징이다. 한나라 무제는 도읍 지역의 정국을 안정시키기 위해 남북군 제도의 기초 위에 다시 도읍의 여러 군대를 재편했다. 먼저 남군의 편제를 축소하고 근위부대를 확대했다. 아울러 기문군期門軍과 건장영기建章營騎(나중에는 우림기羽林騎라 칭함.)를 설치하고, 전쟁에서 사망한 군사의 자손을 우림기羽林騎에서 받아들여 엄격한 훈련으로 무예를 전수하고 우림고아羽林孤兒라 불렀다. 기문과 우림의 두 부대의 부대원들은 모두 엄격한 선발 과정을 거친 무예가 출중한 직업 군인으로, 이로써 근위부대의 군사력이 한층 더 강력해졌다. 다음으로는 도읍의 수비 병력을 조절해 중위의 과중한 권력을 약화시켰다. 또 중위의 권한

스자이 산(石寨山) 유적에서 발굴된 청동고(鼓)

중 도읍 근교의 세 지역을 아우르는 삼보三輔 지역의 지방군 관할권을 없앴다. 그런 한편 북군을 감시하는 감북군사자監北軍使者를 보내 북군이 징발할 수 있는 조발권調發權을 통제했다. 마지막으로 일곱 개의 교위군校尉軍을 설치해 도읍의 주둔 병력을 강화했다. 개혁 후 중앙군은 서로 다른 곳에서 병력을 충원했기 때문에 두 부대가 서로 견제하는 양상이 빚어졌고, 이로써 황제의 통치를 위협하는 일을 막을 수 있었다. 또 그들은 함께 지방을 견제할 중앙군을 구성함으로써 중앙 집권 통치를 한층 더 강화했다.

한나라 무제, 오로지 유가 학술만을 받들다

기원전 136년

건원 5년(기원전 136년), 한나라 무제 유철이 동중서의 건의를 받아들여 유가 학술만을 받들었다. 동중서는 유가 철학을 봉건 제도 최고의 정치 원리로 변화시켜 문화와 사상을 가늠하는 유일한 척도가 되게 했고, 한나라 무제는 이를 받아들였다. 이로부터 유가 학술이 사학의 서재에서 태학으로 나아갔다. 무제는 태학에 오경박사五經博士를 설치해 가법家法(사제 간에 전해 내려오는 학술 이론과 연구 방법)으로 가르치게 했다.

이와 함께 유학은 일반적인 학설에서 '경經'으로 높아졌다. 그래서 유학의 경전인 《시경》, 《서경書經》, 《역경易經》, 《예경禮經》, 《춘추》를 '오경五經'이라 한다. 이후 역대 통치자들은 모두 '오경'을 교육의 중심으로 삼고, 인재를 선택할 때 그 내용으로 자질을 시험했다. 원삭元朔 5년(기원전 124년), 승상 공손홍公孫弘이 재차 주청하여 오경박사와 박사제자원博士第子員이 설치되었다. 이때부터 한나라에서는 태학에서 선비들을 교육하고 관리로 삼는 새로운 제도를 시행했다. 유가의 경서가 출세의 길과 결합하면서 이후로 관리가 되기 위해 유가 학설을 공부하는 현상을 막을 수 없게 되었다.

유가 학설은 조정에 받아들여진 이후 널리 전파되었고, 양한兩漢(서한과 동한을 통틀어 이르는 말) 시대 400여 년에 이르는 세월 동안 동중서, 공손홍, 공안국孔安國, 유향劉向, 유흠劉歆, 허신許愼, 정현鄭玄 등 경학經學(경서를 연구하는 학문)의 대가가 잇따라 배출되었다. 그러나 동시에 생동감 넘치고 실천적인 학문이던 유학이 점점 장황하고 융통성 없는 경학으로 바뀌었고, 일부 학자들은 벼슬길을 위한 독창성 없는 문장만을 쓰게 되었다.

혼야왕이 한나라에 항복하다

기원전 121년

원수 2년(기원전 121년), 표기장군驃騎將軍 곽거병霍去病이 황제의 명령을 받들어 흉노로부터 하서 지역을 빼앗기 위해 기병 1만 명을 이끌고 흉노와 전쟁을 벌였다. 전쟁에서 그는 신출귀몰하게 군대를 지휘하며 천여 리를 달렸고 눈부신 성과를 올렸다. 그는 흉노의 소왕小王 2명을 죽이고 흉노 병사 8,900여 명을 목을 베거나 포로로 잡았으며, 휴도왕休屠王을 죽이고 흉노가 하늘에 제사를 지낼 때 쓰는 '제천금인祭天金人(금으로 사람을 만들어 하늘에 제사지낼 때 사용했다. 후대인들은 불상이라고 해석하기도 한다.)'을 손에 넣었다.

주작이 옥환[玉環, 동한 시대에 양보(楊寶)가 부상당한 꾀꼬리 한 마리를 구해 주었더니 꿈에 노란색 옷을 입은 소년이 옥가락지 네 개를 물고 와서 보답했다는 전설에서 유래함.]을 물어 오는 모습의 잔

같은 해 여름, 그는 다시 흉노의 안쪽 땅으로 2천여 리나 들어가 흉노인 3만여 명을 죽이거나 포로로 잡았고, 소왕 70여 명을 포로로 잡았다. 이로부터 한 왕조가 하서 회랑 일대를 통제하기 시작했고, 흉노와 강족의 관계를 끊었다. 흉노의 왕 선우가 이 사실을 듣고는 크게 노해 혼야왕을 참수하여 그 죄를 묻고자 했다. 이에 혼야왕은 한 왕조에 투항할 것을 결심했고, 그해에 곽거병이 혼야왕을 호위하여 장안으로 들어와 무제를 알현하게 했다. 그때 곽거병은 한나라에 투항한 흉노군 수만 명을 이끌고 함께 황하를 건너 장안으로 개선했다. 혼야왕이 한나라에 투항한 후, 무제는 그에게 봉읍 1만 호와 탑음후漯陰侯의 직위를 주었고, 한

나라에 투항한 흉노인들을 각각 농서隴西(지금의 간쑤 성 린타오 현臨洮縣)와 북지北地(지금의 간쑤 성 칭양慶陽 서북쪽), 상군, 삭방朔方(지금의 네이멍구 자치구 어얼둬쓰 시鄂尔多斯市 서북쪽), 운중雲中(지금의 네이멍구 자치구 퉈커퉈 현托克托縣)의 다섯 군에서 살게 하고 이를 오속국五屬國이라 부르며 그들의 풍속을 유지하도록 했다.

상려도(商旅圖)

이 벽화는 둔황 막고굴 제296호 굴에서 발견된 벽화로 상인의 행렬이 건조한 실크로드에서 오아시스가 있는 역참에 도착한 모습을 역동적으로 표현하여 실크로드를 통한 동서 교류의 모습을 그려내고 있다.

맥을 잡아 주는 중국사 중요 키워드

실크로드

기원전 138년과 기원전 119년, 한나라 무제가 두 차례에 걸쳐 장건을 서역에 보낸 결과 중국과 유라시아 각국 간에 육지로 통하는 길이 열렸다. 당시 장안에서 감숙, 양주凉州, 무위武威를 거쳐 대외 무역을 위한 서쪽 도시 돈황에 도달했고, 돈황에서 출발해 유라시아 각국으로 통하는 상로商路에는 두 갈래의 길이 있었다. 한 갈래는 곤륜산昆崙山 북쪽 기슭을 따라 지금의 신장웨이우얼 자치구 안의 총령蔥嶺(지금의 파미르 고원) 남부를 넘어 대월지(지금의 아프가니스탄 내), 안식安息(지금의 이란) 등 여러 나라를 거쳐서 지중해에 도달하거나 남쪽으로 신독身毒(지금의 인도)에 이르렀다.

이 길은 남쪽 길, 즉 남도南道이다. 또 다른 갈래는 천산天山 남쪽 기슭을 따라 서쪽으로 향해 지금의 신장웨이우얼 자치구 내부 총령 북부를 넘고 대완(지금의 페르가나 분지), 강거(지금의 사마르칸트 부근), 엄채奄蔡(카스피 해 부근)의 여러 나라를 거쳐서 다시 서쪽으로 가 대진大秦(로마 제국)에 도달하는 길이었다. 이는 북쪽 길, 즉 북도北道이다. 북도와 남도는 모두 고산, 사막과 고원 사이로 구불구불하게 뻗어 있었다. 사절이나 불법을 구하는 고승, 그리고 낙타를 끌고 다니는 대상隊商의 대열이 그 길을 왕래했고, 주요 상품은 견직물이고 보석과 향료, 약재와 유리제품 등도 있었다. 아시아를 꿰뚫는 중국과 서역 간의 이 육상 운송로는 주로 중국의 견직물을 운송함으로써 세계적으로 유명해졌다. 그래서 이후 중국과 외국 역사학자들에 의해 이 길은 비단길 또는 실크로드라 이름 붙여졌다.

한나라 악부의 설치

기원전 120년

곽거병 무덤 앞에 있는 말이 흉노를 밟고 있는 모습의 조각품

원수 3년(기원전 120년), 한나라 무제가 악부樂府를 설치하고 환관 이연년李延年을 협률도위協律都尉로 삼았다. 그리고 사마상여司馬相如 등에게 부賦를 짓게 하고, 악보 제작을 관장하고, 악공樂工을 훈련시키며, 민가民歌를 모아 기록하게 했다. 악부는 진秦나라 때 처음 생겨나 제사와 각종 의식의 음악을 주관한 '태악太樂'과 공존했다. 한나라 무제 때에는 교사郊祀(천자가 수도 100리 밖에서 행하던 제천의식)의 의례를 제정하기 위해 그 일환으로 악부 기

관을 대규모로 확장하고 교묘郊廟(천지에 대한 제사인 교郊, 즉 교사郊祀 혹은 교제郊祭와 선조에 대한 제사인 묘제廟祭를 말함.)에 관련된 예악禮樂을 대대적으로 개혁해 악부의 성질이 크게 변화했다.

한나라 무제가 악부를 세운 목적은 전통적인 교묘 예악을 개혁해 새로운 소리로 아악雅樂을 개편하고, 새로운 창작 시가로 과거의 고사古辭를 대체하려는 것이었다. 따라서 각지의 민가를 모아 새로운 소리와 곡조를 만들어 내고, 새롭게 쓰인 송시頌詩로 가사歌辭를 짓고, 악공과 여악女樂을 훈련

맥을 잡아 주는 중국사 중요 키워드

"흉노를 아직 멸하지 못했는데 어찌 집을 받을 수 있겠습니까?"

곽거병은 평양平陽(지금의 산시 성山西省 린펀 시 서남쪽) 사람이다. 그는 무제의 황후 위衛씨의 언니 위소아衛少兒와 곽중유霍仲孺가 사통해 낳은 아들이며, 그의 외삼촌 위청衛青은 흉노를 물리친 명장으로 한 왕조의 대장군이다. 서한 초기에 북쪽의 흉노가 여러 차례 변란을 일으켰는데, 한나라는 무제 때에 이르러 국력이 강성해진 뒤에야 흉노의 침략에 반격을 시작했다.

원수 3년(기원전 123년), 당시 겨우 열여덟 살이던 곽거병이 교위校尉의 신분으로 위청을 따라서 흉노의 땅으로 출정했다. 그는 기병 800명을 이끌고 멀리까지 진격해서 흉노의 본거지를 습격해 무려 2,000여 명에 달하는 흉노인을 목을 베거나 포로로 잡았다. 한나라 군대가 개선한 후, 무제는 전군全軍에서 으뜸의 공적을 세운 그를 관군후冠軍侯에 봉했다. 원수元狩 2년(기원전 121년)과 원수 4년(기원전 119년)에 벌어진 흉노군과의 전투에서 곽거병은 걸출한 군사 재능을 드러내며 총 10만여 명에 달하는 흉노인을 목을 베거나 포로로 잡았다.

한나라 무제는 이 명장을 무척이나 총애해서 그를 위해 관저를 지어 하사했다. 그러나 곽거병은 "흉노를 아직 멸하지 못했는데, 어찌 집을 받을 수 있겠습니까?"라며 거절했다. 끓어오르는 애국심으로 가득한 그의 이 명언은 지금까지 전해지며 후대 사람들에게 힘을 북돋워 준다.

원수 6년(기원전 117년), 곽거병은 겨우 스물네 살의 나이에 갑자기 세상을 떠났다. 무제는 이를 무척이나 애통해하며 훗날 자신의 능묘가 될 무릉茂陵 옆에 곽거병이 대승을 거둔 기련산祁連山의 형상을 딴 그의 무덤을 만들어 주어 흉노를 토벌한 눈부신 공적을 기렸다.

해 새로운 작품을 연주하게 하는 것이 악부의 임무였다. 악부는 무제의 재위 기간을 거치면서 크게 확장되고 발전했으며, 한 시대를 풍미한 후 점차 쇠퇴했다. 기원전 70년에 재정 문제와 관념적인 문제로 악부의 편제가 삭감되었고, 기원전 7년에는 결국 한나라 애제哀帝가 악부 폐지령을 내렸다.

음악을 관장하는 관청으로서의 악부는 사라졌지만, 악부가 전문적으로 민가와 속곡俗曲(세상에 유행하는 노래의 곡조)을 수집하고 정리하는 일을 했기 때문에 후대 사람들은 선율을 더한 민가와 속곡 및 가사에 '악부'라는 별칭을 붙였다. 육조六朝 시대(삼국 시대의 오나라 이후 당나라 이전, 곧 위진 남북조 시대와 수나라까지를 이른다.)에는 악부에서 부른 '시가'도 모두 '악부'라 부르고, '고시古詩'에 반대되는 의미로 '악부'라는 명칭을 사용했다. 송나라와 원나라 이후에는 사詞와 곡曲의 다른 이름으로 '악부'가 사용되었다. 이렇게 해서 '악부'는 문학의 한 장르로 전해지게 되었다.

고비 사막 이북 지역의 전투

기원전 119년

원수 4년(기원전 119년)에 한나라 무제가 대장군 위청과 곽거병 등에게 원정군을 이끌고 흉노를 정벌하라는 명령을 내렸다. 이에 위청과 곽거병은 각각 기병 5만 명, 군대에 필요한 양식과 물자를 실은 말 4만 마리, 그리고 수십만 명에 달하는 보병과 군수품 운반병을 이끌고 각각 정양定襄(지금의 네이멍구 자치구 허린거얼 현和林格爾縣), 대군代郡(지금의 허베이 성 웨이 현蔚縣)으로 출발해 고비 사막 이북 지역을 넘어서 흉노를 추격했다. 위청은 군대를 이끌고 1,000여 리를 넘게 진격해 무강거武剛車를 원형으로 빙 둘러 진영을 세우고, 기병 5,000명을 내보내 흉노 선우의 군대와 싸우게 했다. 그러자 선우도 기병 1만 명을 내보냈다.

이 싸움에서 위청은 1만 9,000여 명에 달하는 흉노군을 참수하거나 사

고비 사막 이북 지역의 전투를 그린 그림

로잡아 큰 승리를 거두고 진영으로 돌아왔다. 곽거병도 흉노 좌현왕左賢王의 군대와 대결하고 2,000여 리나 추격해서 흉노를 낭거서산狼居胥山(지금의 몽골 헨티 산맥Khentii MountainsKhentii Mountains) 밖으로 쫓아냈다. 곽거병은 전쟁 중에 뛰어난 지략을 발휘해 흉노의 왕 세 명, 장군과 상국 등 고위 관리 83명을 붙잡았다. 흉노군에는 사상자가 7만 443명이나 발생했다. 이 싸움으로 흉노는 기세가 크게 꺾여 이후 오랫동안 고비 사막 이북 지역에서 유목하며 남쪽으로 내려올 엄두를 내지 못했다. 무제가 흉노에 승리를 거둠으로써 타림 분지 및 중앙아시아에 이르는 상로가 열렸고, 흉노가 통제하던 하서 회랑은 한 왕조가 관할하게 되었다. 이로부터 중원에서 중앙아시아로 가는 실크로드에 서한의 외교 사절과 상인이 끊이지 않았고, 실크로드는 차츰 중국과 서역 간의 교류의 다리가 되었다.

균수법과 평준법의 제기

기원전 115년

원정元鼎 4년(기원전 115년), 상홍양桑弘羊은 대농승大農丞으로 일할 때 균수법의 시행을 제기했다. 그리고 천한天漢 원년(기원전 110년)에 치속도위治粟都尉가 되어 대농령大農令 업무를 대행할 때까지 이를 힘써 시행했다. 균수란 각 군국郡國(천자에게 직속되는 군과 제후에게 분봉한 국國. 한나라에서는 지방관을 파견하여 통치하는 군과 제후에게 통치를 위임한 국으로 나누어 통치했다.) 이 특산품을 공물로 직접 도읍으로 운송하는 일 외에도, 토산품을 현지 시장 가격에 따라 일반 공물과 일정 수량 바꾸어 중앙 정부가 각 군국에 설치한 균수관에 넘기고, 그 상품의 가격이 높은 다른 지역으로 운송해서 판매를 책임지는 것을 말한다. 이렇게 하면 농민이 실물 운송에서 부담해야 하는 부역을 한층 가볍게 하고, 운송 중에 발생할 수 있는 공물의 파손 또는 변질을 피할 수 있다. 또 지역 간 운송 무역에 종사하는 거부들이 폭리를 취하지 못하게 해 국가 재정 수입을 증가시킬 수 있다.

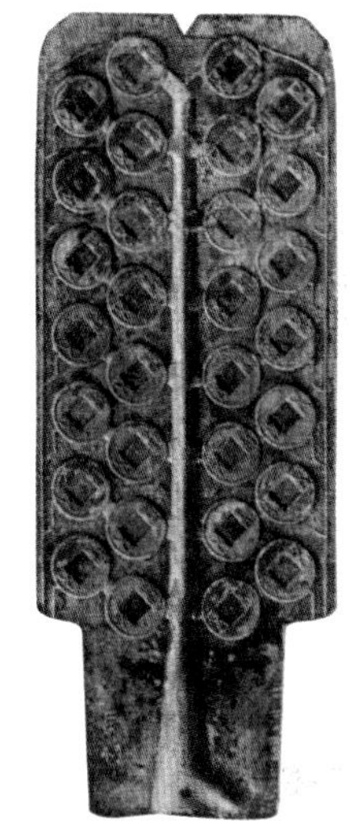

한나라의 오수전(五銖錢)과 청동 거푸집

서한 시대의 화폐는 진 왕조의 화폐 제도를 계승해 황금을 상폐로 하고, 단위는 근으로 계산한다. 동전은 하폐로 민간에서의 거래에 주로 사용되었다. 한나라 무제 때는 오수전을 주조해 전국적으로 유통하면서 옛 화폐의 사용을 금지했다. 오수전은 크기나 무게가 적당해 중국 화폐 발전사에서 비교적 성공적인 주조 화폐로 인정받으며 수나라 말기까지 무려 700여 년 동안이나 지속적으로 사용되었다.

평준平准은 국가가 자금력을 이용해 물건이 비싸면 팔고 싸면 사들여서 물가가 비교적 안정적인 수준을 유지하도록 하는 것이다. 이렇게 하면 물자의 공급을 보증할 수 있고, 거상이 시장을 조종해서 폭리를 얻는 일을 막을 수 있으며, 또한 국가가 일정 수입을 얻게 할 수 있다. 상홍양이 시행한 균수법과 평준법은 관영 상업의 통일 체계를 구성하여 염철鹽鐵(소금과 철) 회의[무제 사후에 담당 관리와 군국, 즉 군 태수와 제후가 천거한 현량賢良(이미 명성을 얻은 유생)과 문학文學(경학에 밝은 사람)에게 황제가 백성의 아픔과 고생을 묻고 소금과 철, 술 등의 전매 제도에 대해 의논한 회의]에서 현량·문학파의 비난을 받았다.

그러나 이 두 가지 제도는 후대 봉건 국가의 경제 활동 관리에 많은 영향을 미쳤다. 신新 왕조 시대 왕망王莽의 시평법市平法, 당나라 시대 유안劉晏의 장평법掌平法 및 북송 시대 왕안석王安石의 균수법과 시역법市易法은 모두 상홍양의 균수법과 평준법을 본보기로 제정되고 실행된 것이다. 송 왕조 이후에는 상품 화폐가 한층 더 발전하면서 균수법이 점차 사라지고 관영 평준 기구도 없어졌다.

남월의 멸망

기원전 111년

원정 6년(기원전 111년) 봄, 한나라 군대가 남월의 왕 건덕建德과 재상 여가呂嘉를 사로잡음으로써 남월은 멸망했다. 한나라는 남월 땅에 남해南海, 창오蒼梧, 울림鬱林 등 아홉 개의 군을 설치했다. 남월에는 진秦나라 시대에 이미 군이 설치된 바 있다. 진나라 말기에 군웅이 할거한 후 남해의 위尉인 임효任囂는 자신의 병이 위급해지자 용천령龍川令 조타趙佗를 불러 그에게 남해 위의 권력을 넘겨주었다. 조타는 진나라 말에 일어난 전쟁과 초·한 전쟁을 틈타 남해와 계림桂林 등의 군사들을 손에 넣고 스스로 남월의 왕이 되었다.

일곱 마리 소가 장식된 청동 저패기(貯貝器, 고대 중국에서 조개를 저장했던 청동제 용기)

고조 11년(기원전 196년) 5월, 고조가 남월에 육가를 사절로 파견해서 조타를 남월의 왕으로 임명하고, 그를 한나라의 신하로 삼아 백월百越을 통솔하게 했다. 그러다 여 태후가 정권을 찬탈한 후 고후 5년(기원전 183년)에 조타는 스스로 남월 무제武帝라 칭하고, 장사長沙로 군대를 보내 부근의 여러 현을 공격하여 차지했다.

문제 원년(기원전 179년) 8월, 문제는 다시 태중대부太中大夫 육가를 남월에 사절로 보내 조타가 제멋대로 황제를 칭한 것을 꾸짖게 했다. 조타는 황제를 칭하지 않고 한나라의 신하

로서 공물을 바치겠다고 했다. 이에 한나라는 계속해서 조타를 남월의 왕으로 칭하고 남월 땅을 계속해서 다스리게 했다.

건원 4년(기원전 137년), 남월 왕 조타가 죽고 그의 손자 조호趙胡가 즉위했다. 건원 6년(기원전 135년) 8월, 민월閩越의 왕 영郢이 군사를 일으켜 남월을 공격하자 남월 왕이 한나라 무제에게 사신을 보내 글을 올렸다. 무제는 대신 왕회王恢, 한안국韓安國 등에게 군대를 이끌고 가서 민월을 치게 했다. 그러나 한나라 군대가 국경을 넘기도 전에 민월 왕의 아우 여선餘善이 민월 왕 영을 죽이고 투항했다.

원정 4년(기원전 113년), 한나라는 사절을 보내 남월 왕에게 한나라에 복속하겠다고 통보하고 다른 제후들과 동등한 대우를 하며 한나라의 법을 따르도록 했다. 이에 민월 백성은 불만을 품었다. 한편, 남월의 여가는 군사를 거느리고 왕궁을 공격해 한나라 사신과 남월 왕 조흥趙興 및 왕태후를 죽인 후, 건덕建德을 왕으로 세웠다. 이에 한나라는 즉시 복파장군伏波將軍 노박덕路博德, 누선장군樓船將軍 양복楊僕 등에게 죄수들과 수군 및 야랑夜郎의 군사 10여만 명을 이끌고 가 다섯 갈래에서 남월을 공격하게 했다.

원정 6년(기원전 111년) 봄, 한나라 군대가 번우성番禺城(지금의 광저우 시廣州市)을 불태우고 남월 왕 건덕과 재상 여가를 사로잡아 남월은 결국 멸망했다.

청나라 판본의 《사기》

사마천의 《사기》

기원전 104년

서한 무제 태초太初 원년(기원전 104년)에 사마천司馬遷이 참여해 제정한 《태초력太初歷》이 시행되었다. 사마천은 이것을 역사의 신기원新紀元으로 여기며 《사기史記》를 편찬하기 시작했다. 10여 년 동안의 고생과 노력 끝에 중국 최초의 기전체紀傳體 통사인 《사기》가 드디어 완성되었고, 이는 중국 사학의 기원이 되었다. 《사기》는 중국 기전체 통사를 개척한 작품으로 원래는 《태사공서太史公書》라고 불리다가 동한東漢 이후에 비로소 지금의 이름으로 불리기 시작했다. 그 밖에 《태사공기太史公記》, 《태사기太史記》로도 불렸다. 《사기》는 본기本紀 12편, 표表 10편, 서書 8편, 세가世家 30편, 열전列傳 70편 등 총 130편, 52만 6,500자로 되어 있으며, 중국 전설상의 황제黃帝 때부터 한나라 무제에 이르는 약 3000년의 역사가 기록되어 있다.

《사기》는 정치, 군사, 경제, 문화, 민족 등 여러 방면의 역사를 담고 있으

중산왕 유승의 금루옥의

맥을 잡아 주는 중국사 중요 키워드

금루옥의

한나라 중산국의 왕 유승劉勝과 그의 처 두관竇綰은 지금의 허베이 성 만청 현滿城縣의 링산 산陵山에 안장되었다. 두관이 유승보다 나중에 죽었고 부부는 같은 묘에 따로 묻혔다. 묘 안에는 유승과 함께 매장된 수많은 진귀한 보물이 완벽하게 보존되어 있었고 그중에 진귀한 작품이 매우 많았다. 그래서 이 능묘의 발굴은 고고학상의 기적이라고 불린다.

유승은 한나라 경제 유계의 아들이자 한나라 무제 유철의 이복형이다. 경제 전원前元 3년(기원전 154년)에 중산왕으로 봉해져 42년 동안 재위하고, 무제 원정 4년(기원전 113년)에 사망했다. 시호는 정왕靖王이다. 출토된 문물 가운데에는 유승과 두관의 입관복인 '금루옥의金縷玉衣'가 가장 유명하다.

이것은 중국에서 최초로 발견되고 가장 온전하게 보존된 금루옥의이자 연대를 정확히 고증할 수 있는 최초의 옥의이다. 인체와 똑같이 머리, 상의, 바지통, 장갑과 신발의 다섯 부분으로 나뉘며 옥 조각을 모두 금실로 꿰매어 연결했다. 유승의 옥의는 옥 조각 2,498쪽과 금실 1,100g을 사용했고, 두관의 옥의는 옥 조각 2,160쪽과 금실 700g을 사용했다. 제작할 때, 먼저 원석의 옥을 잘라 각종 규격대로 얇게 갈고 네 모서리에 구멍을 냈다. 측정에 따르면 옥 조각에는 겨우 0.3mm의 톱 틈새가 있을 뿐이며 구멍의 지름은 겨우 1mm 정도에 불과하다. 그 수공예의 복잡함과 정밀함의 뛰어난 수준은 실로 놀라울 따름이다.

맥을 잡아 주는 중국사 중요 키워드

백희의 유행

서한 중엽 이후에는 진秦 왕조 때부터 유행하기 시작한 백희百戲라는 공연 예술이 널리 유행했다. 백희는 '각저희角抵戲('각저'는 본래 씨름이었는데 훗날 잡기 예술로 변화했다.)', '각저기희角抵奇戲'라고도 불리며, 한때는 '각저角抵'라고 불리기도 했다. 이는 중국 고대의 문화, 예술, 스포츠를 망라한 종합 표현 형식으로 음악, 무용, 잡기, 환술幻術(남의 눈을 속이는 기술), 각저희, 연기 등의 여러 유형을 포함해 그 내용이 매우 방대하고 복잡하다.

일찍이 진秦나라 이세 황제 시기에 감천궁甘泉宮에서 대규모의 산악散樂 공연이 펼쳐진 바 있다. 서한 중엽, 특히 한나라 무제 시기에 경제적인 번영과 국력의 흥성을 맞으면서 민간의 오락 활동과 서역에서 전해진 각종 기예가 광범위하게 뒤섞여 기예가 점차 풍부해졌다. 한나라 무제 원봉元封 3년(기원전 108년) 봄과 원봉 6년(기원전 105년) 여름에 각기 성대한 백희 공연 집회가 펼쳐졌는데, 이런 풍습은 오랫동안 이어졌다. 또 외빈을 초대했을 때 이러한 공연으로 국력의 강성함을 드러내는 동시에 여러 민족과의 문화, 예술, 스포츠 교류를 촉진했다.

백희 공연은 서한 시대에 전성기를 누리며 오랜 세월 지속되었고, 이 다채로운 예술 형식은 후대의 음악, 무용, 잡기, 희극 및 스포츠의 발전에 커다란 영향을 미쳤다.

옷소매를 털며 춤을 추는 여용(女俑)

악무잡기(樂舞雜技)를 하는 채회도용

이것은 한나라 시대의 잡기를 제재로 만든 조소로 모두 21명이다. 중국의 잡기 예술은 선진 시대에 시작되어 한나라 시대에 흥성해 백희라 불린다. 보통 주인이 주연(酒宴)을 벌이기 전에 악무잡기 공연을 했다. 화상석(畫像石, 장식으로 신선, 새, 짐승 따위를 새긴 돌과 화상전(畫像塼, 흙을 구워 만든 사각형의 벽돌 모양 건축 재료에 그림을 새긴 것)에서 흔히 볼 수 있지만, 이처럼 세트로 된 도기 공예품은 이것이 유일하다.

며, 특히 전국, 진秦, 한漢 시대를 상세히 기록한다. '본기' 12편은 역대 제왕의 계통과 국가 대사를 기록하고, '표' 10편은 제왕, 제후, 귀족, 장상將相(장수와 재상) 및 대신의 계통, 작위와 정치 사적을 기록하며, '서' 8편은 각종 제도 연혁을 기록하고 천문, 역법, 예, 악, 봉선, 수리水利, 경제 등의 내용을 포함한다. '세가' 30편은 주로 제후국의 계통 및 역사와 한 왕조의 승상, 공신, 종실, 외척의 사적을 기록한다. '열전' 70편은 전체 서적에서 편폭이 가장 긴데, 주로 사회 각 계층 대표 인물의 사적을 기록한다. 이 밖에도 소수의 편篇과 장章에서는 중국 소수민족 및 중국과 교류한 일부 국가와 지역의 역사를 기록한다. 마지막 한 편인 〈태사공자서太史公自序〉에서는 작가의 가계와 사적을 서술하며, 또한 책을 편찬한 경과, 뜻, 그리고 작가의 사학에 대한 견해를 설명한다.

중국의 사학 발전의 역사에서 《사기》는 방대한 규모와 완벽한 체제를 자랑하는 첫 번째 중국 통사로, 《사기》가 기전체 서술 방식을 시작해 역대 역사서 저자들에게 표본이 된 이후로 모두 기전체 형식을 사용한다. 《사기》는 문자가 아름답고 세련되며, 일부 역사 인물에 대한 서술은 생동감이 넘치고 이미지가 뚜렷해 중국 문학사에서도 중요한 위치를 차지한다.

한나라 무제의 탁고

기원전 87년

후원 원년(기원전 88년) 정월, 한나라 무제는 막내 유불릉劉弗陵을 태자로 세우고자 했다. 그러나 유불릉의 나이가 어리고 그의 어머니가 혈기왕성한 나이인지라, 훗날 한나라 시대 초에 여 태후가 대권을 장악했던 일을 재연할까 봐 걱정이 되었다. 그래서 무제는 대신에게 막내 불릉의 보좌를 부탁하려고 했다.

무제가 군신들을 살펴본 결과, 이미 세상을 떠난 봉거도위奉車都尉, 광록

대부光祿大夫 곽거병의 이복동생인 곽광霍光이 충성스럽고 믿을 만하다고 생각했다. 그래서 환관에 명하여 서주 시대에 주공周公이 성왕成王을 업고 제후들과 조회하는 그림을 그리게 하고 그것을 곽광에게 하사했다. 그리고 며칠 후에는 불릉의 어머니(구익鉤弋 부인)를 죽여 후환을 없앴다.

후원 2년 2월, 오작궁五柞宮에 행차했다가 병이 위독해진 무제를 찾아간 곽광이 사후의 일을 묻자 무제가 대답했다. "막내아들을 세우고 그대는 주공의 일을 하라." 이는 즉 곽광에게 주공이 어린 성왕을 보좌했던 것처럼 막내 불릉의 집권을 보좌하라는 뜻이었다. 이윽고 무제는 급히 명령을 내려 유불릉을 태자에 책봉한 다음, 곽광을 대사마大司馬 대장군에, 김일선을 거기장군車騎將軍에, 상관걸上官桀을 좌장군左將軍에 임명하고 어사대부 상홍양과 함께 유서에 따라 함께 태자를 보필토록 했다. 얼마 후 무제는 일흔한 살을 일기로 오작궁에서 생을 마감했다.

대사마 대장군 곽광, 거기장군 김일선, 좌장군 상관걸 등이 무제의 유서에 따라 태자 유불릉을 옹립하니 그가 바로 소제昭帝이다. 소제가 황제가 되었을 때 그의 나이는 겨우 여덟 살로, 곽광이 소제를 보필해 정사를 집행했다. 곽광은 안으로는 노역을 줄이고 세금을 낮춰 백성과 함께 안정을 도모하고 밖으로는 흉노와 화친을 맺어 안팎으로 안정을 되찾아 갔다.

기병용

곽광이 선제를 세우다

기원전 74년

원평元平 원년(기원전 74년) 4월, 소제가 자손을 남기지 않은 채 스물한 살의 나이에 요절했다. 대장군 곽광은 상관上官 태후(유불릉의 황후이며 곽광의 외손녀)의 뜻을 받들어 무제의 손자인 창읍왕昌邑王 유하劉賀를 장안으로 불러들였다.

맥을 잡아 주는 중국사 중요 키워드

장신궁등, 서한 공예의 결정체

풍부한 상상력과 장식성은 하, 상, 주와 진秦, 그리고 춘추 시대 미술의 특징이다. 한나라 시대에 이르러서는 청동 기물의 제작이 몹시 정교하고 아름다워졌으며, 기물의 장식성을 중시하는 동시에 실용적 가치에도 주의를 기울이기 시작했다. 청동으로 제작된 장신궁등이 바로 한나라 시대에 공예 미술의 기교가 정점에 달한 것을 보여 주는 대표작이다.

1968년에 허베이 성 만청 현에 있는 서한 중산국 정왕 유승의 아내 두관의 묘에서 출토되었다. 그리고 이전에 두 태후(유승의 조모)가 거주한 장신궁에 놓여 있었기 때문에 그런 이름이 붙여졌다. 궁등은 높이가 48cm이고 전체 도금되어 있다. 등의 몸통은 우아하고 단아한 궁녀가 무릎을 꿇고 앉아 손에 등불을 든 모습이다.

궁녀는 왼손으로는 등 받침대를 받치고 오른손으로는 등을 잡고 있다. 매우 교묘하게 오른쪽 소매로 연기가 빠져나가게 설계되었으며, 검댕은 오른쪽 소매를 통해 몸체로 들어가서 기름이 연소할 때 생기는 검은 연기로 인한 오염을 줄인다. 동으로 주조된 궁녀는 침착한 분위기에 얼굴은 통통하고 몸은 풍만하다. 그리고 눈썹이 아름답고, 약간은 어린이 티가 나는 소녀의 형상이다. 표정은 답답한 마음을 억누르는 모습이고, 바깥 깃이 오른쪽으로 가게 한 우임右衽의 긴 소매 옷을 입고 있으며, 자리에 꿇어앉아 공손하게 등을 들고 있는 자태로 등을 담당하는 노예의 굴욕적인 신분을 드러낸다.

조형과 장식 스타일은 정교하고 화려하며, 모든 면과 모든 각도에서 감상할 수 있고 어느 각도에서도 모두 자연스럽고 아름답다.

장신궁등(長信宮燈)

그해 6월, 유하가 황제로 즉위했다. 유하는 천자로 옹립되자 나날이 교만해지고 주색에 빠져 방탕한 생활을 하며 제왕으로서의 예의를 잊고 대신들의 간언도 듣지 않았다. 이에 곽광은 대사농大司農 전연년田延年, 거기장군 장안세張安世와 함께 유하를 폐위시킬 계획을 세웠다. 그리고 승상, 어사, 장군, 열후列侯, 중이천석中二千石(한나라의 제도에서 관직의 단계를 석石으로 나타냈는데, 이천석二千石은 최고의 벼슬이고 중이천석은 이에 다음가는 벼슬임.), 대부, 박사를 미앙궁에 소집해 폐위에 관한 일을 상의했다. 모두 곽광의 뜻에 동조하여 곽광이 바로 군신들과 함께 태후에게 보고를 올렸다. 이에 태후가 조서를 내려 유하를 창읍으로 돌려보냈다. 이렇게 해서 유하는 겨우 27일 만에 폐위되고 말았다. 그리고 유하가 데리고 온 창읍의 군신들은 황제를 보좌하지 못하고 황제를 잘못된 길로 이끌었다는 죄목으로 200여 명이 죽임을 당했다.

7월, 전前 정위감廷尉監 병길丙吉이 곽광에게 상서를 올렸다. "무제에게는 유순劉詢이라는 증손자가 있는데, 올해 열여덟, 열아홉 살의 나이로 경서에 통달하고 어질고 총명해 황제로 세울 만합니다." 유순은 자가 차경次卿이고 원태자原太子 유거劉据의 손자이다. 태어난 지 몇 달 되지 않아 태자 무고巫蠱 사건에 연루되어 감옥에 갇혔다가 훗날 대사면으로 황족 신분을 회복하게 되었다. 이에 곽광이 승상 이하 백관百官에게 이 일을 토의하여 결정하게 하고, 황태후에게 유순을 황제로 옹립할 것을 상주해 동의를 얻었다. 이윽고 유순이 곽광의 인도로 미앙궁에 들어와 태후를 뵙고 황제로 옹립되었다. 그가 바로 한나라 선제宣帝이다.

앉은 모습의 백옥인(白玉人)

옥인은 갸름한 얼굴형에 긴 눈썹과 짧은 수염이 나 있다. 머리 뒤에 상투를 쪽지고, 그 위에 작은 관(冠. 검은 머리카락이나 말총으로 엮어 만든 쓰개. 신분과 격식에 따라 여러 가지가 있었다.)을 썼는데 관의 끈이 아래턱까지 드리웠다. 소매통이 넓고 깃을 오른쪽에서 여미는 우임 두루마기를 입고, 허리에는 격자무늬 허리띠를 맸으며, 두 손을 작은 상 위에 두고 상에 의지해서 앉아 있다. 바닥에는 5행 10자의 음각이 새겨져 있는데, 이는 중산정왕 19년에 만든 옥인 왕공연(延)의 앉은 모습이라는 뜻이다.

풍 부인이 정절을 받들고 비단 가마를 타고 오손으로 가다

기원전 53년

한 왕조가 오손국과의 화친을 위해 해우解憂 공주를 오손에 시집보낼 때, 풍료馮嫽가 공주의 시녀 신분으로 따라가 오손국 우대 장右大將의 아내가 되었다. 풍료는 조정의 문서를 처리하는 데 뛰어난 능력을 발휘했고, 안으로는 한 왕조의 사무를 숙지하고, 밖으로는 서역 여러 나라의 풍속을 이해했다. 그래서 그녀는 공주의 시녀이자 한나라의 정절旌節을 받든 공주의 사신 신분으로 함께한 것이었다. 훗날 그녀는 '풍 부인'이라 불리며 여러 나라에서 두루 존경을 받았다.

감로甘露 원년(기원전 53년) 4월, 오손국의 광왕狂王은 잔혹함으로 인심을 얻지 못했고 해우 공주와도 불화가 있었다. 이에 광왕의 아들이 군사를 일으켜 오손의 도읍인 적곡성赤谷城에서 한 왕조의 사신과 공주를 포위했다. 이 소식을 듣고 한나라 서역도호부西域都護府의 도호都護 정길鄭吉이 군사를 보내 포위를 풀어 주었다. 훗날 비왕肥王 옹귀미翁歸靡와 호부胡婦가 낳은 아들 오취도烏就屠가 광왕을 죽이고 스스로 곤미昆彌(오손 왕의 칭호)가 되어 오

맥을 잡아 주는 중국사 중요 키워드

중국 최초의 수학자가 《주비산경》을 짓다

서한 시기보다 대략 1세기 앞서 천문학과 수학과 관련된 저작인 《주비周髀》가 등장했다. 이 책은 여러 수준 높은 수학적 성과를 기록한 최초의 책으로, 훗날 수학의 경전으로 여겨져 《주비산경周髀算經》이라고 불렸다. 천문학 영역에서 《주비》는 주로 개천설蓋天說(중국 고대 우주관으로 하늘은 둥글고 땅은 네모지다 하여 천원지방天圓地方이라고 표현한다.)과 사분역법四分曆法(사분법이라고도 함. 1회귀년을 365와 1/4일로 하고 1삭망월朔望月을 29와 499/940일로, 그리고 19년에 7개의 윤월을 둔 역법)을 논술한다.

중국의 고대 천문학은 그것이 제기하는 우주관에 따라 3개의 학설로 나눌 수 있는데, 《주비》는 그중 개천설의 대표이다. 수학 영역에서 《주비》는 당시 최고 수준을 드러내 보이며 한 왕조 당시의 최신 수학 성취를 기록했는데, 여러 영역에서 창의성이 두드러진다. 《주비》는 또한 기하학의 핵심이라고 할 수 있는 피타고라스의 정리와 유사한 구고현의 정리勾股定理를 앞장서 제기하고, 태양까지의 거리를 계산하면서 구고현의 정리 공식을 사용(땅에 '고股'라는 막대를 직각으로 꽂고, 그 그림자인 '구句'의 길이를 이용해 태양까지의 거리를 계산했다.)했다. 대지가 평면이라는 가설 위에 태양과 땅의 거리를 측정했기 때문에 계산 착오가 존재하기는 하지만, 운용한 원리만큼은 완벽히 정확하다.

중차술重差術은 개천설에서 태양의 높이를 재는 방법이다. 《주비》에 중차술을 이용해서 태양의 높이를 재는 그림이 있는데, 그 방법을 상술하지는 않았지만 삼국三國 시대 조상趙爽과 유휘劉徽가 한층 깊이 있는 연구를 진행하여 이를 중국 고대 천문관측 이론의 핵심 내용이 되게 했다.

그 밖에도 《주비》에서는 평행선의 증명법도 제시했으며, 그 전체적인 과정을 유클리드 기하학의 엄격한 요구에 맞춰 보아도 정확하다. 《주비산경》의 작자는 알려지지 않았지만, 책으로 만들어진 시기로 볼 때 한 사람이 한 번에 쓴 책이 아니라 선진先秦 시대의 수학적 성취를 총망라한 책이자 지혜를 집대성한 결정체라고 할 수 있겠다. 《주비산경》은 지금까지 전해지는 중국 최초의 수학 저작이자 후대 수학의 출발점이 된 저작이다. 이 책의 산술화 경향이 중국 수학의 성질을 결정지었기에 역대 수학자들에게 《주비산경》은 경전으로 받들어졌다.

손의 형세는 한층 더 불안해졌다. 이에 한 왕조는 파강장군破羌將軍 신무현辛武賢에게 1만 5,000명의 병력을 이끌고 돈황으로 가서 토벌 명령을 기다리라고 했다.

한편, 오손의 우대장과 오취도의 관계가 좋다는 이야기를 전해들은 도호 정길이 풍 부인을 보내서 오취도가 한나라에 투항하도록 설득하게 했다. 한나라 선제가 직접 조서를 내려서 이 일에 신경을 쓰며 부사副使 두 명을 보내 풍 부인을 호위하게 했다. 풍 부인은 한나라의 정절을 지니고 비단 가마를 타고 가서 오취도에게 적곡성으로 와 한 왕조의 장라후長羅侯 상혜常惠를 알현하라는 한나라 선제의 명령을 전했다. 그리고 비왕과 해우 공주가 낳은 적장자 원귀미元貴靡를 대곤미大昆彌로, 오취도를 소곤미小昆彌로 세우고, 파강장군에게는 군대를 거둘 것을 명하여 전쟁을 막았다.

감로 3년(기원전 51년) 겨울에 대곤미 원귀미가 죽자 풍 부인은 일흔 살에 가까운 해우 공주를 한나라 땅으로 돌아가게 했다. 그리고 자신은 오손으로 돌아가 원귀미의 아들로서 새로이 대곤미로 옹립된 어린 성미星靡가 국정을 장악하는 것을 돕게 해 달라고 자원했다.

채색한 신인(神人) 무늬의 귀둔(龜盾, 거북 방패)

'선우천강(單于天降)'이라고 새겨진 와당

'선우천강'은 선우의 하늘 숭배를 드러낸다. '선우천강'의 와당은 인산 산(陰山) 남쪽 기슭에서 출토되었는데, 호한야 선우가 한나라에 귀순한 뒤 거주하던 집의 건축 부속품이다.

소군이 변방 지역으로 가다

기원전 33년

건소建昭 3년(기원전 36년), 한 왕조는 질지郅支 선우를 물리치고 호한야呼韓邪 선우가 다시 흉노를 통일하는 것을 도왔다. 기쁨과 두려움이 교차한 호한야는 건소 5년(기원전 34년)에 한나라 황제를 알현하러 한나라로 들어가겠다는 글을 올렸다.

원제元帝 경녕竟寧 원년(기원전 33년) 정월, 호한야 선우가 세 번째(앞선 두 번의 방문은 기원전 51년과 기원전 49년에 이루어졌다.)로 한나라로 들어와 한나라 황제를 알현하고 사위가 되겠다는 뜻을 전했다. 원제는 화친을 위해 호

격자무늬 모직품

평직(平織)으로 날줄과 씨줄이 직각으로 교차하며, 날줄은 20가닥/cm, 씨줄은 14가닥/cm, 날실의 간격은 0.2~0.3mm, 씨실의 간격은 0.2mm이고, 갈색과 황토색 날줄과 씨줄을 교차해 격자무늬를 만들었다.

한야의 뜻을 받아들이고 공주가 시집가는 예를 갖추어 호한야 선우에게 궁녀 왕장王嬙을 시집보냈다. 왕장은 자가 소군昭君이고 남군南郡 자귀秭歸(지금은 후베이 성에 속함.) 사람으로, 유년 시절에 궁녀로 선발되어 궁에 들어갔다. 그리고 훗날 조정에서 흉노와 화친을 맺기 위해 궁녀를 선발한다는 소식을 듣고 소군은 자진해서 흉노에게 시집가겠다고 자원해 나섰다.

소군은 용모가 아름다운 데다 대범해서 호한야 선우의 총애를 받았다. 소군이 장안을 떠날 때 문무백관이 수도 밖까지 그녀를 배웅했고, 소군은 비파를 안고 말을 탄 채 변방 지역으로 향했다. 흉노에 도착한 후, 호한야 선우는 그녀를 '흉노족에게 안녕과 평화를 가져다주기를 기원하는 뜻'에서 '영호 연씨寧胡閼氏(연씨는 흉노 왕 선우의 비妃를 뜻함.)'에 봉했다.

이듬해에 소군이 아들을 낳아 이도지아사伊屠智牙師라 이름 지었다. 이도지아사는 장성한 후 우일축왕右日逐王에 봉해졌다. 성제成帝 건시建始 2년(기원전 31년), 호한야 선우가 죽자 왕소군은 흉노의 풍속에 따라 새로 즉위한 복주루復株累 선우(호한야 선우와 대연씨大閼氏 사이에서 태어난 아들)에게 개가하여 다시 딸을 둘 낳았다. 왕소군이 변방 지역으로 간 뒤부터 흉노와 한나라는 오랫동안 화목한 관계를 유지해 한나라와 흉노족 사이에 정치, 경제, 문화 교류가 발전하고 변경 지역의

후베이 성 싱산 현(興山縣)의 왕소군의 고향에 있는 왕소군 조각상

안녕이 유지되어 백성이 전쟁의 고통을 겪지 않았다. 이에 원제는 왕소군이 변방 지역으로 떠난 해의 연호를 원제 경녕으로 바꾸었다.

왕망이 한 왕실을 찬탈하다

8년

평제平帝 원시元始 원년(1년) 정월, 왕망王莽은 어린 군주를 보좌하며 서주의 주공을 자칭했다. 그는 온갖 권모술수를 동원하여 차츰 대권을 잡았다. 원시 5년(5년) 12월, 왕망은 연말의 제사 의식에서 당시 열네 살이던 평제를 독살했다. 평제가 죽자 왕망은 자신의 무리를 사주해 태황태후에게 그가 천자를 대신해 조정을 보살피게 해야 한다는 상서를 올리게 했다. 태황태후가 어쩔 수 없이 요구에 응하면서 왕망의 섭정이 시작되었고, 그는 '섭황제攝皇帝'라 불렸다. 이듬해에 왕망은 연호를 거섭居攝 원년으로 바꾸었다.

그리고 3월에 왕망은 겨우 두 살밖에 되지 않은 유영劉嬰(선제의 증손자의 아들)을 황태자로 앉혔다. 그러고는 그를 '유자영孺子嬰'이라고 칭하고 서주 시대에 주공이 섭정한 역사적 사실을 모방해 자신이 한 왕실을 대신해서 스스로 황위에 오를 준비를 했다. 그 후 수년간, 왕망이 한 왕실을 대신해 황제가 되어야 한다는 천명을 상징하는 '부명符命'이 빈번하게 등장하게끔 꾸몄다.

거섭 3년(8년)에 재동梓潼(지금의 쓰촨 성에 속함.) 사람 애장哀章이 동궤를 만들고, 그 안에 '천제행새금궤도天帝行璽金匱圖'와 '적제새모전여황제금책서赤帝璽某傳予皇帝金策書'라는 왕망이 황제가 되어야 한다는 고조의 거짓 유서를 숨겨 두었다. 왕망은 고조의 사당에서 동궤를 접수하고, 왕관을 쓰고서 태황태후를 알현했다. 그리고 미앙궁의 전전前殿에서 진짜 천자의 자리에 앉으며 국호를 '신新'이라 했다.

받침대가 있는 옥종

옥종(玉琮, '종'은 가운데에 동그란 구멍이 있는 사각형의 옥그릇을 일컫는다.)은 고대에 예를 행할 때 사용하던 옥기이다. 받침대가 있는 이 옥종은 아무런 장식이나 채색이 없는 종을 개조해 만든 것이다. 이는 용기의 한 종류로, 그 쓰임새는 한나라 시대에 자주 볼 수 있는 합(盒)과 같다.

이로써 한나라는 맥이 끊기고, 왕망은 옛 제도를 바탕으로 제도를 바꾸고 한 왕조의 왕권을 찬탈해 스스로 황위에 오르겠다는 정치적 야심을 이루었다.

받침대가 있는 옥종

옥종(玉琮, '종'은 가운데에 동그란 구멍이 있는 사각형의 옥그릇을 일컫는다.)은 고대에 예를 행할 때 사용하던 옥기이다. 받침대가 있는 이 옥종은 아무런 장식이나 채색이 없는 종을 개조해 만든 것이다. 이는 용기의 한 종류로, 그 쓰임새는 한나라 시대에 자주 볼 수 있는 합(盒)과 같다.

녹림군의 기의

17년~25년

천봉天鳳 4년(17년), 형주荊州 일대에 가뭄이 일어나 농민들 간에 다툼이 벌어졌다. 이때 신시新市(지금의 후베이 성 징산 현 동북쪽) 사람인 왕광王匡과 왕봉王鳳 형제가 다툼을 중재해 그들의 지도자로 추대되었고, 곧이어 사람들을 모아 봉기를 일으켰다. 얼마 후 남양南陽 사람 마개馬開와 영천潁川 사람 왕상王常, 성단成丹 등도 무리를 이끌고 참여했다. 그들은 녹림산綠林山(지금의 후베이 성 다훙 산大洪山)을 근거지로 해서 '녹림군綠林軍'이라고 불렸다.

지황地皇 2년(21년)에 녹림군이 운두雲杜(지금의 후베이 성 징산 현)에서 2만 명에 달하는 형주 관군을 물리치고 그 기세를 몰아 경릉竟陵(지금의 후베이 성 중샹鍾祥)과 안륙安陸(지금의 후베이 성 안루 시) 등지를 점령하자 그들을 따르는 사람이 수만 명을 넘었다. 지황 3년(22년)에 녹림군은 하강병下江兵과 신시병新市兵의 두 대오로 나뉘었다. 그해 7월에 신시병이 수현隨縣(지금의 후베이 성 수이저우 시隨州市)을 공격할 때 평림平林(지금의 수이저우 시 동북쪽) 사람인 진목陳牧과 요잠廖湛이 수천 명을 이끌고 와 합세했고, 이들을 '평림병平林兵'이라 했다. 지황 4년(23년)에는 여러 지역에서 조직된 군대가 회합하여 한나라 왕실 종친인 유현劉玄을 황제로 추대하고 연호를 '경시更始'라 했다.

경시 정권이 건립되자 다급해진 왕망은 황급히 42만 대군을 모아 백만 대군을 자처하며 왕심王尋과 왕읍王邑에게 지휘를 맡기고 진압에 나섰다. 곤양昆陽(지금의 허난 성 예 현)에서 왕망군의 주력 부대가 무너지고 녹림군이 결정적인 승리를 거두었다. 그리고 녹림군은 기회를 틈타 북쪽으로 진격해서 낙양을 공격하고, 재빨리 이동해 장안을 점령하고 왕망을 죽였다. 이때 낙양도 함께 점령되었다. 유현은 도읍을 장안으로 옮긴 후 녹림군의 우두머리를 죽여 버렸다. 그 후 경시 3년(25년)에 농민 반란군인 적미군赤眉軍이 장안으로 진격해 들어오자 유현은 투항했고, 얼마 지나지 않아 죽임을 당했다. 이렇게 경시 정권이 끝을 맺으면서 녹림군도 실패로 끝을 맺었다.

적미군의 기의

18년~27년

천봉 5년(18년), 청주青州와 서주徐州 일대에서 흉년이 되어 낭야琅邪 사람 번숭樊崇이 백여 명을 이끌고 거현莒縣에서 봉기를 일으켰다. 기의군은 태산을

적미군의 무염(無鹽) 대첩

근거지로 삼고 황하 남북을 옮겨 다니며 싸움을 치르면서 1년 새 그 수가 만여 명으로 늘었다. 관군과의 차별을 두기 위해 기의군은 눈썹에 붉은색을 칠했는데, 이 때문에 '적미군'이라고 불렸다.

지황 3년(22년), 적미군은 성창成昌에서 왕망의 10만 군대와 격전을 벌여 왕망의 장군 염단廉丹의 목을 베고 관군을 대파했다. 이 성창 대첩 후 승기를 잡은 적미군은 서쪽으로 세력을 넓혔고 그 수도 10만 명으로 불어나 왕망 정권의 동쪽 지역 통치에 치명적인 위협이 되었다.

한편, 유현이 기의군의 수령인 신도건申屠建, 진목陳牧 등을 죽이고 자신과 견해가 다른 사람을 배척하자 적미군은 경시 2년(24년)에 두 갈래로 나뉘어 유현 정권을 공격했다. 이듬해에 두 부대가 홍농弘農에 집결해 유현의 군대를 잇달아 격파했고, 그 수가 금세 30만 명으로 늘었다. 적미군은 한나라 왕실의 종친인 열다섯 살의 목동 유분자劉盆子를 황제로 옹립하고 연호를 건세建世라 칭했다. 그리고 장안으로 쳐들어가 유현을 투항하게 했다. 이때 관중 지역의 호강豪强(재물이나 권세를 믿고 횡포를 부리는 지방 세력가) 지주가 식량을 숨기고 무력으로 적미군을 저지했다.

건무建武 3년(27년), 적미군은 신안新安, 의양宜陽 일대에서 유수劉秀가 쳐놓은 겹겹의 포위망에 걸렸다. 이에 유분자 등이 투항하면서 기의는 결국 실패로 끝이 나고 말았다.

유현이 황제라 칭하다

23년

신망新莽 지황 4년, 한나라 경시 황제 유현 원년(23년), 용릉대후舂陵戴侯의 증손이자 유수의 족형族兄(성과 본이 같은 일가 가운데 복제服制에 따라 상복을 입는 가까운 친척이 아니고, 같은 항렬의 형뻘이 되는 남자)인 유현이 평림병 사이에서 '경시 장군'이라고 불렸다. 이때 한나라 군대에는 이미 10여만 명이 있었는데, 제후들은 군대를 효과적으로 이끌고 한나라 군대의 정당성을 높이기 위해 유씨 자손을 세우고 싶어 했다. 이에 신시, 평림, 하강 등의 장수들이 2월에 유현을 황제로 추대하고 한 왕조를 회복해서 연호를 경시라 했다. 유현은 유연劉縯을 대사도大司徒, 진목陳牧을 대사공大司空, 주유朱鮪를 대사마로 삼았다.

이때 왕망 정권은 내부적으로 혼란과 분열 상태에 있었다. 이에 왕망의 천하가 오래가지 못할 것이라고 직감한 왕섭王涉, 유흠劉歆, 동충董忠 등의 심복이 왕망을 납치해서 유씨에 정권을 넘겨 줄 모의를 했다. 그러나 일이 실패로 돌아가 유흠은 자살하고 동충은 죽임을 당했다.

이렇게 대신들 사이에서 내부 반란이 일어나고 군대는 밖에서 패하는 등 왕망은 안팎으로 곤경에 빠졌다. 이에 녹림군이 기회를 틈타 강력하게 공세를 펼쳤고, 그해 9월에는 유현이 대장군 신도건을 보내 무관武關을 공격했다. 한나라 군대가 장안으로 들어오자 왕망은 점대漸臺(미앙궁 안에 위치)로 도망갔지만, 상현商縣 사람 두오杜吳에게 목숨을 잃었다. 그리고 교위校尉 공빈公賓이 왕망의 목을 자르고, 그 옆에 있던 수천 군사들은 그의 시체를 난도질하여 갈기갈기 찢었다. 유현은 정국상공定國上公 왕광王匡을 보내 낙양을 공격하게 하고, 왕망의 대장 애장 등의 목을 베었다. 신 왕조는 이렇게 끝을 맺었다.

CHINA

3 동한

시기 : 25년 ~ 220년
인물 : 유수, 왕충, 반고, 채륜, 장형, 양기, 당고, 황건, 동탁, 조조, 왕윤, 원소, 여포, 손권, 제갈량, 유비, 화타

정치 혼란과 흥망성쇠의 200년

25년에 유수劉秀가 황제의 자리에 올라 한 왕조를 부활시켰다. 역사에서는 이를 이전의 한 왕조와 비교하여 동한東漢이라고 부른다. 광무제光武帝 유수는 정권을 수립한 후 적극적으로 관료 제도를 개혁하고, 지방의 병력을 없애고, 인재 선발에 많은 신경을 쏟고, 여러 제후의 세력 확장을 엄격하게 억제해 중앙 집권 제도를 효율적으로 강화했다. 아울러 끊임없이 새로운 경제 정책을 시행해 생산을 발전시키고 백성의 생활을 안정시켰다. 이후 명제明帝와 장제章帝도 광무제 유수의 정책을 이어받아 동한의 사회와 경제를 발전시켰다.

서한 시기와 비교해 동한 사회는 생산 방면에서 농업과 수공업 모두 발전했다. 과학 기술 방면에서도 제지술의 발전, 수차水車 등 농기구의 등장, 수학과 천문학, 의학의 발전으로 당시 경제, 문화의 발전을 촉진했을 뿐만 아니라 후대에 깊은 영향을 주었다.

한눈에 보는 세계사

기원전 27년 로마, 제정 시작
기원전 4년 : 예수 탄생
54년 : 로마, 네로 황제 즉위
96년 : 로마, 5현제 시대 시작
226년 : 사산 왕조, 페르시아 건국

기원전 18년 : 백제 건국
42년 : 금관가야 건국
80년 : 콜로세움 완성
194년 : 고구려, 진대법 실시

유수가 동한을 건설하다

25년

신망 지황 4년(23년), 유수는 형국 때문에 어쩔 수 없이 또 다른 한 왕실 종친인 유현을 경시 황제로 옹립하고 자신은 경시 정권의 태상太常, 편장군偏將軍이 되었다. 경시 2년(24년) 가을, 유수는 유현의 경시 정권하에서 벗어나 공개적으로 유현과 대립하는 길을 걷기 시작했다.

경시 3년(25년) 정월, 유수는 구순寇恂, 풍이馮異 등에게 하내를 지키며 경시 정권의 낙양을 지키는 주유와 대치하게 했다. 그리고 자신은 대군을 이끌고 북쪽으로 원정길에 나서 우래尤來, 대창大槍, 오번五幡 등에 있던 농민 기의군을 섬멸했다. 4월에는 군대를 돌려 남하해 온현溫縣에서 신시와 평림 두 군대를 대파하고 하남에서 적미와 청독靑犢 두 군대를 섬멸해 하북 지역의 심각한 위협을 대부분 해결했다.

이때 유수 수하의 장령들이 유수를 황제로 옹립하기 위해 사람을 시켜서 예언을 적은 '적복부赤伏符(광무제가 제위에 오를 때 하늘에서 받았다는 적색의 부절符節)'를 만들게 하고, 그것이 '하늘의 뜻'임을 나타내려 했다. 이에 유수는 '세 번 고사'한 끝에 '하늘의 뜻을 받들어' 호鄗에서 황위에 올랐고, 호를 고읍高邑으로 개명하고 연호를 건무建武라 했다. 이어서 7월에 군사를 보내 낙양을 포위하게 하고 10월에 낙양을 지키던 장군 주유의 투항을 받아 낸 후, 낙양을 도읍으로 삼고 정식으로 동한 왕조를 세웠다.

주작 우인(羽人) 비룡 채회 도 등롱

마원이 영남을 평정하다

43년

동한 시대에 지금의 베트남 북부에는 교지交趾, 구진九眞, 일남日南의 세 군이 설치되었다. 이 영남嶺南[중국 남부의 오령五嶺(난링南嶺 산맥) 남

맥을 잡아 주는 중국사 중요 키워드

두시가 수배를 발명하다

동한 광무제 유수는 재위 기간에 뛰어난 관리를 선발하는 데 많은 신경을 쏟았다. 건무 7년(31년), 두시杜詩라는 인물이 남양南陽 태수가 되었다. 그는 근검절약을 부르짖고, 이로운 것은 널리 일으키고 해로운 것은 없애는 청렴하고 공정한 인물이었다. 남양 태수로 재직하는 동안 두시는 백성의 수고를 덜어 주기 위해 제련 기술을 향상시킬 수배水排의 발명에 온힘을 기울였다. 수배는 수력으로 풀무를 당겨서 바람을 불어넣을 수 있는 기계이다. 이 장치는 과거에 말을 사용한 방법보다 힘은 적게 들이면서 능률은 세 배 더 높아서 중국의 철 제련 역사에 일대 혁신으로 기록되었다. 훗날 삼국 시대의 한기韓曁가 이를 개선하고 효율을 더욱 높여 널리 보급했다.

두시의 발명은 사람이나 가축의 힘으로 풀무질을 하던 중국의 제련 기술을 개선시켜 노동 효율을 크게 높였을 뿐만 아니라 유럽보다 1100년이나 앞서 중국의 고대 제련 기술 발전사에서 기념비적인 의미가 있다. 두시는 또한 농업 생산을 중요시하여 연못을 정비하고 논밭을 확장해 남양군 백성이 풍족한 생활을 할 수 있게 해 주었다. 당시 사람들은 두시를 서한 시기의 남양 태관南陽太守 소신신召信臣에 견주어 "전에는 소부召父가 있었고, 뒤에는 두모杜母가 있도다."라고 말했다.

제철 수배(모형)

동한 건무 7년(31년), 두시가 수배를 만들어 물의 힘으로 가죽 풀무를 움직여서 제철로에 바람을 불어넣었다. 이 기계는 축바퀴, 지렛대 등을 조합해서 사용했다.

쪽 지방을 가리킨다. 현재의 광둥 성, 광시 좡족 자치구, 하이난 성海南省 전역, 후난 성, 장시 성江西省의 일부에 해당한다.] 지역의 대다수 만인蠻人(예로부터 중국에서 중국 남쪽에 사는 겨레를 오랑캐로 여겨 일컫던 말) 부락은 동한의 속국이 되기를 바랐지만, 일부 만인의 우두머리는 한나라의 법을 따르는 것을 원하지 않았다. 그래서 그들은 군사를 일으켜 반란을 꾀했다. 대표적인 인물이 교지의 춘차크Trung Trac, 徵側, 춘니Trung Nhi, 徵貳 자매였다. 춘차크는 락비엣雒越 장군의 딸로, 동한 조정에서 파견한 교지태수 소정蘇定의 착취와 지배에 불만을 품었다. 그러다가 결국 여동생 춘니와 함께 군사를 일으켜 저항하고 스스로 왕이 되었다. 그러자 교지, 구진, 일남, 합포 등이 모두 이들에게 호응하고 나서서 저항 세력은 어느덧 60여 개 성城으로 확대되었다.

광무제가 복파장군 마원馬援과 부락후扶樂侯 유릉劉隆에게 군대를 이끌고 가 반란군을 진압하라고 명령을 내렸다. 건무 18년(42년) 봄, 낭박浪泊에서 한나라 군대와 락비엣의 군대 사이에 싸움이 벌어졌다. 여기에서 한나라 군대가 대승을 거두고, 락비엣의 군사 1만여 명이 한나라에 투항했다. 마원은 군대를 이끌고 춘차크 등을 금계禁谿까지 추격해 락비엣의 군사들을 뿔뿔이 흩어지게 했다.

석벽사

벽사(辟邪)는 고대 전설 속에 등장하는 신수(神獸)로, 사악한 기운이 두려움에 떨게 하고 불길한 기운을 없앤다고 한다. 몸은 호랑이와 표범을 닮았고 이마에 뿔이 두 개 달렸다. 긴 수염이 나 있고, 몸에 날개가 있으며, 긴 꼬리가 바닥에 닿는다. 고개를 들어 포효하는 모습은 힘이 넘치고 생동감이 넘쳐 한나라 시대의 깊이 있고 웅대한 풍모를 보여 준다.

이듬해 4월, 춘차크와 춘니는 한나라 군대에 잡혀 참수되었다. 이후 마원은 다시 선박 2,000여 척과 병사 2만여 명을 이끌고 계속해서 춘차크의 남은 무리를 추격하여 소탕해 영남 지역을 평정했다. 동한 조정은 춘차크 자매의 반란을 진압한 후 이 지역에서 성곽을 정비하고, 관개용 수로를 건설하고, 농업을 발전시키고, 지역 법률과 한나라 법률 사이에 서로 어긋나는 조항을 바로잡는 등 경제, 문화적 개혁을 단행해서 민심을 얻고 현지의 경제, 문화 발전에 적극적인 역할을 했다.

남흉노가 한나라에 종속되다

48년

흉노의 선우 여輿는 자신의 조카 비比를 우욱건右薁鞬 일축왕日逐王으로 삼아 남쪽 변경의 여덟 부部와 오환烏桓을 다스리게 했다. 그러나 선우 여는 비를 그다지 신뢰하지 않아 특별히 양골도후兩骨都侯를 보내서 비의 군대를 감독하며 이끌게 했다. 건무 212년(46년), 선우 여가 죽자 그의 아들 오달제후烏達鞮侯가 선우로 즉위했다. 그리고 오달제후가 죽은 후 그의 동생 포노蒲奴

맥을 잡아 주는 중국사 중요 키워드

현실 생활을 반영한 동한의 벽화

동한 시대에 봉건 장원莊園 경제(봉건 시대 통치 계급이 자신의 영지를 한 개 또는 몇 개의 독립된 사회로 만들어 운영한 것을 장원이라 하는데, 이 장원에서 자급자족하며 사는 경제 형태를 장원 경제라 한다.)가 발전하고 장례를 성대하게 치르는 후장厚葬 풍토가 유행하여 통치 계급은 너도나도 호화로운 무덤을 만드는 데 열중했다. 이에 따라 벽화는 죽은 이의 명복을 기원하는 역할 외에도 죽은 이의 생전 사회적 지위와 재산을 과시하는 용도도 생겼다. 이에 따라 서한 시기에 벽화의 주류를 이루던 사악한 기운을 쫓아내는 구사도驅邪圖와 신선이 하늘로 오르는 승선도昇仙圖는 갈수록 줄어들고, 이를 대신하여 죽은 이의 생전 관직과 위엄을 드러내는 그림이 많아졌다.

동한 시대 벽화에서 가장 유행한 제재는 성대하고 호화로운 장면이었다. 예컨대 수많은 하급 관리, 웅장한 행차의 거마 행렬, 수많은 수행원에 둘러싸여 천막 또는 수레 안에 앉아 있는 무덤 주인의 모습 및 집에서 연회, 잡기무악을 거행하는 사치스럽고 호화스러운 장면 등이다. 승선과 밀접한 관계가 있던 우인과 신수는 보통 '상서로움'을 나타내는 또 다른 짐승 또는 식물의 그림으로 대체되었다. 속세에서의 위엄과 향락에 대한 욕망이 사후 승선의 환상을 압도한 것이다.

이러한 추세에 따라 무덤 벽화를 만드는 일을 하는 사람들이 대거 등장했다. 동한의 무덤 벽화는 현존하는 가장 진귀한 한 왕조의 회화 유산이다. 그 제재와 내용은 서한 시기 무덤 벽화의 승선, 구사의 환상에서 벗어나 거마를 타고 나선 출행 또는 음악과 춤이 있는 연회, 심지어는 장원과 가옥 등 현실 생활로 시선을 돌렸다. 이로써 벽화를 창작하는 화사畫師들은 한층 사실적인 수법을 강조하게 되었고, 한 왕조의 회화 예술은 또 다른 정점에 다다랐다.

'한흉노속차온우제(漢匈奴粟借溫禺鞮)'라고 새겨진 동인(銅印)

한 왕조가 남흉노 온우제에게 준 인신(印信, 도장이나 관인 따위를 통틀어 이르는 말)이다.

가 다음 선우가 되었다. 비는 자신이 선우의 자리에 앉지 못하자 불만을 품고 서하태수西河太守를 찾아가 한 왕조로 귀순하겠다고 청했다. 그런데 양골도후가 그의 뜻을 알아채고는 재빨리 선우에게 그 사실을 알리고 비를 처벌해야 한다고 건의했다. 그때 비의 동생이 이를 듣고 서둘러 말을 달려가 비에게 알려 주었다. 이에 비는 공개적으로 포노와 갈라서기로 했다.

건무 24년(48년) 봄에 흉노 여덟 부의 대인들이 비를 호한야 선우로 세우기로 하고, 오원五原(지금의 네이멍구 자치구 바오터우시 서북쪽)의 요새로 사람을 보내 자신들이 한 왕조의 울타리가 되어 북로北虜(북쪽 오랑캐, 북흉노)를 막겠다고 청하자 유수가 허락했다. 이로부터 흉노는 남과 북의 둘로 나뉘었다. 남흉노는 한 왕조로 귀순한 후 좌현왕 막莫에게 군사 1만여 명을 거느리고 북흉노를 공격하게 했다.

월신 화상전

이 화상전의 도안은 사람의 머리를 한 큰 새이다. 머리카락을 높게 틀어 올렸고, 목 부위에 긴 털이 앞으로 튀어나와서 말려 있다. 새의 몸에는 두 쌍의 날개와 꼬리 날개가 있다. 그리고 새의 몸 안에는 작은 오목한 원형이 있는데, 그 가운데에는 두꺼비 한 마리와 계수나무 한 그루가 있다. 이것은 전설 속의 달을 표현한 것이다. 새 주위에는 반짝이는 별이 있다. 중국 고대 전설 속에서 여자 신선의 우두머리인 서왕모는 자주 월신(月神), 일신(日神)과 함께했는데, 이 신조(神鳥)가 바로 서왕모를 수행하는 월신이다.

건무 25년(49년)에 막이 북흉노 선우의 남동생을 사로잡고 그의 군대를 격파하자 북흉노의 선우가 놀라고 두려워하며 즉시 1,000여 리를 물러났다. 이후 남흉노는 낙양으로 사자를 보내 한나라의 번국藩國(제후국) 신하라 불리며, 한나라의 사자가 남흉노를 감독하고 보호하면서 동한 왕조와 관계를 한층 더 굳건히 하기를 청했다.

광무제의 죽음

57년

건무 중원 2년(57년) 2월, 광무제 유수가 남궁의 전전에서 향년 예순두 살을 일기로 사망하고 그의 넷째 아들 유장劉莊이 왕위를 이어 명제가 되었다. 유수는 평민에서 천자가 된 인물로, 중국을 통일하기 이전에는 태학을 세워 박사와 제자에게 후한 대접을 했다. 그리고 통일을 이룬 이후에는 남과 북을 정복하고, 왕망의 신 왕조를 무너뜨리고, 할거 세력을 평정하여 한 왕조를 재건했다.

동한 정권을 세운 후 유수는 주요 업무를 처음부터 끝까지 모두 직접 살펴 매일 아침 일찍 일어나 조정 일을 돌보고, 저녁 늦게야 궁으로 돌아가서 쉬었다. 가끔은 공경, 낭, 장 등과 토론하느라 한밤중이 되어서야 잠자리에 들었다. 황태자가 그에게 건강에도 신경을 쓰시라 하니 유수는 자신이 즐거워서 하는 일이라 피곤함을 느끼지 못한다 말했다고 한다.

유수는 평생 자신을 낮은 곳에 두어 겸손한 태도로 다른 사람의 권고를 흔쾌히 받아들이고, 관리를 다스리는 데 힘쓰며, 노비를 해방시키고, 지방 호족을 억제하고, 노역과 세금을 줄이고, 백성의 고통에 관심을 기울이는 등 동한 경제의 회복과 발전을 위해 많은 기여를 했다. 아울러 흉노, 오환, 영남, 서남이, 서역 등 여러 민족과의 관계도 명확하게 처리했다. 또 자신이 죽은 후에 장례를 간소하게 치를 것을 유언으로 남겨 후세가 검소함을 숭상하도록 하는 데 몸소 본보기가 되었다.

왕충이 《논형》을 쓰기 시작하다

59년

동한 영형永平 2년(59년)에 왕충王充이 《논형論衡》을 짓기 시작해 30년 후에 완성했다. 그 85편 가운데 실존하는 것은 84편으로, 〈초치招致〉 1편이 유실되었다. 《논형》은 한 왕조 및 한 왕조 이전의 모든 학설과 사조를 평가하고, 옳고 그름을 평론하며, 경중을 따지고, 허망한 말을 비판한 유물주의 무신론의 중요한 저작이다. 《논형》에서 왕충은 도가 황로 사상의 무위자연 개념을 받아들여 선인들의 '원기元氣'를 계승한 기초 위에 원기자연론元氣自然論을 제기했다.

동연거(銅輦車)

그는 하늘과 땅은 모두 객관적으로 존재하는 물질의 실체이며, '원기'는 하늘과 땅의 실체와 자연만물을 구성하는 최초의 물질 원소라고 여겼다. 그는 "만물의 생성은 모두 원기에서 비롯된다."라며 무신론적 사상을 논술했다. 그리고 '천인감응天人感應'설을 배척하며 '사람은 행위로 하늘을 감동시킬 수 없으며, 하늘은 행위로 사람에게 응답할 수 없다.'고 여겼다. 왕충의 《논형》은 '천인감응'에 반대하는 신학 목적론에서 중국 고대의 유물주의 전통을 계승하고 또한 한 단계 더 발전시켰다. 그의 원기자연론은 당시 주도적 지위를 차지하고 있던 경학과 신학에 심각한 타격을 주었다는 점에서 당시의 이데올로기 투쟁에서 크나큰 현실적 의미가 있다. 그러나 왕충의 반反신학적 사상은 계속 봉건 유학의 정통 사상에 배척당하며 '이단'으로 간주되었다. 그래서 《논형》도 오랜 세월 동안 '이단의 책'으로 묻혔다가 동한 말년에 이르러 점차 알려지기 시작했다.

《한서》

반고가 조서를 받고 《한서》를 편찬하다

64년

반고班固는 유명한 학자 집안에서 태어나 어려서부터 수많은 서적을 읽으며 구류백가九流百家(중국 춘추·전국 시대의 여러 학자와 학파를 이르는 총칭)의 저작을 섭렵했다. 또 아홉 살 때부터 글을 지었고, 건무 23년(47년)에 태학에 들어갔다. 건무 30년에 아버지 반표班彪가 세상을 떠나자 아버지가 끝내지 못한 일을 이어 《한서漢書》를 편찬하기 시작했다. 그러다 누군가가 한나라 명제에게 '사사로이 국사國史를 바꾼다.'고 그를 고발해 감옥에 갇혔지만, 동생 반초班超가 그를 변호하는 상서를 올려 풀려났다.

명제는 반고가 쓴 글을 읽고 그의 재능을 높이 사 영평 5년(62년)에 그를 난대령사蘭臺令史로 임명했다. 반고는 훗날 교서랑校書郎으로 승진해 제실帝室 도서관의 교열관을 지내면서 공신, 평림, 신시, 공손술 등의 열전과 재기載記를 지었다. 이것들은 모두 그가 《한서》를 쓰는 데 적절한 조건을 제공했다. 영평 7년(64년)에 명제가 반고에게 서한의 국사를 완성하라고 명령하면서 《한서》의 편찬이 정식으로 황실의 인가를 받았다.

그로부터 20년 후인 장제 건초建初 연간에 기본적으로 《한서》가 완성되었다. 훗날 반고는 두헌竇憲의 반란 사건의 연관자로 몰리면서 옥에 갇혔다. 그리고 영원永元 4년(92년)에 예순한 살을 일기로 감옥에서 죽음을 맞이했다. 이때 《한서》 8표表와 〈천문지天文志〉는 미완의 상태여서, 그의 여동생 반소班昭가 동향인 마속馬續과 함께 황제의 명을 받들어 완성했다. 그렇게 해서 한나라 화제和帝 영원 연간에 이르러 중국 사학의 첫 번째 단대사斷代史 거작인 《한서》가 드디어 완성되었다.

중국 최초의 절, 백마사 건설

68년

서한 말기에 이미 서역에서 중국으로 불교가 유입되었다. 동한 명제 시기에 명제가 꿈에서 금인金人(부처의 몸이 금빛인 데서 부처 또는 불상을 이르는 말)을 보았는데, 금인의 정수리 부위에 흰 빛이 감돌고 있었다. 그 금인은 궁전에서 모습을 드러낸 뒤 다시 서쪽으로 날아가 버렸다. 명제의 신하가 해몽하기를, 그가 꿈에서 본 것이 바로 '부처'라고 했다. 명제는 그 말에 흥미가 생겨서 영평 7년(64년)에 낭중 채음蔡愔과 박사 진경秦景에게 천축으로 가서 불경을 구해 오라고 명했다.

백마사 안의 불상

영평 10년(67년)에 그들이 천축에서 두 고승과 함께 불상, 불경을 가지고 낙양으로 돌아왔다. 한나라 명제는 천축의 고승들을 동문東門 밖 홍려시鴻臚寺(예전에는 '사'를 '시'라고 읽었다.)에 머물게 했다.

이듬해(68년)에 명제는 다시 옹문雍門 밖에 천축의 고승들이 거주할 곳을 지었다. 그리고 인도의 기원정사祇園精舍를 모방

해 중앙에 탑을 세우고, 전殿 내부에는 벽화를 그렸다. 천축의 승려들은 이곳에서 불경을 번역하고 불교의 예법을 전파했다. 그들이 번역한 《사십이장경四十二章經》은 중국 최초의 한역漢譯 불전이다. 천축에서 불경을 싣고 돌아온 백마 네 마리도 고승들이 거주한 곳에서 함께 길렀기에 이곳의 이름이 '백마사'가 되었다. '사寺'는 본래 관아의 이름으로, 예컨대 홍려시는 외국인과 소수민족을 초대했을 때 묵게 하는 영빈관이었다. 백마사는 천축의 손님을 묵게 한 곳이었으므로 '사'라는 이름이 붙었다. 그리고 불교가 중국에 전해진 후 처음으로 세워진 불교 사원이다. 동한 시기에 대부분 불경이 낙양에서 번역되었기에 백마사는 또한 가장 중요한 역관譯館이 되었다.

도금한 청동 우인

맥을 잡아 주는 중국사 중요 키워드

한 왕조 문구의 흥성

한 왕조의 관리와 유생이 사용하던 문구는 이미 종류가 거의 완비되어 있었다. 붓은 상나라 시대에 처음 등장했는데, 갑골문은 먼저 붓으로 쓴 뒤에 칼로 새기는 것이었다. 전국 시대와 진秦 왕조의 붓도 여러 무덤에서 출토되었다. 서한의 붓은 토끼털로 붓을 만들고 대나무로 자루를 만든 진 왕조 시기의 붓과 제작법이 일치한다. 붓털은 붓 자루 주위에 잡아매는 전국 시대의 방법에서 붓대 속으로 집어넣는 방법으로 바뀌었다.

한 왕조 때에는 이미 모양이 굳어져서 붓털은 간강桿腔(붓대에 붓털을 끼워 넣는 구멍)에 끼워 넣어 먹물을 많이 머금을 수 있도록 했다. 먹도 상나라 시대부터 사용되기 시작했으며, 초기의 먹은 벼룻돌硯石에서 갈아 사용했다. 한나라 초에는 덩어리, 환으로 만든 송연묵松煙墨이 등장해 대량 생산되기 시작했다. 그리고 나중에 송연묵 외에 석묵石墨이 등장했다.

광저우 시에 있는 남월왕 무덤에서 출토된 묵은 부드럽고 매끈하며 윤기가 도는 매우 품질이 좋은 묵이다. 벼루의 제작도 나날이 정교해지고 널리 보급되었는데 대부분이 원형과 타원형의 돌벼루이다. 돌벼루 외에 자기로 만든 벼루, 천자가 사용한 옥으로 만든 벼루 또는 쇠로 만든 벼루도 있었다.

한 왕조가 북흉노를 멸망시키다

91년

화제 영원 원년(89년), 거기장군 두헌이 군사를 이끌고 계록雞塞 요새에서 변경 지역으로 가서 남흉노와 연합했다. 그리고 계락산稽落山에서 북흉노를 대파하고 국경을 넘어 흉노의 땅 깊숙이 3,000여 리나 진격해 연연산燕然山(지금의 몽골 항가이Khangai 산)까지 나아갔다. 두헌을 따라 출정한 반고는 〈연연산명燕然山銘〉을 지어 비석에 공적을 새기고 돌아왔다.

영원 2년(90년), 두헌이 다시 부교위副校尉 염반閻槃에게 기병 3,000여 명을 이끌고 출전해 이오伊吾의 흉노를 격파하게 했다. 영원 3년(91년)에는 우교위右校尉 경기耿夔와 사마임상司馬任尚에게 거연居延에서 국경을 넘어 흉노의 땅인 금미산金微山(지금의 알타이 산)에서 북흉노를 포위하게 했다. 한나라 군대는 5,000여 리나 국경을 넘어 진격해 북흉노를 완벽히 섬멸했다. 그 후로 북흉노 일부는 한나라에 투항하고, 일부는 선비족鮮卑族에게 귀순했으며, 나머지는 중국의 변경 지역을 떠나 머나먼 서쪽 지역으로 이동했다. 북흉노의 서쪽으로의 이동은 세계 역사상 일대 사건으로, 고대 세계에 큰 변화를 가져와 유럽과 세계 역사의 발전에도 영향을 미쳤다.

삼합식(三合式) 도기집

전당(前堂)과 후실(後室), 뜰로 구성되었다. 전당의 왼쪽에는 한 남자가 체를 들고 서 있고, 오른쪽에는 남자가 무릎을 꿇은 채 양손으로 양을 누르고 있다. 또 다른 사람은 칼을 들고 양을 죽이려 하고 있다. 당 안에 있는 사람은 절굿공이를 가지고 있다. 오른쪽 처마 아래의 비탈진 곳에는 양치기가 손을 휘저으며 양을 안으로 들여보내고 있다. 뜰에 있는 돼지우리에서는 한 사람이 사발을 들고 음식을 붓고, 돼지 두 마리가 음식을 먹고 있다.

한나라 화제가 두헌을 처형하다

92년

장제와 화제 시대에는 외척 두씨의 세력이 빠르게 확대되었다. 건초 8년(83년)에 두헌은 시중侍中, 호분중랑장虎賁中郎將, 그리고 아우 두마竇篤는 황문시랑黃門侍郎으로서 형제가 궁에서 권세를 휘둘렀다. 두헌이 자신의 권세만 믿고 광무제의 딸인 심양沁陽 공주의 땅을 헐값에 사들였지만, 공주조차도 감히 그에게 불만을 표시할 수 없었다. 두씨에게 맞서는 사람은 모두 보복을 당했다. 88년에 화제가 즉위하여 두씨 형제의 여동생이 황태후가 되자, 두씨 일가가 조정을 좌지우지하며 외척이 조정에 간섭하지 않던 동한의 전통을 무너뜨렸다.

영원 초년에 두헌이 군대를 이끌고 북흉노를 대파한 후, 두씨 형제는 더욱 안하무인이 되어 다른 사람의 재물은 물론이고 아내와 딸까지 빼앗는 등 악행을 일삼았다. 조정은 그들에게 아첨하며 따르는 사람들로 가득 찼고, 심지어는 지방 태수와 자사刺史까지도 두씨의 말을 들어야 했다.

영원 4년(92년)에 화제는 환관인 중상시中常侍 정중鄭衆의 계책에 따라 먼

맥을 잡아 주는 **중국사 중요 키워드**

《설문해자》

동한 화제 영원 12년(100년)에 허신許愼이 《설문해자說文解字》를 편찬했는데 이는 역사상 최초의 한자학 관련 전문 저작이다. 《설문해자》는 모두 14편으로 구성되며, 《후서後序》를 합하면 총 15편으로 나뉘어 있다. 수록된 글자는 모두 9,353개이고, 이체자異體字 1,163개를 수록했다. 이 책은 주·진秦나라 시대 훈고訓詁 (자구字句의 해석) 사전의 방법을 완전히 바꾸어 체계적이고 전면적으로 한자의 모양, 소리, 뜻의 새로운 구성 원리에 따라 해석했다. 그리고 해석한 글자를 소전에 근거해 글자 형태와 구조를 분석했다. 또 부수에 따라서 514개 부로 나누고, 부와 부의 배열 순서는 부의 획수와 자형字形의 구조에 따랐다.

《설문해자》는 중국 문자학과 자전학字典學 연구의 효시이다. 허신은 이 저작에서 과학적이고도 조리 있게 한자의 생성과 발전, 문자의 기능, 한자의 구조 등을 분석하고 서술해 실천적으로나 이론적으로나 전대미문의 수준에 도달했다. 책에 수록된 글자는 경서[특히 고문경古文經[한나라 경제 때 공자의 옛 집터에서 발견한 경전을 바탕으로 춘추 시대의 전서체로 쓰인 고본경전古本經典)]에서 자주 볼 수 있는 글자, 그리고 전문篆文(전자체의 문자), 고문古文, 주문籀文(열 가지 서체의 하나. 주나라 선왕 때에 태사였던 주籀가 창작한 한자의 자체. 소전의 전신으로, 대전이라고도 한다.), 속체俗體 등을 포함하여 상당히 광범위하다. 선진 시대의 글자도 있지만 한 왕조 때 새로 생성된 글자도 있어 훗날 한자의 발전 역사를 고찰하는 연구자에게 매우 귀중한 자료가 되고 있다. 근대에 갑골문, 금문金文(쇠로 종이처럼 얇게 만든 판이나 비석 따위에 새겨진 글자인 금석 문자를 줄여서 이르는 말)을 식별할 때 모두 이 책에 의존한다.

저 두헌의 패거리를 잡아들이고 곽파郭玻, 등첩鄧疊 등을 감옥에 가두어 죽게 했다. 그리고 다시 알자복야謁者僕射를 시켜 두헌에게서 대장군의 인印과 그것을 매는 인끈을 거두어들이게 하고 두헌을 관군후冠軍侯에 봉했다. 두헌이 도읍을 떠나 봉국으로 간 후에는 그가 스스로 목숨을 끊도록 압박했다. 화제가 두씨 외척 세력을 몰아낼 수 있었던 데는 환관 정중의 힘이 컸다. 화제는 외척이 권력을 휘두르는 것을 끔찍할 정도로 싫어해서 직접 모든 주요 업무를 처리하려고 했다. 그래서 대신들은 아무런 힘도 발휘할 수 없었고, 화제는 오직 정중만을 믿었다. 이때부터 동한 시대에는 환관이 득세했다.

영원 14년(102년)에 정중이 초향후鄛鄉侯에 봉해졌는데, 환관이 제후로 봉해지는 것도 모두 정중으로부터 시작된 것이다. 이것은 환관이 외척과의 투쟁에서 일궈 낸 첫 번째 승리이다.

석수(石獸)

이 석수는 산시 성(陝西省) 셴양 시에서 출토되었다. '천록(天祿)'이라고도 불리는 상서로운 동물이다. 이러한 기이한 짐승은 일반적으로 사악한 기운을 몰아내려는 용도로 만들어진 능묘 조각품이다. 석수는 입을 크게 벌려 이빨을 드러내고, 두 귀는 곧추세우고, 머리는 높이 치켜들고 있으며, 긴 수염을 가슴 앞까지 드리우고 있다. 몸체는 늘씬하고, 네 다리는 굵고 힘이 있어 보인다. 막 앞으로 걸어 나가려는 듯한 자세로 네 발로 땅을 굳건히 밟고 있는 모습에서 위엄이 느껴지며, 힘과 생기가 솟구치는 듯하다.

서역이 완전히 한나라에 복속되다

94년

건초 5년(80년)에 반초가 한나라 장제에게 상서를 올려 서역의 형세를 보고하며 쿠차龜茲를 격파해야만 서역을 복종시킬 수 있을 것이라고 했다. 반초의 계획이 실행 가능하다고 여긴 한나라 장제는 평릉平陵 사람 서간徐幹을 가사마假司馬에 임명하여 1,000명을 이끌고 반초를 지원하게 했다.

반초와 서간은 먼저 반란을 일으킨 소륵疎勒(카슈가르Kashgar)도위 번진番辰을 무찔러 국면을 진정시켰다. 원화元和 원년(84년)에 동한 조정은 다시 가사마 화공和恭에게 병사 800명을 이끌고 반초를 지원하게 했다. 반초는 친한親漢 국가들과 연합해 서역에서 반격을 시작했다. 3년 후 한나라 군대는 카슈가르疏勒 왕 충忠을 생포했다. 영원 원년(89년)과 2년, 3년에 동한 조정은 세 차례에 걸쳐 두헌 등을 천 리가 넘는 원정길에 파병해서 북흉노의 세력을 철저히 섬멸했다. 영원 2년, 반초가 다시 적은 군사를 이끌고 수많은 군사를 거느린 대월지를 격파했다. 북흉노와 대월지가 패배하여 서역의 저항 세력은 기댈 곳을 잃게 되었다. 영원 3년에 쿠차, 아쿠스姑墨, 우슈溫宿가 모두 반초에게 투항했다. 그 후 동한 조정에서 다시 서역 도호를 파견했고, 과거에 한나라의 도호를 살해한 적이 있는 카라샤르焉耆, 위수危須, 위리尉犁는 감히 한나라에 투항하지 못했다. 영원 6년(94년), 반초가 쿠차, 선선鄯善(누란이라고도 함.) 등 8개국 병사 총 7만 명과 한인漢人 벼슬아치 1,400여 명을 보내 카라샤르를 치게 했다. 반초는 이러한 군대를 동원한 무력 공격과 투항을 유도하는 방법을 적절하게 사용하여 카라샤르 왕과 위리 왕 등을 꺾고 그 지역을 한나라에 복속시켰다.

이로써 서역의 50여 개국이 모두 동한의 지도에 포함되었다. 서역이 완전히 한나라에 귀속되면서 서역과 중원 지역의 관계는 돈독해졌고, 이는 중국의 통일을 유지하는 데 적극적인 역할을 했다.

채륜이 종이를 만들다

105년

동한 원흥元興 원년(105년), 채륜蔡倫은 이전의 제지술을 바탕으로 제지술을 개혁하고 널리 보급했다. 채륜의 제지술이 등장하기 전에 중국에서는 상나라 시대에는 갑골을 사용했고, 서주 시대에는 청동기를 사용했으며, 춘추 시대에는 죽간과 목간木簡, 비단 등을 기록하는 재료로 사용했다. 한 왕조 때에는 농업이 발전하고 경제가 번영하고 국력이 강성해져서 문화가 눈부신 발전을 이룩했다. 그러면서 점차 무거운 죽간과 값비싼 비단은 사람들의 요구를 더 이상 만족시키지 못하게 되어 새로운 기록 재료의 필요성이 높아진 결과 제지술이 탄생했다.

《후한서後漢書》〈채륜전蔡倫傳〉의 기록에 따르면 "채륜이 종이를 만들기 이전에 기록을 하는 종이는 사실상 직물이었다. 채륜은 나무껍질, 삼베, 낡은 옷감, 어망 등을 사용해 누르고, 찧고, 펴고, 말리는 등 일련의 가공을 거쳐 진정한 의미의 종이라고 할 수 있는 식물 섬유를 만들었다." 105년에 채륜이 한나라 화제에게 종이를 바쳐 화제에게 칭찬을 들었다. 채륜이 만든 종이는 '채후지蔡侯紙'라고 불렸으며, 이로부터 제지술이 세상이 알려졌고 105년은 제지술이 발명된 해로 역사에 기록되었다.

제지술은 중국 고대 역사상 가장 위대한 발명이자 인류 문명의 역사에서 가장 걸출한 성취이다. 종이는 인류 문명의 기초이다. 종이는 새로운 정보의 매개체로 중국에서 제일 먼저 등장해 중국 문명의 발전을 다른 문명

제지 생산 과정을 설명하는 그림

보다 앞당겨 주었다. 다른 문명에서는 8세기 즈음에 이르러서야 아랍인들이 중국의 기술과 설비를 사용하여 종이를 만들기 시작했다. 종이의 등장과 보급은 한 왕조 이후의 문화생활에 새로운 변화를 가져왔다. 종이의 품질은 나날이 좋아졌지만, 한 왕조 전반에는 여전히 목간과 비단이 주요 글쓰기 재료로 사용되었다.

진晉 왕조에 이르러서야 경제가 발전하면서 비로소 제지술이 장강 유역과 강남 일대에도 전해졌고, 종이를 만드는 재료도 풍부해져서 좋은 종이가 많이 생산되었다. 진 왕조 때 유행한 책 읽기, 베껴 쓰기와 모으기는 모두 종이의 보급과 확대에 힘입은 것이다. 경전 베끼기 열풍, 경전 모으기 열풍과 좌사左思의 《삼도부三都賦》 베껴 쓰기로 일어난 낙양의 종이 값 상승 등은 모두 종이의 보급 이후에 나타난, 예전에는 볼 수 없던 풍경이다.

장형이 지동의를 발명하다

132년

순제順帝 양가陽嘉 원년(132년)에 동한의 저명한 과학자 장형張衡이 세계 최초로 지진의 방향을 관측할 수 있는 지동의地動儀를 발명했다. 구리로 만든 지동의의 중앙에는 진동에 쉽게 기울어지도록 위쪽이 굵고 아래쪽이 가는 구리 기둥이 하나 세워져 있고, 지진이 일어나면 그 방향으로 기둥이 쓰러진다. 그러면 지레의 작용으로 용의 입이 열리고 구슬이 떨어져 개구리 입 속으로 들어간다. 이러한 지동의의 기본적인 구조는 물리학 원리에 부합할 뿐만 아니라 지진파의 방향도 추측할 수 있어 현대 지진계의 선구라고 볼 수 있다. 이는 세계적으로도 매우 앞선 발명품이다.

지동의(모형)

지동의의 내부 구조는 매우 정교하다. 기계 내부의 바닥 중앙에는 '도주(都柱)', 즉 진동체의 기둥이 서 있고(현대 지진계의 추와 같음), 도주를 둘러싸고 지동의 몸체와 연결된 지렛대 여덟 개, 즉 '팔도(八道)'가 설치되어 있다. '팔도'와 지동의 외부에 설치된 용 머리의 위턱 여덟 개가 연결되어 각각 동, 서, 남, 북, 동남, 동북, 서북, 서남의 여덟 방위를 나타낸다. 지진이 일어나 지진파가 전해지면 '도주'가 흔들리면서 용머리의 지렛대를 건드려 움직이고, 이에 해당 방위에 있는 용의 입이 열리며 구슬이 떨어져 개구리의 입 속으로 들어가면서 소리를 내 경고한다.

중국 밖에서는 1000여 년이 지난 13세기에 이르러서야 페르시아 마라게 Maragheh 천문대에서 유사한 기구가 등장했다. 그리고 유럽에서는 18세기에 이르러서야 지진이 발생할 때 엎질러지는 수은 보관용기를 사용한 지진계가 등장했다. 지동의는 매우 민감해서 진도 3 정도(MSK Scale 기준)의 지진도 측정할 수 있다. 기록에 따르면 지동의는 만들어진 후 낙양에 안치되었다고 한다. 138년에 낙양에서 700km 떨어진 농서 지역에서 6도 이상의 지진이 발생했는데, 당시 낙양에서는 지진을 느끼지 못했지만 지동의는 반응을 보였다. 지동의가 농서 지역에서 발생한 지진을 성공적으로 실측하면서 과학 기구를 사용해 지진을 관측하는 역사가 시작되었다. 약 4세기 초에 이르러 지동의는 동란 중에 유실되었다.

북을 두드리며 설창(說唱)을 하는 도용

설창 공연은 한 왕조 시대의 민간 예술이다. 설창용은 이 예술을 생동감 넘치게 보여 준다. 이 도용은 상반신은 나체이고 하반신에는 긴 바지를 입었다. 몸을 굽히고 꿇어앉아서 한 다리는 위로 들어 올린 채 한 손에는 북채를 잡고 설창을 하는 모습이다. 모습이 과장되어 동한 시대 민간 생활의 분위기를 느낄 수 있다.

양기의 전권

145년

동한은 충제衝帝부터 환제桓帝 중기까지 외척의 천하였다. 양기梁冀는 순제 황후의 오빠로 전권을 휘두르며 온갖 악행을 저질렀다. 예를 들면, 상서를 올려 바른 말을 한 장강張綱을 죽게 하려고 도적떼가 들끓는 광릉군廣陵郡으로 좌천시키는 등 자신의 마음에 들지 않는 이가 있으면 마음대로 숙청했다.

순제가 죽자 양 태후가 두 살 된 아들을 끌어안고 보좌에 앉았는데, 그가 바로 충제이다. 충제는 1년 만에 요절하고 말았다. 그러자 양 태후는 어리고 연약한 황제를 옥좌에 앉혀 마음대로 이용하기 위해 양기와 작당해서 황족 가운데 여덟 살짜리 아이를 선택해 정권의 상징으로 삼았다. 그가 바로 질제質帝이다. 질제는 어리지만 총명했다. 즉위한 이듬해에 질제는 양기를 똑바로 쳐다보며 그를 '발호장군跋扈將軍'이라고 불렀다. 양기가 물고기를 잡을 때 쓰는 통발을 뛰어넘어서 도망친 큰 물고기처럼 방자하다는 것을 비유한 말이었다. 이를 통해 질제가 자신의 꼭두각시가 되지 않으리라는 것을 안 양기는 채 1년도 안 되어 질제를 독살했다.

두 마리 양 무늬의 황금 식패

그다음으로는 열다섯 살짜리 아이를 황위에 앉혔는데 그가 바로 환제이다. 환제는 즉위한 후 곧바로 양기에게 3만 호를 하사하고 양기가 거느린 대장군부의 관속官屬(옛날 지방 관청에서 일하던 아전과 하인)을 삼공三公(최고위 대신 직위 3개를 나타내는 말)의 두 배로 늘렸다. 또 양기의 형제와 아들을 모두 만호후萬戶侯(일만 호의 백성이 사는 영지를 받은 제후)로 봉했다. 아울러 양기의 아내 손수孫壽를 양성군襄城君에 봉하고, 거기에 덧붙어 양책陽翟의 세금을 손수가 거두어 개인의 소유로 하게 했는데, 그 세입이 5,000만에 달했다. 게다가 여기에 더하여 붉은 인끈까지 내려 주어 황제의 누이인 장공주長公主와 동등한 대우를 해 주었다. 이뿐만 아니라 양기는 대대로 공이 있는 대신에게 허용되는, "황제의 어전에 들 때도 종종걸음을 걷지 않아도 되고, 검을 차고 신을 신은 채 황제를 알현해도 되며, 황제를 알현할 때 이름을 부르지 않아도 된다."라는 특권을 누렸다. 조회 때 삼공과 같은 자리에 앉지 않았고, 열흘에 한 번 상서대尙書臺에서 업무를 보았다. 이때부터 큰일이든 작은 일이든 모두 양기의 결정을 거쳐야만 집행할 수 있었다. 문무백관이 승진하면 먼저 양기의 집을 찾아가 감사 인사를 해야만 했고, 황제의 측근 시종도 양기가 파견한 사람들로 채워져 양기가 황제의 일거수일투족을 빠짐없이 보고받았다.

희평석경(熹平石經, 일부)

《후한서》의 기록에 따르면, 한나라 영왕이 희평 4년에 유생들에게 조서를 내려 오경(五經)의 표준을 정정해 비석에 새겨서 태학의 문 밖에 세웠다고 한다. 과거에는 이 석경이 채옹(蔡邕) 혼자의 작품으로 여겨졌는데, 서법을 분석한 결과 여러 사람이 한 것으로 밝혀졌다. 석경의 서법은 엄격하고 규범화된 것으로 미루어 한나라 예서가 발전, 성숙하던 시기의 대표작으로 여겨진다.

3대에 걸친 20년의 시간 동안 그의 일족에서 제후 7명, 황후 3명, 귀인貴

人(황제의 비妃를 가리킴.) 6명, 대장군 2명 등이 나왔고, 군으로 봉해진 부인과 여식이 7명, 공주와 결혼한 자가 3명, 나머지 경·장·윤·교卿·將·尹·校의 높은 관직에 오른 자가 57명에 달했다. 그들이 누린 영화는 실로 극에 달했고 그 위세를 안팎에 떨쳐 백관은 두려움에 곁눈질을 하며 감히 양씨 외척 세력의 명령을 어기지 못했다.

중국과 고대 로마의 수교

166년

166년에 로마 시대의 황제 마르쿠스 아우렐리우스(161년~180년)가 파견한 사자가 이집트에서 출발해 인도양을 거쳐서 한나라가 통치하던 일남군日南郡에 상륙했고, 더 북쪽으로 향해 마침내 낙양에 도달했다. 이로부터 중국과 로마 두 대국 간에 통상 사절들이 직접 오가게 되었다.

신수 무늬가 상감된 소 모양의 등롱

한나라는 로마를 대진大秦이라 칭했다. 이는 태서泰西(극서極西, 서양을 가리킴.)의 나라를 의미하며, 다른 이름으로는 해서국海西國이라고 불리기도 했다. 동한 왕조는 경제와 외교상의 필요에 따라 로마와 수교를 맺기로 했다. 97년에 반초가 감영甘英을 대진에 사신으로 보냈다. 감영은 파르티아Phartia(안식국安息國, 대략 현재 이란의 호라산 지역과 일치하는 고대 지역) 영토 서쪽 경계의 페르시아 만에 도착해서 대진으로 가려고 했다. 그러나 파르티아 해상 무역상의 완곡한 저지로 이집트 알렉산드리아로 통하는 해상로를 찾으려는 목적을 이루지 못했다.

한편, 중국 사자의 도래는 홍해 연안의 모카Mocha(지금의 예멘의 항구 도시로 아라비아어로는 '무하'라고 한다.)와 아둘리스(지금의 에티오피아 마사와 항구 부근)에 중국과의 맹약 체결 바람을 불러 일으켰다. 100년에 그들은 동한의 수도인 낙양으로 사자를 보내 한나라 화제에게 예물을 바쳤다. 화제는 두 나라의 사자를 후하게 대접하고, 두 나라의 왕에게 신하로서의 최고 영예를 상징하는 자수금인紫綬金印(승상 등급 이상의 고관이 차던 금 도장과 자줏빛 술실. '금자金紫'라고도 한다.)을 하사해 외교상 최대한의 성의를 표시했다. 이 일은 고대 로마를 고무시켰다. 그로부터 반세기 이후에 로마가 정식으로 한나라에 사자를 파견하면서 두 대국이 정식으로 수교하게 되었다.

로마의 사자가 동쪽으로 온 항로는 남인도를 주축으로 하는 해상 실크로드로, 이를 기점으로 하여 로마의 상품이 뱃길을 통해서 직접 남중국으로 들어오게 되었다. 240년경에 쓰인 《위략魏略》에 따르면, 로마 세계의 물산, 즉 알렉산드리아(지금의 이집트) 동방 무역의 품목표에는 금속 제품, 진귀한 동물, 보석, 직물, 유리, 향약香藥(향기가 나는 약재. 약을 제조할 때 역겨운 냄새를 제거하기 위해 첨가하거나 또는 조제하여 몸에 지님으로써 나쁜 냄새를 없애는 데 사용되었다.) 등 여섯 종류 총 83개 항목이 있었다. 이는 바로 로마가 중국에 수출한 물품이다. 로마는 중국에 대량의 물품을 수출했을 뿐만 아니라 중국의 물품도 대량 수입했는데, 옷감, 피혁, 철기가 주요 품목이었다.

당고의 화

169년

한나라 말, 명망 있는 선비와 태학생들을 핵심으로 하는 사인士人들이 정치를 비판했다. 태학생들이 태학 내에서 환관의 전횡에 반대하는 조직을 만들고 널리 알리기 시작하면서 순식간에 '청의淸議'라고 하는 일종의 정치 여론이 확산했다. 여기에 중·하급 관리들의 지지가 더해지면서 환관의 전횡에 반대하는 물결이 일어났다. 그리고 이에 대한 환관의 보복도 점점 거세져 결국에는 평생토록 벼슬할 수 없게 하는 당고黨錮의 화禍가 일어났다.

당고의 화는 환관들이 이응李膺을 잡아들여 하옥시키면서 시작되었다. 당시 환제와 환관의 두터운 신임을 받고 있던 술사術士 장성張成이 환관을 통해 조만간 대사면령이 내려질 것이라는 사실을 알게 되었다. 그래서 그는 여러 사람 앞에서 자신이 풍향을 보아하니 곧 황제가 대사면령을 내릴 것이라고 허세를 부렸다. 그러나 아무도 믿지 않자 그들과 내기를 걸고 아들에게 살인을 저지르게 했다. 이에 장성의 아들을 잡아들인 이응이 그를 처벌하려고 했는데, 이튿날 정말로 사면령이 내려졌다. 전말을 알게 된 이응이 화를 내며 장성의 아들을 잡아 법에 따라 처형했다.

그러자 장성이 환관들과 작당해 환제에게 이응과 태학생들이 '붕당朋黨을 만들어 조정을 비판한다.'라고 거짓을 고했다. 측근인 이들의 말을 듣고 몹시 노한 환제는 이응 등 당인黨人 200여 명을 잡아들였다. 이에 외척 두무竇武와 태학생들이 당인들을 석방해야 한다는 상주서를 올려 이른바 당인들의 억울함을 호소했다. 그러자 환제는 특사령을 내려 당인 200여 명을 모두 석방시켰다. 이때 환관들은 당인을 전부 지방으로 내려 보내고 지방 관청에 그들의 이름을 통보해 평생 벼슬을 하지 못하게 했다. 그러나 천하의 사대부들은 모두 당인들을 칭송하며 조정을 지지하지 않았다.

환제가 죽고 영제靈帝가 즉위하자 환관들의 위세는 더욱 드높아졌고, 사대부들에 대한 환관들의 대학살이 이어졌다. 건녕建寧 2년(169년)에 산양군山陽郡의 독우督郵 장검張儉이 환관 후람侯覽의 모친을 체포해서 죽였다. 그러자 후람은 이번에도 장검이 붕당을 만들었다며 황제에게 모함했고, 이에 영제가 장검을 체포하도록 명령을 내렸다. 하지만 그가 이미 피신한 바람에 그 대신 이응, 두밀杜密, 순욱荀昱 등 100여 명이 체포되어 옥중에서 죽었고 이들의 처자식은 변방으로 유배되었다.

천하의 호걸과 유학의 가르침에 따라 정의를 실천하는 사람들도 환관들

한 왕조 등롱의 아름다움

양한 시대에 중국의 등롱 제조 공예는 새로운 발전기를 맞았다. 이 시대의 등롱을 보면 전국 시대와 진秦나라 시대의 등롱 특징을 계승하면서도 참신함이 있었다. 한 왕조의 등롱은 이렇게 이전 시대의 공예를 바탕으로 새로운 발전을 이룩했다. 형식 면에서는 기존의 좌대 등롱 외에 거는 등롱이 등장했다. 재질 면에서는 도자기등이나 청동등 외에도 철등, 옥등, 석등이 새롭게 등장했는데 그중에서도 청동등이 가장 다양하고 다채롭다.

출토된 실물을 통해 등의 수량이 한 왕조 시대에 현저히 증가한 것을 알 수 있으며, 이는 등롱의 사용이 매우 보편화되었다는 것을 나타낸다. 이 시기에는 등롱의 형상이 매우 다양해졌다. 인물 형상으로 만들어진 궁녀등, 남노男奴등이 있는가 하면 동물의 형상으로 만들어진 우형牛形등, 주작등 등이 있다. 또 기물의 형태를 모방한 두형豆形등, 합형盒形등이 있고, 그 밖에 다지多枝등, 행등行燈 등이 있다.

한 왕조 시대의 등롱 공예는 소재가 다양하고 제작이 정교해서 인물이든 동물이든 기물의 형태든 모두 살아 있는 듯한 절묘한 경지에 도달했다. 양한 시대의 등롱 제작은 전대미문의 성취를 거두어 고도의 과학성과 예술성을 갖춘 모습을 보여 준다. 한 왕조 시대에는 다지화등多枝華燈 등롱이 유행했다. 이것은 일반적으로 하나의 등롱 받침이 높낮이가 들쭉날쭉한 등잔 몇 개 또는 십여 개를 지탱한다. 어떤 청동다지등은 탈부착할 수 있어서 매우 편리하다. 다지등은 조명의 밝기를 크게 향상시켜 실용적일 뿐만 아니라 정교한 공예품이기도 하다. 《서경잡기西京雜記》에는 황후 조비연趙飛燕이 여동생이자 소의昭儀인 합덕合德에게서 축하 선물로 '칠지등七枝燈'을 받는 장면이 나온다. 한 왕조 시대에는 거는 등도 등장했다는 점이 이전 시대와 다른 특징이라고 할 수 있겠다.

십오연등잔(十五連盞燈)

이 등롱은 등좌, 등주와 등잔 세 부분으로 구성되고, 쌍신호(雙身虎) 세 마리가 각각 입에 둥근 구슬을 물고 등좌를 받치고 있다. 등좌 중앙에는 엇갈리게 높낮이가 다른 등잔 15개가 있는 원형 등판으로 구성된 등의 몸체가 꽂혀 있다.

에게 당인으로 지목되어 600~700명이 체포되어 죽거나 면직되거나 유배되었다. 훗날 황건黃巾의 기의가 일어나 조정이 더욱 강력한 적을 상대해야 하는 상황에 이르자, 환관들은 그제야 이들의 당고령을 해제했다.

황건 기의의 폭발

184년

동한 후기의 70~80년 사이에 조정이 부패하면서 사회가 뒤숭숭해지고 여러 종류의 갈등이 두드러져 사회 전체에 거대한 위기가 도사리고 있었다. 배고픔과 썩어빠진 통치를 견디다 못해 거록군鉅鹿郡(지금의 허베이 성 닝진 현寧晉縣 서남쪽) 사람 장각張角이 대규모의 농민 기의를 준비했다. 장각은 태평도太平道의 교주로 '부수符水(부적과 정화수. 또는 부적을 태운 물로 치료를 하는 술법을 말한다.)'를 이용해 사람들의 병을 고쳐 주면서 많은 제자를 끌어 모으고, 그들을 여러 지역으로 보내 태평도를 널리 퍼뜨리게 했다.

그렇게 십여 년의 세월이 흐르자 태평도는 어느덧 신도가 30여만 명에 달했고, 활동 범위는 청주, 서주, 유주幽州, 기주冀州, 형주, 양주揚州, 경주競州, 예주豫州의 여덟 주州에 이르렀다. 이제 조직을 한층 더 효율적으로 관리하기 위해 장각은 군사 편제를 따라 신도들을 36방方으로 나누어 조직했다. 큰 방에는 신도가 1만여 명, 작은 방에는 6,000명에서 7,000명이 소속되었고, 각 방에 거수渠帥라고 불리는 우두머리를 두어 통일적으로 장각의 지휘에 따르게 했다.

오랜 세월에 걸친 준비 끝에 장각은 영제 중평中平 원년(184년), 즉 갑자년甲子年 3월 5일에 전국에서 동시에 기의하고 "창천은 이미 죽었

동초거(銅軺車)

이 청동 마차는 과거에 의장대 앞에서 인도하는 역할을 한 수레이다. 두 개의 끌채는 위를 향해 구부러져 있으며, 두 개의 바퀴는 중륜[重輪. 중국 고대에 천자가 탔던 수레로서, 바퀴가 두 겹으로 되어 있다. 중곡(重轂)이라고도 한다.]이다. 마차 위에는 원형 갓이 덮여 있다.

고 황천이 세워질 것이다. 갑자년에 천하는 대길이다."라는 구호를 외쳤다. 이와 함께 오랜 세월 준비하며 기다리던 각지의 농민군이 장각의 명령을 받고 36방에서 동시에 일어났다. 장각은 스스로 '천공장군天公將軍'이라 칭하고 두 동생인 장보張寶와 장량張梁을 각각 '지공장군地公將軍', '인공장군人公將軍'이라 부르며 세 형제가 최고 지휘자가 되었다. 기의군은 머리에 누런 두건을 써서 황건군黃巾軍이라 불렸다. 황건군은 탐관오리를 죽이고, 관청을 불태우며, 호강 지주의 땅을 쑥대밭으로 만들고 그들의 토지와 재산을 몰수하고, 곡식 창고를 열어 가난한 백성을 구제했다. 그러자 한 달도 채 안 되어 수많은 백성이 그들과 뜻을 같이해 동한 조정에 충격을 주었다. 기세가 드높았던 황건군의 대기의는 바로 이렇게 폭발했다.

홍도(紅陶) 무사용

동탁의 전권

189년

중평 6년(189년) 7월, 대장군 하진何進이 병주자사幷州刺史 동탁董卓을 도읍으로 불러들여 환관을 주살하게 했다. 그러나 8월에 동탁이 군사를 이끌고 낙양에 도착하기도 전에 하진이 환관 세력에게 죽임을 당했고, 이로 말미암아 황궁에서 대란이 벌어졌다. 이때 환관 장양張讓 등이 몸을 피하면서 소제少帝 유변劉辯을 데리고 궁 밖으로 빠져 나갔다. 동탁이 이 사실을 보고받고 군대를 이끌고 추격해서 소제를 되찾고 호위하여 낙양으로 돌아왔다. 궁으로 돌아온 후 동탁은 한정漢廷을 압박해 사공司空 유홍劉弘을 면직시키고 자신이 그 자리에 앉아 스스로 사공이 되었다. 그리고 9월에 하何 태후와 대신들을 협박해 소제를 폐위시키고 진류왕陳留王을 제위에 앉혔다. 그가 바로 헌제獻帝이다.

소제를 폐위하고 헌제를 옹립하던 날, 여러 대신은 애통함과 부끄러움을 감출 수 없었지만 그 누구도 감히 나서서 바른 말을 하지 못했다. 동탁은 이어서 하 태후를 독살한 후 조정의 권력을 한 손에 틀어쥐고 좌지우지하기 시작했다. 그해 11월, 동탁은 스스로 상국相國이 되어 황제를 알현할 때도 검을 차고, 어전에 들어서도 무릎을 꿇지 않으며 신하로서의 예절을 전혀 갖추지 않았다. 게다가 동탁은 도성에서 군대를 이끌고 재물을 강탈하고 백성을 잔혹하게 죽여 도성 안의 백성이 모두 두려움에 떨었다. 동탁은 또 한편으로 이름난 인재들을 천거하여 자신의 곁에 둠으로써 자신의 지위를 굳건히 했다. 다시 말해, 당시 동탁은 제위에 오르지 않았을 뿐 조정의 대권을 완전히 장악하고 있었다.

삼합원식 도기 집

삼합원식 집은 한 왕조 시대에 영남 일대에 지어진 건축물의 한 유형이다. 방 세 채로 'ㄷ'형태를 이루는 구조로, 앞의 한 채는 가로로 직사각형이고 나머지 두 채는 서로 마주 보게 위치한다. 그리고 낮은 담장을 연결해 뒤뜰을 만든다. 방의 양측(또는 한쪽 측면)에는 복도가 있고, 여기에 완만한 경사로 계단을 만들어 뒤쪽의 또 다른 방으로 이어지게 한다. 뒤쪽의 두 방은 하나는 화장실이고 하나는 축사이며, 일부 축사는 뜰과 이어져 있기도 하다. 삼합원식 도기 집의 대다수는 동한 중기 이후의 대형 벽돌묘에서 발견된 것으로 주인이 어느 정도 사회적 지위가 있었다는 사실을 알려 준다.

조조의 기병

189년

중평 6년(189년)에는 동탁이 조정을 주무르며 인재를 모아들이고 있었다. 동탁은 황건군을 진압한 인물 가운데에서 유독 두각을 나타내며 자신의 눈을 사로잡은 조조曹操를 효기교위驍騎校尉에 봉했다. 그러나 큰 뜻을 가슴에 품은 조조는 동탁이 시대의 흐름에 역행하여 큰일을 이루기 어려울 것이라고 꿰뚫어 보았다. 그래서 동탁의 제안을 거절하고 이름까지 바꾼 채 남의 이목을 피해 작은 길을 이용해서 고향으로 돌아갔다. 이에 동탁이 크게 노해서 각 군현에 조조를 체포하라는 명령을 내렸다.

조조는 도망가던 길에 아버지의 옛 친구인 여백사呂伯奢의 집에 묵었다. 여백사의 다섯 아들이 예를 다해 그를 대접했으나, 조조는 오히려 그들이 자신을 해치려 한다고 의심해 여씨 일가 여덟 식구를 모두 죽이고 떠났다. 중모中牟에 이르렀을 때에는 정장亭長의 의심을 받아 붙잡혀서 현부로 보내졌다. 당시 조조를 체포하라는 공문이 이미 중모에도 도착한 터라, 공조功曹(중국 한나라 시대에 군郡에 속한 관리의 명칭)는 그가 조조라는 사실을 알고 있었다. 그러나 그는 세상이 바야흐로 어지러워질 터이므로 천하의 영웅을 붙잡아서는 안 된다고 생각하고 현령에게 조조를 풀어줄 것을 청했다.

이렇게 해서 구사일생으로 목숨을 건진 조조는 결국 진류陳留(지금의 허난 성 카이펑 시 동남쪽)에 도착했다. 그해 연말, 조조는 진류의 집안 재산과 진류 사람 위자衛玆에게 받은 자금으로 조직한 병력 5,000명의 군대를 일으켜 동탁을 정벌했다.

두강사(杜康祠)

두강사는 루양 현(汝陽縣)에서 북쪽으로 25km 떨어진 곳에 있는 두캉(杜康) 마을에 있다. 두캉 마을은 두강(杜康)이 술을 양조했다고 전해지는 곳이다. 전하는 말에 따르면 2500여 년 전 두강이 맑은 미주(美酒)를 양조했다고 하는데, 훗날 두강주는 좋은 술의 대명사로 사용된다. 현재 두캉 마을에는 이 전설 속의 양조 성인을 기리기 위한 사당 두강사가 세워져 있다.

왕윤이 죄를 물어 동탁을 죽이다

192년

중평 6년 8월부터 초평初平 3년(192년) 4월까지 동탁은 소제를 폐하고 태후

를 죽인 후, 장안으로 천도하고, 대신들을 살육하고, 백성을 잔혹하게 죽이는 등 천하에 화를 일으켜 온 나라 사람이 그를 죽이고 싶어 했다.

왕윤王允은 본래 동탁이 심복으로 생각하던 사람으로, 동탁은 도성에 들어간 후 왕윤을 사도司徒 겸 상서령尙書令으로 삼았다. 그러나 왕윤은 악행을 일삼는 동탁에게 일찍부터 불만을 품고 줄곧 동탁을 죽일 생각을 하고 있었다. 한편, 동탁은 자신이 많은 원한을 샀다는 것을 스스로 잘 알고 있었기에 항상 무예가 출중한 중랑장中郎將 여포呂布를 호위로 삼아 데리고 다녔다. 동탁이 장안으로 돌아온 지 얼마 되지 않았을 때, 동탁이 여포를 죽이려 한 일이 일어났다. 그 후 여포는 왕윤을 찾아가 그때의 일을 이야기하며 울분을 터뜨렸다. 이에 왕윤은 때가 왔다고 여기고 여포에게 천하를 위해 동탁을 죽일 것을 설득했다.

서 있는 말

이 작품은 말이 서 있는 모양으로, 입을 벌린 채 이빨을 드러내고 코는 치켜들고 큰 눈은 약간 돌출되어 있으며, 귀는 수직으로 곧추세우고 있다. 허리는 원통형이고 사지는 건장해 그 모습이 웅대해 보이고 당당하다. 입, 코, 눈은 과장 수법을 사용해 말이 울부짖는 모습과 충만한 생명력을 생동감 넘치게 표현했다.

초평 3년(192년) 4월, 한동안 병으로 누워 있던 헌제가 몸이 좀 나아져 미앙궁에서 대신들을 접견했다. 왕윤이 먼저 상서복야사尙書僕射士 손서孫瑞에게 거짓 조서를 써서 여포에게 주게 했다. 여포는 조서의 명에 따라 고향 사람인 기도위騎都尉 이숙李肅에게 용사 10여 명을 데리고 위사衛士(대궐, 능, 관아, 군영 따위를 지키던 장교)로 분장시켜 궁문에 매복해 있도록 했다. 얼마 후 동탁이 궁문을 들어서자 이숙이 그의 가슴팍을 찔렀고, 다시 여포가 튀어나와 동탁을 찔러 죽였다. 동탁이 죽자 위사들은 모두 기뻐하며 만세를 외쳤고, 이후 소식을 들은 장안의 모든 병사와 백성도 매우 기뻐했다.

관도 전투

200년

200년, 조조와 원소袁紹 사이에 결정적인 전투가 벌어졌다. 바로

장중경의 《상한잡병론》

맥을 잡아 주는 중국사 중요 키워드

장중경(2~3세기)은 이름이 기機이고 자가 중경이며, 한 왕조 시대의 의학가로 남양군 열양涅陽(지금의 허난 성 난양 시) 사람이다. 그는 어려서부터 같은 군의 장백조張伯祖에게서 의술을 배웠고, 장사의 태수로도 일했다. 동한 말년에 역병이 돌아 10년도 채 안 되는 동안 장씨 문중 200여 명 중 3분의 2가 죽어나갔다. 대부분이 상한傷寒(밖으로부터 오는 한寒, 열熱, 습濕, 조燥 따위의 사기邪氣로 생기는 병을 통틀어 이르는 말)이 원인이었다.

장중경은 슬픔과 비통함 속에 《내경內經》과 《음양대론陰陽大論》 등의 고전 의학 서적을 파고들었다. 그 결과, 이윽고 동한 시대 이전의 여러 의학자의 경험과 자신의 임상 경험을 망라하고 동한 말년에 이르러 《상한잡병론傷寒雜病論》이라는 획기적인 임상 의학의 거작을 저술했다.

《상한잡병론》은 총 16권으로 크게 상한傷寒과 잡병雜病을 다루는 두 부분으로 이루어진다. 이것이 오랜 전승 과정을 거치면서 《상한론傷寒論》과 《금궤요략金匱要略》으로 나뉘었다. 《상한잡병론》은 중국의 임상 의학에서 가장 영향력이 크고 역사가 유구한 경전 저작이다. 1700여 년 동안 《상한잡병론》이 확립한 각종 증상을 종합적으로 살펴 치료를 결정한다는 변증논치辨證論治의 원칙은 줄곧 후대 의학자들을 이끄는 원칙이 되었다.

송 왕조 시대 이후로는 나라에서 의학교를 세워 《상한잡병론》을 학생들의 필독 교재로 사용했다. 후대 의학자들 사이에서는 이 책에 대한 연구가 한층 성행하여 《상한잡병론》 관련 주석집 등의 저작이 많이 등장했다. 당·송 시대 이후에는 《상한잡병론》의 영향이 조선, 일본, 동남아 여러 나라에까지 미쳤다. 일본에는 오늘날까지도 《상한론》을 전문적으로 연구하는 단체가 있을 정도이다. 그들은 《상한론》의 처방을 직접적으로 채용했을 뿐만 아니라 현대 과학의 방법을 통해 장중경이 일으킨 옛 처방대로 약을 만들어 널리 임상에 사용한다.

관도官渡(지금의 허난 성 중머우 현中牟縣 동북쪽) 전투이다. 조조와 원소는 당시 북방 지역에서 세력이 가장 큰 정치 집단의 우두머리였기에 두 사람의 결전은 필연적이었다. 수십만 병력을 거느린 원소는 후방을 굳건히 하고 있었고, 정예 부대를 갖추고 군량도 풍족했다. 반면에 조조가 원소에 저항할 수 있는 군대는 고작 2만 명에 불과했고, 근거지는 오랫동안 전란을 겪어 온 지역이라 물자가 원활하게 공급되지 못하는 상황이었다.

200년 2월, 원소는 모사謀士 곽도郭圖와 대장 안량顔良에게 백마白馬로 진군해서 조조의 동군東郡 태수 유연劉延을 포위해 공격하도록 하고, 자신은 직접 대군을 이끌고 여양黎陽으로 가 강을 건너서 직접 허도許都로 진격하고자 했다. 결전이 벌어지자 조조는 자신의 군사적 재능을 충분히 발휘했다. 그는 먼저 동쪽을 치는 듯하면서 서쪽을 치는 성동격서聲東擊西의 계략으로 대장 안량을 베고 백마의 포위를 풀었다. 그러고 나서 적군을 깊숙한 곳까지 유인하고, 다시 연진延津 전투에서 원소의 군대를 크게 물리치고 대장 문축文丑을 베었다. 승리를 거둔 조조는 군대를 철수시켜 관도에 주둔하면서 도랑을 깊이 파고 보루를 높이 쌓아 원소의 10만 대군과 반년이나 대치하며 때를 기다렸다.

10월, 원소의 모사인 허유許攸가 조조에게 투항해 원소가 오소烏巢(지금의 허난 성 옌진 현延津縣 동남쪽) 근처에 수레 1만여 대 분량의 식량과 무기를 쌓

옛 융중(隆中)의 패방(牌坊, 위에 망대가 있고 문짝이 없는 중국 특유의 건축물로 주로 충효·절의를 지킨 사람을 기리기 위하여 세움.)

아 두고 있다는 사실을 전하며 오소를 습격할 것을 건의했다. 이에 조조가 직접 군사를 이끌고 가 원소군의 장수 순우경淳于瓊을 베고 수레 1만여 대 분량에 달하는 식량과 무기를 모두 불태웠다. 이 오소에서의 일전이 관도 전투의 승부에 결정적 영향을 끼쳐 원소의 패배가 불 보듯 뻔했다.

조조가 그 기세를 몰아서 원소군을 크게 격파해 7~8만 명에 달하는 원소군을 전멸시키고, 대량의 귀중품과 서적, 군수품 등을 얻었다. 원소와 그의 아들 원담袁譚은 겨우 호위병 800여 명만을 이끌고 도주해 황하를 건넜다. 약자가 강자에게 승리를 거두고 일거에 원소의 주력 부대를 없애 버린 관도 전투는 조조가 북방을 통일하는 데 탄탄한 기초가 되어 주었다.

유약을 바른 자기로 만든 5층 누각과 뜰

진흙으로 만든 자기로, 장방형 뜰은 정문이 열려 있고 사방이 담으로 둘러싸여 있다. 뜰 안의 왼쪽, 중앙, 오른쪽에는 또 다른 담이 세워져 있고, 담의 네 모퉁이에는 2층까지 각루(角樓, 성벽 위의 모서리에 지은 누각)가 세워져 있다. 뜰 안에는 5층 누각이 세워져 있는데, 층마다 처마가 있고, 정면에는 창문이 열려 있다. 전체적으로 황록색 유약이 칠해져 있다. 이 누각과 뜰은 조형이 독특하고 우아하며, 엇갈린 배열에 제법 정취가 있다. 건축물은 웅장하고 제작 기술은 세밀하여 당시의 높은 건축 수준을 보여 주는 동시에 한 왕조 시대 서북 지역의 건축물 스타일을 연구하는 데 중요한 자료가 되고 있다.

손권이 동오를 안정시키다

203년

건안建安 8년(203년), 손권孫權이 서쪽으로 강하태수江夏太守 황조黃祖를 정벌할 때 강동 파양鄱陽 등지에서 산월山越이 일어났다. 그러자 손권은 즉시 군대를 되돌려 산월을 평정했다. 산월은 당시 산골짜기에 살던 토착민을 널리 일컫는 말이었다. 손권은 정로征虜 중랑장 여범呂範, 탕구蕩寇 중랑장 정보程普, 건창建昌 도위 태사자太史慈에게 각각 산월을 토벌하도록 명령하고, 다시 별부사마別部司馬 황개黃蓋, 한당韓當 등에게 산월이 자주 출몰하는 군현을 지키도록 했다. 이로써 얼마 지나지 않아 산월을 평정했다.

건안 8년 겨울에는 건안(지금의 푸젠 성福建省 젠어우 시建甌市), 한흥漢興(지금의 저장 성 후저우 시湖州市 남쪽), 남평南平(지금의 푸젠 성에 속함.) 세 현의 백성이 각각 수만 명의 규모로 봉기를 일으켰다. 이에 손권은 남부도위 하제賀齊에게 군사를 주어 그들을 토벌하게 했다. 하제는 촉현에서 각 5,000명을 보내 각 현의 현령에게 통솔하게 하고 자신이 전체를 통솔했다. 하제가 농민군을 연이어 격파하고 우두머리 홍명洪明의 목을 베자 다른 우두머리인 홍진洪進과 원어苑禦, 화당華當 등이 모두 투항했다. 농민군은 6,000여 명이 참수를 당하는 등 피해가 매우 컸고, 세 현의 기의는 이렇게 평정되었다. 손권은 이렇게 산월을 평정하고, 건안 등지의 기의군을 토벌해 동오를 안정시켰다.

제갈량의 〈융중대〉

207년

건안 12년(207년), 유비劉備가 직접 양양襄陽의 융중에 은거하고 있던 낭야의

맥을 잡아 주는 중국사 중요 키워드

외과의 시조 화타

화타華佗는 동한 후기의 유명 의학가로 부敷라는 이름으로 불리기도 한다. 자는 원화元化이며, 패국沛國 초현譙縣(지금의 안후이 성 보저우 시) 사람이다. 의술로 세상에 이름을 날렸는데, 전하는 말에 따르면 화타는 백 살이 되도록 용모가 청년 같았다고 한다. 그는 내과, 외과, 산부인과, 소아과, 침구 등 모든 분야에 뛰어났으며 특히 외과 기술이 뛰어났다.

화타는 개복술開腹術을 창시해서 후대 의학가들은 그를 '외과의의 시조'라고 부른다. 《후한서後漢書》 〈화타전華佗傳〉의 기록에 따르면, 질병이 안에서 발병하면 침구나 약물로는 치료할 수가 없으므로 화타는 환자에게 '마비산麻沸散'을 마시게 해서 전신을 마취하고 복강 종양 절제 수술을 진행했다. 위장에 병이 있는 환자일 경우 위장을 절제해서 그 안에 쌓여 있는 더러운 것들을 씻어 내고 봉합한 후 '신고神膏'를 바르면 4, 5일 후에 상처가 아물고, 한 달 안에 환자가 완전히 회복되었다고 한다. 이런 전신 마취를 통한 복강 종양 제거와 위장 부분 절제술은 오늘날에도 쉽지 않은 수술이다. 그런데 1700여 년 전의 화타가 숙련된 솜씨로 이를 마무리하고 4, 5일 안에 수술 상처를 아물게 해 현대 무균 수술의 회복 기간과 일치하는 효과를 얻어 냈다니, 정말로 신의 솜씨라 하지 않을 수 없다.

외과학과 마취학에서 보여 준 화타의 뛰어난 조예는 중국 의학사에서 전무후무한 일일 뿐만 아니라 세계 외과 수술 및 마취학 역사에서도 상당히 중요한 지위를 차지한다.

이름난 선비 제갈량諸葛亮을 방문했다. 삼국 시대의 위대한 정치가 겸 군사가인 제갈량(181년~234년)은 자가 공명孔明이며, '와룡선생臥龍先生'이라고 불린다. 유비가 형주에 있을 때 현자를 애타게 찾자 사마휘司馬徽와 서서徐庶가 제갈량을 추천했다. 이에 유비는 세 번이나 그를 찾아간 끝에 겨우 만날 수 있었다.

유비는 융중에서 제갈량과 천하의 대세와 개인적인 포부를 터 놓고 이야기했고, 또한 제갈량에게 계책을 구하기도 했다. 제갈량이 유비에게 "동쪽으로는 손권의 오나라와 연합하고, 서쪽으로는 형주와 익주益州에 근거지를 두고, 남쪽으로는 이월夷越(중원의 동남쪽에 거주하는 이민족을 낮춰 부르는 말)과 화친하고, 북쪽으로는 조조에 대항해야 한다."라며 전국을 통일할 계책을 제시했다. 제갈량은 천하의 형세를 분석하면서 유비에게 기회를 틈타 형주와 익주를 얻고 그 두 땅을 근거지로 삼아 험난하고 중요한 지세를 차지하라고 했다. 그런 다음에는 강동의 손권과 우호 관계를 맺고, 서남쪽의 소수민족과 평화를 유지하도록 했다. 또 나라 안으로는 법도를 정비하고, 군량과 건초를 비축하며, 군대를 정비하고, 생산을 발전시키며, 지방의 세력을 키우도록 했다. 그리고 그렇게 하면서 조용히 정세를 지켜보다가 시기가 무르익으면 바로 북쪽으로 향해서 조조를 공격해 전국을 통일하고 패업을 이룰 것을 건의했다. 이것이 바로 유명한

몽충(모형)

적벽대전에서 조조의 군영에 큰 불을 옮겨 붙게 해 화공으로 승리를 거둔 때 사용된 전투함이다. 주유가 황개에게 건초를 가득 실은 몽충(蒙衝, 소의 생가죽으로 등을 덮은 쾌속 중형 돌격선)과 투함(鬪艦, 머리와 꼬리에는 석포를 장비하고 옆에는 철책을 두른 크고 견고한 전투함) 가운데에 기름을 붓고 건초를 가득 실은 후, 휘장을 씌워 위장하고 어느 정도 조조의 군함들에 가까이 다가갔을 때 건초에 불을 질러 화공을 시도하게 했다.

〈융중대隆中對〉이다.

이를 듣고 유비는 매우 기뻐하며 제갈량에게 산에서 나와 자신을 보좌해 달라고 청했다. 이때부터 제갈량은 유비의 모사이자 유비 집단의 핵심 인물이 되어 촉蜀나라를 세우는 데 큰 공을 세웠다. 이 과정에서 〈융중대〉는 유비의 세력을 이끄는 핵심 노선이 되었다.

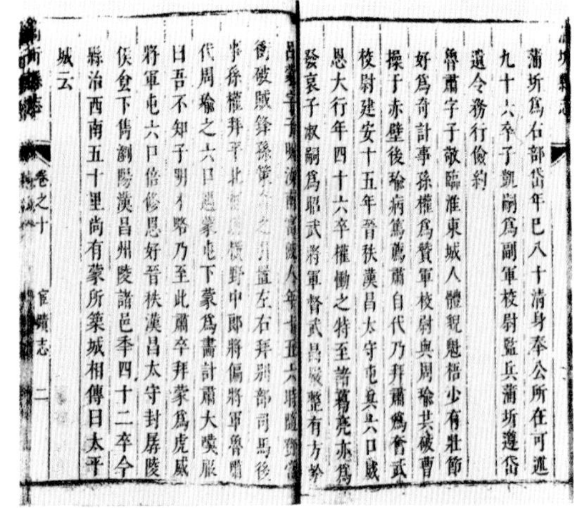
蒲圻爲右部督年已八十清身奉公所在可述
九十六卒子凱嗣爲副軍校尉監兵蒲圻遷督
遺令務行儉約
魯肅字子敬臨淮東城人體貌魁梧少有壯節
好爲奇計事孫權爲贊軍校尉與周瑜共破曹
操于赤壁後瑜病篤薦肅自代乃拜肅爲奮武
校尉建安十五年晉秩漢昌太守屯兵六口賊
恩大行年四十六卒權慟之特至諸葛亮亦爲
發哀子淑嗣爲昭武將軍督武昌嚴整有方於
呂蒙字子明汝南富陂人年十五六時隨鄧當
衝破賊鋒孫策奇之引置左右拜別部司馬後
事孫權拜平北都尉領橫野中郎將偏將軍魯肅
代周瑜之六口遇蒙屯下蒙爲晝計肅大歎服
曰吾不知子明才略乃至此肅卒拜蒙爲虎威
將軍屯六口倍修恩好晉秩漢昌太守封孱陵
侯食下雋劉陽漢昌州陵諸邑年四十二卒今
縣治西南五十里尚有蒙所築城相傳曰太平
城云

《포기현지(蒲圻縣志)》에 기록된 적벽대전

적벽대전

208년

동한 건안 13년(208년) 12월에 조조가 형주(지금의 후베이 성 샹판 시襄樊市)를 빼앗은 뒤 손권에게 서신을 보내 겁을 주었다. 그 내용인즉슨 자신이 80만 대군을 이끌고 오나라 땅에서 손권을 포위해 사냥한 뒤, 강을 따라 동쪽으로 가서 하구夏口(지금의 후베이 성 우한 시)를 손에 넣고 유비를 격파하겠다는 것이었다. 이 소식을 들은 유비가 자신의 책사 제갈량을 보내 동오와 연합해서 조조의 군대에 맞서고자 했다.

당시 조조의 군대는 병력이 약 20만 명이었는데, 외부에 80만 명이라고 속이고 있었다. 손권은 3만 병력을 동원해 대장 주유와 정보를 각각 정통수正統帥와 부통수副統帥로 임명하고, 유비의 2만 병력과 연합해서 조조를 공격하기로 했다. 이렇게 해서 적벽대전赤壁大戰이 발발하게 되었다. 조조의 대군은 강릉江陵에서 강을 따라 동쪽으로 내려가 적벽赤壁(지금의 후베이 성 자위 현嘉魚縣 동북쪽, 창장 강 남쪽 기슭)에서 손·유 연합군과 맞닥뜨렸다. 조조의 군사들은 먼 길을 오느라 피곤한 데다 물 위에서의 생활에 익숙하지 않았기 때문에 2시간 동안의 싸움 끝에 손·유 연합군이 쉽게 승리를 거두었다. 전투 후 조조는 군대를 오림烏林(지금의 후베이 성 자위 현 서쪽, 창장 강 북쪽 기슭)으로 이동시켜 상대와 강을 사이에 두고 대치했다.

그러던 중에 주유는 황개가 제안한, 거짓으로 투항하는 척하는 계책을 쓰기로 했다. 그래서 황개에게 소형 전함 10척에 건초를 가득 싣고 중간에 기름을 부은 후, 북쪽 기슭에서 출발하여 투항하는 척하며 조조의 진영으로 접근하도록 명령했다. 조조의 진영에 2리 정도 거리까지 접근했을 때, 황개가 각 전함에 불을 붙이도록 명령하고 바람의 기세를 이용해 바로 조조 수군의 전함으로 돌격했다.

당시 바람이 무척 사나워서 조조의 군함까지 불길이 옮겨 붙어 치솟아 오르더니, 금세 북쪽 기슭의 조조군 진영에까지 번졌다. 이때를 놓치지 않고 주유가 대군을 이끌고 남쪽 기슭에서 공격해 조조의 군대는 대패했다. 배도 모두 불타 버린 데다 불길 속에서 타 죽거나 물에 빠져 익사한 병사와 말의 수는 헤아릴 수 없었다. 조조는 남은 군대를 이끌고 육로로 화용도華容道(지금의 후베이 성 젠리 현監利縣 서북쪽)를 통해 강릉으로 후퇴했다. 이때 손·유 연합군은 수륙 양쪽으로 진격해 남군南郡[강릉에 치소治所(지방 관청 소재지의 옛 이름)가 있음.]까지 조조의 군대를 바짝 추격했다.

조조군은 이미 전세가 기울 대로 기운 데다 전염병까지 돌아 많은 병사가 죽어나갔다. 조조는 어쩔 수 없이 대장 조인曹仁과 서황徐晃이 강릉을, 악진樂進이 양양을 지키게 하고, 자신은 대군을 이끌고 북쪽으로 후퇴했다. 이렇게 적벽대전은 결국 조조의 패배로 끝이 나고 말았다.

적벽대전은 소수가 다수를 이긴 전쟁이다. 이 전쟁 후 삼국 간의 세력 구도에는 변화가 일어났다. 세 나라가 서로 대치하는 국면이 형성되어 조조는 북쪽을, 손권과 유비는 강남 지역을 거점으로 삼아 각자 세력을 키우고 새로운 힘겨루기를 준비했다.

맥성에서 관우가 패하다

219년

관우關羽(?~219년)는 자는 운장雲長이며, 하동河東 해현解縣(지금의 산시 성山西省 린이 현臨猗縣 서남쪽) 사람이다. 그는 용감하고 싸움에 능해서 한때 '홀로 만 명을 대적하는 장수'라는 뜻으로 '만인지적萬人之敵'이라고 불렸다. 그는 유비와 함께 동·서 원정에 참여해 수차례 전공戰功을 세운 바 있다. 건안 5년(200년)에 조조가 유비를 크게 격파했을 때, 관우가 포로로 잡혔다. 당시 관우의 용맹함을 아낀 조조가 '상마금, 하마은上馬金 下馬銀(말을 탈 때에는 금을 내리고 말에서 내릴 때에는 은을 내린다는 뜻으로, 끊임없이 금과 은을 내리며 후하게 대접한다는 뜻)'의 푸짐한 상을 내리고 한수정후漢壽亭侯에 봉하기까지 했지만, 관우는 전혀 흔들리지 않고 유비에게로 도망갈 기회만을 엿보았다. 유비는 그런 관우를 믿고 의지하여 흔히 관우에게 홀로 전략적 요지를 지키도록 했다.

건안 214년에 관우가 번성으로 진격해 조조의 장수인 우금于禁의 일곱 군대를 섬멸했고, 이에 관우의 군대는 한층 더 기세등등해져 그 기세가 화하 지역 전체를 울릴 정도였다. 이에 조조는 천도를 통해 그 칼날을 피할 수 있었다.

누선식(樓船式) 도선(陶船)

이 도자기 배는 뱃머리, 객실, 조타실로 나뉜다. 아치형 덮개의 양측으로 창문이 대칭을 이루며 열려 있고, 벽은 겹줄 무늬를 사용해서 다섯 칸으로 나누어 들보와 기둥 구조를 표현했다. 누벽(樓壁)과 양쪽의 뱃전이 만나는 곳에는 구멍이 세 개 있다. 뱃머리와 선실 아래에는 각각 움직이는 바닥이 있고, 위에 사람 한 명이 서 있으며, 선실 아래에 있는 두 사람은 허리를 굽힌 채 두 손을 앞으로 향하고 있다. 배의 머리와 꼬리 부분은 들떠 있고 바닥은 편평하다. 배의 후미 부분 뒷벽에는 둥근 구멍이 하나 있다. 이 도선은 구조가 합리적이면서 사실적이어서 당시 내륙의 하천을 지나던 항선의 모형이 틀림없다.

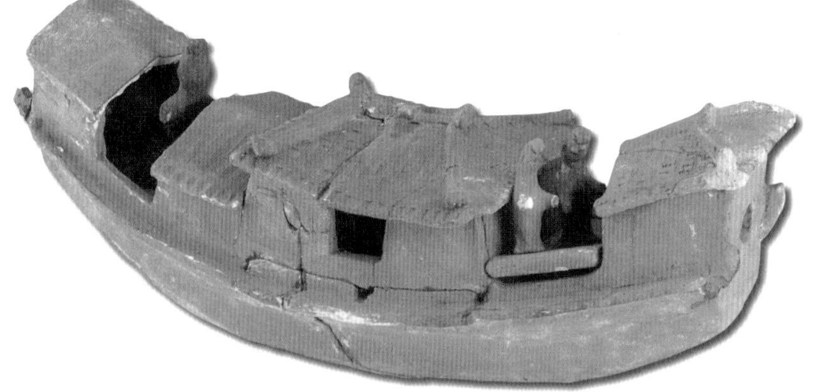

건안 214년(219년) 10월에 강동에 자리한 오나라의 대장 여몽呂蒙이 관우와 번성의 수장守將 조인이 대치하는 틈을 타 형주를 빼앗고, 또 관우의 진영이 있는 강릉을 점령했다. 이로써 진퇴양난에 빠진 관우는 황급히 번성에서 군대를 철수해 서쪽으로 후퇴한 뒤 맥성麥城에 주둔했다. 여몽이 이번에는 와해 전략을 펼쳐서 관우의 병사들이 전투에 대한 의욕을 잃고 하나둘씩 진영을 떠나 버리게 했다. 결국 관우는 홀로 맥성을 지키게 되었다. 이때 손권이 관우에게 투항을 권했다. 그러자 관우는 짐짓 투항하는 척하면서, 한편으로 성곽에 깃발을 두루 꽂고 볏짚으로 사람의 형태를 만들어 성루에 세워 두게 했다. 그리고 자신을 따르는 부하 십여 명과 몰래 성에서 도망쳐 나왔다. 그러나 낌새를 알아차린 손권이 주연朱然과 반장潘璋을 보내 관우의 퇴로를 모두 막게 했다. 결국 임저臨沮에서 오나라의 군대가 관우와 그의 아들 관평關平을 사로잡아 바로 사형에 처했다.

History of China

맥을 잡아주는 세계사

The flow of The World History

제5장 | 삼국의 각축

1. **삼국** 220년 ~ 280년
2. **서진** 265년 ~ 317년
3. **동진·십육국** 317년 ~ 420년

CHINA

1 삼국

시기 : 220년 ~ 280년
인물 : 조비, 유비, 육손, 제갈량, 손권, 조방, 강유, 마균, 손호

천하를 삼분하여 패업을 도모하다

동한 말기에 각지에서 세력이 들고 일어나 서로 천하를 놓고 쟁탈전을 벌였다. 그들의 분쟁이 어느 정도 마무리되면서 천하는 위, 촉, 오 세 나라로 정리되었다. 이 세 나라는 모두 천하 통일의 야심을 품고 나머지 두 나라를 멸망시키고 중원을 통일해 새로운 대통일 제국을 건설하고자 했다. 그러면서 벌어진 세 나라 사이의 끊임없는 전쟁과 약탈, 살인은 천하의 백성에게 끊임없이 고통을 주었다.

그런 한편, 삼국의 통치자들은 각자 실력을 쌓아 전쟁에서 승리하기 위해 모두 경제 발전에 전력을 기울였고, 그 결과 경제는 크게 발전했다. 삼국 시대는 바로 중국의 위·진 남북조 시대에 일어난 민족 대융합의 기점이었다.

중원 지역의 혼란은 소수민족에게 새로운 역사 무대에 들어설 기회를 제공했고, 전쟁으로 말미암은 중원 지역의 인구 감소는 내륙 지역으로 이동한 여러 민족의 백성에게 적당한 생존 공간을 마련해 주었다. 오나라는 산월을 귀속시키고 천촉은 남중南中을 평정해 결과적으로 동남 지역과 서남 지역의 여러 소수민족이 한漢 문화의 영향을 받게 하는 계기가 되었다. 이로부터 소수민족의 내륙 지역 이동과 민족 간 융합이 시작되었다.

한눈에 보는 세계사

226년 : 사산 왕조, 페르시아 건국
260년 : 백제, 16관등과 공복 제정
286년 : 로마, 분할 통치 시작

조비, 황제가 되어 한나라를 잇다

220년

한나라 연강延康 원년(220년) 정월, 조조가 병으로 죽고 그의 아들 조비曹丕가 즉위해 위魏나라 왕이 되었다. 그리고 그해 10월에 한나라 헌제가 황제의 자리를 넘겨주어 조비가 황제가 되었다. 그가 바로 위나라 문제文帝이다. 이로써 역대 12명의 황제, 195년의 역사를 이어 온 동한 왕조는 결국 종말에 이르렀다. 그해 10월 13일, 이름뿐이던 한나라 헌제 유협劉協은 강제적으로 황제의 상징인 새수璽綬(옥새와 인끈)와 조서詔書(임금의 명령을 일반에게 알릴 목적으로 적은 문서)를 조비에게 넘기고 퇴위를 선언했다.

조비는 관례에 따라 세 번 사양한 후, 같은 달 29일에 헌제의 선양을 받아들이고 황제의 자리에 올라 국호를 위, 연호를 황초黃初라 했다. 11월 1일에 조비는 유협을 산양공山陽公에 봉하고, 한 왕조의 정삭正朔(책력)을 행사하고 천자의 예악을 사용하는 것을 허락했다. 그리고 조조를 무황제武皇帝로 추존하고, 묘호廟號를 태조太祖라 했다. 또 남흉노의 선우 호주천呼廚泉에게 위나라의 새수를 주고 청개차靑蓋車(왕이 타는 푸른 덮개가 있는 마차)와 승여乘輿(왕이 타는 수레) 등을 하사했다. 12월에는 낙양을 도읍으로 정했다.

조비는 왕조의 교체와 함께 관직 제도에 중요한 개혁을 진행했다. 상국을 사도로, 어사대부를 사공으로 고침으로써 한나라 건안 13년(208년)에 조조가 폐지한 삼공 관제(태위, 사도, 사공)가 부활했다. 그러나 이때부터는 비록 사도와 사공이 존귀한 작위이기는 하나 조정 일에 관여할 수 없었다. 조비는 또 비서감秘書監과 중서성中書省을 설치하고, 중서성에는 감령監令을 두어 백관의 주청을 파악하고 조령詔令의 초안을 잡는 일을 주관하게 했다. 이로써 상서대尙書臺의 권력을 분산시켜 동한 후기에 상서尙書의 권력이 지나치게 컸던 문제를 없앴다. 경제 방면에서는 둔전제屯田制를 계속 시행했고 또 수리 시설의 건설을 중시했다. 종합해 보면, 조비가 황제를 칭해 한나라를 이은 후 위나라는 세력이 한층 더 강해졌다.

유비, 황제가 되다

221년

221년에 한중왕漢中王 유비가 성도成都에서 황제를 칭했다. 그 일 년 전, 조비가 황제를 칭한 후에 한나라 헌제 유협이 이미 죽임을 당했다는 소식이 촉나라에 전해졌다. 이에 한나라 종실인 유비는 상례를 거행하고, 유협을 효민孝愍 황제로 추존했다. 이후 유비의 신하들이 잇달아 유비에게 제위에 오를 것을 권했지만 유비는 번번이 사양했다.

그러나 군사장군軍師將軍 제갈량이 권하자 유비는 그제야 동의하고, 군사 제갈량과 박사 허자許慈, 의랑議郎 맹광孟光에게 의식을 준비하고 길일과 길한 시간을 고르게 하여 마침내 황제의 자리에 올랐다. 위나라 황초 2년(221년) 4월 6일, 유비가 성도에서 황위에 올라 한나라 소열昭烈 황제, 촉나라 선주先主가 되었다. 그가 한나라 왕실의 부흥을 부르짖었으므로 국호는 여전히 한이었고, 연호를 장무章武로 고쳤다. 그러나 당시 유비의 한나라는 단지 익주 한 지역만을 차지했기 때문에 역사에서는 이를 따로 '촉한蜀漢' 또는 '계한季漢'이라 부르기도 한다. 이후 유비는 제갈량을 승상으로, 허정許靖을 사도로 삼고, 백관을 선발하고, 종묘를 건립해 선제들에게 제사를 지냈다. 그해 5월 12일에 유비는 부인 오吳씨를 황후로, 아들 유劉禪(아두阿)을 태자로 세우고, 거기장군 장비張飛의 딸을 황태자비로 간택했다.

삼국 시대의 투함 모형

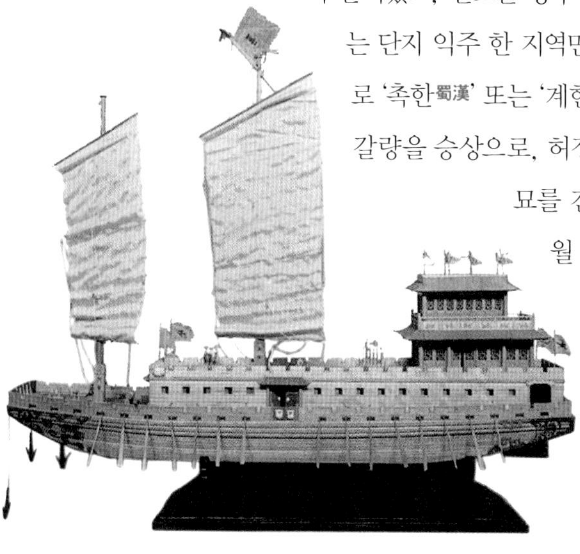

효정에서 육손이 유비를 대파하다

222년

촉한 장무 원년(221년) 6월, 유비는 형주를 되찾고 관우의 원수를 갚기 위해 서둘러 삼협三峽으로 군대를 보내 오나라를 공격했다. 손권은 유비에게 화친을 청했지만 거절당하여 맞서 싸울 수밖에 없었다. 그는 육손陸遜을 대도독大都督으로 임명하여 주연, 반장, 송겸宋謙, 한당, 서성徐盛, 손환孫桓 등의 장수와 군사 5만 명을 이끌고 촉나라 군대에 맞서게 했다. 육손은 신중한 태도를 취하며 병력을 모두 철수시켰다. 그리고 무협巫峽의 높은 산과 험한 준령을 모두 유비에게 내주고 자신은 효정猇亭 전선을 굳게 지키면서 한나라 군대에 맞서 싸우는 것을 거부했다.

청자 연적

이듬해 윤 6월이 되자 육손은 비로소 결전의 시기가 왔다고 생각했다. 그는 먼저 시험 공격을 한 차례 거친 후, 군사들에게 각자 풀 한 묶음씩을 가지고 촉나라 군영에 불을 지르게 했다. 갑작스러운 화재에 촉나라 군사들이 혼란에 빠지자 육손은 승기를 잡고 5만 군사를 이끌고 맹렬한 공격을 퍼부어 촉나라 군대의 40개 진영을 잇달아 함락했다. 이에 유비는 마안산馬鞍山(지금의 후베이 성 이창 시宜昌市 서북쪽)으로 후퇴했다. 육손은 고삐를 늦추지 않고 군대를 이끌고 사방을 포위한 채 계속해서 공격했다. 그 결과, 촉나라 군대는 대열이 무너지고 사상자가 수만 명에 이르렀다. 밤새 말을 달려 도망친 유비는 병사들에게 전포와 갑옷을 다 벗어서 협곡 입구에 쌓고 불을 지르게 해 뒤쫓아 오는 오나라 군대를 간신히 따돌리고 백제성白帝城(지금의

백제성

충칭 시重慶市 펑제奉節 동쪽)으로 달아날 수 있었다.

이 전투로 촉나라 군대는 군수 물자도 모두 잃고 군사들도 만신창이가 되었다. 촉나라 장수 종사제주從事祭酒 정기程畿와 시중 마량馬良도 목숨을 잃었다. 참패하고 백제성으로 돌아온 유비는 울분이 쌓여 결국 몸져누웠고, 다시 일어나지 못했다. 촉나라 장무 3년(223년) 4월에 유비가 백제성 서쪽의 영안궁永安宮에서 병사했고, 이후 촉나라의 세력은 더욱 약해졌다.

제갈량이 맹획을 일곱 번 잡았다가 일곱 번 풀어 줌으로써 남중을 평정하다

225년

삼국 시대에 촉한의 남부, 즉 지금의 윈난雲南, 구이저우貴州, 쓰촨 성 남부는 '남중'이라고 불렸다. 이곳에는 여러 소수민족이 흩어져 살았는데, 중원에서는 이들을 '서남쪽에 사는 오랑캐'라는 의미의 '서남이西南夷'라고 통칭했다.

삼국 중에 이 지역의 근처에 자리를 잡은 촉나라는 남중에서 통치 기반을 탄탄하게 다지지 못한 상태였다. 유비가 죽은 후 건흥建興 원년(223년)에 장가군牂柯郡(지금의 구이저우 성 카이리 시凱里市 서북쪽) 태수 주포朱褒와 익주군[지금의 윈난 성 진닝 현晉寧縣 동쪽)의 대성大姓(대족, 호족) 옹개雍闓, 월수군越巂郡(지금의 쓰촨 성 시창 시西昌市) 수족叟族의 우두머리 고정高定이 동시에 반란을 일으켰다. 그러자 촉나라는 1년여 동안을 내부 기반을 다지는 기간으로 삼아 '폐관식민閉關息民(폐관은 남중의 반란에 대한 방침을 가리키는 말로, 국력이 약해졌기 때문에 잠시 적을 안심시키는 전략을 취하면서 병력을 파견해 토벌하지 않겠다는 뜻이다.)'

목우(木牛, 모형)

제갈량이 고안해 내어 군대의 물자를 운송하는 데 사용했다. 길이 험한 산지에서 사용하기에 적합하다.

의 방침을 시행하고, 촉나라 건흥 3년(225년)에 제갈량이 직접 군대를 이끌고 남쪽 원정을 나섰다.

제갈량은 부장部將 마속馬謖의 건의를 받아들여 회유책을 쓰기로 했다. 7월에 제갈량은 월수에서 남중으로 넘어가 마충馬忠에게 동로군東路軍을 이끌고 장가를 공격하게 해 주포의 세력을 꺾으라고 명했다. 그리고 이회李恢에게 중부군中部軍을 이끌고 평이平夷(지금의 구이저우 성 비제 시畢節市 지역)에서 익주군으로 오게 했다. 그리고 자신도 직접 주력군을 이끌고 익주로 진입했다. 이때 옹개는 이미 고정의 부하에게 살해되고 맹획孟獲이 옹개를 대신해서 우두머리 노릇을 하고 있었다. 맹획은 옹개의 나머지 부하들을 모아 제갈량에게 저항했다. 맹획은 현지 소수민족 사이에서 명망이 높은 인물이었기 때문에 제갈량은 자신이 이미 정한 방침에 따라 맹획을 생포하기로 하고, 그가 마음에서 우러나와 스스로 투항하게 하고자 했다.

8월에 촉나라 군대가 맹획의 군대와 전투를 치르던 중에 맹획을 생포했다. 그 후 제갈량이 일곱 번이나 포로로 잡았다가 풀어 주기七縱七擒를 반복한 끝에 마침내 맹획이 진심으로 투항했다. 이에 제갈량은 전지滇池로 진격해 맹획 등 적군의 우두머리를 현지 관리로 임명했다. 촉나라는 제갈량이 맹획을 일곱 번 잡았다가 일곱 번 풀어줌으로써 남중을 평정해 후방을 안정시켜 걱정을 덜었을 뿐만 아니라 남쪽 지역에서 많은 인력과 물력을 얻어 재정을 보충함으로써 북벌을 계속할 수 있었다.

위지삼공(位至三公)이라고 새겨진 삼국 시대의 청동 거울

조비가 병사하다

226년

위나라 황초 7년(226년) 5월 17일, 위 왕조의 창시자이자 문학가인 조비(위나라 문제)가 낙양에서 나이 마흔에 병으로 세상을 떠났다. 조비는 자가 자환子桓이고, 패국 초현 사람으로 조조의 둘째 아들이다. 어릴 적부터 독서

《제갈승상집(諸葛丞相集)》

를 좋아해서 수많은 책을 읽었다.

한나라 연강 원년(220년)에 위나라 왕으로 즉위했고, 상서 진군陳群의 건의를 받아들여 구품중정제九品中正制를 시행하고 정치 영역에서의 귀족 문벌의 특권을 굳건히 해 귀족의 지지를 얻었다. 같은 해에 한나라 헌제의 양위를 받아 위나라 정권을 수립하고 7년 동안 재위했다. 조비는 정치적으로 많은 업적을 남기지는 못했지만 문학사적으로는 매우 중요한 인물이다. 그는 건안문학建安文學의 대표 인물로 당시 문단의 우두머리이자 역사에서 그의 아버지 조조, 남동생 조식曹植과 함께 '삼조三曹'라 불린다.

그의 《전론典論》〈논문論文〉은 중국 최초의 문학 평론 저작이다. 조비는 왕상王像, 유훈劉勳 등에게 중국 최초의 유서類書(중국 경사자집經史子集의 여러 책을 내용이나 항목별로 분류, 편찬하여 알아보기 쉽게 엮은 책의 총칭. 지금의 백과사전과 비슷하다.)인 《황람皇覽》을 편찬하게 했다. 그는 황제의 신분으로 문학의 사회적 기능을 높이 평가하며 "문학은 나라를 다스리는 큰 사업이며 불후의 성대한 사업이다."라고 했다. 조비가 죽은 후에 황태자 조예曹叡가 즉위하니, 그가 명제이다. 조진曹眞, 진군, 사마여司馬懿가 조비의 유서를 받들어 명제의 정치를 보좌했다.

손권, 황제가 되다

229년

오나라 황무黃武 8년(229년) 4월 13일, 손권이 무창武昌에서 황제를 칭하고 연호를 황룡黃龍이라 했다. 손권은 건안 5년(200년)부터 형 손책孫策을 이어 강동 지역의 지도자가 되었다. 조비와 유비가 연이어 황제의 자리에 오르자, 손권도 이에 맞서 황제를 칭하게 되었다. 그해 4월, 무창武昌(지금의 후베이 성 어청 현鄂城縣) 남쪽의 교외 지역에서 손권이 드디어 황제로 즉위했다.

당시 하구夏口(지금의 후베이 성 우한 시)와 무창에 황룡과 황봉黃鳳이 나타났다는 이야기가 돌아 연호를 황룡이라 하고 국호는 '오'로 정했으며, 이를 기념하여 대사면을 단행했다. 그리고 아버지 손견孫堅을 무열武烈 황제로 추존하고, 형 손책을 장사長沙 환왕桓王에 봉하고, 아들 손등孫登을 황태자로 세웠다. 9월에 손권은 건업建業(지금의 장쑤 성 난징 시南京市)으로 천도했다.

손권의 즉위는 진정한 삼국정립三國鼎立의 시대가 열린 것을 상징한다. 삼국 가운데 손권의 즉위가 가장 늦었지만, 강동에서 할거한 때부터 계산해 보면 정권이 지속된 기간은 가장 길다.

오장원에서 제갈량이 죽다

234년

제갈량의 조각상

촉나라 건흥 12년(234년) 8월, 정치가이자 군사가이자 촉나라의 승상인 제갈량이 북벌 중에 과로로 쓰러져 오장원(지금의 산시 성陝西省 메이 현眉縣 서남쪽)의 군영에서 향년 쉰네 살로 병사했다. 제갈량은 자가 공명이고, 낭야 양도陽都(지금의 산둥 성 이수이 현沂水縣 남쪽) 사람이다. 동한 말년에 등 현鄧縣의 융중(지금의 후베이 성 샹양 현襄陽縣 서쪽)에서 비범함을 드러내어 사람들에게 '와룡臥龍'이라고 불렸다.

건안 12년(207년)에 유비가 삼고초려三顧茅廬로 그를 산에서 나오게 했고, 그로부터 유비의 모사가 되었다. 유비는 촉에서 황제로 즉위한 후 제갈량을 승상으로 삼았다. 얼마 후 유비가 죽고 그 뒤를 이어 즉위한 후주後主 유선은 제갈량을 또 무향후武鄕侯로 봉하고 익주목益州牧을 겸하게 했다. 제갈량은 조서를 받들어 유선을 보좌하면서 크고 작은 일을 도맡아 처리하며 충성을 다했다. 그는 늘 나라를 잘 다스리기 위해 현명한 인재를 선발하는 데 힘쓰고, 관리를 엄격하게 다스리고 상벌을 확실하게 했다. 또 두뇌가 비범해 석궁인 연노連弩와 군용 수레인 목우木牛, 유마流馬를 만들고, 병법을 연구하여 새로운 팔진도八陣圖를 만들었다. 제갈량은 죽은 후 유언에 따라 한중漢中 정군산定軍山(지금의 산시 성陝西省 몐현勉縣 남쪽)에 묻혔고, 충무후忠武侯에 봉해졌다.

조방의 즉위

239년

위나라 경초景初 3년(239년) 정월, 위나라 명제 조예가 병으로 세상을 떠나

맥을 잡아 주는 중국사 중요 키워드

정시 명사의 복석

한나라 말기는 정치적으로 암흑기였다. 봉건 예법이 쇠락하고 파괴되어 춘추·전국 시대부터 진·한 시대에 이르는 오랜 기간에 걸쳐 이룩된 사회 질서가 순식간에 무너져 내리고 문명의 규범이 망연히 사라져 버렸다. 정시正始(위나라 조방曹芳의 연호, 240년~249년)의 이름난 선비들인 명사名士들은 바로 이런 문명의 소외 시대에 살았다. 그들의 정신적인 고민은 문명의 소외가 가져다주는 말세감末世感을 느끼게 해 주었다. 그리고 약과 술이 그들에게 잠시나마 자신을 마취시키고 마음속의 울분과 고통을 잊게 하는 수단이자 정치적 박해와 시기를 피하게 하는 방패막이가 되어 주었다.

복약服藥의 유행을 이끌었던 사람은 정시 명사인 하안何晏으로, 왕필王弼과 하후현夏侯玄도 복약에 열중했다. 그들이 복용한 약은 한식산寒食散으로 통칭되었으며 대부분이 광석鑛石으로 이루어졌다. 가장 많이 복용된 대표적인 약은 종유석, 유황, 백석영, 자석영, 적석지赤石脂(중국의 지난 시濟南市 등지에서 나는 붉은색의 규산염 광물)의 다섯 가지 무기물로 이루어져 오석산五石散이라고 불렸다.

하지만 한식산에는 독소만 가득할 뿐 보양 역할은 전혀 하지 못했다. 그래도 그것을 복용하면 몸에 열이 나고 약효가 일어나면서 온몸이 말할 수 없이 고통스럽고 정신이 몽롱해져서 잠시 복잡한 세상에서 벗어날 수 있었다. 이 약을 복용하면, 약을 복용했다는 허울 좋은 핑계로 정신 나간 말을 해도 큰 말썽을 일으키지 않을 수 있었다. 정시 명사들이 이 같은 복석服石을 시작하자 많은 사람이 따라 했고, 동진과 남북조 시대에 정치적 위기가 있을 때에도 사대부 사이에서 복석이 유행했다. 그들은 약효가 나타나 그 열을 발산해야 한다는 핑계로 세속 예법의 구속을 받지 않고 여러 황당무계한 행동을 일삼았다.

고 그의 양자 조방이 겨우 여덟 살의 나이로 즉위했다. 이에 조상曹爽, 사마의司馬懿 등이 멍세의 유서에 따라 조방을 보좌했다. 나이 어린 조방의 즉위는 정권의 동요를 암시했다. 함께 조방을 보좌한 조상과 사마의는 각각 종실 대신과 다른 성의 중신重臣으로, 두 사람이 권력 다툼을 벌일 것은 불 보듯 뻔했다.

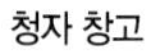

청자 창고

창고 모형, 부장품(실물을 축소한 모형)

그해 2월, 조상이 책사 정밀丁謐의 계책에 따라 황제를 대신해 정사를 보는 보정대신輔政大臣이던 사마의를 태부太傅에 천거해 그의 실권을 다소 약화시켰다. 이로써 사마의는 도독중외제군사都督中外諸軍事와 녹상서사錄尚書事 등의 직무는 유지했지만 허울 좋은 허명虛名에 불과할 뿐 실제로는 이미 실권을 잃은 것이나 마찬가지였다. 동시에 조상은 자신의 남동생인 조희曹羲를 중령군中領軍으로, 조훈曹訓을 무위장군武衛將軍으로, 필궤畢軌를 사록교위司隸校尉로 임명해 자신의 편을 많이 만들어 인재 선발과 기밀을 장악함으로써 정권을 자신의 손아귀에 넣으려 했다. 그러자 사마의는 겉으로는 늙고 병들었다는 이유로 은퇴하고 조정에 간섭하지 않는 척하면서 암암리에 조상의 무리를 쓸어 버릴 기회를 엿보았다. 이에 따라 위나라에는 권력의 핵심에 분열이 생기고 곧 충돌이 표면화될 조짐이 보였다.

사마의의 '십자서(十字書)'

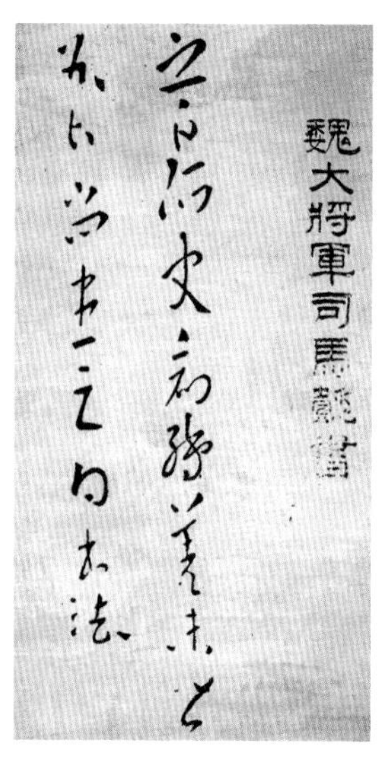

고평릉 정변

249년

위나라 정시 9년(248년) 겨울, 조상이 자신의 심복 이승李勝을 형주자사로 임명하면서 사마의가 정말로 병이 난 것인지 안부 인사 겸 가서 살펴보게 했다. 그러나 사마의는 그들의 꿍꿍이를 알아차리고 병이 심각한 것처럼 행동하며 교묘하게 이승을 속였다. 그 후 이승에게서 그가 본 그대로 보고받은 조상은 마음을 놓고 더는 사마씨 부자를 경계하지 않았다. 사마의는 암암리에 자신의 아들인 중호군中護軍 사마사司馬師, 좌산기상시左散騎常侍 사마소司馬昭와 함께 조상을 죽이려는 계략을 꾸몄다.

정시 10년(249년) 정월 초엿새, 위나라 황제 조방이 명제 조예의 무덤에 성묘하러 고평릉高平陵(지금의 허난 성 뤄양 시 동남쪽)으로 떠나는 데에 조상과 그의 동생인 중령군 조희, 무위장군 조훈, 산기상시 조언曹彦이 수행했다. 사마의는 도읍이 텅 빈 이 기회를 틈타 전광석화와 같은 속도로 정변을 일으키고, 황태후를 압박해 낙양의 각 성문을 봉쇄하도록 명령을 내렸다. 이어서 무기고를 점거하고, 낙수에 주둔하고 부교浮橋를 지키며 낙양과 고평릉 사이의 교통을 차단했다. 아울러 사도 고유高柔와 태복太僕 왕관王觀에게 각각 조상, 조희의 영채營寨를 점거하게 했다. 그리고 황태후를 압박해 조상 형제를 해임하게 하고, 사람을 보내 조상 형제에게 저항을 멈추고 도읍으로 돌아오도록 설득하게 했다. 조상 등은 이미 전세가 기운 것을 깨닫고, 사마의의 조건을 받아들여 낙양성으로 돌아와 가택에 연금되었다.

정월 초열흘, 사마의는 반란죄를 꾸며 내 조상 형제와 그의 무리인 하안, 등양鄧颺, 정밀, 필궤, 이승, 환범桓範 등을 감옥에 가둔 후, 대역죄를 선고하여 참수하고 삼족을 멸했다. 이로써 위나라의 병권과 정치 대권은 사실상 사마씨 가문의 손아귀에 들어갔다.

강유가 계속해서 위나라를 공격하다

249년~258년

촉나라의 강유姜維는 재상 제갈량의 유언을 받들어 해마다 위나라를 공격하며 중원 통일을 꿈꾸었다. 위나라 가평嘉平 원년(249년)에는 위나라의 옹주雍州(지금의 산시 성陝西省 관중關中 지역 및 간쑤 성 동쪽)를 공격했지만 아무런

맥을 잡아 주는 중국사 중요 키워드

지남차를 제작한 마균

위나라 청룡青龍 3년(235년) 8월, 마균馬鈞이 위나라 명제 조예의 조서를 받들어 지남차指南車(또는 지남거)를 제작했다. 그는 차동差動(기계 따위가 움직이는 과정에서 그 빠르기가 저절로 달라지는 운동) 톱니바퀴의 기계 구조 원리를 이용해 쌍륜단원차雙輪單轅車(두 개의 바퀴에 하나의 끌채가 있는 수레) 위에 나무인형을 하나 세우고 차가 움직이기 시작하면 나무인형이 남쪽을 가리키게 했다. 톱니바퀴의 작용으로 수레가 어느 방향으로 향하든 인형은 늘 남쪽을 가리켰다. 마균은 자가 덕형德衡이고, 부풍扶風(지금의 산시 성陝西省 싱핑 시興平市) 사람이며, 중국의 고대 과학 기술 역사에서 가장 명성이 높은 기계 발명가이다. 마균은 어린 시절에 집안 형편이 가난해 많이 배우지 못했고 말을 더듬는 장애가 있어서 말하기에 능하지 못했다. 하지만 뛰어난 전략을 잘 생각해 내어 훗날 위나라에서 급사중給事中의 관직을 맡기도 했다.

지남차를 완성한 후 그는 다시 황제의 명을 받들어 나무로 백희 인형을 만들었고, '수전백희水轉百戱'라고 이름 붙였다. 이어서 방직기를 개조해 내어 작업 능률을 4,5배나 높였다. 마균은 또 농업 관개용으로 쓰이는 도구인 용골수차龍骨水車(물레방아)를 만들고, 그 후에는 제갈량이 만들어 낸 석궁인 연노를 개조했다. 당시 사람들은 마균의 이러한 기막힌 생각들에 감탄하며 뛰어난 솜씨라는 뜻으로 '천하의 명교名巧'라고 불렀다. 그의 여러 발명과 창조는 당시 생산력의 발달과 기술의 발전에 크게 기여했다.

지남차 모형

수확 없이 돌아왔고, 가평 2년(250년) 12월에는 서평西平을 공격했지만 성공을 거두지 못했다. 가평 5년(253년) 4월에 강유는 수만 군사를 이끌고 석영石營에서 나와 위나라의 남안南安(지금의 간쑤 성 룽시 현隴西縣)을 포위했다. 하지만 포위하면서 식량을 모두 소비해 물러나 돌아와야 했다. 그 후 2년 동안 강유는 계속해서 출병했다.

위나라 감로 원년(256년) 7월에는 군사를 이끌고 기산祁山에서 나왔다가 위나라 안서장군安西將軍 등애鄧艾가 이미 촉의 군사 공격에 대해 대비를 마쳤다는 보고를 받고 다시 기산으로 돌아갔다. 훗날 등애와 강유는 단곡段谷(지금의 간쑤 성 톈수이 시 동남쪽)에서 결전을 벌였는데 강유가 대패하며 많은 사상자를 냈다. 이에 나라 곳곳에서 촉나라 백성의 원망이 높아지자,

강유는 상소를 올려 사죄하고 스스로 좌천을 청했다.

위나라 감로 2년(257년) 12월, 위나라 제갈탄諸葛誕이 회남淮南(회하 이남 지역)에서 반란을 일으키고 관중의 병사를 나누어 동쪽으로 내려갔다. 강유는 그 틈을 타 진천秦川을 공격하려고 또 병사를 이끌고 낙곡駱谷(지금의 산시 성陝西省 저우즈 현周至縣 서남쪽)에서 나와 침령沈嶺에 이르렀다. 그러나 침령 북쪽의 장성을 지키던 위나라 장수 사마망司馬望과 등애는 싸움에 응하지 않았다.

이듬해 2월이 되자 강유는 촉나라의 성도로 돌아갔다. 위나라 감로 3년(258년), 강유는 한중 전선의 각 수비군을 철수시켜 한성漢城과 악성樂城을 지키게 했다. 그 목적인즉슨 적을 촉의 영토 깊숙한 곳까지 끌어들여서 그들이 피로에 지쳤을 때 촉나라 군대가 총공격을 펼쳐 승리를 거두겠다는 것이었다. 그러나 이 계획은 사실상 스스로 요충지를 포기한 채 앉아서 죽기만을 기다리는 것이나 마찬가지였다. 강유의 연이은 출병으로 촉나라는 국력이 크게 소모되어 멸망은 피할 수 없는 일이 되어 버렸다.

검문관

검문관(劍門關)은 지금의 쓰촨 성 젠거 현(劍閣縣) 북쪽에서 25km 거리의 젠먼 산(劍門山)에 놓인 촨샤 도로(川陝公路) 부근에 위치한 옛 촉나라의 요새이다. 젠먼 산, 즉 다젠 산(大劍山)은 과거에 양산(梁山)이라고 불렸다. 이 산맥은 동서로 100여 km 뻗어 있고, 봉우리 72개가 끊임없이 펼쳐져 마치 날카로운 검과 같다. 가파른 절벽이 끊기는 곳에 두 산이 문처럼 서로 대치하며 서 있어서 예전에는 이곳을 검문(劍門)이라고 불렀다. 두보는 〈검문〉이라는 시에서 이곳을 "험난한 하늘로 가는 유일한 길이며 검문은 천하의 장관이다."라고 읊었다. 삼국 시대에 촉나라의 재상 제갈량이 이곳에 성루를 쌓아 요충지로 삼았다. 훗날 강유가 이곳에 군사를 주둔시키고 위나라 군대에 맞섰다고 한다.

위나라가 촉한을 멸하다

263년

위나라 경원景元 4년, 촉나라 염흥炎興 원년(263년) 11월, 등애가 군사를 이끌고 촉나라 성도의 성 아래까지 돌진해 왔다. 아무런 방비도 하지 못하고 있던 촉나라는 결국 유선이 성을 나가 투항하면서 2대에 걸친 43년(221년~263년)의 역사로 그 막을 내렸다. 등애의 군대가 성도에 이르렀을 때 촉나라 군신들은 하늘을 찌를 듯한 위나라 군대의 기세에 놀라 어찌할 바를 몰랐다. 후주 유선이 대책을 논의하기 위해 여러 대신을 불러들였는데, 광록대부 초주譙周가 위나라에 투항할 것을 강력하게 주장했고 대부분 신하가 그의 의견에 동조했다. 이에 유선은 시중 장소張紹 등에게 옥새와 인끈을 받들고 성을 나가 등애에게 투항하도록 명령했다. 이때 유선의 아들 북지왕北地王 유심劉諶은 투항에 반대하며 맞서 싸울 것을 강력히 주장했다. 그러나 자신의 주장이 받아들여지지 않자 유심은 아내와 아들을 죽이고 유비의 묘인 소열묘昭烈廟로 가서 통곡한 후 자신도 자결로 생을 마감했다.

그 소식에도 유선은 뜻을 바꾸지 않고, 또 태복 장현蔣顯을 보내 강유에게 위나라 장수 종회鐘會에게 투항하라는 조서를 내렸다. 강유는 어쩔 수 없이 잠시 종회에게 투항하는 체하면서 기회를 노렸다. 촉한은 이렇게 해서 멸망했다.

고잔도

지금의 쓰촨 성 북쪽 광위안 현(廣元縣)에서 자링 강(嘉陵江)을 거슬러 45km를 올라가면, 밍웨샤(明月峽)의 강 왼쪽 절벽에서 세 줄의 돌구멍을 볼 수 있다. 이것이 바로 유명한 촨산(川陝) 고잔도(古棧道, 절벽을 따라 절벽 측면에 설치된 나무다리) 유적이다. 절벽에 매달린 잔도는 어슴푸레한 운무(雲霧)에 감싸인 모습이 멀리서 보면 마치 공중 복도와 같아서 '각도(閣道)', '운잔(雲棧)'으로 불렸다.

위나라는 촉나라를 멸망시킴으로써 촉나라 백성 28만 호 94만 명, 갑사 10만여 명, 관리 4만 명 및 수많은 금은, 비단, 곡물 등을 얻었다. 그리고 이때부터 장강(양자강) 상류 지역을 점거하고, 하류의 동오에 위협을 가했다. 촉나라에 승리를 거둠으로써 사마소司馬昭는 정치적으로 한층 더 세력을 키우고, 훗날 위나라의 대권을 찬탈해 제위에 오르는 데 기반을 다졌다.

오나라 손호의 즉위

264년

오나라 영안 7년(264년) 7월, 오나라 경제 손휴孫休가 병으로 죽고 손호孫皓가 제위에 올라 연호를 원흥으로 바꿨다. 오나라 경제 손휴는 임종을 앞두고 더 이상 말을 꺼낼 힘도 없자 손으로 글자를 써서 승상 복양흥濮陽興을 궁으로 불러들이고 그에게 아들 손담孫覃을 부탁했다. 그 후 25일에 손휴는 병으로 생을 마감했다. 당시는 위나라가 막 촉나라를 멸망시켜 정세가 어지러운 때였다. 게다가 오나라 교지군交趾郡의 백성이 관리들의 부정부패를 참지 못하고 군리郡吏 여흥呂興과 함께 반란을 일으켰다.

청자 퇴소(堆塑, 빚어 만들어 붙임.) 곡창(穀倉) 단지

이러한 내우외환이 닥치자 오나라 조정 대신들은 격동하는 정세 속에서 흔들림 없이 강력한 지도력으로 나라를 이끌어 오나라를 어려움에서 구해 줄 장성한 군주를 바랐다. 그래서 승상 복양흥과 좌장군 장포張布는 손휴가 임종 시에 부탁했던 말을 무시하고, 이미 폐위된 태자 손화孫和의 아들 손호를 황제로 옹립했다.

정권을 장악한 후 손호는 처음에 백성을 우대하는 명령을 내려 병사들과 백성을 보살피고, 창고를 열어 빈민을 구제하며, 또한 궁녀를 내보내 민간에 아내가 없는 백성의 배필로 삼게 하여 조정 안팎에서 널리 칭송을 받았다. 그러나 자신의 지위가 굳건해지자 손호는 포악하고 사치스러우며 의심이 많은 본성을 드러냈다. 게다가 주색을 좋아

하기까지 해서 복양흥과 장포는 자신들의 선택을 후회했다. 그러다 그들이 불만을 품고 있다는 사실을 안 좌전군左典軍 만욱萬彧이 손호에게 밀고해 두 사람은 참혹하게 죽임을 당하고 말았다. 오나라 조정은 그로부터 나날이 쇠락해 한 걸음, 한 걸음 멸망을 향해 나아갔다.

청자 양(羊)준

맥을 잡아 주는 중국사 중요 키워드

즐거움에 젖어 촉 땅이 생각나지 않는다

촉나라가 멸망한 후, 사마소는 유선을 낙양으로 보내 안락공安樂公에 봉했다. 하루는 사마소가 연회를 열어 유선을 초대하고 촉나라의 노래와 춤을 보여 주었다. 이에 그 자리에 있던 촉나라의 옛 신하들은 비통함에 젖어 있는데 오직 유선만은 즐거워했다. 그 모습을 본 사마소가 한탄하며 말했다.

"사람이 무정하기가 마침내 저러한 경지까지 이르렀군. 비록 제갈량 같은 사람이 그에게 있었다고 해도 그를 오랫동안 온전하게 보필할 수 없을 터인데, 하물며 강유인 경우에야!"

그러고는 유선에게 물었다.

"촉이 그립지 않소?"

"여기가 즐거워 생각이 나지 않습니다."

'즐거움에 젖어 촉 땅을 생각하지 않는다.'라는 '낙불사촉樂不思蜀'의 고사성어는 바로 여기에서 비롯되었다.

CHINA

2 서진

시기 : 265년 ~ 317년
인물 : 사마염, 진수, 가남풍, 팔왕의, 왕개, 석숭, 유연

호족 세가가 실력을 겨루다

265년, 사마염司馬炎이 무대 위로 모습을 드러내고 새로운 왕조인 진晉(역사에서는 서진西晉이라고 부름.)을 세웠다. 10여 년 후 진 왕조는 손권이 세운 오나라를 평정하는 데 성공했고, 이로써 한나라 말엽부터 장장 1세기나 계속된 중국의 분열이 끝났다. 이후 서진은 통일 국가를 건설하기 위해 관료 제도를 완비했다. 또한 통치자는 휴양 생식 정책을 시행해 사회 경제를 회복시켰고, 이와 함께 사회 질서도 안정되었다.

그러나 좋은 세월은 오래가지 않았다. 사마염이 죽은 뒤 '팔왕八王의 난'이 일어나 황족인 사마씨 일족 간에 장장 16년에 걸친 피비린내 나는 대살육이 벌어졌다. 그러자 오호 민족五胡(흉노·갈·선비·지·강의 다섯 오랑캐 민족)이 이 기회를 틈타고 중원 국가의 통제에서 벗어나 흉노 귀족 유연劉淵과 씨족 수령 이웅李雄이 각각 나라를 세워 독립했다.

311년, 흉노의 할거 정권이 낙양을 폐허로 만들고 서진의 황제 회제懷帝를 포로로 잡았다. 이에 서진의 일부 관리와 백성이 장안으로 달아나 다시 진晉나라 왕 사마업司馬鄴을 황제로 삼고 겨우 나라의 명맥을 유지했다. 316년에 사마업이 유요劉曜의 압박으로 투항하면서 서진은 멸망했다.

한눈에 보는 세계사

286년 : 로마, 분할 통치 시작
313년 : 로마, 그리스도교 공인
306년 : 로마, 콘스탄티누스 대제 즉위
313년 : 고구려, 한 세력을 몰아냄.

사마염이 황제가 되다

265년

태시泰始 원년(265년) 12월 11일, 사마염이 남쪽 교외 지역에 제단을 쌓고 장작을 불태워 하늘에 제사 지냈다. 그리고 위나라를 압박해 황위를 '선양'받고 스스로 황제가 되었다. 사마염은 자字가 안세安世이며, 사마소司馬昭의 장자이다. 그는 위나라 황제 조환曹奐에게 황위에서 물러나도록 압박하여 자신이 황제의 자리에 오른 후, 조환을 진류왕陳留王으로 봉하고 국호를 진晉으로 바꾸었다. 역사에서는 이를 서진西晉이라 칭하며, 사마염은 연호를 태시라 하고 수도는 낙양으로 정했다.

황제가 된 후 사마염은 27명에 달하는 사마씨 종실을 모두 왕으로 분봉했다. 이는 기본적으로 후한 시대의 옛 제도를 계승한 것으로, 고대 봉건제의 부활을 뜻한다. 왕국의 땅은 군郡 하나를 넘지 않고, 왕국의 상相은 조정에서 임명하여 태수와 다르지 않았다. 왕국의 장리長吏(지방의 수령을 일컬음.)는 왕들이 스스로 선택하게 한 한편, 재정 문제는 각 왕이 마음대로 결정하지 못하게 했다.

태시 2년(266년) 12월, 둔전제屯田制(군량 확보 또는 직접적인 재원 확보를 목적으로 국가 주도로 경작자를 집단으로 투입해서 관유지官有地나 새로 확보한 변방의 영토 등을 경작하는 토지 제도)를 지속하기가 어려워지자 진晉나라 무제武帝 사마염은 조서를 내려 정식으로 민둔民屯(징모된 백성이 경작에 종사하는 것을 말함.)을 폐지했다. 또 사마염은 농관農官(농사를 관장하는 관리)을 면직시키고, 여러 차례에 걸쳐 군현의 관리들에게 농사와 양잠을 권장하는 한편, 개인적으로 소작인을 모집하는 것은 엄격히 금지했다. 이는 객관적으로 생산을 높이는 효과를 거

당나라 염립본의 〈역대제왕도〉 중 〈사마염도〉

진나라 무제 사마염(236년~290년)의 자는 안세이며 하내 온(溫)현 사람으로 진왕조를 건립한 사람이다. 또한 280년에 오나라를 멸망시켜 역사를 짧은 통일 시대로 이끌었다.

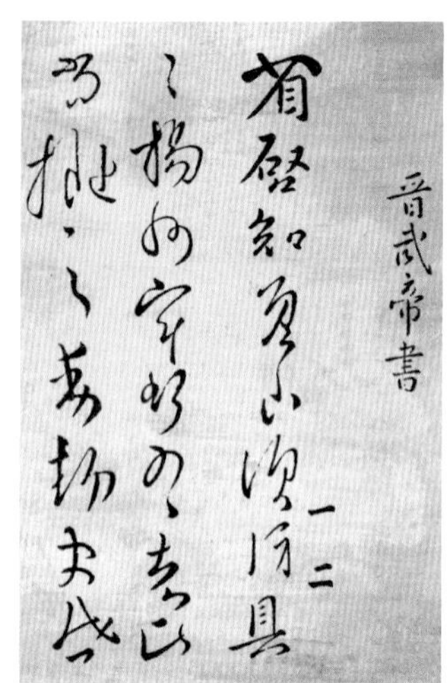

진나라 무제의 성계첩(省啓帖)

진나라 무제 사마염은 서법에 뛰어났다. 송나라 진사(陳思)는 《서소사(書小史)》에서 "황제께서는 초서에 능했다."라고 기록했다. 송나라 《선화서보(宣和書譜)》에서는 "무제는 서법에 뛰어난데 특히 초서에 뛰어나다. 필치가 힘차며, 그 안에서 재능과 솔직한 기질을 느낄 수 있다."라고 썼다.

두었다.

태시 4년(268년) 정월, 가충賈充이 주도한 수정 법률이 시행되었고 이는 후대에 법률 형식의 본보기가 되었다. 그리고 사마염은 여러 차례 조서를 내려 지방 관리들에게 백성의 노역을 줄이고 스스로도 농업에 주력하여 경작에 힘쓰라고 했다. 또한 반드시 토지를 효율적으로 이용해 큰 성과를 올리도록 하고, 반면에 놀고먹는 일이라고 생각한 장사는 금지했다.

태시 4년(268년) 12월, 사마염은 왕공, 경윤卿尹(재상) 및 군국의 수상守相들에게 조서를 내려 품행이 어질고, 재능이 뛰어나며, 정직하고, 직언할 줄 아는 선비를 추천하라고 명령했다. 그리고 같은 달에 각 제후국에 다음의 다섯 가지 조례를 실행하라는 조서를 내렸다. 첫째, 마음을 바르게 한다. 둘째, 백성에게 마음을 다한다. 셋째, 고아와 과부를 어루만진다. 넷째, 농업을 중시하고 상업을 경시한다. 다섯째, 인간관계를 복잡하게 만들지 마라. 이로써 사마염은 황제가 된 후의 제도 개혁 임무를 완성했다.

서진이 오나라를 멸하고 전국을 통일하다

280년

진나라 무제 사마염은 황제가 된 후 오나라를 병합할 준비를 했다. 진나라 태시 5년(269년), 상서좌복야尙書左僕射이자 형주도독인 양호羊祜가 형주의 모든 군사를 동원해 양양을 지켰다. 그는 군사를 훈련하여 군대의 전투력을 강화하는 동시에 사마염에게 오나라를 멸망시킬 대계를 빈번하게 상의하며 진이 오나라를 멸하기 위한 대대적인 준비 작업을 했다.

진나라 함녕咸寧 4년(278년), 양호가 병사하자 사마염은 두예杜預를 진남대장군鎭南大將軍으로 임명하여 형주의 모든 군사를 이끌게 하고 양호가 끝내지 못한 대업을 지속하도록 했다. 279년, 두예와 왕준王濬이 진 무제에게 표를 올려 오나라 정벌을 위한 출정 명령을 내려주기를 청했다. 이에 조정에서는 장화張華 등 주전파主戰派가 가충, 순욱荀勖 등 반대파의 의견은 철저히 무시하고 진 무제의 출정 명령을 받들었다. 사마염은 주전파의 청에 동의하고, 장화를 도지상서度支尙書로 임명했다. 그리고 장화에게 오나라 정벌의 대계를 주관하고 군량의 운송을 책임지며 오나라를 공격하라는 조서를 내렸다.

진나라 함녕 6년(280년) 3월, 진나라 용양장군龍驤將軍 왕준이 무창에서 진격해 올라가 건업을 함락했다. 그러자 오나라 군사들은 모두 깃발을 버리고 투항했다. 진나라 군대는 왕준이 이끈 수군이 강을 가득 채우고 그들의 깃발이 하늘을 가릴 만큼 실로 그 기세가 드높았다. 3월 15일, 진나라 군대 8만여 명이 백 리가 넘는 선박 대오를 이루어 석두성石頭城(지금의 장쑤 성 난징 시 북쪽 교외 지역)에 들어서자 오나라 황제 손호孫皓는 결국 서진에 투항했다. 이로써 오나라는 멸망하고, 중국은 다시 전국 통일을 이루었다.

진나라의 호조식 제도 반포

280년

진晉나라는 오나라를 멸망시키고 중국을 통일했다. 진나라 태강太康 원년(280년), 진나라는 나라의 기본 경제 정책인 호조식戶調式을 반포했다. 호조식은 점전제佔田制, 과전제課田制, 호조식戶調式, 한전제

위진 시대의 화상전

限田制 및 음친음객제蔭親蔭客制 등을 포함한다. 이른바 '점전'은 농민이 법령에서 규정한 경작지를 점유할 권리를 허락하는 것으로 정정正丁(직접 군역을 이행하는 열여섯 살에서 예순 살까지의 성인 남자) 남자는 70무, 여자는 30무이다. 이른바 '과전'은 점전에 대한 세금을 부과하는 것으로 정남丁男(열여섯 살에서 예순 살까지의 성인 남자)은 50무, 정녀丁女는 20무, 차정남次丁男(열세 살에서 열다섯 살, 예순 살에서 예순다섯 살의 남자)은 25무였다. 차정녀次丁女와 노인(예순여섯 살 이상)과 아이(열두 살 이하)에게는 과세하지 않고, 각 무에 부과되는 과전세는 쌀 8되였다.

진나라는 호조식을 시행해서 정남이 호주이면 매년 비단 3필과 면 3근을 바쳐야 하며, 정녀 혹은 차정남이 호주이면 절반을 면제해 주었다. 그리고 한전제를 시행해서 일품관一品官은 점전 15경을 주고, 그 아래로는 1품이 낮아질 때마다 5경씩 적은 점전을 주었다. 또 음친음객제를 시행해서 관리는 과전과 호조를 면제받았고, 직급에 따라 음친속蔭親屬에 9족에서 3세대까지 포함되었다. 호조식 제도의 실시는 진 왕조의 특색으로, 진나라 무제 사마염은 이러한 조치를 제정하고 시행하여 국력을 증강했다.

진수가 《삼국지》를 편찬하다

285년

태강 6년(285년), 진수陳壽가 《삼국지三國志》를 편찬했다. 《삼국지》는 기전체로 쓰인 삼국사로 총 65권이며, 위나라, 촉나라, 오나라의 세 지志로 구성된다. 그중 《위지》가 30권, 《촉지》가 15권, 《오지》가 20권이다. 기紀와 전傳만 있고, 표表와 지志는 없다. 《위지》의 앞의 네 권은 기紀라 불리고, 《촉지》와 《오지》는 전傳만 있고 기는 없다.

진수(233년~297년)는 자가 승조承祚로 파서巴西 안한安漢(지금의 쓰촨 성 난충 시南充市 북쪽) 사람이다. 어려서부터 학문을 좋아해 일찍이 초주譙周에게 사

〈삼고초려도〉

훗날 나관중이 진수가 편찬한 《삼국지》를 소재로 삼아 《삼국연의(三國演義)》를 쓰면서 삼국의 이야기가 전해지게 되었다. 그림은 명나라 사람이 그린 〈삼고초려도(三顧草廬圖)〉이다.

사했다. 진晉나라로 들어온 뒤에는 저작랑著作郎과 치서시어사治書侍御史 등을 역임했다.

태강 원년(280년)에 진나라가 오나라를 멸한 후, 진수는 위·촉·오 삼국의 사료를 수집하여 마침내 《삼국지》 65권을 편찬했다. 《삼국지》는 조曹씨의 위나라를 정통으로 삼아 《위지》를 제일 앞에 두고, 위나라 군주에 대해서만 제帝의 칭호를 써서 기紀에 서술한다. 오나라와 촉나라의 군주에 대해서는 제의 칭호를 쓰지 않을 뿐만 아니라 전傳에서 서술한다. 중국 고대의 기전체 정사正史 중에 《삼국지》, 《사기史記》, 《한서漢書》, 《후한서後漢書》를 합쳐서 전사사前四史라고 부른다.

《삼국지》는 소재를 신중하게 선택하고, 필치가 간결하며, 비교적 사실적으로 기술되었다. 삼국 시대에 정치·경제·군사상에서 영향력이 있던 인물 및 학술·사상·문학·예술·과학 기술에 기여한 인물을 모두 기록하고 있다. 그 밖에 중국 내 소수민족과 인근 국가의 역사도 모두 기록했다. 그러나 기록이 지나치게 간략해서 일부 중요한 역사적 사건과 인물의 발자취에 대해 상세하지 않게 기록하거나 심지어는 빠뜨린 경우도 있다. 또 《삼국지》에는 국가의 제도와 문물 등에 관련된 지志가 없는 것이 큰 결점이다. 이처럼 《삼국지》의 서사가 비교적 간략한 까닭에 남조南朝의 송나라 문제文帝는 배송지裴松之에게 이를 보충해 주석을 달도록 명령했다.

진나라 황후 가남풍의 권력 독점

291년

원강元康 원년(291년) 3월 8일, 황후 가남풍賈南風이 태부太傅 양준楊駿을 모살했다. 이 사건이 바로 진나라 혜제의 황후 가남풍이 권력을 독점하기 시작한 출발점이었다. 양준은 진나라 무제 사마염의 두 번째 황후 양지楊芷의 부친이자 홍농弘農 출신 대귀족으로 권력을 독점하는 데 유리했다.

진나라 무제의 뒤를 이어 혜제惠帝 사마충司馬衷이 즉위하자 양준은 태부, 대도독으로 승직했다. 그는 대권을 독점하며 조정의 기강을 흔들고, 자신의 측근을 양성했다. 이에 종실과 왕공, 그리고 조정 안팎의 관료 대부분이 크게 분노했다. 한편, 혜제의 황후인 가남풍은 태자비였을 때부터 질투로 여러 사람을 죽인 바 있고, 사마충의 임신한 후궁에게 미늘창을 던져 유산시킨 적도 있다. 그 일로 크게 노한 무제 사마염은 가남풍을 폐위해 금용성金墉城에 가두려 했다. 금용성은 당시 폐위된 비빈妃嬪들이 갇혀 지내는 곳이었다. 그러나 황후 양씨가 태자비의 아버지인 가충과 그 가문의 공로를 생각해서 용서해 달라고 간곡히 부탁해 가까스로 태자비의 지위를 유지할 수 있었다. 이후 황후 양씨가 태자비 가남풍에게 여러 차례 충고했지만, 가남풍은 황후가 자신을 도우려는 것임을 알지 못했다. 오히려 무제에게 자신을 모함한다고 생각해 황후를 미워했다. 게다가 양준이 조정의 일에 간섭하고 싶어 하는 자신을 막자 그 부녀를 더욱 미워하게 되었다.

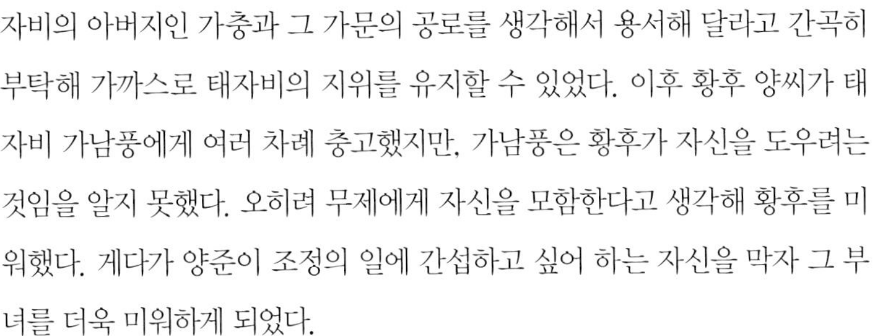

쌍룡 무늬의 마음 심(心) 자 옥패

291년 3월 8일, 황후 가남풍은 몰래 사람을 시켜 양준이 모반을 꾀하는 것처럼 꾸미고 그의 삼족을 멸할 것을 명령했다. 그리고 19일에 여남왕汝南王 사마량司馬亮, 태보太保 위관衛瓘, 초왕楚王 사마위司馬瑋 등에게 정권을 보좌해 줄 것을 부탁했다. 그 후 가남풍은 조정의 정권을 좌지우지하며 제멋대로 굴었고, 갈수록 횡포가 심해졌다.

그러던 중 사마요司馬繇가 자신을 폐하려 한다는 것을 알게 되었다. 두려움을 느낀 그녀는 27일에 사마요의 왕호를 박탈하고 그를 대방군帶方郡(지금의 북한 동사리원)으로 유배 보냈다. 그해 6월, 황후 가남풍이 연이어 사마량, 초왕 사마위, 위관, 위긍衛恒 등을 숙청해 조정의 대권이 오롯이 그녀의 손아귀에 들어갔다.

팔왕의 난의 시작

291년

진나라 영평 원년(291년), 가후는 초왕 사마위에게 양준과 그 무리를 죽여 권력을 독점하고 있는 그들의 세력을 없애라고 명령했다. 그 후 여남왕 사마량과 위관이 정권을 보좌했는데, 가남풍은 머지않아 초왕 사마위에게 사마량과 위관을 죽이게 했다. 그리고 그다음에는 사마위를 죽였다. 그러면서 황후 가남풍이 정권을 독점하게 되었다.

진나라 원강 9년(299년) 말, 가남풍은 장기간 정권을 독점하기 위해 황태자 사마휼司馬遹을 폐하고 결국에는 그를 독살했다. 그녀의 이 행동은 조왕趙王 사마륜司馬倫에게 반란을 일으킬 좋은 구실이 되었다. 영강永康 원년(300년) 4월 3일, 조왕 사마륜이 병사를 일으켜 낙양으로 진격해서 가후와 그 무리의 목을 베었다. 이로부터 무려 16년이나 이어진 정권 찬탈을 위한 황족 간의 혼전이 시작되었고, 역사에서는 이 혼전을 '팔왕의 난'이라고 부른다.

'오성출동방리중국(五星出東方利中國)'이라고 쓰인 비단 팔 보호대

채색 비단과 흰 비단으로 만들어진 장방형의 팔 보호대로, 긴 가장자리 양쪽에 명주로 된 끈이 각각 3개씩 달려 있다. 색채가 화려하고, 공작, 선학, 벽사, 호랑이, 용 등의 참신한 도안과 함께 '오성출동방리중국'이라는 문자가 있다.

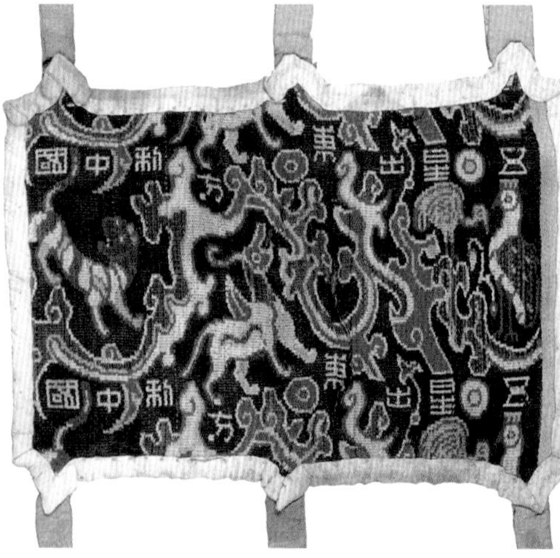

조왕 사마륜은 낙양을 점거한 이듬해(301년)에 황제를 폐위하고 스스로 황제의 자리에 올랐다. 그러자 제왕齊王 사마경司馬冏, 성도왕成都王 사마영司馬穎, 하간왕河間王 사마옹司馬顒이 함께 병사를 일으켜 조왕 사마륜을 죽이고 혜제를 복위시켰다. 그 후 제왕 사마경이 정권을 보좌하며 권력을 독점하고 전권을 휘둘러 또다시 다른 이들의 분노를 일으켰다. 장사왕長沙王 사마예司馬乂와 하간왕 사마옹이 함께 병사를 일으켜 사마경을 쳤고 이번에는 장사왕 사마예가 조정을 장악했다.

진나라 태안太安 2년(303년), 하간왕 사마옹이 성도왕 사마영과 함께 장사왕 사마예를 공격했고, 이후 사마영이 전권을 독점했다. 그해 말에 동해왕東海王 사마월司馬越이 군사를 일으켜 사마예를 공격했고, 사마예는 패배 후 죽임을 당했다. 이어서 사마월은 혜제를 황제로 세운다는 명분으로 사마영을 공격했지만 실패로 끝났고, 오히려 사마옹이 기회를 틈타 낙양을 점거해서 정권을 손에 넣고 휘둘렀다.

진나라 영흥 2년(305년)에 사마월이 다시 군사를 일으켜 사마옹을 물리

맥을 잡아 주는 **중국사 중요 키워드**

재력을 다툰 왕개와 석숭

왕개王愷는 진나라 무제 사마염의 황후인 문명文明 황후의 남동생으로, 우장군까지 올라 무제의 신임과 총애를 받았다. 대권을 손에 쥔 그는 백성의 피와 땀을 착취해 재물을 모아 당시 산기상시散騎常侍 석숭石崇, 사마염의 경헌景獻 황후의 사촌동생인 양수羊繡와 함께 당시 3대 부호로 불렸다. 그들은 자신의 재력이 더 낫다는 것을 증명하기 위해 사치의 정도로 재력을 겨루었다.

예컨대 왕개는 자신의 재력에 필적할 이가 없다는 사실을 보여 주기 위해 당시에 매우 귀했던 엿물로 솥을 씻었다. 이에 질세라 석숭은 그보다 진귀한 양초를 땔감으로 사용했다. 왕개가 자주색 비단으로 40리에 이르는 길이의 보장步障(고대에 귀족들이 출행할 때 바람과 먼지를 막기 위해 사용하던 이동식 병풍)을 만들자, 석숭은 수를 놓은 비단으로 50리에 이르는 길이의 보장을 만들었다. 또 석숭이 산초나무 열매를 진흙에 이겨 벽을 바르자(이렇게 하면 집안에 향기가 그득해지는데 원래 황후만 사용할 수 있었다고 한다.) 왕개는 적석지赤石脂(규산알루미늄을 주성분으로 하는 흙으로, 붉은색과 흰색 두 가지가 있고 한방에서는 약재로 쓴다.)를 벽에 발랐다.

이때 진나라 무제가 사이에서 왕개가 경쟁에 이길 수 있도록 여러 차례 그를 도왔다. 한번은 무제가 왕개에게 2척이 넘는 산호수珊瑚樹(나뭇가지가 퍼진 것처럼 생긴 산호)를 하사했다. 그러자 왕개가 득의양양해서 석숭 앞에서 산호수를 꺼내 자랑했다. 그러나 석숭은 전혀 놀라는 기색도 없이 철로 만든 여의봉을 꺼내 왕개의 산호수를 때려 부수었다. 이에 왕개가 크게 화를 내자 석숭은 아무것도 아니라는 듯이 말했다. "뭐 이 정도에 안타까워한단 말인가? 지금 바로 돌려주면 될 것 아닌가!" 그러고는 하인에게 집에 돌아가서 그가 소장한 산호수를 가져오게 했다. 그중에는 2척이 넘는 것이 헤아릴 수 없을 정도였고, 3~4척이 되는 것도 예닐곱 개나 되었다. 눈이 휘둥그레진 왕개는 할 말을 잃고 그저 경탄할 따름이었다.

쳤고, 이후 사마옹과 사마영은 연이어 죽임을 당했다. 진나라 광희光熙 원년(306년), 사마월이 혜제를 독살하고 혜제의 동생 사마치司馬熾를 황제로 세웠다. 이후 회제 사마치가 스스로 정권을 장악하면서 '팔왕의 난'이 끝을 맺었다.

유연이 황제가 되어 한나라를 세우다

308년

영가永嘉 2년(308년) 10월, 유연劉淵이 황제가 되어 국호를 한漢으로 정하고 연호를 영봉永鳳이라고 했다. 이로부터 십육국十六國이 시작되었다. 유연은 자가 원해元海이고 신흥新興(지금의 산시 성山西省 신 현忻縣)의 흉노 사람이다. 그는 어려서 상당上黨군에 있는 최유崔遊를 스승으로 모시고 한나라 서적을 배웠다. 특히 《춘추좌씨전春秋左氏傳》, 《손오병법孫吳兵法》을 즐겨 읽었다. 유연

담자사(潭柘寺)

베이징 탄저 산(潭柘山)에 있는 담자사는 서진 시대에 건립된 베이징 최고(最古) 사원이다.

은 종조부인 우현왕右賢王 유선劉宣을 따를 때 흉노의 세력을 회복시킬 방법을 찾아 대선우大單于로 추대되었다. 그가 좌국성左國城(지금의 산시 성山西省 리스 현離石縣)에서 병사를 일으켜 반진反晉을 기치로 내세우자 그의 세력은 끊임없이 강해졌다. 군사를 일으켜 패배를 거듭하던 석륵石勒이 오랑캐 병사 수천 명, 오환烏桓 부락의 2,000명을 이끌고 유연에게 의탁했고, 상군上郡(지금의 산시 성陝西省 북부)의 사부四部 선비鮮卑인 육축연陸逐延, 저氐족의 추선우酋單于인 징徵, 동래東萊 사람인 왕미王彌 등도 그에게 투항했다. 이로써 흉노, 선비, 갈羯, 저, 강 등 여러 민족으로 구성된 반진反晉 세력이 형성되었고, 유연이 황제가 되려는 의도도 차츰 뚜렷해졌다. 유연은 대업을 이루기 위해 곳곳으로 군대를 보내 빈번하게 진나라 땅을 침범했다.

자기 여용(女俑)과 자기 남용(男俑)

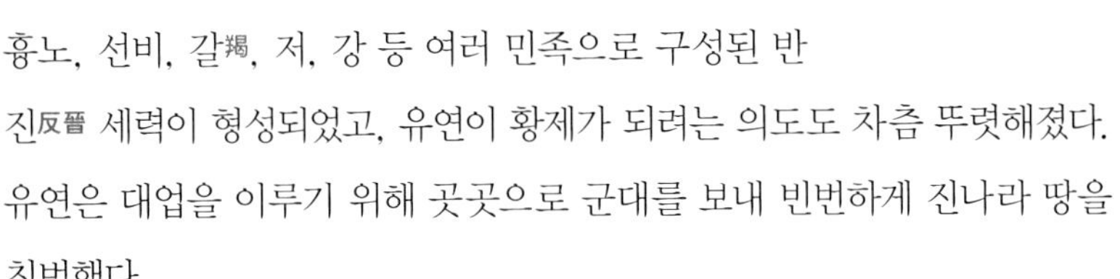

진나라 영가 2년(308년) 10월, 유연이 정식으로 황제가 되었다. 그 이듬해 정월에 유연은 태사령 유선의 건의를 받아들여 정식으로 평양平陽(지금의 산시 성山西省 린펀 시 서쪽)으로 천도했다. 그는 분수汾水에서 옥새를 얻었는데 '신을 보전한다.'는 '유신보지有新保之'라는 글이 새겨져 있었다. 유연은 이것이 왕망의 옥새라 여겨 자신에게 상서로운 징조라고 여겼다.

영가 3년(309년) 3월, 진나라 장군 주탄朱誕이 투항하자 유연은 그를 전봉도독前鋒都督으로 임명했다. 그리고 유경劉景을 대도독大都督으로 삼고 병사를 일으켜 진나라를 공격했다. 대장군 유경의 호칭은 '멸진滅晉'이었다. 전해지는 이야기에 따르면 그는 진나라 사람을 보기만 하면 남녀노소를 불문하고 모두 죽였다고 한다. 유경은 여양, 연진 등의 땅을 점령한 후 이 지역 백성을 황하로 내몰아 3만여 명을 익사시켰다.

그해 여름에 왕미와 유총劉聰이 유연의 명을 받들어 연이어 진나라 군대를 대파했고, 8월에 유총이 다시 명을 받들어 낙양을 공격했다. 그러나 9월에 진나라 홍농 태수 원연垣延이 거짓으로 투항한 후 어둠을 틈타 유총을 습격해서 대승을 거두었다. 이 습격에서 목숨을 건져 도망친 유총은 서명문西明門에 이르러 군대를 낙하洛河 근처에 주둔하게 했다. 낙양은 수비가 워낙 견고한 데다 한나라 군대는 군량이 부족했다. 결국 유총은 12월에 군대를 이끌고 평양으로 퇴각했다.

서진의 멸망

316년

영가 5년(311년) 6월, 진나라 회제가 한나라 군대에 사로잡혀 포로가 되었다. 유총은 평양으로 끌려온 그를 '회계군공會稽郡公'에 봉하고, 온갖 수모를 당하게 했다. 영가 7년(313년) 연초, 유총이 광극전光極殿에서 신하들을 모아 놓고 연회를 베풀었다. 이때 그가 회제에게 노예의 옷을 입히고 술을 따르게 하니 진나라의 옛 신하인 경민庚珉과 왕준王儁이 분노를 참지 못하고 울음을 터뜨리고 말았다. 이에 기분이 나빠진 유총은 그해 2월 회제와 진나라의 옛 신하 10여 명을 일거에 죽여 버렸다. 이때 회제의 나이는 겨우 서른이었다. 회제가 죽임을 당했다는 소식이 장안에 전해지자 진나라의 신하들은 상을 치르고 그해 4월에 태자 사마업司馬鄴을 제위에 올렸다.

용무늬가 있는 금으로 만든 허리띠 이음쇠

허리띠 이음쇠에는 몸을 꼰 채 꼬리를 세운 용이 투각되어 있는데 구름 위로 용솟음치는 모습이다. 용 몸체의 중앙 부분에는 녹송석 구슬이 상감되어 있고, 이음쇠 뒷부분에는 황동 조각이 덧대져 이음쇠를 더욱 견고하게 해 준다.

서진의 4대 황제가 된 민제愍帝 사마업(시호는 효민황제孝愍皇帝)은 연호를 건흥이라고 했다. 이때 그의 나이 겨우 열네 살이었다. 당시 장안성은 거주하는 백성이 100가구가 채 안 되었고, 수레도 관용과 개인용을 모두 합쳐 겨우 4대에 불과했다. 문무백관은 관복도 인수도 없고 오로지 뽕나무 널빤지에 새겨진 관호官號가 관직을 나타내는 전부였다.

한나라 건원 2년(316년), 한나라 군대가 대사마 유요劉曜의 지휘 아래 장안을 공격했다. 그리고 그해 9월, 장안의 외성外城을 함락했다. 안으로는 군량이 없고 밖으로는 지원군이 없는 상황에서 민제는 한나라 군대에 투항할 수밖에 없었다. 이에 삭림索琳이 자신의 아들을 보내 항복을 청했는데, 유요는 그를 죽여 버렸다. 결국 민제가 웃통을 벗은 채 직접 양이 끄는 수레를 타고 한나라 군영으로 가서 투항했다. 한나라 황제 유총은 민제를 회안후懷安侯로 봉했다. 또 유요를 대도독에 봉하고, 천하에 사면령을 내렸으며, 연호를 인가麟嘉로 바꾸었다. 여기까지 서진은 사마염, 사마충, 사마치, 사마업 총 네 명의 황제를 거치며 52년(265년~316년) 동안 유지되다가 멸망했다.

CHINA

3 동진·십육국

시기 : 317년 ~ 420년
인물 : 사마예, 석륵, 왕도, 부건, 왕희지, 환온, 부견, 요장, 탁발규, 환현, 도연명, 고개지, 노순

문벌 정치와 남북 전쟁

진晉나라가 남쪽으로 도읍을 옮겨 유유劉裕가 송나라를 세울 때까지 103년 동안 중국은 또 한 번 남북 분열의 혼란에 휩싸였다. 서진이 멸망한 후 흉노, 선비, 갈羯, 강姜, 저氐 등 여러 민족이 앞서거니 뒤서거니 하며 북부 지역에 무려 20여 개 나라를 세웠다. 역사에서는 이를 '십육국'이라고 한다. 정권이 빈번하게 바뀌고 나라와 민족 간의 갈등이 첨예하여 사회가 불안했으며, 경제는 쇠락하여 북부 지역 백성의 생활은 도탄에 빠졌다.

318년에 사마예司馬睿가 정식으로 황제의 자리에 올라 동진을 세웠다. 동진 정권의 정치적 토대는 강남에 거주하던 문벌가들로, 그들은 가문의 명망과 관직의 권세에만 관심이 있을 뿐 정치 소양과 정무 능력이 부족해 동진 정권의 쇠퇴를 초래했다.

동진 말년에 이르러 내부에서는 환현桓玄이 권력을 한 손에 쥐고 휘두르고 외부에서는 손은孫恩과 노순盧循이 반란을 일으켜 동진 정권은 큰 타격을 입고 겨우 명맥만 유지해 나갔다. 그런 한편, 동진 시대에는 남부 지역의 농업 생산 수준이 크게 향상되었다. 이에 더불어 북부 지역의 농민이 끊임없이 강남 지역으로 이주하면서 비교적 선진적인 생산 도구와 생산 기술을 가져왔다. 이때부터 중국의 경제 중심이 남부 지역으로 이동하기 시작했다.

한눈에 보는 세계사

313년 : 로마, 그리스도교 공인
313년 : 고구려, 한 세력을 몰아냄.
320년 : 인도, 굽타 왕조 성립
325년 : 니케아 공회의 열림.
371년 : 백제 근초고왕, 평양성 공격
372년 : 고구려, 불교 공인
375년 : 게르만 민족, 대이동 시작
384년 : 백제, 불교 공인
392년 : 로마, 그리스도교 국교화
395년 : 로마, 동서로 분열
400년 : 고구려, 신라에 파병
410년 : 로마, 서고트족 침입
427년 : 고구려, 평양 천도

사마예가 황제가 되어 동진을 건국하다

317년

영가 원년(307년) 7월, 서진 조정에서는 하비下邳(지금의 장쑤 성 쑤이닝 현睢寧縣 서북쪽)를 지킨 낭야왕 사마예를 건업建鄴(지금의 장쑤 성 난징 시)으로 이동해 주둔하게 하고, 왕연王衍의 아우 왕징王澄을 형주도독으로 삼고, 종실 아우인 오돈五敦을 양주자사로 삼았다. 건흥 4년(316년) 12월, 민제가 유총에게 투항하면서 서진은 멸망했다. 건흥 5년(317년) 3월에 진晉나라 민제가 살해당했다는 소식이 건업까지 전해졌다. 그러자 낭야왕의 부하들이 계속해서 사마예에게 황위에 오르라는 상소를 올렸다. 이에 10일에 사마예가 건업에서 즉위해 칭제하니 바로 진晉나라 원제元帝이다. 이로써 정식으로 동진 왕조가 세워졌다.

건업은 민제 사마업의 이름자를 피휘避諱(과거 중국에서 글을 쓸 때나 말할 때 군주나 조상의 이름 글자를 쓰는 것을 피한 것)하기 위해 건강建康으로 개칭했다. 사마예는 전국적으로 대사면을 실시하고, 연호를 대흥大興으로 바꾼 후, 문무백관의 관직을 모두 2등급씩 올려 주었다. 동진 정권은 서진 문벌사대부의 통치를 계승해 발전했다. 사마예가 강남 지역에서 진晉나라 황실을 재건할 수 있었던 것은 북쪽 지역의 사대부인 왕도王導와 왕돈王敦 등 낭야왕씨瑯琊王氏의 도움에 힘입은 바가 컸다. 왕도(276년~339년)는 특히 동진 정권의 기초를 다진 사람으로서 당시에는 '동진의 관중'이라고 불렸다. 영가(30년~313년)의 난 이후에 민족 간의 갈등이 사회의 주요 갈등으로 발전했고 이에 따라 사회 관계에도 새로운 변화가 생겨났다.

석륵이 황제가 되어 후조를 세우다

330년

진나라 대흥 2년(319년), 석륵이 양국襄國(지금의 허베이 성 싱타이 시邢臺市)에서 왕이 되어 술을 빚는 것을 금지하고, 종묘에 제사를 지낼 때는 감주로 술을 대신하게 했다. 또 관리를 파견해 각 주와 군을 순시하게 하고, 농업과 양잠업을 중시했다. 이러한 조치 덕분에 중원의 농업 생산은 차츰 회복될 수 있었다. 이와 함께 양국의 국력은 점점 강대해졌고 국경도 나날이 확대되었다.

329년 9월, 그의 조카 석호石虎가 전조前趙(중국의 오호 십육국 가운데 304년에 흉노의 유연이 세운 나라. 처음에는 한漢이라고 일컫다가 316년에 제4대 유요가 도읍을 장안으로 옮기고 조趙라 고쳤는데, 329년 5대 26년 만에 후조後趙의 석륵石勒게 망했다.)의 병사를 대파하여 전조가 건립된 지 26년 만에 멸망하고, 전조의 영토였던 진롱秦隴의 땅은 석륵의 후조後趙(중국의 오호 십육국 가운데 319년에 석륵이 임장을 도읍으로 삼아 세운 나라. 전조를 병합하여 중국 북부 지방에서 세력을 떨쳤으나, 351년에 신하 염민冉閔에게 망했다.)에 속하게 되었다.

후조(後趙)의 도금한 청동 불상

이는 지금까지 발견된 불상 가운데 명문으로 정확한 연도가 기재된 첫 번째 불상이다. 이 불상에서는 이미 초기 조각상의 스타일이 사라져 '중국식 불상'의 한화(漢化) 과정을 걷고 있는 전형을 보여준다.

330년 2월, 후조의 신하들이 석륵에게 황제의 자리에 오를 것을 청했다. 이에 석륵은 스스로 대조大趙 천왕을 칭하고 황제로서 정사를 보기 시작했다. 아울러 세자 석홍石弘을 태자로 삼고 비 유씨를 왕후로 세웠으며, 석호를 태위, 상서령에 임명하고 중산왕中山王으로 봉했다. 같은 해 9월, 석륵은 정식으로 황제를 칭하고 연호를 건평建平이라고 했다. 그리고 석홍을 황태자로 삼고 문무 대신에게 차등을 두어 상을 내렸다.

석륵은 즉위한 후 공경公卿 이하의 관리들이 해마다 각자 인재를 추천하도록 하여 널리 인재를 구했다. 또 구품관인법九品官人法을 지속적으로 시행하는 한편, 양국에 태학과 소학小學을 설립하고 관리의 자제들을 선발해 입학시켜서 공부하게 했다. 각 군국에는 학관學官을 설치하고, 군마다 박사좨주博士祭酒를 한 명씩 보내 제자 150명을 거두

어 유학 경전을 가르치게 했다.

이때부터 후조는 점차 국력이 강성해지면서 전성기를 맞아 영토가 남쪽으로는 준하準河에 이르고, 동쪽으로는 바다에 접하며, 서쪽으로는 하서에 이르고, 북쪽으로는 연燕과 대代에 접했다. 모용慕容씨의 요동과 장張씨의 하서 외에도 북쪽 지역 대부분이 후조에 속했고, 후조는 회하를 두고 동진과 대치했다.

왕도의 죽음

339년

왕도는 자가 무홍茂弘으로 낭야 임기臨沂(지금의 산둥 성에 속함.) 사람이다. 서진 말년에 왕도는 낭야왕 사마예 휘하에서 사마예가 동진 정권을 세우는데 협조하고, 그가 군주로서 위신을 세우고 차츰 강남 명문 귀족들의 지지를 받도록 도왔다. 왕도는 원제 사마예, 명제明帝, 성제成帝의 삼대 황제를 보좌했고 동진의 정권 수립에 커다란 기여를 하여 이후 대사마, 승상까지 지위가 올랐다. 또 명을 받아 화일華軼, 서감徐龕, 왕돈王敦, 소준蘇峻, 조약祖

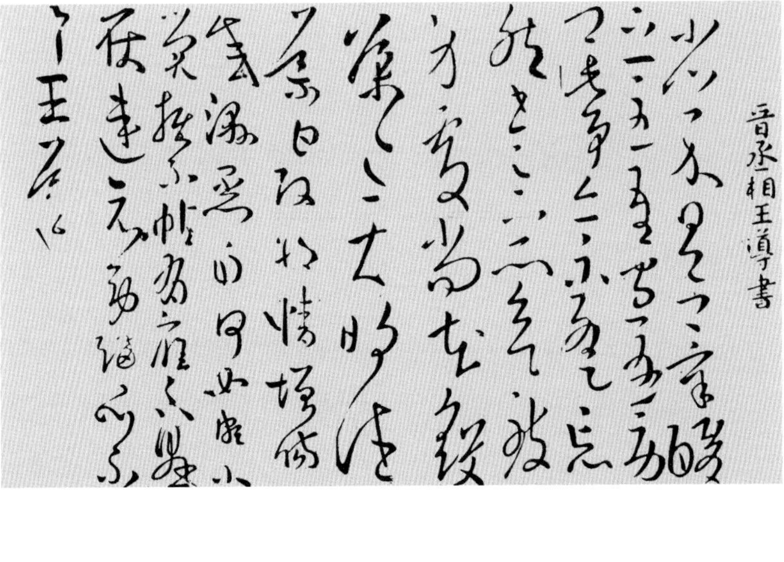

왕도의 서예
《성시첩(省示帖)》

約의 난을 평정하는 데 참여했다. 일찍이 두 번에 걸쳐 황제의 유조를 받아 나라를 보좌하는 중신重臣으로서 동진 역대 황제의 두터운 신임을 받았고, 특히 성제에게 존경을 받았다.

호랑이와 개 무늬의 금식패

함강咸康 원년(335년) 3월, 왕도가 병으로 조정에 나가지 못하자 성제가 직접 그의 집으로 찾아와 왕도 부부를 문병했다고 한다. 그해 4월에 왕도는 대사마로 임명되어 나라 안팎의 모든 군사를 감독했다. 함강 4년(338년) 6월, 성제는 사도의 관직을 없애고 승상부丞相府와 합병해 사도이던 왕도를 승상에 임명했다.

그리고 이듬해인 함강 5년(339년) 7월, 향년 예순넷으로 세상을 떠났다. 성제는 그를 위해 3일 동안 장례를 거행했는데, 그의 장례는 과거에 행해진 한박漢博 육후陸侯와 안평安平 헌왕獻王의 장례처럼 성대하고 웅장했다. 같은 해 8월, 진晉나라 성제는 왕도가 죽자 승상의 관직명을 다시 사도로 돌려놓았다.

왕도는 소박하고 욕심이 없었으며, 사람을 대할 때 관대했다. 원제, 명제, 성제 세 명의 황제를 가까이에서 보좌했지만 곳간에 곡식을 쌓아 놓지도 않고, 옷도 화려하게 입지 않았다. 정무를 주관하는 동안 그는 강남으로 옮겨간 사대부를 통솔해 강남의 명문 귀족과 연합해서 공동으로 동진 정권의 안정을 유지하고자 힘썼다.

동진과 비잔틴의 수교

347년

347년, 동진 왕조는 파촉巴蜀을 점령한 후 서역 전량국前涼國의 장張씨 정권을 통해 정식으로 비잔틴Byzantine 제국(동東로마 제국, 비잔티움 제국이라고도 한다.)과 수교를 맺었다. 일찍이 서한 시대에 중국은 고대 로마 제국과 교류가 있었다. 당시 로마 제국은 중국을 '비단의 나라'라는 뜻에서 '세리카 Serica'라고 불렀다. 실크로드가 개척되고 하루가 다르게 번성하면서 중국과 로마 사이의 무역 관계도 점점 밀접해졌다.

3세기 초에 삼국의 위魏나라는 로마와의 교류를 진행할 새로운 북쪽 길을 개척해서 옥문관玉門關에서 서북쪽으로 횡갱橫坑(지금의 쿠루커 산庫魯克山)을 지나 오선五船의 동쪽 지역을 거치고 서쪽으로 방향을 바꾸어 차사전부車師前部(카라호자)로 진입했다. 그런 다음에 천산天山 북쪽 기슭으로 들어가 오손, 강거, 엄채를 지나면 흑해를 건너거나 코카서스 산맥을 넘어서 로마 제국 영토에 이르고, 더 나아가 제국의 새로운 수도인 콘스탄티노플에 도달할 수 있었다. 콘스탄티노플은 로마 황제 콘스탄티누스의 집정 시기(306년~337년)에 세워진 새로운 수도였다.

345년에서 361년 사이에 비잔틴 제국의 사자가 진晉나라 왕이 통치하는 장강 유역에 이르렀다. 이에 363년에 진나라 애제哀帝 사마비司馬丕도 비잔틴 제국으로 사자를 보냈다. 그리고 하서 지역의 한족 정권을 통해 양측이 비단 무역에서 협의에 도달하도록 해 비잔틴 제국으로 통하는 실크로드가 막히지 않게 했다. 동진과 비잔틴 제국 두 나라가 정식으로 국가 간의 교류를 시작하면서 비단 무역이 한층 용이해졌고, 그뿐만 아니라 서로 다른 문명의 교류는 각자의 역사 발전에도 영향을 미쳤다.

비잔틴의 그물 무늬 유리컵

컵의 몸체는 옅은 녹색이고, 가운데 부분에 세 개의 파도 무늬가 맞물리면서 그물 모양을 이룬다. 두께는 매우 얇아서 0.2cm에 불과하다. 안쪽 벽은 매끄럽고 바깥쪽에는 뚜렷한 수평의 무늬결이 있어서 불어서 모양을 만든 것이라는 점을 알 수 있다.

부건이 전진을 세우다

351년

전진前秦 시황皇始 원년(351년) 정월, 부건苻健이 장안에서 천왕 대선우天王大單于로 즉위했다. 역사에서는 이 나라를 전진이라고 부른다. 전진은 저족이 세운 정권이다. 서진 말년에 북쪽 지역 곳곳에서 전쟁이 일어났다. 그러자 대를 이어 낙양 임위略陽臨渭

석호의 횡포

맥을 잡아 주는 중국사 중요 키워드

333년에 석륵이 병으로 죽은 후, 그의 조카 석호가 갓 즉위한 태자 석홍과 나머지 아들들을 죽이고 스스로 황제가 되어 업성鄴城(지금의 허베이 성 린장 현臨漳縣)으로 천도했다. 석호는 강압적으로 자주 백성에게 각종 노역과 병역을 지우는 등 잔혹한 통치를 했고, 이에 하루도 편할 날이 없던 백성의 원성이 온 나라에 울렸다. 게다가 석호는 음란하고 여색을 밝혀서 민간에서 젊은 여성 3만여 명을 징발해 궁녀로 삼거나 귀족에게 시종으로 주었다. 지방 관리들도 석호의 비위를 맞추려고 미모가 뛰어나지만 이미 결혼한 여성 9,000여 명을 억지로 징발해 많은 사람이 스스로 목숨을 끊게 했다.

그런 한편, 황궁에서는 석호가 선발되어 온 여성들을 살펴보며 기뻐 어쩔 줄 몰라 했다. 이러한 석호의 아들 석수石邃는 흉악하고 잔인한 성격으로, 사람을 죽이는 것을 즐거워했다. 하루는 궁의 미녀 한 명을 단장하게 하고는 목을 베었다. 그리고 핏자국을 모두 닦아 쟁반에 올려서 여러 사람에게 보게 했다. 석호 부자는 가족 간에도 서로 잔인하게 죽이기 일쑤였다. 먼저 석수가 석호를 죽이려다가 사전에 들켰다. 그러자 석호는 석수와 그의 아내 등 26명을 죽이고, 모두 커다란 관 하나에 넣었다. 이어서 계획에 연루된 사람을 모두 죽였는데 그 수가 200여 명에 이르렀다. 또 태자 석선石宣이 아우 석도石韜를 죽인 후 아버지도 죽이려다가 석호가 보낸 병사들에게 잡혀 죽임을 당했다. 석호는 결국 어린 석세石世를 태자로 삼았다.

(지금의 간쑤 성 친안 현秦安縣 동남쪽)에서 살아온 저족이 부락의 소수小帥, 즉 지도자인 부홍苻洪을 우두머리로 하여 중원 지역으로 쳐들어 와 잇달아 전조와 후조를 굴복시켰다. 후조를 멸망시킬 당시에 부홍을 따르는 무리의 수는 이미 10만 명에 이르렀는데, 그들은 관중 지역을 차지하겠다는 큰 포부가 있었다. 그러나 부홍은 채 관중에 발을 들이기도 전에 부하에게 독살되었다. 이에 그의 아들 부건이 아버지의 뜻을 이어 받아 무리를 이끌고 관중으로 진격했다. 부건의 군대는 진격하는 내내 관중 지역에 거주하는 저족의 지지를 받으며 장안 지역을 점거하고 있던 두홍杜洪을 크게 물리치고 장안으로 들어갔다.

351년, 부건(317년~355년)은 스스로 대진大秦 천왕대선우라 칭했다. 그리고 그 이듬해에는 황제의 자리에 올라 장안에 도읍을 세우고, 국호를 진秦이라 했다. 역사에서는 이를 전진이라고 부른다. 부건은 정사를 돌보는 데 온힘을 다했다. 그는 유학을 숭상하고, 백성의 세금을 줄이고, 장안성 안에 내빈관來賓館을 지어 멀리서 오는 손님들을 대접했다. 이로써 관중 지역의 경제가 회복되기 시작하고 전진 정권도 탄탄하게 자리를 잡아 나갔다.

'대진용흥화모고성(大秦龍興化牟古聖, 전진이 태평성대를 이루니 그 업적이 옛 성인과도 같다는 뜻)'이라고 새겨진 전진의 와당

막고굴 공사의 시작

353년

동진 영화永和 9년(353년)에 둔황敦煌 석굴 중 막고굴莫高窟의 공사가 시작되었다. 둔황 석굴은 막고굴, 서천불동西千佛洞, 유림굴榆林窟, 수협구水峽口 소천불동小千佛洞의 네 개 굴로 구성되어 규모가 거대하다. 그중 막고굴이 가장 유명하며, 공사 규모도 가장 크고 예술적 성취도 가장 높다. 다른 몇 군데는 모두 막고굴의 한 갈래라고 할 수 있다. 막고굴은 천불동千佛洞이라고도 부르며, 지금의 간쑤 성 둔황 시敦煌市에서 동남쪽으로 25km 거리에 있는 다사 산大沙山과 싼웨이 산三危山 사이의 다취안 거우大泉溝 서쪽 기슭에 모래나 진흙 따위가 채워져 굳은 역암이 2km 정도 길게 이어진 암벽 위에 자리

둔황 막고굴의 바깥 풍경

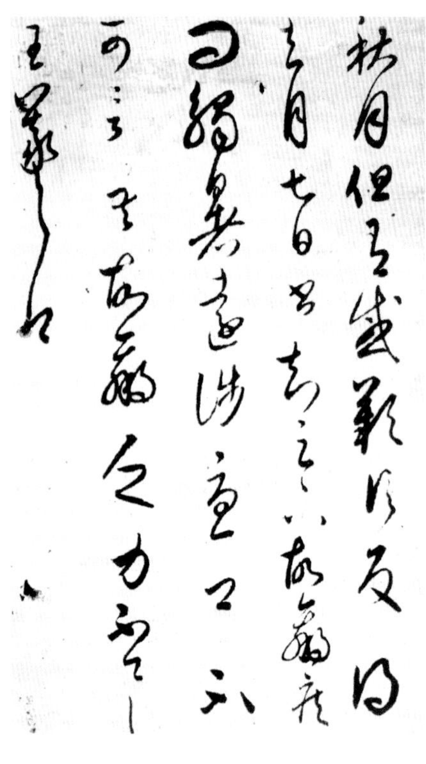

왕희지의
《칠월도하첩(七月都下帖)》

하고 있다. 농진 시대에 석굴을 파기 시작해서 북위, 서위, 수, 당, 오대, 송, 원 시대를 거치며 증축하고 개수되었고, 현존하는 동굴은 모두 550여 개에 달한다. 막고굴은 위에서 아래로 층을 나누어 팠는데 4층에 달하는 동굴이 가장 많다. 절벽의 재질이 부서지기 쉬워 조각하는 데 어려움이 많은 까닭에 석굴 안에 있는 예술품은 대부분이 대형 벽화와 조각상이다.

현존하는 동굴 가운데 469개에 정교하고 세밀한 벽화와 조각상이 남아 있으며, 역대 조각상 2,000여 기를 보존하고 있고 벽화는 5만㎡ 이상에 달한다. 벽화에는 불교와 관련된 신화 이야기가 그려져 있는데 그 내용이 풍부하고 다채롭다. 그림은 마치 진짜인 듯 생동감이 넘쳐 금방이라도 움직일 듯하다. 특히 묘사의 세밀함이 뛰어나서 의복의 주름, 무늬와 장식, 근육, 표정 등은 최고의 예술 수준을 보인다.

왕희지의 '천하제일행서'

353년

왕희지王羲之(303년~361년)는 자가 일소逸少이며, 회계會稽(지금의 저장 성 사오싱 시) 사람이고 본적은 낭야(지금의 산둥 성 린이 시臨沂市)이다. 그는 진晉나라 사도 왕도의 조카로 일찍이 우군장군右軍將軍, 회계내사會稽內史 등을 역임했다. 그래서 후세 사람들은 그를 '왕우군王右軍'이라고 부르기도 한다. 왕희지는 평생 산수풍경을 감상하고 친구 사귀는 것을 좋아했다. 전해지는 이야기에 따르면, 왕희지는 일곱 살 때 서예를 배우고 열두 살 때부터 옛 서예가들의 필체 이론을 통독하기 시작했다.

왕희지의 《난정서》

그의 주요 업적도 서법 영역에서 거둔 성취에 집중되며, 그의 아들 왕헌지王獻之와 함께 '이왕二王'으로 불린다. 그는 먼저 서진의 여류 서예가인 이모 위衛 부인을 스승으로 삼아 서법을 배우고 이후 다른 사람들의 장점을 널리 받아들여 여러 서체에 뛰어났다. 특히 해서楷書와 행초行草(행서와 초서를 아울러 이르는 말)에 뛰어나고 스타일이 아름다우며 거침이 없어 한·위 시대 이래의 질박한 서풍을 개혁해 서법을 새로운 경지로 끌어올렸다. 그래서 후세 사람들에게 '서성書聖'이라고 불린다.

그의 대표작으로는 《난정서蘭亭序》, 《십칠첩十七帖》, 《이모첩姨母帖》, 《봉귤奉橘》, 《상란喪亂》, 《초월初月》 등이 있다. 그중에서 《난정서》가 후세에 가장 큰 영향을 미쳐 '천하제일행서天下第一行書'라고 불린다. 진晉나라 목제穆帝 영화 9년(353년) 3월 3일, 왕희지는 사안謝安, 손작孫綽 등 당시의 이름난 문인 41명과 함께 회계 한음山陰 현에 있는 정자 난정蘭亭에서 술을 마시고 시를 지으며 함께 회포를 풀었다. 그리고 이때 지어진 시들을 책으로 묶어 《난정집시蘭亭集詩》를 내고 직접 서문을 썼다.

환온의 북벌

354년~369년

354년 2월, 진晉나라의 환온桓溫은 중원을 되찾아 자신의 명성을 드높이고자 4만 대군을 이끌고 북벌에 나섰다. 강릉江陵에서 출발해 양양과 무관武關을 지나 진령秦嶺을 넘고 관중을 향해 진군한 진나라 군대는 저족 사람 부苻씨가 세운 전진 정권을 토벌했다. 이것이 환온의 첫 번째 북벌이었다.

전진 왕 부건은 태자에게 5만 대군을 이끌고 환온이 이끌고 온 진晉나라 군대를 막도록 했다. 그해 4월, 환온은 군대를 이끌고 남전藍田에서 전투를 벌여 전진의 군대를 대파하고, 파상灞上으로 진군해서 전진의 도읍인 장안 외곽에 도착했다. 그러자 장안의 백성이 저마다 소를 끌고 술을 지고 나와 분분히 진晉나라 군대에 투항했다. 노인들은 눈물을 흘리며 "오늘날 다시 관군을 보게 될 줄은 꿈에도 몰랐다."라고 말했다. 그러나 6월에 군량이 부족해져 환온은 동관潼關에서 퇴각할 수밖에 없었다. 그런데 퇴각하는 길에 추격해 온 전진 군대의 공격을 받아 사상자가 1만여 명에 이르렀다.

356년 6월에 환온은 두 번째 북벌을 감행해 강릉에서 군대를 일으켜 북쪽으로 진군했다. 그리고 8월에는 이수伊水를 건너 이수 북쪽에서 강족의 우두머리인 요양姚襄의 군대와 전투를 벌이고 마침내 낙양과 그곳에 있던 서진 황제들의 능묘도 함께 되찾았다. 이어 환온은 동진 조정에 낙양으로 천도할 것을 수차례 건의했다. 그러나 동진 조정은 안일함에 빠져서 북쪽 땅을 되찾을 마음이 없었다. 그래서 환온의 북벌에도 소극적인 태도를 보였고, 이에 환온은 군대를 돌려 남쪽으로 돌아와야 했다.

359년에 이르러서는 모용씨慕容氏의 전연前燕 정권이 중원 지역을 점령했다. 363년에 환온은 대사마 겸 도독중외제군사都督中外諸軍事 겸 녹상서사錄尙書事로 임명되었고, 이듬해에는 양주자사까지 겸임했다. 재상의 신분으로 형주와 양주의 자사를 겸했으니 동진의 대권은 환온이 움켜쥔 셈이었다.

369년에 환온은 자신의 권력을 이용하여 세 번째 북벌에 나서 전연을 토벌하고자 했다. 그해 4월에 출발한 환온의 군대는 6월이 되어서야 금향金鄕(지금의 산둥 성 진샹 현金鄕縣)에 도달했다. 환온은 수군을 이끌고 운하와 청수하淸水河를 거쳐 황하로 진입했다. 그리고 계속해서 방두枋頭(지금의 허난 성 쥔 현濬縣 서남쪽)로 진군했다. 이에 전연의 왕이 모용수慕容垂를 대도독으로 임명해 5만 대군을 이끌고 대항하게 하는 동시에, 또 다른 장수를 보내 진晋나라 군대의 군량 수송로를 차단하게 했다. 수적 열세에다 군량 수송로까지 차단당하자 환온은 군대를 철수시켜 육로로 돌아서 갈 수밖에 없었다. 그러자 모용수가 경기병輕騎兵(민첩하게 활동할 수 있도록 가볍게 무장한 기병) 8,000명을 이끌고 추격해 와 진나라 군대의 대열을 무너뜨리고 3만여 명에 달하는 진晋나라 군사의 목을 베었다. 환온이 패해 돌아가면서 진晋나라는 되찾았던 회북淮北 땅을 또다시 빼앗겼다.

환온이 진나라 황제를 폐하고 권력을 손에 넣다

371년

동진의 대사마 환온은 자신의 재주와 지략, 지위와 명망을 믿고서 "남자가 빛나는 이름을 백세百世에 전할 수 없다면 차라리 만 년 동안 악명을 남기는 것이 낫겠지!"라고 탄식했다. 그는 세 차례 북벌에 나서며 큰 업적을 세워 자신의 정치적 명망을 높이고자 했다. 하지만 세 번째 북벌에서 크게 패하면서 그의 명성은 곤두박질했다. 그때 북벌에 참가했던 치초郗超가 환온에게 황제를 폐위하여 권위를 다시 세우라고 건의했다. 그 후 두 사람은 음모를 계획하여 태후 앞에서 황제에게 성병이 있다고 모함했다. 그리고 황제의 세 아들 모두 황제의 진짜 아들이 아니므로 장차 사마씨의 혈통을 어지럽힐 것이라고 덧붙였다. 그들의 말을 듣고 태후도 황제의 폐위에 동의했다.

동진 태화太和 6년(371년) 12월, 대사마 환온이 황제를 폐위하여 동해왕

東海王으로 강등시키고 승상이던 회계왕會稽王 사마욱司立昱이 황제의 자리를 잇게 했다. 이 새로운 황제가 바로 간문제簡文帝이다. 새로운 황제를 옹립한 후, 환온은 자신과 사이가 좋지 않은 황족과 조정 대신들에게로 창끝을 옮겨 은殷씨와 경庚씨 세력을 완전히 제거했다.

함안咸安 2년(372년) 6월, 간문제가 세상을 떠나면서 태자 사마요司馬耀에게 황제의 자리를 잇게 한다는 유서를 남겼다. 이에 간문제 사마욱이 자신에게 황위를 물려주거나 섭정을 맡길 것으로 기대한 환온은 크게 화가 나서 입궐을 거부했다. 그러다 영강寧康 원년(373년) 2월에야 건강으로 가서 효무제孝武帝를 알현했는데, 이때 그는 중무장한 병사들을 이끌고 궁에 들어왔다. 그 모습을 보고 조정 대신들은 아연실색했다. 한편, 환온은 자신의 황제 등극을 망친 사람으로 시중 왕탄지王坦之와 이부상서吏部尙書 사안謝安을 점찍고 연회를 베풀어 그들을 초대했다. 왕탄지는 긴장감에 땀을 뻘뻘 흘리며 어찌할 바를 몰랐지만, 사안만은 시종일관 침착함을 유지하며 오히려 제후의 도리를 물어 환온을 무색하게 했다. 이에 환온은 아직 자신을 반대하는 지방 호족 세력이 많다는 사실을 깨닫고 섣불리 행동할 수 없었다. 이로써 진 왕조는 안녕을 되찾을 수 있었다. 그해 3월에 환온은 고숙姑孰으로 물러났고, 7월에 향년 예순한 살을 일기로 그곳에서 병으로 세상을 떠났다.

전진이 북쪽 지역을 통일하다

376년

전진 건원 12년(376년), 전진은 전량국과 선비족 탁발拓跋 대代나라를 멸망시켜 북쪽 지역을 통일했다. 370년에 전진은 먼저 북쪽 지역에서 가장 강성했던 전연을 멸망시켰다. 전진은 본래 전량국과 군신 관계였는데, 366년에 전량의 군주 장천석張天錫이 사람을 보내 전진과 외교 관계를 끊겠다고 통지했다. 그 후 부견苻堅이 군대를 보내 이엄李儼을 치자 이엄이 장천석에게 구원을 요청했다. 그런데 장천석은 왕맹王猛의 말을 따라 오히려 이엄을 생포했고, 이 일로 멀리 내다볼 줄 모르는 장천석의 약점이 드러났다. 전진은 이후 강경책과 유화책을 적절히 번갈아가며 사용해 다시금 장천석이 신하를 자칭하게 했다. 그러나 반년 후 장천석은 환온과 손을 잡고 동진에 의탁하면서 다시 한 번 전진을 배신하고 적으로 돌아섰다.

376년에 부견이 모성毛盛, 요표姚表 등에게 13만 대군을 이끌고 전량을 토

맥을 잡아 주는 **중국사 중요 키워드**

북쪽 지역에 오벽 집단이 널리 등장하다

위魏나라 말년부터 서진 시대까지 대지주들이 제멋대로 토지를 삼켜 그들의 사유지는 나날이 늘어나고 커져만 갔다. 십육국이 혼전에 휩싸여 있던 때, 중원의 사대부와 백성이 난을 피해 잇달아 남쪽으로 내려갔다. 그리고 북부 지방에 남은 세가대족世家大族과 권세 있는 지주들은 호족 철기병의 침범을 막아 내기 위해 소규모 성인 오벽塢壁을 수많은 곳에 쌓고, 사방 1리 면적의 땅을 나누어 차지하고 함께 모여 살았다. 그 가운데 지위가 가장 높고 능력이 가장 강한 사람이 우두머리인 종주宗主로 추대되어 전체 부족을 통솔했다.

오벽 집단은 한 곳의 거주 인구가 많게는 4,000~5,000호에 달했고 적게는 그보다 적은 수천 호에 달했다. 이들은 대부분이 권세가에게 의지하는 부곡部曲(후한 말기에 지방의 치안이 문란해질 것에 대비하여 장군이나 지방의 호족이 거느리도록 인정받은 군부대. 원래는 군대라는 뜻이었으나, 남북조 시대에 노예를 병사로 삼으면서 부곡의 신분이 낮아져 천민을 뜻하게 되었다.), 전객佃客(지주의 땅을 빌려서 농사를 짓고 소작료를 내던 농민)이었다.

오벽 집단의 경제는 전형적인 봉건 자급자족의 자연 경제로, 자신들에게 필요한 모든 생활필수품을 공급할 수 있었다. 오벽 집단의 실체는 정치, 군사, 경제 역량을 한데 모은 강대한 세력 집단이었다. 그들은 자신의 군대를 갖추어 전답과 사유지를 지켰다. 무장한 전객은 부곡이 되었다. 군사 훈련을 받은 그들은 전쟁이 일어나면 전쟁에 참여했다가 전쟁이 끝나면 다른 전객과 마찬가지로 생산 활동을 했다. 오벽 집단의 종주는 부곡을 이끌고 정치 세력에 의탁해 정치에 참여하기도 했다. 북쪽 지역의 오벽 집단은 이처럼 정치 및 군사력을 갖추고 있었기 때문에 뒤숭숭한 정국에서도 입지를 굳혀 각 왕조의 정권이 기댈 만한 위치에 자리매김했다.

위진 시대의 화상전 1 : 봉건주의 씨족 장원

위진 시대의 화상전 2 : 처와 첩이 앉아 술과 음식을 즐기다.

벌하게 하여 전진의 군대가 파죽지세로 밀고 들어와 고장姑臧을 포위했다. 이에 장천석이 투항하면서 전량국은 멸망하고 양주의 군과 현은 모두 전진의 땅이 되었다. 전량을 멸망시킨 후, 부견이 군사들의 사기가 드높아진 기세를 몰아 그해 겨울 부락苻洛에게 10만 대군, 구난俱難과 등강鄧羌 등에게 20만 대군을 이끌고 서로 다른 방향에서 대나라를 공격하게 했다. 그러자 대나라 군대는 제대로 반격도 하지 못했다. 이후 전진의 대군이 물러나자 도망을 갔던 대나라의 군주 십익건什翼犍이 운중雲中(지금의 네이멍구 자치구 허린거얼 현 북쪽)으로 돌아왔지만, 대나라에서는 내란이 일어났다. 전진은 그 기회를 틈타 운중을 공격해 십익건의 아들 식군寔君을 죽였고, 이윽고 대나라는 멸망했다. 이로써 기본적으로 북쪽 지역을 통일한 전진은 남쪽 지역의 동진 정권과 회수를 경계로 대치하게 되었다.

동진이 북부병을 조직하다

377년

장강 하류 지역의 군사력을 보강하고, 수도 건강을 방어하며, 상류 지역에 자리한 환桓씨 세력의 재기를 억제하고, 더불어 전진의 남하를 방어하기 위해 사안이 새로운 군대를 결성하고자 했다.

동진 효무제 태원太元 2년(377년) 10월, 조정에서는 사안의 조카 사현謝玄을 남연주자사南兗州刺史에 임명하면서 새로운 군대를 계획하여 조직하도록 했다. 사현이 곧 남연주의 군사 관리 기관을 경구에서 광릉(지금의 장쑤 성 양저우 시)으로 옮기자 남서주南徐州와 남연주의 백성이 너도나도 입대했다. 당시 팽성彭城(지금의 장쑤 성 쉬저우 시徐州市)의 유뢰지劉牢之 등 여러 사람이 용감하게 입대했고, 사현은 유뢰지를 참군參軍에 임명하고 정예 부대를 이끌어 선두에 서게 했다. 동진의 백성은 경구를 북경北京이라고 불렀기 때문에 당시 사람들은 이 군대를 '북부병北府兵'이라고 불렀다.

청색 유약을 바른 갈색 반점 도자기 사발

사발의 높이는 10.2cm, 입구의 너비는 11.8cm이고 바닥은 편평하며, 볼록한 배에 뚜껑이 있다. 사발의 몸체 전체에 청색 유약을 발랐고, 뚜껑과 복부에 갈색 반점을 찍어 사발이 소박하고 거침없어 보인다.

태원 4년(379년) 5월, 전진의 장수 구난과 팽초彭超가 군대를 이끌고 회남 지역으로 공격해 들어와 삼아三阿를 포위했다. 그러자 북부병이 구원에 나서서 첫 전투에서 승리를 거두어 전진의 군대를 북쪽으로 후퇴시켰다. 태원 8년(383년)에 벌어진 비수淝水 전투에서 북부병은 더욱 신들린 듯한 용맹함을 떨치며 전진의 군대를 물리치는 데 중추적인 역할을 했다. 이를 통해 북부병의 군사력은 여러 정치 집단이 탐내는 대상이 되었고, 북부병의 장군은 동진의 정국을 좌지우지하는 중요한 역량이 되었다.

진(秦)과 진(晉)의 비수대전

383년

376년, 전진前秦은 북방을 통일한 후 회수를 경계로 동진東晉과 대치하며 동진 정벌을 준비했다. 건원 19년(383년) 7월에 부견은 신하들의 반대를 누르고 동진에 대한 대대적인 공격을 명했다. 그리고 8월에 100만 대군을 이끌고 남하해 수륙 양 갈래로 군대를 나누어서 진격했다. 9월, 부견의 아우 부융苻融이 30만 대군을 이끌고 먼저 회하 전선에 도착해 수양壽陽(지금의 안후이 성 서우 현壽縣)을 공격했다. 이에 동진의 재상 사안이 상서복야 사석謝石을 대도독으로 임명하고 서주와 연주의 자사인 사현에게 선봉을 맡겨 8만 대군을 이끌고 적군에 맞서도록 했다. 더불어 용양장군龍驤將軍 호빈胡彬에게 수군 5,000명을 이끌고 수양을 지원하게 했다. 10월에 전진의 선발대가 회수를 건너 남하해 수양을 공격하고 동진의 평로장군平虜將軍 서원희徐元喜를 생포했다. 이 소식을 들은 동진의 다른 장군 호빈이 협석硤石(지금의 안후이 성 서우 현 서북쪽)으로 물러나 방어했다.

부융은 장군 양성梁成에게 5만 대군을 이끌고 낙간洛澗(지금의 안후이 성 화이난 시淮南市)에 주둔하며 회수의 물길을 차단하고 호빈이 동쪽으로 퇴각하지 못하게 하라고 명령하는 한편, 수양에 주둔한 전진 군대의 군영을 견고히 했다. 사현이 이끄는 동진 군대의 주력군이 동쪽에서 서쪽으로 밀고 들어갔지만, 전진의 군대가 두려워 낙간에서 동쪽으로 약 12km 떨어진 곳에 주둔했다. 부견은 호빈의 부대를 무찌르기 위해 직접 병사 8,000명을 이끌고 항성項城에서 수양으로 가서 동진에서 투항한 장수인 주서朱序를 사석에게 보내 투항을 설득하려고 했다. 그런데 주서가 그 기회를 이용해 사석에게 전진의 군대가 아직 전부 집결하지 않았을 때를 노려 출격한다면 전진의 군대를 격파할 수 있을 것이라고 계책을 냈다. 사석은 주서의 의견을 받아들여 12월 초에 선봉 유뢰지에게 북부 정예병 5,000명을 이끌고 낙간으로 진격하라고 명령했다. 이에 유뢰지는 전진 군대를 공격해 격파하고 장군 양성의 목을 베었다. 전진 군대가 회수를 건너 퇴각할 때 물에 빠져 죽은 병사가 1만 5,000명에 달했다. 유뢰지는 군대를 이끌고 추격해서 전진의 양주자사 왕현王顯 등을 사로잡았다. 이렇게 전진의 군대는 동진군에 패하여 수양으로 도망갔다.

낙간에서 큰 승리를 거둔 동진군은 승세를 몰아 수륙 양쪽으로 진격해 비수 동쪽 기슭에 주둔하고 전진의 군대와 강을 사이에 두고 대치했다. 11

월 2일, 사현이 부융의 진영으로 사람을 보내 전진군이 조금 퇴각하고 동진군이 강을 건넌 후에 다시 전투를 하자고 요청했다. 그 제안에 부견과 부융은 동진의 군사들이 강을 건널 때를 이용해 기습하면 동진 군대를 격파할 수 있을 것이라고 생각하고 전군에 후퇴를 명령했다. 그런데 전진의 군대에 소속된 한인漢人과 여러 부족에서 노예로 잡혀 온 사람들이 이 명령을 듣고는 다시 전투를 벌이고 싶지 않아 뿔뿔이 도망쳤다.

이때 주서가 기회를 틈타 "전진이 패했다! 전진이 패했다!"라고 외쳐 전진의 군영에 혼란을 일으켰다. 이 틈에 동진의 군대가 강을 건너 맹공을 퍼부었다. 부융은 앞 다투어 후퇴하는 병사들을 막으려 애썼지만, 혼란한 와중에 말에서 떨어져 목이 베이고 말았다. 우두머리를 잃은 전진의 군대는 오합지졸이나 다름없었다. 이에 사현은 기세를 몰아 수양성에서 15km 떨어진 곳까지 전진의 군대를 추격했다. 화살을 맞은 부견은 홀로 말을 타고 북쪽으로 도망쳤다.

비수에서 벌어진 전투는 이렇게 전진의 참패, 동진의 대승으로 끝이 났다. 385년, 부견이 장안으로 돌아간 지 얼마 지나지 않아 강족 장수인 요장姚萇에게 살해되면서 전진은 무너지고 말았다.

요장이 부견을 살해하고 황제가 되다

384년

요장(?~393년)은 자가 경무景茂이고, 남안南安 적정赤亭(지금의 간쑤 성 룽시 현 동남쪽) 사람이며, 강족의 우두머리였던 요양姚襄의 남동생이다. 전진 수광壽光 3년(357년) 4월, 요양이 부견에게 목숨을 잃자 요장은 자신의 부족을 이끌고 전진에 투항했다. 이후 그는 동진을 멸망시킬 것을 강력하게 주장했다. 이는 부견이 패한 틈을 타 자립하기 위해서였다.

전진 건원 20년(384년) 3월, 모용홍慕容泓이 병사를 일으켜 전진에 맞섰다. 이에 전진 왕 부견은 거록공鉅鹿公 부예苻睿를 통수統帥로, 요장을 사마로 파견해서 모용홍을 토벌하게 했다. 4월에 두 나라의 군대가 장택長澤에서 맞붙어 부예는 패전하고 살해되었다. 요장이 조도趙都와 강협姜協을 보내 패전 소식을 알리며 사죄하자 분노한 부견이 그들을 죽였다. 그러자 그 소식에 겁을 먹은 요장이 반란을 일으켜 위수 북쪽 지역의 목마牧馬로 도망가서 스스로 대장군, 대선우, 만년진왕萬年秦王이라고 칭하며 나라를 세웠다. 역사에서는 이를 후진後秦이라고 부른다.

백작白雀 원년(384년) 6월, 부견이 직접 보병과 기병 2만 명을 이끌고 요장을 치러 나섰다. 하지만 다음 달인 7월에 서연西燕의 모용충慕容衝이 군대를 이끌고 전진의 도성인 장안으로 진격한 바람에 군대를 되돌려 장안을 구하러 갈 수밖에 없었다. 이듬해 5월, 서연이 전진의 도성 장안을 둘러싸고 공격하면서 두 나라 사이에 격전이 벌어졌다. 처음에는 전진이 승리를 거두다가 나중에 패해서 부견은 기병 수백 명을 이끌고 오장산五將山으로 도망갔다. 이후 부견은 7월에 요장의 군대에 사로잡혀 8월에 죽임을 당하고 말았다. 동진 태원 11년(386년) 4월에 요장이 장안으로 입성해서 황제를 자칭하고, 연호를 건초建初, 국호를 대진大秦이라고 했다.

양 모양의 청자 촛대

탁발규가 북위를 세우다

386년

전진이 대나라를 멸망시키자 대나라 왕 십익건의 손자인 탁발규拓跋珪는 차례로 독고부獨孤部와 하란부賀蘭部에 의탁했다. 동진 태원 11년(386년) 정월, 탁발규가 우천牛川(지금의 네이멍구 자치구 시라무린 강錫拉木林河)에서 부락 대회를 소집해 대나라의 왕위에 오르고 연호를 등국登國이라고 했다. 그해 2월에 탁발규는 대나라의 옛 도읍인 정양의 성락盛樂(지금의 네이멍구 자치구 허린거얼 현 북쪽)으로 천도하고, 4월에 국호를 위魏로 바꾸어 위나라 왕이 되었다. 역사에서는 탁발규가 세운 위나라를 이전의 위나라와 구분하여 북위北魏라고 부른다.

탁발규는 즉위하고 나서 먼저 고막해庫莫奚, 고차高車, 유연柔然을 공격해 혹시 모를 후환을 없애고, 외숙인 모용수慕容垂가 세운 후연後燕과 연합해서 하란, 결돌린結突鄰, 흘해紇奚, 하염간賀染幹, 하눌賀訥 등의 부락을 멸망시켰다. 북위는 이로부터 강성한 군사력과 부유한 재력을 갖추었다. 탁발규는 북위를 더욱 발전시키기 위해 중원 땅을 두고 후연과 싸움을 벌이기로 했다. 그리하여 396년에 40만 대군을 이끌고 후연을 토벌해 병주併州(지금의 산시 성山西省)을 빼앗았다.

한편, 그는 한인漢人의 제도를 모방해 대성臺省(한나라 때 상서성을 부르던 말)을 만들고, 조정 백관과 지방의 자사, 태수를 두어 널리 인재를 임용했다. 397년에 북위의 군대는 후연의 도성인 중산中山을 점령하고, 398년에는 업성을 빼앗았다. 산동山東 반도의 남연南燕과 동북 지역의 북연北燕을 제외하면 태항산太行山 동쪽 지역의 중원 땅은 모두 북위에 속하게 되어 북위는 북쪽 지역에서 유일한 강국이 되었다.

환현의 찬탈

403년

환현桓玄(369년~404년)은 동진의 초현 용항龍亢(지금의 안후이 성 화이위안 현懷遠縣 서쪽) 사람으로 자는 경도敬道이며, 영보靈寶라고 불리기도 한다. 권신 환온의 아들로 남군공南郡公의 작위를 이어 받았다. 융안隆安 2년(398년), 청주靑州와 연주자사 왕공王恭과 형주자사인 은중감殷仲堪이 군대를 이끌고 반란을 일으켰다. 그러자 환현도 이에 동조하여 조정을 장악하고 있던 회계

왕 사마도자司馬道子와 그 아들 사마원현司馬元顯에 반대하고 나섰다. 이듬해에 환현은 중감을 공격해 그의 세력을 꺾고 형주자사를 겸했다.

융안 3년(399년)에 환현은 형주와 강주자사江州刺史로서 장강 중류 지역을 장악하고, 조정에 대항했다. 원흥 원년(402년)에 사마원현이 그를 토벌하려고 하자, 환현은 군대를 이끌고 동쪽의 건강으로 진격해서 사마원현을 죽이고 조정을 장악했다. 이듬해(403년) 말, 환현이 스스로 황제의 자리에 올라 나라 이름을 초楚라고 했다. 그리고 연호를 건시建始라고 했다가 나중에 영시永始로 바꾸었다.

환현은 조정을 장악하고 나서 간신 무리를 내쫓고 현명한 신하들을 등용했다. 그러나 황제가 된 후 곧 사치하고 제멋대로 굴어 아침에 내놓은 정책을 저녁에 바꾸는 등의 행동으로 많은 사람을 실망시켰다.

얼마 후 삼오三吳 지역(지금의 장쑤 성 우 현吳縣에서 저장 성 후저우 시 일대까지)에 기근이 들어 과거의 풍요로움은 찾아볼 수 없이 몰락했다. 교만하고

〈비수지전도(淝水之戰圖)〉

사치스러우며 방종하고 방탕한 환현 때문에 초나라의 정치는 걷잡을 수 없이 부패했다. 결국 나라를 세운 지 얼마 되지 않은 원흥 3년(404년) 2월에 유유가 북부병을 이끌고 이 정권을 토벌해 강릉에서 환현을 죽였다. 그리고 동진의 안제安帝 사마덕종司馬德宗을 건강으로 불러들여 복위시켰다.

유유가 환현을 격파하다

404년

403년, 환현은 황제로 등극한 후 줄곧 사치와 사냥에만 빠져 지냈다. 게다가 대규모 토목 공사를 벌여 백성의 고통이 날로 극심해져서 조정 안팎으로 원성이 자자했다. 이 틈을 타 북부병의 옛 장군인 유유가 하무기何無忌, 유의劉毅, 유도규劉道規 등과 병사를 일으켜 초나라 조정에 반란을 꾀했다. 404년에 유유는 강승江乘에서 환현의 장군인 오보지吳甫之와 큰 전투를 벌였다. 이때 유유가 손에 긴 칼을 쥐고 크게 소리치며 나아가니 감히 그에 대적하려는 자가 없었다. 그렇게 오보지의 목을 벤 유유는 또 나락교羅落橋에서 환현의 우위장군右衛將軍 황보부皇甫敷를 크게 격파했다. 뒤이어 복주산覆舟山(지금의 난징 시 북쪽)에서 환겸桓謙과 맞붙어 단박에 초나라의 주력군을 섬멸했다. 전쟁에서 패하자 환현은 동진의 안제 사마덕종을 협박해서 광릉으로 도망쳤다. 4월에 하무기와 유도규가 군사를 이끌고 분구湓口(장시 성江西省 주장 시九江市 동쪽) 상락주桑落洲까지 추격해서 하담지何澹之가 이끄는 초나라 수군과 맞붙어 뿔뿔이 흩어지게 만들었다.

상락 전투에서 패한 후, 환현은 형주에서 군대를 정비했다. 그러고 나서 전함 200척을 이끌고 강릉에서 동쪽으로 내려와 쟁영주崢嶸洲(후베이 성 어

후진의 구마라습(鳩摩羅什) 또는 구마라기바 (Kumarajiva) 사리탑

후진 시대에는 불교를 숭상했다. 401년에 서역의 명승(名僧)인 인도 출신의 구마라습이 장안으로 오자 국사(國使)의 예우로 대접했다.

현鄂縣)에서 유유와 대전을 벌였다. 환현의 군대는 또다시 크게 패했고, 환현은 배 한 척에 올라타 강릉으로 도망쳤다. 그 후 환현은 모거毛璩의 조카인 모수毛修의 말을 믿고 개주蓋州로 향했다가 개주독호蓋州督護 풍천馮遷에게 목숨을 잃고 말았다. 의희義熙 원년(405년)에 유의가 대군을 이끌고 강릉으로 진격해서 환씨 일가를 섬멸하고 환현의 무리인 환진桓振을 죽인 후, 안제 사마덕종을 건강으로 돌아오게 했다.

도연명이 관직에서 물러나 고향으로 돌아가다

405년

도연명陶淵明(365년~427년)은 이름이 잠潛이고 자가 연명과 원량元亮이며 심양潯陽 시상柴桑(지금의 장시 성 주장 현) 사람이다. 그의 증조부 도간陶侃이 동진의 개국 공신이었지만, 도연명의 세대에 이르러서는 집안이 이미 몰락한 형편이었다. 도연명은 어린 시절 매우 가난한 생활 속에서도 공부를 게을리하지 않아 유가의 '육경六經'과 제자백가의 책을 빠짐없이 읽었다. 젊은 시절 도연명은 '백성을 널리 구제'하고자 하는 큰 뜻을 품었다.

그는 동진과 남조南朝의 송宋나라 시대를 살며 스물아홉 살에 벼슬길에 올랐다. 처음에 좨주祭酒, 참군 등의 낮은 벼슬을 하면서는 자신의 포부를 펼칠 수 없을 뿐만 아니라 마음에도 없는 아첨까지 해야 했다. 이 모든 것이 그의 벼슬길을 암담하게 만들었다. 도연명은 관직에 머무른 10여 년 동안 여러 차례 관직을 사퇴하고 고향으로 돌아갔다. 그는 자서체(소설이나 시가에서, 작중 인물이 스스로 이야기하는 형태로 이루어진 글)의 《오류선생전五柳先生傳》에서 간결한 필체로 "빈천貧賤함을 근심하지 않고, 부귀에 급급하지 않는다."라는 자신의 성격과 풍모를 드러냈다.

도연명의 마지막 관직은 팽택령彭澤令으로, 고작 80일 동안 재직했다. 어느 날 군郡에서 지방 감찰관인 독우督郵가 파견되어 왔는데, 다른 관리가 위

명나라 사람 장붕(張鵬)이 그린 〈연명취귀도축(淵明醉歸圖軸)〉

에서 파견한 사람이니 공경하게 영접해야 한다고 말했다. 그러자 도연명은 한숨을 내쉬더니 "나는 작은 현령을 하고 받는 오두미五斗米(쌀 다섯 되) 봉록에 허리를 굽히지 않겠소."라 말하고, 바로 관직을 사퇴하고 고향으로 돌아갔다. 그리고 그 후로 다시는 벼슬길에 나서지 않고 은거했다.

도연명은 관직을 사퇴하고 고향으로 돌아가는 길에 사부辭賦의 명작으로 일컬어지는 〈귀거래혜사歸去來兮辭〉를 지어 벼슬길에서 고향으로 돌아가는 기쁨과 전원생활에 대한 사랑을 묘사했다. 이 시는 그의 고결한 뜻을 드러내며, 서사와 풍경 묘사, 서정이 자연스럽게 결합되고 언어가 참신하고 거침이 없다. 시가는 도연명이 일궈 낸 문학적 성취 가운데 가장 뛰어난 영역이다. 그는 은거하면서 수많은 전원시를 창작했다. 예컨대 "집터는 사방 300여 평에 초가집이 여덟아홉 칸일세.", "멀리 아련하게 마을들이 보이고, 마을의 굴뚝 연기에 마음이 끌리네. 골목 깊은 곳에서 개들이 짖어대고, 뽕나무 꼭대기에 닭들이 울어대네."와 같은 시구는 세밀한 필치로 순결하고 아름다운 전원생활을 묘사했을 뿐만 아니라 잔잔한 정취를 드러낸다. 전원시 외에도 도연명은 〈음주飮酒〉, 〈의고擬古〉, 〈독산해경讀山海經〉과 같은 다른 내용의 글도 지었다.

술을 좋아했던 그는 자신의 시 대부분에 술을 등장시켰다. 술을 마셔

세상을 잊고자 한 이유도 있지만, 그보다는 아직 이루지 못한 자신의 큰 뜻과 분개를 잠재우지 못한 복잡한 심정을 술을 통해 토로하는 것이 더 큰 목적이었다. 〈도화원기桃花源記〉는 도연명 산문의 걸작으로 우여곡절과 신기함이 담긴 이야기, 인물 간의 대화, 또 그림처럼 생생한 자연 풍경에 대한 묘사도 있어 마치 한 사람이 꿈꾸던 유토피아가 눈앞에 펼쳐지는 듯하다. 아름다운 예술 형식과 풍부한 사상이 담긴 내용이 결합된 이 작품은 오랜 세월 줄곧 많은 사람의 사랑을 받아 왔다. 도연명의 시와 사부, 산문은 예술적으로 스타일이 있고 드높은 성취를 이루었다. 그리고 그가 개척한 전원시 장르는 고전 시가에 새로운 경지를 열어 주었다.

도연명의 작품은 소박하고 자연스러우면서 어느 하나 작가의 진실한 감정을 담지 않은 작품이 없다. 그래서 사람들에게 친근함과 감동을 느끼게 하며, 후대의 문학 발전에 깊은 영향을 미쳤다.

노순의 기의

410년

의희 6년(410년), 유유가 북쪽으로 군대를 이끌고 가서 남연의 모용초慕容超를 정벌하자 광주廣州에 있던 노순盧循이 그의 자형 서도복徐道覆의 지원을

고개지의 그림 〈낙신부도(洛神賦圖)〉 (일부)

받아 북쪽의 동진을 토벌했다. 2월에 노순과 서도복의 북벌 군대는 두 갈래로 나뉘어 북쪽으로 진군했다. 한 갈래는 노순이 이끄는 군대로, 오령五嶺을 넘어 곧장 강릉으로 향해 장사에서 형주자사 유도규를 격파했다. 다

맥을 잡아 주는 중국사 중요 키워드

위진 회화 예술의 정점을 대표하는 고개지

고개지顧愷之(344년~405년)는 동진 회화의 대표적인 인물이자 중국 역사상 유명한 대大화가이며 초기 회화 이론가이다. 사대부 가문에서 태어났고, 자는 장강長康, 아명은 호두虎頭이며, 동진 무석無錫 사람이다. 그는 젊은 시절 대장군 환온의 참군이었고, 나중에 산기상시散騎常侍도 역임했다.
고개지는 재능이 뛰어나기로 명성이 드높았는데 당시에 '화절畫絕(그림 솜씨가 뛰어나다.), 재절才絕(재주가 뛰어나다.), 치절癡絕(고개지의 독특한 기행과 유머로 인해 '치절'이라 불렸다.)'의 '삼절三絕'에 뛰어나다는 평가를 받았다. 회화에서 그는 한漢·위 시대 이후 민간 회화와 사대부 회화를 종합해 전통 회화를 한 걸음 더 발전시켰다. 고개지는 특히 초상화에 뛰어났으며 산수화에도 능숙했다.

그는 회화의 묘미는 초상화에 있다고 말하며 형상으로 정신의 경지를 표현할 수 있다는 '이형사신以形寫神'을 주장했다. 또 "전신사조傳神寫照(초상화를 그릴 때 인물의 형상 재현에 그치지 않고 정신까지 담아내는 일)는 눈동자에 있다."라는 말도 남겼다. 청년 시절에 고개지가 와관사瓦官寺의 벽면에 유마상維摩像을 그렸는데, 그가 눈동자를 그려 넣을 즈음에 3일 동안 그가 그림을 그리는 것을 지켜보던 사람들로부터 백만 전錢을 얻어 절에 보시했다는 기록이 전해진다. 배해裴楷의 초상화를 그릴 때에는 뺨 위에 터럭 세 개를 덧그려 그림 속 인물의 신수가 훤해 보이게 했다.

사곤謝鯤을 그릴 때에는 암석을 배경으로 했는데, 이는 사곤이 자연을 벗 삼기를 좋아했기 때문이기도 했고 이를 통해 그의 지향과 기품을 표현해 냈다. 당 왕조 서화書畫 평론가 장회관張懷瓘은 《화단畫斷》에서 "사람을 그리는 아름다움에서 장승요張僧繇는 그 육肉을 얻었고, 육탐미陸探微는 그 골骨을 얻었으며, 고개지는 그 신神을 얻었는데 고개지를 으뜸으로 친다."라는 말로 회화사에서 고개지의 위치를 정리했다. 고개지는 자신의 화론畫論에서 '손으로 거문고 다섯 줄을 타는 것'을 그리는 것이 쉬운 일은 아니나 '고향을 향해 돌아가는 기러기를 눈으로 배웅하는 것'을 그리기는 더욱 어렵다고 말했다. 이 말은 형상과 정신을 함께 갖춘 그림을 추구하는 그의 태도를 드러내 주며, 이 점은 훗날 중국 회화의 창작과 회화의 미학 사상 발전에 막대한 영향을 끼쳤다.

른 한 갈래는 서도복이 이끄는 군대로, 곧장 여릉廬陵(지금의 장시 성 지수이 현吉水縣 북쪽), 예장豫章(지금의 장시 성 난창 시南昌市)으로 가서 동진의 관군을 크게 격파하고 진남장군 겸 강주자사 하무기를 살해했다.

5월에 노순과 서도복은 군대를 다시 한데 모아 상락주(지금의 장시 성 주장 현 동북쪽 창장 강에 위치)에서 동진의 위장군 겸 예주자사 유의를 대파했다. 노순이 유도규, 하무기, 유의를 연이어 물리치자 동진 조정에서는 북벌에 나선 유유를 황급히 되돌아오게 했다. 이때 노순과 서도복이 진군 방향을 두고 의견 대립을 빚었는데, 이것이 유유에게는 숨을 고를 시간을 제공하는 셈이 되었다. 유유는 이 기회를 틈타 대규모로 군대를 확충해서 전국 각지의 사람과 말을 건강으로 집결시키고, 성과 해자를 보수했다.

한편 노순의 북벌군은 5월부터 7월까지 건강성 아래에 병력을 배치하고도 아무런 성과를 거두지 못해 승리할 수 있는 유리한 기회를 잃었을 뿐만 아니라 군대의 전투력까지 크게 약해졌다. 그리하여 결국에는 어쩔 수 없이 건강에서 물러나 수양을 지켰다. 10월에 서도복이 수군 3만 명을 이끌고 강릉을 공격했는데, 파총破塚에서 유도규에 패해 병사 만여 명을 잃었다. 12월에는 노순이 다시 대뢰大雷, 좌리左裡 등지에서 동진 군대와 전쟁을 벌였지만 모두 패해 광주로 퇴각해야 했다.

의희 7년(411년) 2월, 유유가 군대를 파견해 마침내 서도복을 죽였다. 그해 3월에 노순은 번우番禺에서 교주交州로 진군했다가 교주자사 두혜도杜慧度에게 패하고, 물에 몸을 던져 스스로 목숨을 끊었다.

네 가지 짐승 무늬 금 장식

금 장식의 길이는 8.9cm, 너비는 6.3cm이다. '네 가지 짐승'은 각기 네 모서리에 자리하며, 중간에는 이를 타고 있는 사람 무늬의 장식이 있다. 장식의 좌우 양측과 아래쪽에도 각각 하나의 짐승 얼굴 무늬가 있다.

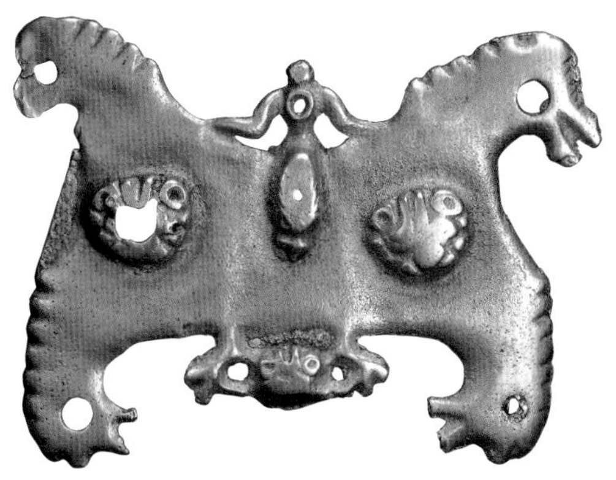

History of China

맥을 잡아주는 세계사

The flow of The World History

제 6 장 | 남북조의 분립

1. **남북조** 420년 ~ 581년

CHINA

1 남북조

시기 : 420년 ~ 581년
인물 : 유유, 유송, 토욕혼, 사령운, 소도성, 효문제, 소연, 이주영, 고환, 우문태, 후경, 진패선

남조가 더디게 북조와 통일하다

420년, 출신이 미천한 유유는 유명무실한 동진을 대신해 나라를 세우고 국호를 송宋이라 했다. 이후로 반세기 동안 강남에는 차례로 제齊, 양梁, 진陳 등 건강을 도읍으로 하는 세 나라가 출현했고, 역사상 이 네 나라를 남조南朝라고 부른다. 이러한 왕조의 너무 빠른 교체 또한 남방 지역의 경제 발전을 더디게 했다. 557년에 진陳나라의 패선霸先이 황제를 칭하고 나라를 세울 때에 이르러서는 강남은 이미 쇠락의 형세를 보이고 있었다.

같은 시기에 북방에서는 한족漢族 외의 민족들이 세운 여러 나라가 서로 먹고 먹히는 전쟁을 거듭했다. 북위北魏와 위나라 말기에 분열된 동위東魏와 서위西魏 및 이를 이은 북제北齊와 북주北周를 합하여 북조北朝라고 부른다. 남북조 시기는 찬란한 문화가 창조되고, 조충지祖沖之, 심약沈約, 가사협賈思勰 등의 역사책에 길이 기록되는 과학자를 배출했으며, 막고굴과 룽먼 석굴, 윈강 석굴 등처럼 보기 드문 건축물을 남겼다.

한눈에 보는 세계사

427년 : 고구려, 평양 천도
433년 : 나제 동맹 성립
455년 : 로마, 반달족 침입
475년 : 백제, 웅진 천도
476년 : 서로마 제국 멸망
486년 : 프랑크 왕국 성립
500년 : 인도, 힌두교 창시
503년 : 신라 지증왕, 국호와 왕호를 정함.
512년 : 신라, 우산국 정벌
520년 : 신라, 율령 반포
527년 : 신라, 불교 공인
527년 : 동로마 제국, 유스티니아누스 황제 즉위
532년 : 신라, 금관가야 멸망시킴.
534년 : 유스티니아누스 법전 편찬
537년 : 성 소피아 성당 건립
538년 : 백제, 사비 천도
552년 : 돌궐 제국 성립
554년 : 백제 성왕, 관산성에서 전사
562년 : 신라, 대가야 병합
579년 : 마호메트 탄생

유유가 송을 세우다
420년

진나라 원희元熙 2년(420년) 6월, 유유가 황제의 자리에 올라 국호를 송宋으로 바꾸었다. 유유(363년~422년)는 자가 덕여德輿이고, 아명은 기노寄奴이며, 본적은 팽성이다. 영가의 난 때 그의 증조부 유혼劉混이 강을 건너 단도丹徒의 경구로 이동했는데, 유유 세대에 이르러서는 집안 형편이 쇠락할 대로 쇠락한 상태였다. 유유는 처음에 북부병에 들어가서 환현의 난을 평정하고, 그 후 시중, 거기장군으로까지 승진해 차츰 동진 왕조의 군사권을 장악했다.

동진 의희 6년(410년), 유유는 북벌군을 이끌고 남연을 평정해 대위, 중서감中書監으로 봉해지면서 조정의 권력을 자신의 손아귀에 넣었다. 이후로 4~5년 동안 유유는 차례로 유의, 제갈장민諸葛長民, 사마휴지司馬休之 등 정적을 제거했고, 두 번째 북벌에 나서서 관중 지역을 되찾아 그 공으로 의희 14년(418년)에 상국, 송공宋公으로 봉해졌다. 이로써 유유가 동진의 황제를 대신할 여건이 무르익어 갔다.

진나라 원희 2년(420년), 유유는 자신의 수하가 제안한 양위를 시행한다는 내용의 조서를 손에 쥐고 동진의 공제恭帝에게 베끼게 했다. 이윽고 유유가 남쪽 지역에 제단을 쌓고 황제의 자리에 올라 국호를 송이라 했다. 그가 바로 송나라 무제이다.

송나라 무제는 연호를 영초永初라고 하고, 건강(지금의 장쑤 성 난징 시)을 도읍으로 삼고 '진시력秦始歷'을 '영초력永初歷'으로 바꿨다. 더불어 자신에게 황제의 자리를 넘겨 준 동진의 공제를 영릉왕零陵王으로 강등시켰다. 이듬해 6월에 유유가 사람을 보내 영릉왕을 독살하면서 '선양' 이후 황

용무늬를 투조한 백옥대선비두(鮮卑頭, 허리띠 장식을 말하는 것으로 고대 오랑캐 말을 음역한 것이다.)

백옥 기물로, 단단하며 빛을 머금고 있다. 뒷면에 "경오(庚午)년, 황궁에서 백옥을 가지고 선비두를 만들기 시작했다. 그해 12월 병진(丙辰)일에 완성했는데 700일이 걸렸다. 범허(范許), 봉거도위(奉車都尉) 정경(程涇), 봉거도위 각후(閣侯) 장여(張余) 등이 이 일에 참여했다."라는 글이 음각으로 새겨져 있다. 명문의 간지기년(干支紀年)과 관여한 관원들의 직명으로 보아 이 작품은 남조 송나라 문제 유의륭(劉義隆)의 어용품(御用品)이다.

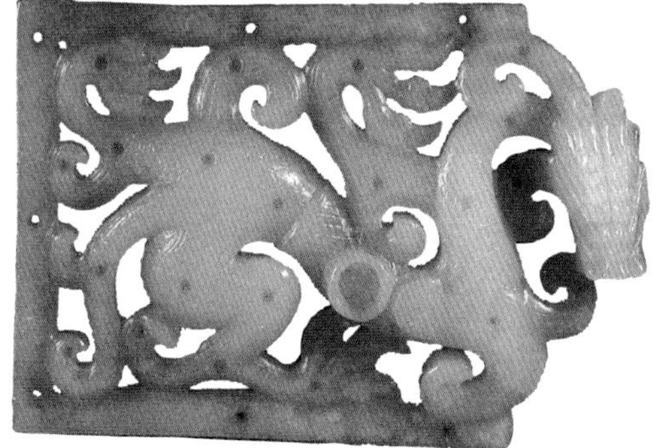

위를 넘겨 준 사람을 죽이는 선례를 남겼다. 이로써 104년을 이어오며 총 11명의 황제가 재위한 동진 왕조가 막을 내리고, 남북조 시기가 시작되었다.

유송의 첫 번째 북벌

430년

북위의 석각(石刻) 화상(위, 아래)

송나라 무제 유유가 유씨 정권의 송나라를 세웠을 때, 북위의 탁발씨는 이미 나라를 세우고 북쪽 지역을 통일하고 있었다. 송나라 문제文帝와 북위 태무제太武帝가 잇달아 즉위한 후 두 나라는 한동안 우호 정책을 채택해서 남과 북 사이에 몇 년 동안 평화가 유지되었다. 그러나 송나라 문제 유의륭이 그 몇 년 동안 내부적으로 재정비를 마친 뒤 모든 조건이 충족되었다고 생각하고 원가元嘉 7년(430년) 봄에 군대를 동원해 북벌에 나섰다. 이에 북위 태무제가 크게 노해 기주冀州, 정주定州, 상주相州에서 배 1,000척을 새로 건조하고, 유주幽州 이남 지역의 수군을 회북 지역으로 집결시켜 송나라 군대의 공격에 대비하게 했다.

그해 7월에 태무제는 군사의 힘을 한데 집중하기 위해서 먼저 주고 나중에 취하는 '선여후취先予後取'의 책략을 펼치기로 하고 낙양, 호뢰虎牢, 활대滑臺 등 군사 요충지를 지키는 장수들에게 성을 버리고 북쪽으로 철수하라고 명령했다. 이 요충지들을 손쉽게 얻은 송나라 군대는 그곳에 수비군을 배치하느라 병력이 분산되었다. 그해 12월, 북위의 군대가 마침내 반격에 나서 영창靈昌에서 송나라 장군 유언지劉彦之를 크게 물리쳤다. 뒤이어 북위 대군이 모든 전선에 출격해 잇달아 낙양, 호뢰 등의 땅을 되찾았다. 패한 유언지는 배를 불태우고 갑옷을 벗어 내버린 채 남은 군사를 이끌고 팽성으로 후퇴했다.

송나라 북벌군이 연이어 패하고 요충지인 활대에서도 계속해서 위급

신호를 보내자 문제는 정남대장군征南大將軍 단도제檀道濟를 파견해 지원하게 했다. 그러나 결국 송나라 문제의 이번 북벌은 참혹한 패배로 끝이 났다. 따라서 송나라와 북위는 이후 오랫동안 대군을 일으킬 여력이 없어 그로부터 20년 동안 대체로 평화를 유지할 수 있었다.

토욕혼이 하를 멸하다

431년

하나라의 혁련赫連씨는 본래 흉노의 한 갈래로, 한족漢族과 통혼하여 오랜 세월 유劉씨 성을 따랐다. 혁련발발赫連勃勃은 야심이 크고, 다른 사람의 밑에 있을 수 없는 기질의 흉노 귀족이었다. 동진 의희 2년(406년), 그는 자신을 거두어 준 장인과 후진後秦의 고평공高平公 몰혁우沒奕于를 습격해 죽이고 두 부대를 자신의 밑으로 편입시켰다. 그리고 이듬해에 스스로 천왕대선우라 칭하며 연호를 용승龍昇이라 하고, 조정에 백관을 두었다. 혁련발발은 흉노가 하후夏後씨의 후손이라고 여겨 국호를 대하大夏로 정했다. 또 흉노가 어머니의 성을 따라 유씨로 불리는 것이 불합리하다고 생각해 자신의 성씨를 혁련씨로 바꾸었다. 혁련발발은 왕위에 오른 후 해마다 전쟁을 일으켜서 동진 의희 14년(418년)에는 장안을 점거하기에 이르렀다.

송나라 원가 3년(426년), 혁련발발의 다섯째 아들 혁련정赫連定이 왕위를 계승해 평량平涼에서 스스로 황제를 칭했다. 송나라 원가 8년(431년), 혁련정이 서진西秦을 침범하자 서진은 북위에 구원을 요청했다. 그러나 북위가 군대를 보내기도 전에 서진 왕 걸복모말乞伏暮末이 혁련정에게 목숨을 잃고 말았다. 그 후, 북위의 침략이 두려웠던 혁련정은 포로로 삼은 서진 백성 10여만 명을 부려먹으며 황하를 건너 저거몽손沮渠蒙遜을 습격해서 북량의 땅을 손에 넣고자 했다.

이때 토욕혼吐谷渾(4세기 초에 티베트계 유목민이 칭하이 성 지역에 세운 나라.

북조 민가(民歌)의 대표작 〈목란사〉

〈목란사木蘭詩〉는 북조 시대의 장편 서사 민간 가요로 악부 시집 《양고각횡취곡梁鼓角横吹曲》에 수록된 북조 시대 민가 가운데 가장 걸출한 작품이다. 〈목란사〉는 목란이라는 이름의 여성이 남장하고 아버지 대신 전쟁에 나간 이야기이다. 목란이 늙은 아버지를 대신해 징집되어 결연한 태도로 전쟁이라는 고된 임무를 지는 희생정신이 잘 표현되었다. 그녀가 많은 전투를 겪으며 10년 동안 성공적으로 사명을 완수하는 모습을 통해 강인함과 용감함을 드러낸다. 개선 후에 그녀는 벼슬을 거부하고 평범한 여자로서의 생활로 돌아가기를 원하는데, 이는 또한 그녀의 순박하고 고결한 성품을 표현한다.

〈목란사〉는 민간 서사시로서 민간의 색채가 짙고 스타일이 비교적 강건하고 질박해 민가의 예술적 특징을 보여 준다. 반복과 대비의 구절을 연속적으로 사용하여 아름다운 분위기와 음악성을 만들어 내고, 질문과 답변으로 세밀하게 심리를 묘사하며, 대우對偶를 이루는 구절은 간결하면서도 정돈되어 풍부한 함의가 있고, 언어의 정교함은 서사의 분위기를 한층 짙게 해 준다.

〈목란사〉의 예술적 특색과 사상적 내용은 후세에도 큰 영향을 미쳤다. 두보는 〈초당시草堂詩〉에서 온 가족이 목란을 환영하는 모습을 묘사한 〈목란사〉의 표현 수법을 의도적으로 모방했다. 오늘날까지도 목란은 여전히 많은 무대와 스크린에서 여성 영웅의 이미지로 그려지고 있다.

오호 십육국 시대부터 세력을 떨쳤으나 663년에 토번에게 망했다.)의 왕 모궤慕潰가 모리연慕利延과 습건拾虔에게 3만 기병을 이끌고 가서 매복하다가 대하 군대가 강을 건너는 틈을 타 습격하게 했다. 이로써 대하 군대는 크게 패하고 혁련정은 사로잡혀 북위로 끌려가 대하는 멸망했다. 대하는 동진 의희 3년(407년)에 건국되어 북위 신균神麚 4년(431년)에 멸망하기까지 25년 동안 세 명의 군주를 거쳤다.

사령운이 살해당하다

433년

송나라 원가 10년(433년), 유명 시인 사령운謝靈運이 광주에서 향년 마흔아홉 살의 나이로 생을 마감했다. 사령운(385년~433년)은 어린 시절 이름이 객아客兒이고 진군陳郡 양하陽夏(지금의 허난 성 타이캉 현太康縣) 사람이다. 동진의 명장 사현의 손자로 강락공康樂公이라는 봉작을 세습했기 때문에 사람들은 그를 사강락謝康樂이라고도 부른다. 사령운은 유씨 정권의 송나라 때 영가詠嘉태수가 되었고, 비서감秘書監과 시중, 임천내사臨川內史를 역임했다. 그는 어려서부터 학문을 좋아했고 경서經書와 《사기史記》에 능통했다. 사령운은 당시의 유명한 문학가로 가슴에 큰 뜻을 품었다.

청색 유약을 바른 연꽃받침 무늬 뚜껑 단지

남조 시대 월요(越窯)에서 생산된 자기이다. 이 단지의 복부와 뚜껑의 표면에는 연꽃받침 무늬를 한 바퀴 둘러 겹으로 새겼는데, 연꽃잎이 상부에서는 아래를, 하부에서는 위를 향해 있다.

무제 유유의 재위 시절, 그는 태자 유의진劉義眞과 각별한 관계를 맺으며 총애를 받았다. 유의진은 자신이 황제가 된다면 반드시 사령운을 재상으로 삼겠노라고 이야기했다. 그러나 유의진이 죽임을 당하고 문제 유의륭이 즉위한 후, 사령운은 중용되지 않았다. 사령운은 자신의 지체가 높고 재주가 뛰어난 것만 믿고 중용되지 못하는 것을 늘 불만으로 여겼다. 그래서 자주 병을 핑계로 조정에 나가지 않고, 때로는 여기저기 자연 속에서 노닐며 10여 일씩 보내기도 했다. 그럼에도 문제는 사령운의 재능을 아껴 문책하지 않고 그냥 긴 휴가를 주어 그가 언제든 돌아오게 했다. 이후 임천내사를 맡았을 때 사령운은 팽성왕 유의강劉義康에게 밉보이는 바람에 모반죄로 광주로 유배되었다가 얼마 후 죽임을 당했다.

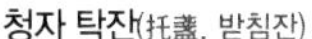

청자 탁잔(托盞, 받침잔)

남조의 다구(茶具)로 장시 성 난창 시에 있는 무덤에서 출토되었다. 이 기물은 상부의 그릇 잔과 하부의 받침대로 구성된다. 전체 높이는 11.5cm이며, 찻잔의 입 너비는 7.7cm, 바닥의 너비는 6.6cm이다.

유송의 북벌

450년

송나라 원가 27년(450년) 7월 12일, 송나라 문제 유의륭이 신하들의 반대를 무릅쓰고 북벌을 감행했다. 그해 2월, 북위 태무제가 직접 보병과 기병 10만 명을 이끌고 갑자기 남쪽으로 내려와 현호懸瓠(지금의 허난 성 루난 현汝南

북위의 도기 무사용

縣)을 포위하고 공격했다. 이에 송나라의 남돈태수南頓太守와 영천태수穎川太守가 잇달아 성을 버리고 줄행랑을 쳤다. 현호를 지키던 장군 진헌陳憲은 그들과 달리 42일 동안 죽을힘을 다해 성을 지켰고, 결국 북위는 현호를 함락하지 못한 채 퇴각했다. 북위의 군대는 돌아갔지만, 송나라가 이번 전쟁으로 입은 손실은 실로 막중했다.

송나라 문제는 분노를 참지 못하고 북벌을 결심했다. 왕현모王玄謨가 문제의 명령을 받아 주력군을 이끌고 북쪽으로 진격해서 확오碻磝와 낙안樂安을 연거푸 격파하고 활대를 포위했다. 그리고 유원경柳元景 등이 군대를 이끌고 웅이산熊耳山(지금의 허난 성 루 현盧縣 동남쪽)에서 나와 현지 무장 세력과 합류해 홍농, 섬현陜縣, 동관을 격파하자 관중 지역의 한인漢人과 강족

맥을 잡아 주는 중국사 중요 키워드

불교가 중국 문화에 미친 영향

위·진 남북조 시대에는 인도에서 전해진 불교가 크게 성행해 각 계층에 고루 영향을 미쳤다. 불교가 흥성하고 발전함에 따라 처음에는 외래문화로서 중국 문화의 주제에 융화되었던 불교 문화가 중국의 정치, 경제, 문화, 건축, 회화, 조소, 음악, 민속 등 여러 방면에서 점차 두루 깊은 영향을 미쳤다. 불교는 '외래의 방술(방사方士가 행하는 신선의 술법)'에서 어느덧 강력한 영향력을 미치는 이데올로기이자 사회적 역량으로 변화해 유교와 도교의 관심을 받았다. 이후 세 종교는 끊임없는 충돌을 통해 서로 침투하고 흡수되었고, 이 충돌 과정은 한편으로 융화의 과정이기도 하다.

불교가 인도의 회화 기술을 중국으로 전파해서 중국의 전통적인 회화 기교와 인도 불교의 회화 기술이 결합해 중국 회화 예술이 눈부신 발전을 이룩할 수 있었다. 남북조 시대에는 불화佛畫가 회화 예술의 주요 제재가 되었다. 조각에서도 불교를 널리 전파하려는 수요 때문에 불교의 풍부하고 다채로운 종교적 상상력이 중국의 조소 예술 발전에 추진력이 되었다. 중국 조소 예술은 내용 면에서는 사람과 동물 위주에서 부처와 여러 신을 위주로 하는 방향으로 변화했고, 예술 형식은 소박하고 직설적인 데서 정교하고 모호한 쪽으로 발전했다. 이 밖에도 불교 관련 활동과 명절이 중국인의 사회생활에 영향을 미쳐 불교가 중국 문화의 중요한 구성 부분이 된 이후부터 중국 사회 곳곳에 영향을 미쳤다.

이 이에 호응했다. 이에 9월에 북위 태무제가 군대를 이끌고 활대를 지원하러 왔다. 왕현모는 강력한 군사력을 갖추었지만, 시간이 지나도록 활대를 공격하지 않았다.

이어서 10월에 북위 군대가 백만 대군을 칭하며 강을 건너왔는데, 비고鞞鼓(적을 공격할 때 말 위에 메고 두드리는 북) 소리가 천지를 울릴 정도였다. 그 소리에 왕현모는 지레 겁을 집어먹고 군량과 물자를 내팽개친 채 도망가 버렸다. 북위의 군대가 도망치는 송나라 군대를 추격하며 공격해 송나라 군대의 사상자가 만여 명에 이르렀다. 송나라 군사들은 뿔뿔이 흩어졌고, 그들이 버리고 간 군수품과 무기를 모으니 산처럼 쌓일 정도였다. 송나라 군대는 북벌에서 패한 후 북위의 공격을 막아 내기도 힘들어졌다.

구색녹본생벽화(九色鹿本生壁畵)

북위 시대의 벽화로, 불경의 이야기를 제재로 삼았다. 아홉 색깔의 사슴(九色鹿)이 항하(恒河)에서 물에 빠진 사람을 구해 주고서 아무에게도 자신의 존재를 알리지 말라고 했다. 어느 날, 왕후가 꿈에서 아홉 색깔의 사슴을 보고 그 가죽으로 이불을 만들고 그 뿔로 장식하고자 했다. 이에 국왕이 많은 상금을 내걸고 그 사슴을 찾았다. 그러자 물에 빠졌던 사람은 상금에 눈이 어두워져 아홉 색깔의 사슴을 보았다고 나섰다. 그리고 국왕을 아홉 색깔의 사슴이 있는 곳으로 안내했다. 사슴이 국왕을 보고는 탄식하며 물에 빠졌던 사람의 배은망덕함을 알렸다. 국왕은 이에 매우 감동하여 아홉 색깔의 사슴을 보호하도록 명령을 내렸다. 이 그림은 국왕과 사슴이 대화하는 장면이다.

윈강 석굴 공사의 시작

460년

북위 화평和平 원년(460년)부터 사문통沙門統(종교의 수장) 담요曇曜가 북위 문성제文成帝의 동의를 거쳐 평성 무주 요새武州塞(지금의 산시 성山西省 다퉁시), 즉 윈강雲岡에서 석굴을 파기 시작했다. 담요는 총 다섯 개의 석굴을 만들었고 이는 훗날 '담요오굴曇曜五窟'이라고 불린다. 다섯 개의 석굴은 모두 돔형 천장에 평면은 타원형이며, 천축의 초가를 모방했다.

담요는 석굴을 개착하고 불상을 제작하는 데 온힘을 쏟았다.

이는 황실의 복을 빌고 군주의 환심을 사려는 목적 외에도 '오랑캐가 어찌 부처가 된다는 말이냐.'라는 주장에 반박하고, 불교의 기나긴 역사와 불교가 영원히 후세에 전해질 것을 선전하기 위해서였다. 그러자면 교권의 이익과 왕권의 이익을 긴밀하게 연결해야 했다.

북위 효문제孝文帝의 조모인 태황태후 풍씨는 불법을 깊이 믿어 그녀가 정무에 간여한 10여 년 동안 영불佞佛(부처에게 복을 빔.)의 풍토가 전국에 퍼졌다. 이로써 윈강 석굴도 오직 황실만 만들 수 있는 것이 아니라 일반 관리, 승려, 지주도 모두 돈을 내면 만들 수 있게 되었다. 이렇게 윈강 석굴은 북위의 도성 근처에 거주하는 불교도들의 중요한 활동 장소가 되었다.

윈강 석굴의 예술 스타일은 세 가지에서 기원한다. 첫째는 중국 고유의

윈강 20굴 대불

북위 시대에 제작된 높이 13.7m의 큰 불상. 탁발 선비가 중국 북쪽 지역에 들어온 뒤 평성을 도읍으로 삼고, 불교를 숭상하여 사원을 건축하고 석굴을 파고 불상을 제작했다. 이로써 불교 예술은 고도의 발전을 거듭했다. 북위 불교 예술 가운데 산시 성(山西省)의 윈강 석굴이 가장 유명하며, 이곳에 있는 대불은 윈강의 조각품 가운데 가장 큰 불상이다.

조각 전통, 둘째는 외국 승려가 가져온 사자국獅子國(즉 스리랑카)의 영향, 셋째는 서역에서 전해진 간다라(지금의 파키스탄과 이스탄불 서쪽 일대) 미술의 영향이다.

소도성이 송을 멸하고 제를 세우다

479년

송나라 승명昇明 3년(479년) 4월 20일, 소도성蕭道成이 사람을 보내 송나라 순제에게 황위 계승을 강요했다. 그 이튿날인 21일, 송나라 순제는 마땅히 조정에 나가야 하지만 감히 나아갈 엄두를 내지 못했다. 결국 소도성에게 두려움을 느낀 태후가 직접 환관을 이끌고 불개佛蓋(사찰의 지붕) 아래에서 순제를 찾아냈다. 그러고는 순제에게 양위를 강요하고, 그를 동저東邸로 옮기게 했다.

이후 송나라 사공 겸 태보 저연褚淵이 새수를 받들고 백관을 인솔하여 소도성에게 황제의 자리에 오를 것을 권했다. 그리하여 23일에 소도성이 황제로 즉위하여 국호를 제齊, 연호를 건원建元이라고 정했고, 역사에서는 이 나라를 남제南齊 또는 소제蕭齊라고 한다. 제나라 건원 원년(479년) 4월, 소도성이 근검절약을 제창하고 종실이 사유지를 갖지 못하게 했다. 이후 4년 동안 재위한 소도성은 호적을 정리하는 등 여러 중대한 조치를 채택했다. 소제는 유씨 정권의 송나라와 마찬가지로 종실 간에 권력을 쟁탈하려는 골육상잔이 끊임없이 일어났다. 제나라 종실이 골육상잔을 벌이고 있을 때, 양양에서 소연蕭衍이 군대를 일으켰다. 건강으로 진격해 제나라 군대를 공격한 그는 양梁나라를 세우고 황제의 자리에 올랐다.

백색 유약에 녹색이 채색된 긴목병

북위 효문제의 천도

494년

북위 태화 14년(490년), 태황태후 풍씨가 병으로 죽고 스물네 살의 효문제가 직접 조정 대권을 장악했다. 야심만만한 효문제가 정권을 장악한 후 처음으로 실시한 정책은 바로 낙양으로 천도하는 것이었다. 북위의 옛 도읍은 평성으로, 유목 민족 유연, 고거 등의 침입을 방어하거나 그들을 공격해서 중원 지역을 차지하는 데 중요한 역할을 했다. 그러나 100년이라는 시간이 지나면서 평성은 점점 도성으로 적합하지 않게 되었다. 평성은 기후가 한랭하고, 토지가 척박하며, 교통도 불편했다. 또 평성의 인구가 증가하면서 식량 공급에도 자주 어려움이 빚어졌다.

그뿐만 아니라 평성은 변경 지역에 있어 북쪽으로는 유연의 위협을 받고, 남부 지역을 통치하기에는 거리가 너무 멀었다. 북위는 효율적으로 중원 지역을 다스리고 전국을 통일하려면 반드시 한화漢化 개혁을 이루어야만 했다. 그러나 평성은 보수적인 선비족 귀족들이 집중적으로 모여 있는 곳이므로 이곳에서 개혁을 시도한다면 크나큰 어려움에 부딪힐 것이었다. 그래서 효문제는 중원의 중심부인 낙양으로 천도할 것을 결심했다. 그러나 천도는 결코 쉬운 일이 아니었다. 선비족의 각 부족이 반대하고 일어날 것이 불 보듯 뻔한 일이었기에 효문제는 이 문제를 해결할 방안을 찾느라 골머리를 앓았다.

태화 17년(493년) 가을, 효문제는 보병과 기병 총 30만 명을 이끌고 남쪽 원정길에 오르면서 남쪽의 제나라를 치러 간다고 말했다. 군대가 낙양에 도착하자 때마침 가을비가 끊임없이 내렸다. 먼 길을 온 선비족 귀족과 병사들은 피로에 지칠 대로 지쳐서 더는 진군하고 싶지 않았다. 이에 그들은 효문제의 말 앞에 무릎을 꿇고 남쪽 원정을 멈춰 달라고 요청했다. 효문제가 그 틈을 타 말했다. "남쪽 원정은 조정에서 결정한 것인데, 아무런 공로

도기 입용(立俑)

북조 시대의 부장품으로 무사의 형상이며, 머리에 망토를 쓴 북방 소수민족의 복장을 했다. 이 인형은 여성적인 특징을 보이는데 이 역시 선비족이 한화된 이후의 특징이다.

도 세우지 못하고 돌아가면 어찌 후대를 볼 낯이 있단 말인가? 남쪽 원정을 원하지 않는다면, 낙양으로 천도해야겠다." 이에 대신들은 천도에 동의할 수밖에 없었다.

북위 효문제의 개혁

494년

북위 효문제는 낙양으로 천도한 후 한화漢化를 적극적으로 주장했다. 또 일련의 개혁 조치를 시행해 한화에 박차를 가했다. 태화 18년(494년), 효문제는 중서령 고려高閭에게 고악古樂을 정리하게 했다. 그리고 이듬해 4월에는 노성魯城(지금의 산둥 성 취푸 시)에서 직접 공자에게 제사를 지냈다. 이어서 얼마 후에는 관리 제도의 개혁을 명령했다. 북위 초기에는 선비족와 한漢인이 세운 왕조들의 관직명이 뒤섞여 있었는데, 효문제는 낙양으로 천도한 후 왕숙王肅에게 명령하여 관리 제도를 개정하고 위·진 남북조의 제도를 따랐다. 5월, 효문제는 다시 한인들이 호복胡服이라고 부른 북방 민족의 복식과 선비족의 말을 금지했다.

태화 20년(496년) 정월, 효문제는 또 선비족의 성을 한족의 성으로 바꾸도록 했다. 더불어 낙양의 선비족은 일률적으로 허난 성 낙양을 본적으로 하게 하여 죽은 뒤에도 과거 대나라가 세워졌던 북쪽으로 이동해 묻지 않도록 했다. 당시에는 한족 왕조에 문벌 제도가 이미 형성되어 있었다. 효문제가 개혁을 진행할 때 이 문벌 제도를 확인하고 그것을 선비족 귀족 내부까지 확대했다. 효문제의 한화를 통한 개혁은 역시 보수적인 일부 선비 귀족의 반대에 부딪혔다.

태화 20년(496년)에 태자 탁발순拓跋恂이 평성으로 도망가 반란을 일으키려다가 효문제에게 발각되어 처형당하고 말았다. 그해 겨울에 선비족 귀족 목태穆泰, 육예陸睿가 진북대장군鎭北大將軍 탁발사예拓跋思譽 등과 손을 잡고 평성에서 반란을 일으켰으나, 효문제에게 진압되었다. 이후로 효문제의 개혁은 순조롭게 진행되었다.

북위가 룽먼 석굴의 공사를 시작하다

494년

위나라 효문제가 낙양으로 천도하자 평성의 불교 승려, 장인들이 모두 낙양으로 모여들어 북위 황족을 위해 대규모로 석굴을 파고 불상을 만들었다. 이로써 룽먼 석굴龍門石窟이 차츰 윈강 석굴을 대신하게 되고, 이후 여러 왕조를 겪으면서 룽먼 석굴의 규모는 차츰 웅장한 석굴군群을 이루었다. 북위 시대에 만든 석굴 가운데 대표적인 석굴로는 고양동古陽洞, 빈양삼동賓陽三洞, 연화동蓮花洞을 꼽을 수 있다.

룽먼 석굴의 개착은 북위 태화 12년(488년)에 북위 종실의 비구比丘(남자 중)인 혜성慧成이 고양동을 개착하면서 시작되었다. 그리고 북위 후기의 예술 수준을 대표하는 석굴은 연화동으로, 조각 수법이 윈강 석굴의 수직 도법(조각칼을 수직으로 세워 조각하는 도법)과 수평 도법(조각칼을 수평으로 눕혀 조각하는 도법)에서 둥근 칼圓刀을 사용하는 도법으로 변화했고, 예술 스타일도 이전 왕조의 질박하고 거친 스타일에서 우아하고 단아한 스타일로 탈바꿈했다.

룽먼 석굴

북위의 불상은 불교의 중국화, 세속화 추세를 그대로 드러내며, 이는 효문제의 낙양 천도 이후 이루어진 민족 융합의 특징을 반영한다. 룽먼 석굴은 윈강 석굴의 예술 스타일을 계승한 기초 위에 끊임없이 발전시키고

새로운 것을 만들어 내어 더욱 민족적 특성을 띠게 되었다.

소림사의 흥기

495년

소림사는 북위 태화 19년(495년)에 세워졌다. 당시 천축의 승려 발타가 중국에 들어왔는데 그는 특히 선법禪法(참선하는 법)에 뛰어나서 북위 효문제에게 예우를 받았다. 효문제는 태화 19년에 그를 위해 소실산少室山에 절을 지어 주고 옷과 음식을 제공했다. 이 절은 소실산의 울창한 숲에 자리 잡았다고 하여 소림사少林寺라고 이름 지어졌다.

효창孝昌 3년(527년), 선종을 처음 세운 보리달마가 소림사에 와서 불법을 전했다. 전해 오는 바로는 보리달마가 절 안에서 9년 동안 면벽面壁 수행을

맥을 잡아 주는 중국사 중요 키워드

조충지가 원주율을 계산하다

조충지祖沖之(429년~500년)는 수학, 천문 역법, 기계 제작 등의 영역에서 뛰어난 성과를 거두어 중국 역사에서 가장 위대한 과학자로 손꼽힌다. 조충지가 후대에 가장 큰 영향력을 미친 과학적 성취는 바로 원주율을 계산한 것이다. 그보다 이른 시기인 조씨 정권의 위나라 말에 유휘劉徽가 할원술割圓術을 이용하여 원주율을 계산하고 3.14로 확정해 후대에 믿을 만한 과학적 기초를 제공했다.

이러한 선인들이 일구어 놓은 결과를 바탕으로 조충지는 한층 더 정확한 원주율 데이터를 계산했다. 그는 세계 최초로 원주율의 값을 소수점 이하 여섯 자리까지 정확하게 계산해 냈다. 그 후로 1000여 년이 더 흐른 15세기에 이르러서야 페르시아 천문학자 알-카시(Al-Kashi)가, 그리고 16세기에 프랑스 수학자 F. 비에테(Viete)가 더욱 정확한 결과를 산출해 냈다. 조충지는 원주율이 355/113라는 밀률密率을 제시했는데, 분자와 분모는 1,000 이내 가장 접근한 파이 값의 분수이다. 이는 당시로써는 최고의 성취였다. 그의 업적을 기념하기 위해 사람들은 밀률을 '조율祖率'이라고도 부른다.

조충지가 수학 방면에서 거둔 성취는 이 밖에도 그의 아들 조긍祖暅과 함께 탐구한 구球의 체적 계산법과 《철술綴術》의 저술이 있다. 《철술》은 당 왕조 시대에는 중요한 교과서로서 학생이라면 반드시 4년을 공부해야 했다. 하지만 아쉽게도 지금은 전해지지 않는다.

하고 혜가慧可에게 깨달음을 전수했다고 한다. 이후 소림사에서는 선법의 가르침이 끊이지 않았고, 선법이 중국 안팎으로 널리 전파되었다. 달마가 면벽 수행을 하느라 장기간 앉아 있었기 때문에 근육을 움직여 주기 위해 창조한 것이 바로 유명한 소림 권법이다.

북주 건덕建德 3년 (574년), 무제가 불교를 금지하면서 절이 불타 버렸다가 대상大象 연간에 다시 지어져 척호사陟岵寺로 개명되었다. 수 왕조 때에는 옛 이름을 되찾고 북쪽 지역 최고의 선사禪寺로 발전했다. 당나라 초에는 소림사 13곤승棍僧(곤봉을 다루는 승려)이 당나라 황제를 구하는 공을 세워 '천하제일명찰天下第一名寺刹'이라는 명성을 얻었다.

소연이 양나라를 건설해 제나라를 대신하다

502년

소연은 자는 숙달叔達, 아명은 연아練兒이며 남제南齊의 소씨와 종실로 남란릉南蘭陵(지금의 장쑤 성 창저우 시常州市 서북쪽) 사람이다. 그는 어려서부터 어머니의 가르침에 따라 거문고·바둑·글씨·그림, 경사자집經史子集(경서經書·사서史書·제자諸子·시문집詩文集), 점성·관상·점, 말타기·활쏘기·칼싸움·격투기까지 어느 하나 소홀히 하지 않아 신동이라는 이야기를 들었다.

갓 벼슬길에 올랐을 때에는 경릉왕竟陵王 소자량蕭子良의 총애를 받았다. 소자량은 서주西州 농산籠山에 서저西邸라는 저택을 마련하고 당대의 문인들을 불러 함께 즐겼고, 범운范雲, 소심蕭琛, 왕융王融, 심약沈約 등과 함께 '경릉팔우竟陵八友'로 불렸다. 영태永泰 원년(498년), 소연은 옹주자사가 되었다. 당시는 소보권蕭寶卷(즉 동혼후東昏侯)이 집권하던 때였는데, 그는 많은 대신의 목숨을 마음대로 빼앗으며 폭정을 일삼았다.

도기 마용(馬俑)

북조 시대의 도기 인형이다. 이 말은 키가 크고 위풍당당하며, 고개를 숙인 채 숨을 내쉬는 모습이 출발을 기다리는 듯하다. 분명히 의장 행렬의 한 부분일 것이다.

영원 2년(500년) 10월, 소연의 형 소의蕭懿가 아무런 잘못도 없이 소보권에게 목숨을 잃었다. 그해 12월에 소연은 이를 대의명분으로 내세워 열세 살에 불과하던 형주 자사 소보융蕭寶融을 황제로 옹립하고(즉 남제의 화제和帝) 정식으로 군대를 일으켰다. 이듬해 9월, 소연의 군대가 건강에 이르렀다. 12월에 소보권은 부하에게 죽임을 당하고, 건강은 소연에게 점령되었다. 그 후 소연이 화제로부터 선양받으면서 남제는 멸망했다. 소연이 황제의 자리에 올라 국호를 양梁으로, 연호를 천감天監으로 하면서 양 왕조가 시작되었다.

북위의 기둥 주춧돌

돌로 만들어진 이 주춧돌은 윗부분은 엎어 놓은 대야 같은 모습이고, 아랫부분은 모난 대좌(臺座, 받침)로 네 모서리 위에 각각 원주형의 기악(伎樂) 동자가 조각되어 있는데, 각각 북을 치고, 피리를 불고, 비파를 뜯고, 춤을 추는 모습이다. 중앙의 기둥 구멍 주위에는 뒤집힌 연꽃 무늬가 장식되었는데, 연꽃 무늬 아랫부분의 네 주위에는 산 구름을 넘어가는 똬리를 튼 용이 고부조로 새겨져 있다.

이주영이 하음의 변을 일으키다

528년

북위 무태武泰 원년(528년) 초, 수렴청정을 하던 호胡 태후와 효명제孝明帝 사이의 갈등이 나날이 심각해졌다. 효명제는 몰래 진양晉陽(지금의 산시 성山西省 타이위안 시)의 계호족契胡族 수용부秀容部 추장 이주영爾朱榮에게 호 태후를 위협하도록 군대를 이끌고 낙양으로 오게 했다. 그 후 이주영이 군대를 이끌고 낙양으로 향하고 있다는 소식을 들은 호 태후가 오히려 독주인 짐주鴆酒로 효명제를 독살했다. 그리고 이어서 효명제의 후궁인 반빈潘嬪이 딸을 낳자 호 태후는 반빈의 딸을 아들이라고 속이고 황제로 세운 뒤 천하에 대사면령을 내렸다. 그 얼마 후에는 또 세 살인 임조왕臨洮王의 세자 원쇠元釗를 황제로 옹립해 계속해서 섭정의 자리를 욕심냈다. 이때 군대를 이끌고 남쪽으로 내려온 이주영은 원쇠가 즉위했다는 사실을 알고 크게 노했다. 그러나 한편으로 그 기회를 틈타 황하를 건너서 낙양으로 침입했다. 하내(지금의 허난 성 친양 현沁陽縣)에 도달하여 이주영이 장락왕長樂王 자유子攸를 황제로 옹립하니 그가 바로 북위의 효장제孝莊帝이다.

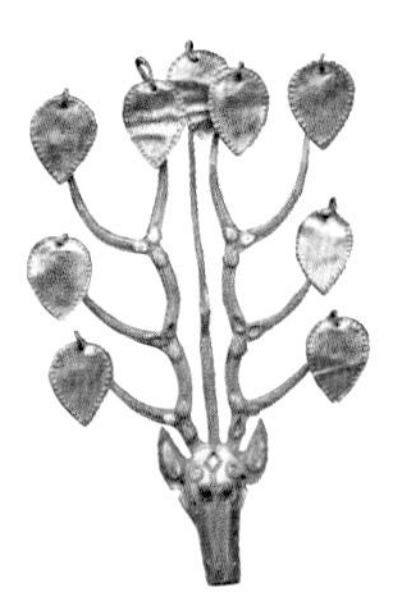

말 머리에 사슴뿔의 금관장식과 소머리에 사슴뿔의 금관장식

이런 관장식은 선비족의 귀족 여성이 사용한 보요관(步搖冠)으로 머리가 움직이면 잎사귀도 함께 흔들린다.

자유의 친구 정계명鄭季明이 성문을 열어 주어 이주영의 군대는 싸움 없이 낙양으로 진입할 수 있었다. 이미 대세가 기운 것을 느낀 호 태후가 후궁들을 불러 모아 출가해서 비구니가 되게 하고, 자신도 머리를 밀고 비구니가 되었다. 4월 14일, 이주영이 사람을 보내서 호 태후와 세 살짜리 황제 원쇠를 하음河陰(지금의 허난 성 멍진 현孟津縣 동쪽)으로 데려와 황하에 던져 익사하게 했다. 이어서 그는 낙양성으로 돌아가기 전에 북위의 백관을 도저淘渚(지금의 허난 성 멍 현孟縣)로 소집해 그들의 탐욕과 포악함, 그리고 황제를 보좌하지 못했음을 꾸짖고 군사들에게 그들을 모두 죽이게 해 2,000여 명의 관리가 모두 목숨을 잃었다.

맥을 잡아 주는 **중국사 중요 키워드**

북쪽 지역에서 지속적으로 발전한 금·은기 공예

삼국과 남북조 시기에 주목할 점은 북방 소수민족의 금·은기 공예 발전이다. 출토된 여러 공예품 가운데 소수민족의 문화와 외래문화의 영향을 받아 이국적 특색이 짙은 유물은 고대 변방 민족의 문명과 중국 문화, 외래문화가 융합된 중요한 실물 자료이다.

네이멍구 자치구 다얼한마오밍안達爾罕茂明安 연합기聯合旗에서는 선비족의 금룡, 우두녹각금식牛頭鹿角金飾, 마두녹각금식馬頭鹿角金飾 등이 발견되었는데, 그 형상이 매우 생동감 넘치고 정교하며 아름답다. 랴오닝 성遼寧省 베이퍄오 시北票市 시관잉쯔西官營子 마을의 북연北燕 풍소불묘馮素弗墓에서는 '범양공장范陽公章' 거북이 손잡이 금도장, 금관식, 인물 무늬 산 모양 금장식, 투조를 한 산 모양 금장식 조각, 금비녀, 은비녀 등의 금·은기가 출토되었다. 이 유물들에 반영된 문화는 중원 문화의 전통뿐만 아니라 현지 소수민족의 문화적 요소도 있고 불교의 영향도 있어 당시 여러 문화가 교류하고 융합했음을 알 수 있다.

서진의 선비부에는 대량의 금·은기가 남아 있는데, 짐승 모양 금장식패와 보석을 상감한 금도장, 금반지, 귀걸이 등이 있다. 패의 짐승은 상하 두 층으로 나뉘고 서로 둔부가 마주하는 형상이다. 이는 흉노의 스타일이 분명한데, 흉노와는 또 다소 차이가 있다. 이는 선비족 금·은기 공예의 대표 작품이다.

산시 성山西省 다퉁 시에서는 5세기 무렵 페르시아에서 제조된 도금 은판이 발견되었다. 이는 북위 왕조와 서아시아 사이의 경제 및 문화 교류를 반영한다.

고환이 병사를 일으키다

531년

영안 3년(530년), 효장제가 이주영을 죽이자 이주영의 사촌동생 이주세륭爾朱世隆이 군사를 이끌고 낙양을 빠져나와 장광왕長廣王 원엽元曄을 황제로 세웠다. 그리고 이듬해에 원엽을 폐하고 다시 광릉왕廣陵王 원공元恭을 황제로 세웠다. 그가 바로 절민제節閔帝로, 연호를 보태普泰라 했다. 그 후 요충지인 진주晉州(지금의 산시 성山西省 린펀 시 동북쪽)를 지키던 고환高歡이 이제 시기가 무르익었다고 생각하고 보태 원년(531년) 6월에 신도信都에서 병사를 일으켜 이주씨를 토벌했다.

고환은 북위 초에 우장군이었던 고호高湖의 증손자이다. 어려서부터 선비족에서 자랐고 선비족 여인을 아내로 맞았다. 고환은 신도에서 병사를 일으킨 후 한편으로는 지방 세력인 고건高乾, 봉륭封隆과 손을 잡고 다른 한편으로는 민심을 구슬릴 여러 가지 수단을 마련했다. 그는 이주조爾朱兆가 육진六鎭(오랑캐에 대항하기 위해 변방에 설치한 군사 요충지 여섯 곳을 통틀어 부르는 이름)에서 항복한 백성을 계호로 보내 부족민으로 삼게 할 것이라는 거짓 소문을 퍼뜨려 육진의 항복한 백성을 격노케 했다. 고환은 이렇게 육진의 항복한 백성을 기반으로 한인들과 접촉하고 병사를 일으켜서 계호 이주씨를 공격했다. 그는 군대를 이끌고 파죽지세로 여러 성을 공격해 함락하며 잇달아 승전보를 전했다.

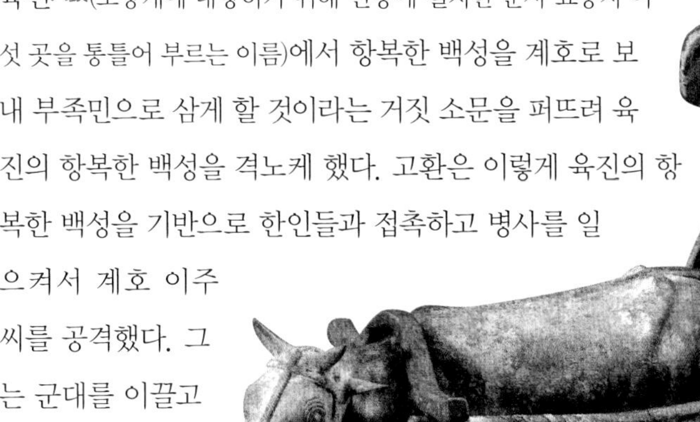

청동 우차

이 우차는 소, 멍에, 긴 한 쌍의 바퀴와 차실(車室)로 구성된다. 우차를 모는 황소는 몸이 건장하고, 머리에 굴레가 씌워져 있으며, 목에 멍에가 있고, 멍에의 양측에 각각 반원형의 차 바퀴와 연결되는 고리가 있다. 차실은 장방형으로 뒤로 문이 열리고, 차실 앞쪽의 널빤지 부분에는 곧은 격자 칸이 있다. 차실 윗부분이 덮개로 덮여 있고, 앞뒤로 처마가 나와 있다. 한 쌍의 원형 바퀴에는 바퀴살이 16개가 있다. 이런 형식의 청동 우차는 지금까지 발견된 유물 가운데 이 작품이 유일하다.

보태 원년 10월 초엿새, 고환이 손승孫滕의 계책을 따라 신도에서 발해태수渤海太守이자 안정왕安定王 원랑元朗을 황제로 세웠다. 원랑은 신도성 서쪽에서 즉위해 연호를 중흥中興이라 했다. 그리고 고환은 스스로 승상이 되었다. 이후 이주씨와 고환이 한릉韓陵(지금의 허난 성 안양 시 동북쪽)에서 결전을 벌여 이주씨가 크게 패했다. 이 한릉에서의 일전으로 이주씨는 큰 타격을 입었고, 반면에 고환의 권세는 더욱 굳건해졌다.

연화준(蓮花尊)

북조 시대 말기의 청자 작품이다. 벌어진 주둥이, 긴 목, 볼록 나온 배에 높고 둥근 굽이 있으며 뚜껑이 있다. 위에서부터 아래로 활무늬, 천녀(天女), 보상화(寶相花, 불교 그림이나 불교 조각 등에 쓰이는 일종의 덩굴풀 모양의 꽃), 짐승 얼굴, 연꽃받침 무늬 등이 장식되어 있다. 기물은 높고 커서 웅장한 기백이 드러난다. 무늬 장식은 퇴소(堆塑), 각획(刻劃), 모인(模印), 부조 등 여러 가지 장식 기법을 한데 모아 복잡하다. 연화준은 전체적으로 회백색을 띠며, 매끄럽게 윤이 나고, 정교하면서도 대범하다.

양위(兩魏)가 각각 동·서를 점거하다

534년

북위 영희永熙 3년(534년), 효무제 원수元修는 고환에게 굴복하기 싫어 장안으로 가서 우문태宇文泰에게 의탁했다. 이에 고환이 화가 나서 10월 17일에 청하왕清河王 세자인 열한 살의 원선견元善見을 황제로 세웠다. 그가 동위 효정제孝靜帝이다. 효정제는 영희 3년을 천평天平 원년으로 바꾸고 업鄴으로 천도했다.

한편, 북위는 그전에 큰 동란을 겪으면서 차츰 양대 군사 집단이 형성되었다. 하나는 진양晉陽을 근거지로 삼는 고환의 무리이고, 다른 하나는 장안을 근거지로 삼는 우문태의 무리였다. 영희 3년(534년) 5월에 원수가 계엄령을 내리고 허난 성 등의 군대를 동원해서 직접 대군을 이끌고 양나라를 토벌하겠다고 공언했다. 하지만 사실은 진양을 습격하는 것이 목적이었다. 교활한 고환은 모든 것을 간파하고 주도권을 잡기 위해 선수를 쳤다. 자신도 양나라를 토벌하겠다는 미명 아래 20만 대군을 이끌고 남하해 직접 낙양으로 향했다. 이에 원수가 황급히 우문태에게 지원을 요청했다.

고환은 동관까지 공격해 들어가 화음華陰에 주둔했다. 이때 원수는 우문태라는 버팀목을 믿고 낙양으로 돌아가지 않았다. 그러나 그해 윤

12월에 우문태가 북위 효무제 원수를 독살하고, 이듬해(535년) 정월에 남양왕南陽王 원보거元寶炬를 황제로 세웠다. 새로운 황제는 바로 서위의 문제文帝로, 연호를 대통大統이라고 했다. 이로부터 북위는 분열의 길을 걸었다. 동위 정권은 고환 무리가, 그리고 서위 정권은 우문태 무리가 정권을 휘둘렀다.

사원의 전투

537년

북위가 동위와 서위로 나뉜 대통 원년, 우문태와 고환은 공개적으로 갈라섰다. 두 집단은 모두 막강한 군사력을 갖추어서 순식간에 곳곳에서 전쟁의 불길이 치솟았다. 서위 대통 3년(537년) 8월, 서위에 대기근이 일어나자 우문태가 병사를 이끌고 동위의 식량 저장 요충지인 긍농恆農을 함락해 군

맥을 잡아 주는 중국사 중요 키워드

고습의 유행

북조 시대에는 오랑캐의 옷인 호복의 영향으로 여성들은 소매가 좁고 몸에 붙는 저고리를 입는 등 '상의는 좁고 하의는 풍성한' 의복 스타일로 바뀌었다. 남북조 시대에는 두 가지 스타일이 서로 영향을 미치고 융화하면서 고습袴褶이 유행했다. 고습은 호복의 일종으로, 한 왕조 시대부터 중원에 전파되었다. 동한 말에 이르렀을 때에는 이미 바지가 통이 좁은 긴 바지에서 통이 넓은 '대구고大口袴'로 바뀌어 상류 사회에서 유행했다.

남북조 시대에 이르러서는 대구고에 어울리는 상의가 등장해 '습褶'이라 불렸고, 상하의를 통틀어서 '고습'이라고 부르게 되었다. 북조 시대에는 편리함을 위해 저고리의 우임을 좌임으로 바꾸었다. 고습을 입는 사람이라면 허리에 가죽 띠를 두르기를 좋아했는데, 돈이 많은 사람은 이 띠에 금, 은, 보석으로 장식했다.

종합컨대, 고습은 편한 것이 특징인 한편, 일정한 구속이 있기도 했다. 또 보기에는 헐렁하고 간결하지 못해 보이지만, 입으면 사람을 늘씬하고 멋있어 보이게 해 주었다. 그리고 남녀 누구나 입을 수 있어서 널리 유행하게 되었다. 이는 당시의 심미 의식을 반영한다고 볼 수 있겠다.

출행하는 귀빈 그림의 화상전

량을 보충했다. 식량 창고를 고스란히 빼앗긴 데 매우 화가 난 고환이 즉시 대장 고오조高敖曹에게 3만 대군을 이끌고 궁농으로 가서 포위하게 했다. 그리고 자신도 20만 대군을 이끌고 포진蒲津에서 황하를 건너 장안으로 쳐들어가서 우문태와 목숨을 건 결전을 벌이고자 했다.

사나운 기세로 쳐들어오는 고환을 보고 우문태는 그가 자리를 잡기 전에 정면으로 공격을 퍼붓기로 했다. 10월, 우문태가 군대를 이끌고 고환의 군영에서 60리 떨어진 사원沙苑(지금의 산시 성陝西省 다즈 현大荔縣 남쪽 뤄수이 강洛水와 웨이수이 강渭水 사이)에 주둔했다. 우문태는 적을 반드시 막아 내도록 배수진을 치고 군대를 동서로 나누어 배치했다. 그리고 모든 군사에게 창과 방패를 숨기고 갈대숲에 매복하다가 북소리가 울리는 것을 신호로 일제히 적을 공격하라고 명령했다. 동위의 병력은 서위의 20배에 달해 실로 기세가 드높았다. 그러나 우문태가 군대를 이끌고 공격을 시작하자 고환은 크게 패하고 밤낮으로 달려서 황하를 건너 근거지로 도망쳤다. 사원의 전투로 동위가 입은 손실은 무려 갑사 8만 명, 갑옷과 병기 18만에 달해 말 그대로 참패였다. 우문태는 1:20이라는 절대적인 열세를 극복하고 대적大敵을 무찌르고 개선했다.

우문태가 부병제를 만들다

543년

서위 대통 9년(543년), 서위의 우문태가 정식으로 부병제府兵制를 만들었다. 대통 8년(542년)에 우문태는 육군六軍을 설치하고, 전해지는 주나라 때의 제도를 따라 각 군에 1만 2,500명씩 배치했다. 부병제의 근간을 이루는 병사는 관롱關隴 토착 호족들의 사병인 친당親黨과 향인鄕人이었다. 이는 사실상 씨족 혈연관계로 이루어진 지방 군대였다. 이것이 바로 최초의 '부병'이다.

북위 초에 생긴 관직 '주국대장군柱國大將軍'은 직위도 높고 권력도 강했다. 주국대장군으로 임명된 사람은 총 8명이며, 그중 우문태의 권세가 가장 높아 각 군을 감독하고 병권을 장악했다. 원흔元欣은 종실이지만 주국대장군의 직함만 달고, 가끔 정사를 묻기만 할 뿐 다른 실권은 없었다. 다른 여섯 명은 각각 육군을 통솔했다. 육군에는 대장군이 총 12명 있어서 주국대장군 한 사람이 대장군 2명을 지휘했다. 또 각 대장군은 개부장군開府將軍 2명을 휘하에 두어 개부장군이 총 24명 있었다. 각 개부장군은 한 군을 이끌어 실제로는 24개 군이었다.

이렇게 새로이 설치된 부병은 대통 16년(550년)에는 이미 규모를 갖추었다. 부병은 조세를 완전히 면제받았다. 그리고 평소에는 농사에 종사하다가 한농기에 군사 훈련을 했다. 부병의 군마와 군량은 일률적으로 군대를 통솔하는 주국대장군 6명이 총괄했고, 각 부府의 낭장郎將이 징집, 병역의 이행, 퇴역退役 등의 사무를 책임졌다. 병사는 호등戶等(호구를 등급으로 구분한 것)의 등급, 정구丁口(성년이 된 남자)의 수, 재력에 따라 선발되며, 호적은 군부에 속하고 군현에 속하지 않는다. '사병'의 성질을 띠기 때문에 부병의 전투력은 매우 강했다.

월요 갈색 반점 연꽃받침 무늬 접시

남조 시대의 자기로, 접시의 높이는 3cm, 입의 둘레는 11.1cm이다. 접시 바닥은 움푹 파여 연꽃받침 무늬가 새겨져 있다. 청황색 유약을 바르고, 중간 중간에 갈색 반점으로 장식했다.

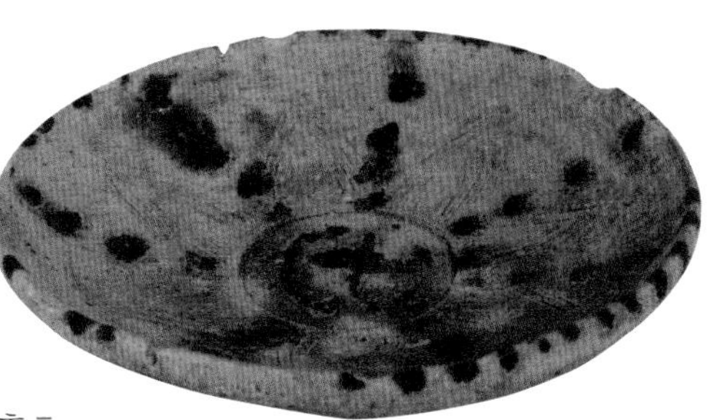

후경의 난

548년

양나라 태청太清 2년(548년)에 후경侯景이 수양에서 병사를 일으켜 건강성으로 진격했다. 건강에 들어서기 전에 그는 소정덕蕭正德을 왕으로 옹립했는데, 건강을 함락하고 나서 소정덕을 폐했다. 양나라 태청 3년(549년) 5월 27일, 후경이 양나라의 태자 소강蕭綱을 왕으로 세웠다. 그가 바로 양나라 간문제簡文帝이다.

그다음 달인 6월 29일에 후경은 소정덕을 교살하고, 자신이 모든 권력을 손아귀에 넣고 주무르며 강남 지역을 폐허로 만들어 버렸다. 이듬해에 간문제가 양나라의 연호를 대보大寶라 했다. 후경은 조정을 자기 마음대로 주무르기 위해 최대한 많은 관직을 맡았다. 대보 원년(550년), 후경은 스스로 '우주대장군', 도독 '육합六合(천지와 사방)' 제군사의 칭호를 추가했다. 또 자신의 위신을 세우기 위해 잔혹한 형벌을 남용하고, 부유한 지역들에 군대를 보내 약탈을 일삼아 이 지역들의 백성이 남아나지 않았다.

12월에 후경은 결국 스스로 황제의 자리에 올라 국호를 한漢이라 바꾸고, 연호는 태시太始라 했다. 대보 3년(552년)에 왕승변王僧辯, 진패선陳霸先이 잇달아 후경의 군대를 공격하기 위해 건강성 아래까지 쳐들어와 주둔했다. 이미 전세를 되돌릴 수 없다는 것을 간파한 후경은 심복들을 데리고 동쪽으로 줄행랑을 쳤으나 4월에 양나라 장군에게 사로잡혀 죽임을 당했다. 이렇게 끝난 후경의 난으로 양나라 곳곳이 처참하게 파괴되었고 부유했던 강남 지역은 백골이 가득한 폐허로 변해 10가구 중 9가구는 빈집이 되고 논밭도 텅 비어 경제가 매우 침체했다.

석가 입상 불단

이 불단(불상을 안치하는 곳)은 쓰촨 성 지역에서 출토되었고, 한(漢) 왕조의 조각 예술 전통을 계승해 조각이 정교하며, 작품 스타일은 창장 강 하류 지역의 스타일과 일맥상통해 자연스럽고 품위가 있다.

진패선이 진나라를 세우다

557년

진패선陳霸先(503년~559년)은 자가 흥국興國, 아명은 법생法生이다. 본적은 영천潁川이며 나중에 남쪽으로 건너와 오나라 흥장성興長城(지금의 저장 성 창싱현長興縣)에 살았다. 어려서부터 집안이 가난했지만 그는 병서兵書 읽는 것을 게을리하지 않았다. 처음에는 향리의 이사裡司로 벼슬길에 올라 건강의 유고油庫(유류를 넣어 두는 창고)를 관리하는 관리를 지냈다. 그러다 신유후新喩侯 소영蕭映의 명령을 전하러 다니는 전교傳敎가 되어 광주자사였던 소영을 따라 광주로 이동했고, 그곳에서 중진병中眞兵 참군參軍의 자리에 올랐다. 그는 군사 분야에서 계속 공을 세워 나중에는 서강독호西江督護가 되었다. 그리고 얼마 후 교주交州에서 일어난 이분李賁의 난을 평정하는 데 공을 세워 양나라 무제 소연이 직접 그를 불러서 직각장군直閣將軍에 임명하고 신안자新安子에 봉했다.

후경의 난이 일어났을 때, 진패선은 병사 3만 명을 모아 왕승변王僧辯과 연합해서 후경을 토벌하고 난을 평정했다. 그래서 그 공을 인정받아 사공과 양주자사를 겸임하면서 경구를 지키게 되었다. 서위가 강릉을 공격하면서 소역蕭繹(양나라 원제元帝)이 죽자 진패선은 왕승변과 함께 진안왕晉安王 소방지蕭方智를 황제(양나라 경제敬帝)로 세웠다. 그런데 북제가 군대의 힘을 빌려 소연명蕭淵明을 황제로 옹립하라는 압력을 넣었다. 이를 단호하게 거절하며 버티던 왕승변은 북제 군대의 맹렬한 공격에 결국 무릎을 꿇고 소연명을 황제로 옹립했다. 이에 불만을 품은 진패선이 기회를 노려 경구에서 병사를 일으키고 석두성石頭城을 습격해 왕승변을 죽였다. 그리고 왕승변이 옹립한 소연명을 폐하고 다시 소방지를 황제로 옹립했다. 이로부터 진패선은 문文과 무武를 겸비한 자신의 장점을 잘 살려 효율적으로 북제의 침략을 물리치고, 왕승변 잔당 세력의 반란을 진압했다.

이렇게 자신의 지위를 탄탄히 한 후 진패선은 경제로 하여금 자신을 진공陳公으로 봉하게 하고, 곧이어 다시 자신을 진왕陳王으로 봉하게 했다. 그리고 결국에는 태평太平 2년(557년) 10월 6일에 자신이 황제로 옹립한 소방지에게 압력을 가해 선양받고, 그 자신이 황제가 되었다. 양 왕조는 이로써 56년 동안 황제 4명을 거치며 이어진 왕조의 역사를 마감했다. 10월 10일, 진패선은 스스로 황제로 즉위해 국호를 진陳, 연호를 영정永定이라고 했다.

주나라가 북쪽 지역을 통일하다

577년

건덕 6년(577년) 2월, 북주가 북제를 멸망시켜 북쪽 지역을 통일했다. 북주 무제는 건덕 4년(575년) 7월과 건덕 5년(576년) 10월 두 차례에 걸쳐 북제를 토벌해 북제의 요충지인 진양을 점령했다. 북제 무평武平 7년(576년) 12월에 북주의 무제가 군대를 이끌고 북제의 도읍인 업성을 공격했다. 북제의 후주는 난을 피해 도망친 책임을 지기 위해 북제 승광承光 원년(577년) 정월 초하루에 여덟 살에 불과한 아들 고항高恒, 즉 유주幼主에게 양위하고 연호를 승광이라고 했다. 후주 고휘高緯는 이로부터 태상황제太上皇帝가 되었다.

3일이 되자 북제의 태황태후, 태상황후 등이 업성에서 제주濟州로 도망쳤다. 9일에는 북제의 유주 고항이 측근을 이끌고 동쪽으로 도망쳤고, 19일에는 북제의 태상황제 고휘도 기병 100명을 이끌고 동쪽으로 도망쳤다.

20일에 북주의 군대가 업성을 공격했다. 이튿날인 21일에 제주로 도망친 고휘는 처자식과 상봉했다. 그리고 유주 고항이 영주瀛州를 지키던 임성왕任城王 고개高湝에게 양위하게 해 고휘 자신은 무상황無上皇, 고항은 수국천왕守國天王이라고 했다. 뒤이어 고휘 일가족 등은 청주로 도망가 남조의 진陳나라에 투항하려다가 북주의 대장 위지강尉遲綱에게 사로잡혀 포

'천원황태후새(天元皇太后璽)' 금인

북주 시대에 만들어진 이 금인은 정방형을 띠며, 엎드린 모양의 천록[天祿, 고대 중국의 상상 속 동물로 천록수(天祿獸)라고도 한다.]이 손잡이 역할을 한다. 도장 표면에는 전서체로 '천원황태후새'의 여섯 글자가 음각으로 새겨져 그 구도가 독특하다.

로가 되고 말았다. 그해 2월에 고개가 신도(지금의 허베이 성 지저우 시冀州市)에 4만 병력을 보내 잃은 땅을 되찾고자 했으나, 북주의 제왕齊王 우문헌宇文憲에게 패해 포로가 되었다. 이로써 북주가 북쪽 지역을 통일했다.

객관적으로 볼 때, 북주가 북제를 멸망시키고 북쪽 지역을 통일한 것은 중국 북부에 거주하던 각 민족의 융합이라는 역사적 진행 과정의 완성을 촉진해 중국 역사에 활력을 불어넣고 남북통일의 준비를 한 셈이다.

맥을 잡아 주는 중국사 중요 키워드

가사협이 《제민요술》을 짓다

영희永熙 2년에서 무정武定 연간까지(533년~544년) 북위의 농학자 가사협賈思勰이 종합 농서農書인 《제민요술》을 지었다. 가사협은 청주靑州(지금의 산둥 성 서우핑 현壽平縣)사람으로 생존연월일은 정확하지 않으나 고양태수高陽太守를 역임한 바 있다. 《제민요술》은 총 10권 92편, 11만 자로 구성되었으며 농農, 임林, 목牧, 부副, 어漁 등 분야의 풍부한 내용을 자랑한다. 책의 제일 앞에는 '말머리'와 '잡설'이 한 편씩 있다. '말머리'는 책의 내용을 한 눈에 알아볼 수 있게 한 문장이며, '잡설'은 후대 사람이 넣은 것으로 여겨진다. 이 책의 주요 내용으로는 토양 경작과 농작물 재배 관리 기술, 원예와 나무 심기 기술, 채소와 과일 재배 기술, 동물 사육 기술과 목축 수의獸醫, 농부산물(농업 생산에서 기본 생산물 이외에 부차적으로 얻는 생산물) 가공과 요리 기술 등을 포함한다.

책에는 100여 가지 고대 농서와 여러 가지 서적의 내용이 인용되어 《사승지서氾勝之書》, 《사민월령四民月令》 및 《도주공양어경陶朱公養魚經》 등 일부 저작의 내용이 부분적으로 지금까지 전해지게 해 사료史料로서 중요한 가치가 있다.

《제민요술》 시리즈는 진한 시대 이후 중국 황하 유역의 농업, 과학 기술 지식을 종합하여 후대의 농학 저작에 많은 도움을 주었다. 이 책은 중국에 현존하는 최초이자 가장 완벽한 농학 명저이며 세계 농학사에서도 유례를 찾아볼 수 없는 최초의 농학 서적이다.

가사협의 조각상

History of China

맥을 잡아주는 세계사

The flow of The World History

제7장 | 수隋·당唐의 통일

1. **수 왕조** 581년 ~618년
2. **당 왕조** 618년 ~ 907년

[테마가 있는 중국사 전시실] 천년에 한 번 나온 여황

1 수 왕조

시기 : 581년 ~ 618년
인물 : 양견, 양광, 전자건

뜬구름 같은 부귀영화

581년에 북주의 대승상인 수왕隋王 양견楊堅이 정제靜帝를 폐위하고 스스로 황제가 되어 국호를 '수隋'라고 했다. 그가 바로 수나라 문제文帝이다. 이후 수나라 문제는 중앙집권을 강화하기 위해 일련의 조치를 시행했다. 먼저 중앙 조정에 5성省 6조曹를 설치해 재상의 권력을 분산하고, 지방에서는 주州와 현縣의 양급제兩級制를 실행했다. 동시에 과거제로 구품중정제를 대체해 문벌 정치의 영향을 제거했다. 그는 이러한 조치로 정권을 굳건히 하는 동시에 전국을 통일하는 전쟁을 일으켜 589년에는 마침내 남쪽에 마지막으로 남아 있던 진陳나라를 무너뜨리고 남북을 통일했다. 이렇게 해서 약 300년간의 분열 국면은 종결되었다.

그러나 그 뒤를 이어 중원을 다스린 수나라 양제煬帝는 큰 공을 세우기를 좋아하여 무력을 남용해 전쟁을 여러 차례 일으키고, 자신의 짧은 일생에 세 번이나 강남의 도시들을 돌아보았다. 게다가 여러 차례 고구려를 침공하고, 대대적으로 큰 공사를 일으켰으며, 젊은이들을 모두 병사로 동원했다. 그 결과, 전국에 농사를 지을 일손이 없어 논밭이 황폐해졌다. 이에 수나라 전역에서 끊임없이 봉기가 일어나고 통치 집단 내부에서도 분열이 일어나 수나라의 통치는 금세 무너지고 말았다.

한눈에 보는 세계사

579년 : 마호메트 탄생
610년 : 이슬람교 창시
612년 : 고구려, 살수 대첩

양견이 우문씨를 멸하고 수나라를 세우다

581년

577년에 북주 무제 우문옹宇文邕이 북제를 멸하고 중국의 북부 지방을 통일했다. 그 후 몇 년 동안 북쪽으로는 돌궐, 남쪽으로는 강남을 평정해 전국을 통일하려고 했으나, 북벌 도중에 중병을 얻어 그 이듬해에 세상을 뜨고 말았다. 그의 뒤를 이어 즉위한 선제 우문윤宇文贇(559년~580년)은 아무런 포부도 없는 데다 성정이 매우 난폭했다.

즉위한 지 채 1년도 안 되어 일곱 살 난 아들 우문천宇文闡, 즉 정제에게 양위하고, 자신은 천원天元 황제의 신분으로서 계속해서 정권을 휘둘렀다. 하지만 나랏일은 상관도 하지 않아 대신들은 그의 얼굴을 보기가 하늘의 별 따기였고, 일이 있으면 환관을 통해서 상주를 올려야만 했다. 천원 황제는 대신들에 대한 의심이 나날이 깊어져 그들이 조금이라도 마음에 안 들면 가볍게는 형장을 때리고, 심한 경우 죽이기도 했다. 형장은 늘 한 번에 120대를 넘겼고 사람들은 이를 '천장天杖'이라고 불렀다. 그래서 조정은 늘 공포에 휩싸여 있었다.

통치 집단 내부의 모순이 나날이 심각해져 결국 대상大象 3년(581년)에 양견이 주나라 정제를 폐하고 스스로 황제가 되었다. 그는 국호를 '수'라고 개칭하고 장안을 도읍으로 삼았으며, 역사에서는 그를 수나라 문제라고 부른다. 양견은 여러 수단을 이용해 결국 정권 교체의 숙원을 이루었다.

회남에서 출토된 신수가 새겨진 청동 거울

이 거울은 반구형 손잡이와 팔각형의 손잡이 받침이 달렸으며, 가장자리의 모서리에는 모두 두 줄의 선이 있다. 여덟 개의 튀어나온 칸에는 각각 글자가 한 글자씩 새겨져 있다. 가장 안쪽의 원에는 '동왕공(東王公)', '서왕모', '사신(四神)'과 신령스러운 짐승이 장식되어 있는데, 두 줄의 선을 새겨 구분 짓는다. 바깥쪽에는 명문과 십장생 등의 도안이 있다. 가장자리에는 둥글게 말린 나뭇가지 무늬가 장식되었다. 이 거울의 무늬는 복잡하고 다양하지만 매우 정교하게 제작되었다.

관제 개혁

581년

양견은 수나라를 세운 후 북주가 《주례》에 따라 설치한 천관대총재天官大冢宰, 지관대사도地官大司徒, 춘관대종백春官大宗伯, 하관대사마夏官大司馬, 추관대

사구秋官大司寇, 동관대사공冬官大司空 등의 육관六官을 폐지하고, 중앙에 상서尚書, 문하門下, 내사內史의 3성省을 설치해 최고 정권 기구로 삼았다.

상서성에는 총령리부總領吏部, 예부禮部, 후부後部, 형부刑部 격인 도관都官, 도지度支(호부戶部), 공부工部 등의 육부가 있었다. 각 부는 4사司를 관할했다. 또 3성 외에 대臺, 사寺, 감監, 위부衛府가 있었다. 내사성內史省의 장관은 내사령內史令이고 부장관副長官은 풍사시랑風史侍郎이며, 주요 직관職官으로는 내사사인內史舍人이 있는데, 이들이 맡은 임무는 황제의 뜻을 받들어 조서의 초안을 작성하는 것이었다. 문하성門下省의 장관은 납언納言이고 부장관은 문하시랑門下侍郎이며 주요 직관으로는 급사중給事中이 있는데, 이들이 맡은 임무는 조정 관리의 주장奏章을 모으고 살펴보는 것이었다. 또 조서를 다시 살펴 부적합한 것이 있으면 되돌리거나 바로잡았다.

내사와 문하의 2성은 궁 안에 설치되었고, 직간의 책임을 부여받아 황제의 과실을 바로잡을 수 있었다. 상서성尚書省은 궁 밖에 설치되었고, 장관은 상서령尚書令인데, 실제로는 임명하지 않고 부장관이 좌·우복야左·右僕射의 직권을 대행하며 도성都省(상서의 벼슬)의 업무와 총령 6부를 책임졌다. 각 부장관은 상서라 칭했고 부는 시랑으로, 각자 각종 명령의 집행을 책임졌다. 상서성과 각 부의 사는 중앙이 구체적인 사무를 담당하는 구시九寺(중앙의 여러 가지 정무를 맡아보던 9개의 주요 관청)와 삼감三監 및 지방의 주와 현의 관리에 대해 지도 및 감독할 권리가 있었다.

수 문제 기우도

수 문제가 비를 기원하는 벽화는 융성한 모습으로 묘사되어 개국 황제의 치세 분위기를 느낄 수 있다.

먼 나라와 친교를 맺고 가까운 나라를 공격해 돌궐을 패배시키다

581년~583년

581년에 타파르 카간Tapar Qaghan, 佗鉢可汗이 죽자 세투Shetu, 攝圖가 샤폴루 카간Spara Qaghan, 沙鉢略可汗으로 즉위해 안로Anro, 菴羅를 제2카간, 무칸 카간의 아들 탈로핀Talopien, 大邏便을 아파 카간Apa Qaghan, 阿波可汗에 임명하는 등 기존 동서남북의 사분국四分國을 더욱 세분화해 카간의 권력 강화를 도모했다.

수나라 문제가 북주를 멸망시키고 즉위한 후, 샤폴루 카간은 하툰可敦(황후)인 북주의 천금千金 공주의 부추김에 병사를 일으켜 수나라를 공격했다. 북주 시절 천금 공주를 돌궐로 배웅해서 돌궐의 내부 상황을 잘 알고 있던 장손성長孫晟이 수나라 문제에게 "멀리 있는 쪽을 사귀어 가까운 쪽을 공격하고, 약한 쪽과 힘을 합쳐 강한 쪽을 공격하라."라는 방침을 담은 상소를 올렸다. 그 구체적인 계획으로 서쪽의 타르두 카간Tardu Qaghan, 達頭可汗과 아파 카간, 동북쪽의 출루후處羅侯(바가 카간Baga Qaghan, 莫何可汗)와 연합해 돌궐의 내부 분열을 부추기고, 그 기회를 틈타 샤폴루 카간을 격파할 것을 주장했다. 수나라 문제는 그의 건의를 받아들여 원휘元暉를 타르두에게, 장손성을 출루후에게 보내 돌궐의 내부 분열을 부추기게 했다.

개황開皇 3년(583년), 수나라는 군대를 여덟 갈래로 나누어 여러 방향에서 돌궐을 공격했다. 샤폴루 카간은 결국 크게 패했고, 뒤이어 여러 차례 아파 카간으로부터 공격을 받았다. 이로써 돌궐은 샤폴루 카간을 중심으로 하는 동돌궐과 아파 카간을 중심으로 하는 서돌궐로 나뉘게 되었다. 개황 5년(585년), 샤폴루 카간은 수나라에 귀순해 신하를 자칭했다. 이렇게 해서 수나라는 북쪽 지역에 대한 근심을 덜게 되었다.

백색 유약을 칠한 무사용

맥을 잡아 주는 중국사 중요 키워드

수나라 문제를 보필한 독고 황후

수나라 문제 양견의 황후는 독고獨孤씨로 서위와 북주의 대장군 독고신獨孤信의 딸이자 외가가 명문세가인 산동 최씨였다. 독고 황후는 어려서부터 집안 분위기의 영향으로 유교 예법을 배워 언행이나 행동거지에 빈틈이 없으면서도 대범한 데가 있었다. 양견이 수 왕조를 세운 후 독고 황후는 온힘을 다해 그의 정책을 지지했고, 나라 안팎의 정사를 모두 물어보며 자신의 견해와 관점을 끊임없이 제시했다. 이것이 문제의 뜻과 맞아서 문제는 황후를 총애하는 동시에 경외심을 느꼈다.

581년 10월, 독고 황후의 외사촌형제인 최장인崔長仁이 죄를 저질러 참형을 당하게 되었다. 문제는 그의 죄를 용서해 주려고 했는데, 오히려 독고 황후가 사적인 감정으로 나라의 법 기강을 흐트러뜨릴 수 없다며 최장인을 법에 따라 참수하도록 했다. 또한 독고 황후는 천성이 근검절약하고 사치스럽지 않아 궁정 안팎의 모든 일을 검소하게 처리했다. 심지어는 반드시 필요한 옷감이나 약재조차도 없을 정도였다. 문제는 북주가 멸망한 교훈을 거울삼아 원칙을 무시하고 외척이 권세를 얻는 것을 막았다. 독고 황후 역시 자신의 친인척이 공로를 내세우지 못하게 해서 황후의 형제들은 벼슬을 해도 장군이나 자사 정도밖에 오르지 못했다. 독고 황후는 정치에만 관심을 기울여 황제의 정무를 보필했으며, 역사적으로 이런 황후는 매우 드물다.

수나라가 남조의 진나라를 멸망시키고 남북을 통일하다

589년

개황 8년(588년) 3월, 수나라 문제가 남조의 진나라를 토벌하라는 조서를 내렸다. 그해 10월에 문제는 진왕晉王 양광楊廣, 진왕秦王 양준楊俊, 청하공淸河公 양소楊素를 지휘관인 행군원수行軍元帥로 임명하고, 이들에게 51만 대군을 이끌고 여덟 갈래로 나뉘어 파촉에서 동해지빈東海之濱(발해만渤海灣 내해의 동쪽)에 이르는 수천 리에 걸쳐 전선을 이루며 진나라를 향해 진격하라고 명령했다. 진왕 양광이 선임 지휘관인 절도節度가 되어 여러 부대의 행군원수들을 통괄 지휘했다. 그리고 고경高熲이 진왕 양광의 원수장사元帥長史로서 군대의 여러 업무를 담당했다.

12월에 양소가 이끄는 수나라 수군의 전함 대오가 삼협에 나타나 강을 따라 내려가서 진나라 군대를 수차례 물리치며 한구漢口(지금의 후베이 성 우한 시에 속함.)에 이르렀다. 이와 함께 다른 부대들도 모두 장강(양쯔강) 부근에 도달했다. 개황 9년(589년) 정월 초하루, 하약필賀若弼이 광릉에서 병사를 이끌고 강을 건넜다. 12일에 하약필이 진나라 군대를 크게 물리치고 진나라 장수 소마가蕭摩訶를 인질로 잡았다. 한금호韓擒虎는 주작문朱雀門에서 건강으로 진격해 대성臺城에 이르렀다. 진나라 후주와 장張 귀비, 공孔 귀비가 마른 우물로 도망갔다가 수나라 군대에 포로로 잡혔다.

얼마 후, 진나라의 통치 구역인 30개 주, 100개 군, 400개 현이 모두 수나라에 귀속되었다. 진왕 양광은 이러한 커다란 성과를 안고 군대와 함께 장안으로 개선했다.

수나라 오아전선(五牙戰船)
(복원 모형)

맥을 잡아 주는 중국사 중요 키워드

정사는 돌보지 않고 놀이에만 빠진 진나라 후주

남조 진나라 태건太建 14년(582년) 1월 13일, 진숙보陳叔寶가 황위에 올랐다. 역사에서는 그를 진나라 후주라고 부른다. 진숙보는 어려서부터 거만하고 난폭했는데 커서는 주색을 밝히고 종일 환락만 추구하며 황음무도해 역사적으로 우매한 제왕으로 악명이 높다. 진나라 지덕至德 2년(584년) 이후로 후주 진숙보가 조정 일을 돌보지 않으면서 조정은 간신들의 세상이 되어 점점 부패해 갔다.

지덕 2년(584년) 11월, 진숙보는 높은 누각인 임춘각臨春閣, 결기각結綺閣, 그리고 망선각望仙閣을 지으라고 명령했다. 뜰에는 돌을 산처럼 쌓고, 물을 끌어와 연못을 만들고, 기이한 꽃과 풀을 심고, 또 진주와 비취 등 온갖 보석으로 장식하게 했다. 그러고는 자신은 임춘각에 머물면서 장 귀비는 결기각에, 공孔과 공龔 두 귀비는 망산각에 머물게 하고, 여러 궁녀와 후궁이 매일 뜰 안에서 노닐게 했다. 진숙보는 또 강총江總, 공범孔範, 왕차王瑳 등을 신임하여 그들을 좌우에 거느리고 후원에서 놀며 연회를 벌였다. 이때 진숙보는 존비귀천을 따지지 않아 사람들은 그를 '주인과 스스럼없이 가깝게 지내는 손님'을 뜻하는 '압객狎客'에 비유했다.

진나라 후주 진숙보는 술을 마실 때마다 후궁, 여학사女學士(학문이 뛰어난 여자를 일컫는 말)와 압객들에게 자극적인 노래와 시를 짓게 했다. 그리고 그중에서 화려한 글귀를 모아 곡을 붙이고 궁녀들에게 부르게 했는데 밤을 꼬박 새우기 일쑤였다. 이 시기에 후주가 〈옥수후정화玉樹後庭花〉, 〈임춘락臨春樂〉 등의 노래를 지었는데 선율이 음침하고 구슬펐다. 중국 10대 명곡의 하나라는 〈춘강화월야春江花月夜〉도 이 시기에 지어진 것으로 전해진다.

귀비 장려화張麗華는 진나라 후주가 가장 총애한 후궁이었다. 대신들이 나랏일을 고할 때면 후주는 장려화를 무릎에 앉혀 놓고 그녀와 함께 방침을 결정했다. 후주는 장려화의 말이라면 무엇이든 따랐기 때문에 조정 안팎의 많은 사람이 미리 장려화와 짜서 공적인 일의 명목으로 사리사욕을 채우고 횡령하는 등의 부정부패를 저질렀다.

또 진나라 후주는 대대적으로 건설 사업을 시행해 국고가 바닥을 드러냈고 환관들의 착취로 백성의 세금이 한 해가 다르게 늘어나 온 나라에 원성이 울려 퍼졌다.

고구려 정벌에서 빈손으로 돌아오다

598년

개황 18년(598년) 2월, 고구려 영양왕 고원高元이 1만여 병력을 이끌고 요서遼西 지역을 침략해 영주營州 총관總管 위충韋衝이 물리쳤다. 수나라 문제가 그 일에 대한 보고를 듣고는 크게 노해서 그달에 한왕漢王 양량楊諒과 왕세적王世績을 행군원수로 삼아 수륙 양군 30만 명을 거느리고 가서 고구려를 치게 했다. 또 상서좌복야 고경을 한왕의 장사로 삼고 주라후周羅睺를 수군 총관으로 삼아 협력해서 행동하게 했다. 9월 21일, 양쪽 모두 아무런 소득 없이 돌아왔고 열에 여덟아홉이 목숨을 잃어 수나라 군대의 손실이 막중했다.

채회 여용

이 두 여용은 중국 고대 도기 공예 작품 가운데 뛰어난 작품으로 손꼽힌다. 여용은 몸매가 호리호리한 반면에 얼굴은 통통해서 인생에서 가장 아름다운 시기임을 보여 준다. 유행을 따라 높이 틀어 올린 쪽머리, 가볍게 어깨를 감싼 비단 숄은 늘씬한 몸매에 우아함을 더해 준다. 두 여용은 걸으려다가 발걸음을 멈춘 자세에 찌푸린 듯 웃는 듯한 표정이다. 어느 각도에서 보아도 전신의 윤곽선을 통해 아름답고 뛰어난 예술적 솜씨를 엿볼 수 있다. 수나라 장인의 깊은 조예에 절로 감탄이 나온다.

태자를 바꾸다

600년

개황 원년(581년), 수나라 문제가 양용楊勇을 황태자로 세워 군사와 정치 업무를 관장하게 했다. 양용은 성격이 관대하고 솔직하며 거짓이 없었다. 정사를 결단력이 있고 정확하게 처리해서 문제도 마음에 들어 했다. 하지만 나중에 잔치를 크게 베풀고 근검절약하지 않아 문제와 독고 황후의 미움을 샀다.

한편, 문제의 또 다른 아들인 양광은 겉으로는 고상한 척하지만 성품이 간사해서 문제의 신임을 얻고 태자가 되기 위해 의도적으로 여색을 멀리하고 대신들에게 예를 갖추며 듣기 좋은 말만 하면서 차츰 문제와 독고 황후의 환심을 샀다. 또 양소, 양약楊約 및 우문술宇文述과 한 패거리를 이루고, 태자가 거주하는 동궁의 행신幸臣(총애를 받는 신하), 비복婢僕(계집종과 사내종을 함께 일컫는 말)을 매수해 태자를 감시했다. 양소는 기회가 있을 때마다 문제의 앞에서 태자 양용의 무능함을 꼬집고 양광의 효심과 근검함을 칭찬하면서 양용이 나쁜 일만 꾸민다고 모함했다.

수나라 개황 20년(600년) 10월, 문제는 결국 양용을 태자에서 폐하고 그 자녀들도 평민으로 강등시켰다. 그리고 그해 12월에 진왕 양광이 태자가 되었다.

동호부

수 왕조 시대에 병사를 징발할 수 있던 증표

양광이 아버지를 죽이고 스스로 황제가 되다

604년

인수仁壽 4년(604년) 7월, 문제의 병이 위급하자 양소, 유술柳述, 원암元岩 등이 모두 병구완을 하러 입궁하고 태자 양광을 문제가 있는 대보전大寶殿에 들게 했다. 양광은 문제가 혹시 생각이 바뀌기라도 했을까 봐 황급히 양소에게 편지를 써서 황위 계승을 위한 계략을 논의했다. 그런데 양소의 회신이 궁녀의 실수로 문제의 수중에 들어가는 바람에 문제가 크게 노했다. 게다가 양광이 궁에서 자신이 총애하는 선화부인宣華夫人을 겁탈하려 했다는 사실까지 문제가 알게 되었다. 이에 문제는 다시 태자를 폐하고자 유술과 원암에게 옛 태자 양용을 불러오게 해 그에게 황위를 계승하려 했다. 양소가 이 사실을 알고는 바로 양광에게 보고했다. 그러자 양광은 성지를 위조해서 유술과 원암을 체포해 발을 묶었다. 그리고 자신의 심복을 궁으로 보내 한 패거리인 우문술 등이 궁문을 통제하게 하고, 후궁에 있던 이들을 다른 곳으로 보냈다.

모든 준비를 마친 후 양광은 자신의 심복인 장형張衡을 입궁시켜 13일에 자

도금 청동 말 장식

산수화를 발전시킨 전자건

전자건展子虔(생몰 연대 미상)은 발해渤海 사람이다. 수나라 때 조산대부朝散大夫, 장내도독帳內都督 등의 관직을 역임했다. 회화에 뛰어났고 창작 범위도 광범위했으며, 특히 궁궐, 인물, 안장을 얹은 말, 불교의 가르침, 임금의 수레, 궁전의 정원, 깃털, 역사 이야기 등에 뛰어났다. 그가 그린 그림은 생동감이 넘치고 정취가 가득해 그 시대 사람들의 사랑을 받았다. 당시의 또 다른 유명 화가였던 동백인董伯仁과 이름을 나란히 하며 '동전董展'으로 불린다.

그의 회화는 새로움을 추구하는 면에서 뛰어났고, 인물 표현이 세밀하고, 색감이 뛰어나며, 선을 긴밀하게 사용하여 회화 대상의 성격 특징과 심리 상태를 생생하게 표현했다. 이러한 그의 수법은 당나라 시대의 인물화 화법에 새로운 길을 열어 주었다. 또한 당나라 시대의 화가인 이사훈李思訓 부자가 산수화에서 전자건이 일군 성취와 화법을 받아들여 전자건은 후세에 당화唐畫의 시조로 추앙받게 되었다.

전자건의 〈유춘도(游春圖)〉

〈유춘도〉는 현존하는 고대 산수화 가운데 중요한 작품이자 현존하는 최초의 두루마리 산수화이다. 두루마리 앞에는 송나라 휘종(徽宗) 조길(趙佶)이 감정한 후 손수 쓴 '전자건 유춘도'라는 글이 있다. 전자건은 둥글면서도 힘 있는 선과 짙고 아름다운 청록색을 통해 봄놀이 풍경을 그렸다. 그림의 공간 처리는 기존의 사람이 산보다 큰 기법에서 벗어나 사람과 자연 배경의 비율을 잘 맞추었고, 특히 호수의 잔물결을 표현하고, 넓고 먼 곳을 표현하는 데 성공적이다.

경항대운하(京杭大運河)

신의 아버지 문제를 살해했다. 21일에 양광이 황제의 자리에 오르니 그가 바로 수나라 양제이다. 그는 또 양약을 장안으로 보내 옛 태자 양용에게 문제가 쓴 것처럼 꾸민 거짓 조서를 내려 스스로 목을 매어 죽게 했다.

대운하의 개통

605년~610년

수나라의 대운하는 문제 때 공사가 시작되었는데 당시 위수의 물을 끌어들여 대흥성(즉 장안성)에서 동관까지 300리를 흐르게 해서 광통거廣通渠라고 불렀다.

수 양제가 일으킨 대운하 공사는 4단계로 나누어 진행되었다. 대업 원년(605년), 양제가 강남, 회북 지역에서 백성 100여 만 명을 동원해 대운하를 파기 시작했다. 북방에는 통제거通濟渠가 개통되었다. 통제거는 낙양 서원西苑에서 시작해 회하의 산양山陽(지금의 장쑤 성 화이안 시淮安市)까지 통했다. 같은 해에 양제는 다시 회남 지역에서 10여 만 명을 징발해서 산양 한구邗溝

까지 운하를 더욱 확대해 연결하게 했다. 대략 반년의 시간이 걸려 너비 40보步의 운하, 즉 한구가 완공되었다. 그리고 이어서 통제거를 북쪽으로 뻗어나가게 했다. 대업 4년(608년), 하북성에서 노동자 100여만 명을 징발해 영제거永齊渠를 개통했다. 이 운하는 심수沁水의 수로를 이용해 남쪽으로는 황하에 접하고 북쪽으로는 탁군涿郡까지 닿았다. 대업 6년(610년)에 대운하는 장강 남쪽에 강남하江南河를 열어 경구에서 강물을 끌어들이고 태호太湖 유역을 관통해 전당錢塘 강변의 여항餘杭(지금의 저장 성 항저우 시杭州市)에 이르렀다.

이 대운하는 6년도 채 안 되는 기간에 모든 공정을 마쳤다. 수 왕조의 대운하는 해하, 황하, 회하, 장강, 전당강의 5대 하류를 이었다. 이는 동쪽의 수도 낙양을 중심으로 서쪽으로는 관중 분지, 북쪽으로는 화북 평원, 남쪽으로는 태호 유역에 이르러 운하를 통한 이동 범위가 이전보다 훨씬 확대되었다. 1,000리에 달하는 대운하는 세계적으로도 위대한 공정이다.

조주교의 건설

605년~617년

수나라 대업 연간(605년~617년)에 이춘李春 등 장인들의 주관으로 하북성 조현趙縣 교하洨河 위에 세계 최초의 길고 넓은 아치형 석교가 건축되었다. 이것이 바로 조주교趙州橋이다. 조주교는 세계에서 가장 오래되고 현존하는 구멍이 하나인 아치형 석교로 유럽보다 무려 10세기나 앞서 1300년의 역사가 있다. 여러 차례 대지진을 겪고도 여전히 우뚝 솟아 있어서 '천하의 웅대한 승리'라고 불리기도 한다. 조주교는 네 개의 작은 아치를 독특하게 설계해 큰 성취를 이루었다. 이는 중국의 건축 기술 발전을 크게 발전시킨 것으로 그 수법이 후세에 보편적으로 계승되었다.

명·청나라 시대에 이르러 이를 바탕으로 완벽한 교량 건축 제도를 형성했고, 교량 건축 기술도 한층 더 높아졌다. 지금까지도 조주교의 기술은 현대의 철근 콘크리트로 짓는 교량에도 광범위하게 응용되고 있다.

조주교

허베이 성 자오 현 성 남쪽에서 2.5km 거리에 있는 조주교는 자오 현의 옛 이름이 '조주'였던 데서 유래했다. 이 다리는 '안제교(安濟橋)'라고도 불리며, 현지에서는 대석교(大石橋)라고 부르기도 한다. 수나라 대업(大業) 연간에 지어진 중국에 현존하는 가장 오래된 다리이자 세계에 현존하는 최초의 아치형 석교이다.

과거 제도의 확립

606년

대업 2년(606년), 수나라 양제 양광이 진사과進士科를 개설하고 과거 제도를 확립했다. 과거 제도는 봉건 통치 사회에서 인재를 선발한 방법으로 남북조 시대에 싹을 틔워 수나라 때 시작되고 당나라 때 기본적인 틀을 갖추었다. 남북조 시대에는 문벌에 따라 관리를 선발하는 방식 대신 청렴한 사람인 효렴과 재능 있는 사람인 수재 등을 천거하는 방식으로 바뀌었다. 수나라 문제는 정식으로 구품중정제를 폐지하고, 관리 임용에 더 이상 문벌의 제한을 두지 않았다. 606년에 수나라 양제 양광이 진사과를 개설하고 과거 제도를 확립했다. 과거 제도는 당 왕조에서도 계속해서 시행되었고, 한층 더 크게 발전했다. 당 왕조 시대에는 과거 제도가 정기적으로 치러지는 상과常科와 황제가 보는 앞에서 특별하게 치러진 제과制科로 나뉘었다.

순국축조(荀國丑造) 석가상

중·일 교류의 시작

607년

수나라 시대에는 일본을 왜국倭國이라고 불렀다. 대업 3년(607년)에 일본은 오노노 이모코小野妹子를 대사大使로, 구라쓰쿠리노 후쿠리鞍作福利를 통사通事로 임명해서 수 왕조의 황제에게 전하는 일왕日王의 서신을 들고 중국으로 가면서 학문승學問僧 수십 명을 데려가 불법을 배우게 했다. 그리고 더 많은 일본인이 중국에 가서 불경을 배울 수 있게 중국과 논의하도록 했다.

대업 4년(608년)에 수나라 양제가 문림랑文林郎 배세청裴世清에게 그에 대한 답례로 일본을 방문하게 하자 일본에서는 전국적으로 매우 성대하게 환영했다. 일본 천황은 특별히 기시노 오나리吉士雄에게 배 30척을 끌고 쓰쿠시筑紫로 가서 영접하게 했다. 수나라 사신 배세청이 일본의 수도에 들어가자 일본 황태자 및 여러 왕과 신료가 예복을 차려입고 가장 장중한 예의로 중국 사자를 접대했다. 배세청이 떠날 때에도 성대한 송별 연회를 열어주었다. 배세청이 수나라로 돌아갈 때 일본은 오노노 이모코를 다시 수나라로 파견하고, 그와 함께 다카무코노 구로마로高向玄理 등 여덟 명의 유학생과 학문승을 보냈다. 이 유학생들은 일본 문화를 중국으로 가져갔고 또 풍부하고 다채로운 중국 문화를 끊임없이 일본으로 가져가 중·일 양국의 경제, 문화 교류를 강화했다.

백색 유약 코끼리 머리 주전자

주전자는 입이 넓은 반구(盤口)형에 뚜껑이 있고, 부드러운 어깨에 볼록 나온 배, 평평한 바닥의 형태이며, 몸체에 코끼리 머리를 붙여 놓아 유명하다. 주전자 손잡이는 목을 길게 빼고 머리를 숙인 용 모양으로 주전자에 아름다움과 생동감을 더해 준다. 주전자에는 백색 유약을 발라 당 왕조 시대의 '남청북백(중국 남쪽 지방은 청자가 유명하고 북쪽 지방은 백자가 발달했다는 뜻)'의 도자 예술 스타일이 수 왕조 시대에 이미 나타났다는 것을 알 수 있다.

수나라 양제의 세 번째 강도 유람

616년

대업 11년(615년)에 수나라 양제가 세 번째로 강도江都 유람을 가고자 했다. 예전의 배들은 양현감楊玄感의 반란 때 불타 없어졌기 때문에 황제의 유람을 위해 강도에서 전보다 크고 호화로운 배 수천 척을 건조하게 했다.

대업 12년(616년) 7월, 용주龍舟가 건조되었다. 당시 수 왕조는 사실 나라의 존립이 위태로운 상태였다. 이에 건절위建節尉 임종任宗이 상소를 올려 간언하니 양제는 즉시 조당에서 그를 곤장으로 쳐 죽였다. 그 후 양제가 유람을 떠나기 전에 봉신랑奉信郎 최민상崔民象이 다시 표를 올려 간언하다가 역시 참수되었다. 황제의 유람 대오가 막 사수汜水에 도달했을 때, 봉신랑 왕애인王愛仁이 또 표를 올려 황제에게 장안으로 돌아갈 것을 청해 역시 참수되었다. 그러자 조정 대신들은 이제 누구도 양제의 뜻에 반대하지 못했다. 양제는 강도에 도착해서 지방관들을 접견하며 예물을 많이 진상하는 사람은 승진시키고, 예물을 적게 진상하는 사람은 파직했다. 이에 지방관들은 경쟁하듯 예물을 진상했다. 그것은 모두 백성에게서 수탈한 것으로, 심지어는 이를 위해서 이듬해의 조세를 미리 거두기까지 한 곳도 있었다고 한다. 백성은 심각한 굶주림에 시달렸는데 나무껍질과 풀뿌리도 더 이상 남아 있지 않아 사람이 사람을 잡아먹은 경우도 있었다.

수나라 양제는 12년의 재위 기간에 경성에서는 채 1년도 살지 않았고 나라 곳곳을 유람하며 11년을 보냈다. 그는 북쪽으로는 장성 밖까지 다녀왔고, 서쪽으로는 장액張掖을 순시하고, 남쪽으로는 강도까지 유람했다. 그가 한 번 유람에 나설 때마다 얼마나 많은 백성의 피와 땀이 낭비되었는지 모른다. 수나라 백성은 결국 더는 참지 못하고 분분히 봉기를 일으켰고, 수나라 양제의 세 번째 강도 유람은 곧 그의 죽음 유람이 되었다.

백자 쌍계(雙系, 손잡이가 두 개 있는 것) **계수호**(鷄首壺)

수 왕조 시대에 만들어진 닭 머리 주전자로 입구가 넓은 반구형에 목이 좁고, 목 부분에 볼록한 선 무늬가 두 줄 둘러져 있다. 어깨 부분에는 앞쪽으로 닭 머리가 하나 올라와 있고 뒷부분에는 위를 향해 손잡이가 올라와 있는데, 손잡이 끝부분에 있는 뿔이 없는 용인 교룡이 입을 벌려 주전자의 입구를 물고 있다. 손잡이는 두 개의 형상을 합쳐 만들었다. 어깨의 좌우에는 각각 고리가 하나씩 있는데 두 조각이 하나로 합쳐진 모양으로, 아랫부분에 둥근 장식이 있다. 백색 유약을 발랐고, 다만 바닥에 가까운 부분과 바닥에는 유약을 바르지 않았다. 몸체에는 가는 빙렬(氷裂) 무늬(빙렬 무늬는 얼음에 생긴 것과 같은 틈 무늬를 말한다.)가 있다.

수 왕조의 멸망

618년

수나라 양제는 세 번째로 강도에 도착해서 왕세충王世充에게 강회 지역의 미녀를 뽑아 궁으로 보내게 했는데, 그 수가 100여 명에 이르렀다. 그는 종일 미친 듯이 술을 마시며 취해 있었다. 천하가 어지러우니 사실 그도 좌불안석이었다. 그는 자주 소후蕭后에게 사람들이 자신을 황위에서 끌어내릴 것이라는 소문에 대해 이야기했고, 가끔은 거울에 얼굴을 비추어 보며 소후에게 "좋은 목이다. 누가 와서 나의 이 목을 자를지 모르겠구나!"라고 말하기도 했다.

그런 한편 양제는 가만히 앉아서 죽음을 기다리려 하지는 않았다. 수나라 영토 대부분이 봉기군의 통제 아래 놓이고 낙양과 강도 등 몇 개의 성만 어렵게 지키고 있는 상황을 목도하고, 양제는 강도도 안전하지 못할까 염려되어 장강 남쪽의 단양丹陽(지금의 난징 시)으로 천도할 준비를 했다. 그가 데려온 병사들은 모두 관중 출신으로 양제가 강도에 오래 머물면서 황

아미타불법상

음무도함에 빠져 지내는 데 불만이 많았다. 그런데 그가 다시 남쪽으로 이동하려고 하자 고향과 가족을 잊지 못한 병사들은 고향 생각에 마음이 흔들려 하나둘씩 고향으로 돌아가 버렸다.

대업 14년(618년) 3월에 호분랑虎賁郎이 사마덕감司馬德戡, 조행추趙行樞 등 가까운 대신 10여 명과 짜고 서쪽으로 도망갈 계책을 꾸몄다. 우문지급宇文智及이 이를 듣더니 “반란이 일어나 나라가 멸망하기만 기다릴 것이 아니라 기회를 잡아 제왕을 세우는 대업을 이루는 것이 낫지 않겠는가?”라고 말했다. 이에 그들은 우문지급과 우문화급宇文化及을 군주로 추대했다. 반란군 장수 마문거馬文擧, 영호행달令狐行達 등은 궁녀들을 협박해서 양제가 있는 곳을 알아내고 병사들을 이끌고 달려가서 양제를 목 졸라 죽였다. 그와 함께 양제의 아들 조왕고趙王杲, 촉왕 수秀, 제왕 간暕 및 수나라 종실, 외척 등도 죽이고 진왕秦王 호미살浩未殺만을 남겨 두었다. 수나라는 이렇게 멸망했다.

2 당 왕조

CHINA

시기 : 618년 ~ 907년
인물 : 이연, 이세민, 현장 법사, 문성 공주, 위징, 손사막, 고종, 무측천, 적인걸, 내준신, 중종, 위후, 현종, 요숭, 양옥환, 감진, 안사, 장순, 두보, 대종, 이백, 복고회은, 곽자의, 백거이, 비파정, 이소, 유종원, 두목, 감로, 문종, 유조, 무종, 장의조, 의종, 왕선지, 황소, 이극용, 주온, 주전충

천 년 동안의 꿈같은 성세

618년에 이연李淵이 황제가 되어 당唐 왕조를 건립하면서 중국 역사는 통일된 강성한 시기로 나아간다. 당 왕조는 태종太宗 이세민李世民의 치세에는 수확이 풍성하고 백성이 안락한 생활을 누린 '정관의 치세貞觀之治'를 이루었으며, 현종玄宗 이융기李隆基의 치세에는 국력이 몹시 강성해져 역사에서 '개원의 성세開元盛世'라고 한다.

정치 영역에서 당 왕조는 위진 시대 이래의 구품중정제를 폐지하고 한층 더 개선된 과거 제도를 시행했고, 질서 정연한 정부 관리 시스템을 구축했다. 경제 영역에서는 세금 제도에서 균전제均田制를 추진하고 조용조租庸調를 실행했으며, 또한 황무지 개간과 농업 및 양잠업을 장려해 농업과 수공업이 모두 전대미문의 발전을 이루었다. 문학, 종교, 예술은 당나라 태종의 통치 시기부터 발전하기 시작하여 오랫동안 전성기를 누렸고, 각 영역에서 모두 불후의 거인들을 탄생시켰다. 사회 경제의 번영과 정치에서의 개방 정책은 대외 교류의 발전을 촉진했으며, 직접적으로 장안과 광주를 국제 대도시로 거듭나게 했고, 또한 당 왕조를 당시 세계의 중심으로 우뚝 서게 했다.

이연이 황제가 되어 당나라를 세우다

618년

수 왕조에 반대하는 반수反隋 세력 가운데 이연 부자의 집단이 마지막에 나머지 세력을 모두 소탕하고 중국을 통일했다. 이연은 관롱關隴 지역의 귀족 가문 출신으로, 수 왕조의 통치 시기에 군사 요충지인 태원을 수비했다. 점차 수 왕조가 와해되어 가던 때, 이연은 수 왕조의 정권이 붕괴 직전임을 깨닫고 대업 13년(617년) 5월에 태원 부류수副留守 왕위王威, 고군아高君雅를 죽이고 병사를 일으켰다. 이연의 군대는 120여 일 만에 관중을 점령하고 장안을 공격했다. 장안에 들어가서 이연은 수나라 양제의 손자인 대왕代王 양유楊侑를 괴뢰 황제(수나라 공제恭帝)로 옹립했다. 그리고 멀리 강도에 있던 수나라 양제를 태상황으로 추존하고, 자신은 대승상이자 당왕唐王이 되었다.

대업 14년(618년) 3월, 강도에서 수나라 양제 양광이 살해당했다. 그러자 그해 5월에 이연이 양유를 내치고 스스로 황제가 되어 국호를 당으로 했다. 당나라 고조高祖가 된 이연은 연호를 무덕武德으로 하고 장안을 도읍으로 정했으며, 이로써 당 왕조가 탄생했다.

삼채가산(三彩假山)

삼채란 낮은 화도(火度)에서 녹는 잿물을 발라서 구운 도기로, 이것은 산악을 본뜬 조경물이다.

이세민이 왕세충과 두건덕을 격파하다

621년

무덕 4년(621년) 2월, 이세민이 정예 기병 천여 명을 선발해 모두 검은 갑옷玄甲을 입히고 좌우 두 부대로 나눈 후 명장 진숙보秦叔寶, 정지절程知節, 울지경덕尉遲敬德, 적장손翟長孫을 통령으로 임명해 진격했다. 곡수谷水(지금의 허난 성멘츠 현澠池縣 성수이 강澠水 및 그 하류)에서 왕세충을 크게 물리치고, 계속 진격해 낙양 궁성을 포위했다. 그러나 낙양성은 수비가 매우 견고해 이세민의 군대는 낙양을 포위한 열흘 동안 별다른 소득을 얻지 못했다. 그러나 이세민은 물러나지 않고 계속 낙양을 공격하기로 했다. 그 후, 당나라 군대의 급습에 왕세충이 두건덕竇建德에게 지원을 요청했다. 이에 두건덕이 병사를 이끌고 지원하러 왔으나 이세민이 일거에 두건덕의 군대를 무찌르고 두건덕을 포로로 잡아 낙양에 가둬 두었다.

이슬람 무덤

당나라 고조 무덕 연간(618년~626년)에 이슬람교 알리 무함마드의 사하바[Sahaba, 예언자의 교우(敎友)라는 뜻] 삼현[三賢, 사갈저(沙渴儲)]과 사현[四賢, 와카스(Waqqas)]이 천주(泉州)로 선교하러 왔다. 그들은 죽은 뒤 천주성 동문 밖 영산(靈山)에 안장되었다. 지금까지도 영산의 성묘(聖墓)는 동방 이슬람교의 큰 성지로 여겨진다. 사진은 이슬람 무덤의 외부 풍경이다.

왕세충은 어쩔 수 없이 무덕 4년(621년) 5월에 남은 병사들을 이끌고 이세민에게 투항했다. 이렇게 이세민은 왕세충과 두건덕의 두 군대를 모두 무찔러 와해시켰다. 이후 두건덕은 당나라의 도읍 장안까지 끌려가서 저잣거리에서 참수되었다. 왕세충은 투항하기도 했거니와 투항할 때 이세민이 이미 죄를 용서하기로 한 것도 있어 사형을 피하고, 평민으로 강등되어 촉 땅으로 보내졌다. 그러나 그는 나중에 정주부定州府 주역참州驛站에서 원수 독고기獨孤機의 아들 정주차사 독고수덕獨孤修德에게 죽임을 당했고, 그의 아들과 조카들도 그와 함께 길에서 목숨을 잃었다.

호적법을 반포하다

624년

무덕 7년(624년), 당나라에서 관리 제도, 호적 제도, 균전제 및 조용조의 세 가지 새로운 제도를 반포했다. 새로운 호적 제도에서는 백성 100가구戶가 모여 사는 곳은 리里, 5리가 모여 살면 향鄕, 그리고 4가구가 모여 살면 인鄰, 5가구가 모여 살면 보保로 규정했다. 남녀가 태어나면 황黃, 네 살부터 열다섯 살까지는 소小, 열여섯 살부터 스무 살까지는 중中, 스물한 살부터 쉰다섯 살까지는 정丁, 예순 살 이상은 노老이다.

국가는 3년에 한 번 호적을 수정하는데 호적은 인구, 나이, 토지, 신분, 호등, 과세 등의 항목을 포함한다. 호적법은 또 황족, 노비, 승려와 도사 등 특별 신분적特別身分籍도 포함한다. 호적 제도는 또 모든 사람이 각기 사농공상士農工商의 직업을 가지고, 양반과 천민은 결혼이 금지되며, 천민의 신분은 세습되고, 백성은 제멋대로 이동할 수 없다는 등의 조항이 규정되었다. 당나라 초에 반포된 호적법은 농민을 토지에 확실히 묶어 두었다.

'개원통보(開元通寶)'금폐

당나라 무덕 4년(621년)에 수나라의 오수전의 사용을 폐지하고 개원전(開元錢)을 새로 주조했다. 개원통보는 당나라에서 오랜 세월 사용된 가장 중요한 화폐이다.

《대당아악》의 수정

626년

당 태종 이세민 초상화

당 왕조 초에는 군무와 정무에 바빠서 아악에 신경을 쏟을 시간이 없던 터라 연회 때면 수 왕조 때의 옛 음악을 답습해 구부악九部樂을 연주했다. 몇 년 후 당 왕조의 통치가 안정을 찾기 시작하자 무덕 9년(626년) 정월에 당나라 고조 이연이 임시로 태상사 소경太常寺少卿을 맡은 유주幽州 범양范陽(지금의 허베이 성 줘저우 시涿州市) 사람 조효손祖孝孫에게 아악을 수정하는 책임을 맡겼다. 조효손은 과거 수 왕조에서 벼슬을 한 경험이 있는 데다 남조의 양·진·제에서 수 왕조로 전수된 옛 음악과 오·초의 음악, 그리고 오와 오랑캐의 기예를 잘 알고 있었다.

그는 남북의 음악을 자세히 분석하고 옛 음악을 고증하여 임무를 맡은 지 2년 반 만인 정관 2년(628년) 6월에 《대당아악大唐雅樂》을 지었다. 수정된 당나라 아악을 열두 달에 따라 십이율十二律(육률六律과 육려六呂가 있다.)을 만들고, 선상위궁旋相爲宮[중국 음악 이론에서 육십조(십이율이 각각 으뜸음이 되어 오성五聲과 화합해 이루어지는 모든 조)가 이루어지는 원리를 이르는 말]에 따라 12악을 제정하니 총 32곡 84조(음을 정리하고 질서 있게 하는 근본이 되는 조직. 조성調性이 구체적, 실제적으로 나타나는 상태를 이르는 것으로 장조, 단조 따위가 있다.)였다.

조효손은 이미 오래전에 사라져 사람들도 알지 못하던 선궁旋宮(궁음의 위치가 변하는 것. 즉 조옮김을 뜻함.)의 의미를 되살리고 과거의 음악을 보존하는 데 기여했다. 《대당아악》의 수정은 남북조와 한漢 음악의 한계를 타

맥을 잡아 주는 중국사 중요 키워드

당나라 초의 균전제

당나라 초의 균전제에는 평민과 관리에게 부여하는 두 종류의 수전授田(옛날에 성인이 된 사람에게 전답을 주어 농사짓게 하고, 죽으면 국가에 반환하도록 한 제도)이 존재했다. 수전을 받는 평민은 정남, 중남, 병자나 불구자, 남편을 잃은 처와 첩, 승려와 도사, 공상업자 등으로 나뉜다.

18세 이상의 중남과 정남에게는 1인당 총 100무의 수전을 주는데, 구분전口分田(곡물을 심는 토지. 해당 자격을 잃으면 반환해야 한다.) 80무畝와 영업전永業田(연령과 사망 등에 관계없이 반환하지 않아도 되는 토지) 20무를 준다. 영업전의 경우 병자나 불구자에게는 40무, 남편을 잃은 처와 첩에게는 30무가 주어졌다. 각급 훈관勳官(공훈을 세운 관리에게 수여한 일종의 명예 벼슬로 작호爵號만 있고 직무가 있는 것은 아니었다.)에게는 포상의 뜻으로 훈전勳田 100경을 지급하며, 여기에서 얻는 지세 수입을 녹봉에 포함한다.

여러 관청은 관청의 공비公費를 충당하기 위해 지급된 토지인 공해전公廨田을 가질 수 있는데, 그 수입은 당연히 공비로 충당된다. 수전은 또 향의 크기에 따라 차이를 두어서 좁은 향의 구분전은 넓은 향의 절반이었다. 모든 수전에서 영업전은 자손에게 물려줄 수 있으나, 구분전은 사망하면 관부에 반환해야 한다.

평민은 마음대로 땅을 팔 수 없지만 귀족이나 관료에 대한 제한은 그다지 엄격하지 않았다. 영업전과 구분전은 모두 판매가 불가능했지만, 수전을 경작하는 사람이 다른 향으로 이동하는 등 불가피한 경우에는 영업전은 매매할 수 있었다. 균전제의 실시로 황무지를 개간해 경제가 회복되고 가구 수가 증가하면서 병력 공급원이 안정되는 긍정적인 효과가 나타나 당나라 사회 경제의 발전 속도를 높였다.

무악도

이 그림은 장예(張禮)의 무덤에서 출토된 것으로 모두 여섯 폭이다. 무희는 머리를 소라 모양으로 높이 틀어 올려 쪽을 지었고, 이마에는 붉은색으로 꿩 모양 장식을 그렸다. 흰색 바탕에 노란색과 파란색이 섞인 말린 풀무늬의 반소매 웃옷을 입고 가슴을 살짝 드러냈다. 아래에는 가슴을 동여 맨 붉은색 긴 치마를 입고 발끝이 들린 신발을 신었다. 왼쪽 손으로 살짝 비단 숄을 잡고 있으며, 춤추는 자세를 엿볼 수 있다. 무희는 얼굴이 통통하고, 키가 훤칠하며, 허리가 가늘다. 이를 통해 당 왕조 시대의 궁녀의 심미 스타일을 알 수 있다.

파하고 음악을 하나로 융합했다는 점에서 고대 궁정 음악사에서 중요한 위치를 차지한다.

현무문의 변

626년

통일 전쟁이 끝나자 황실 내부에서는 제위 계승권을 쟁탈하려는 투쟁이 나날이 격해졌다. 626년, 진왕秦王 이세민이 정변을 일으켜 태자 건성建成과 아우 원길元吉 등을 죽였다. 역사에서는 이 일을 '현무문의 변玄武門之變'이라고 부른다. 당 왕조의 건설 과정에서 이세민이 가장 두드러지는 공적을 세워 실권을 잡게 되었다. 태자 건성은 전공이 이세민에게 미치지 못했으나, 고조 이연의 큰아들이었기 때문에 태자의 지위를 확보할 수 있었다.

626년에 이건성과 이원길은 돌궐이 침공한 틈을 타 진왕부秦王府의 병졸들을 차출해서 이세민의 세력을 약화시키기로 상의했다. 그러나 이 일을 미리 알게 된 이세민이 측근인 방현령房玄齡, 장손무기長孫無忌 등과 상의하여 먼저 그들을 제압하기로 했다. 6월 4일에 이세민은 장손무기와 울지경덕에게 정병精兵 한 무리와 함께 궁성의 북문인 현무문 안쪽에 매복하게 했다. 아침에 이건성과 이원길이 조회를 하러 입궁해서 현무문을 지날 때, 복병을 발견하고 황급히 말머리를 돌렸다. 그러자 이세민이 뒤에서 큰소리를 지르며 달려 나갔고, 그를 본 이원길이 몸을 돌려서 화살을 쏘아 죽이려 했으나 세 발 다 맞히지 못했다. 이세민이 반격에 나서서 화살을 쏘니 이건성에게 명중하여 이건성은 그 자리에서 숨을 거두었다. 이원길도 이세민의 부하가 쏜 활에 맞아 죽었다.

나중에 고조 이연이 이 소식을 듣고는 깜짝 놀라서 배적裴寂 등의 신하들과 상의했다. 이때 소우蕭瑀와 진숙달陳叔達이 말했다. "건성, 원길은 본래 기의에 참여했지만 어떤 공로도 없었으면서 진왕秦王을 시기해 간계를 꾸몄습니다. 지금 진왕이 그들을 없애 버렸으니 이는 좋은 일입니다. 폐하께서 국사를 진왕에게 넘겨주신다면 아무 일도 없을 것입니다." 이에 고조가 고개를 끄덕이며 동의하고, 6월 7일에 이세민을 황태자로 책봉했다. 2개월 후, 고조 이연이 이세민에게서 양위 압박을 받아 결국 그에게 양위하고 태상황이 되었다. 이세민이 바로 중국 역사에서 명성이 드높은 당나라 태종이다.

〈당 태종과 이 위공의 문답〉 부조

이 부조는 당 태종과 명장 이정(李靖)이 병법을 토론하는 장면을 묘사하고 있다.

위수의 맹약

626년

626년, 태종이 즉위한 지 얼마 되지 않아 돌궐의 수령 힐리頡利 카간이 기병 10만여 병력을 이끌고 남쪽으로 내려와 경주涇州를 점령하고, 당나라의 도읍인 장안을 위협했다. 돌궐군은 이어서 고릉高陵으로 진격했다가 경주 도행군 총관道行軍總管 울지경덕에게 격파되어 천여 명이 목숨을 잃고, 이르킨 Irkin(중국어로는 후근俟斤. 일종의 관직명)이 포로로 붙잡혔다. 힐리 카간이 다시 병사를 이끌고 위수 편교便橋 북쪽까지 와서 측근인 집실사력執失思力을 장안으로 보내 태종을 알현하고 당나라 조정을 염탐하도록 했다.

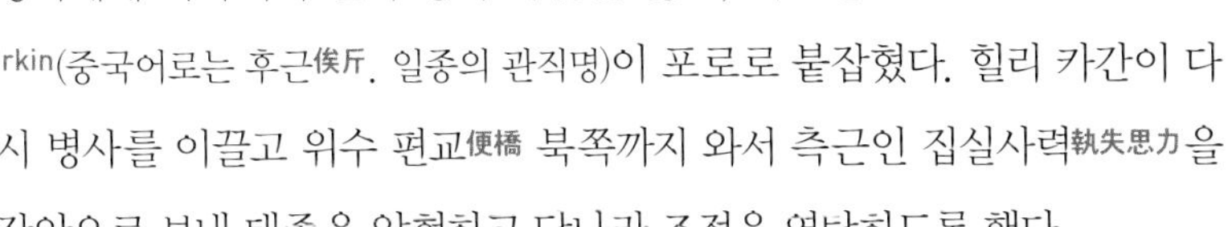

갈색으로 여의 모양의 구름무늬를 그린 투조 월요 향로

기물 전체는 뚜껑, 화로, 받침의 세 부분으로 나뉘며, 몸 전체에 청색 유약을 발랐지만 구워지는 동안 뚜껑과 화로, 받침의 유약 색깔이 모두 달라졌다. 뚜껑은 청황색을 띠어 월요 청자의 전형적인 색깔이다. 뚜껑과 화로에는 유약을 바른 위에 갈색으로 여의 모양의 구름무늬를 그렸다. 이는 분향 도구로, 뚜껑 손잡이와 뚜껑 표면 및 받침대에는 투조가 되어서 향로를 사용하면 투각을 통해 향기가 은은하게 밖으로 퍼져 나온다. 이 향로는 크기가 크고 조형이 독특해서 당 왕조 시대의 월요 청자 중에서도 중요한 작품으로 손꼽힌다.

그러자 태종이 맹약을 깬 돌궐을 나무라며 집실사력을 인질로 잡아 두었다. 그러고는 직접 고사렴高士廉, 방현령 등 여섯 명만 데리고 먼저 위수 강가로 가서 강을 사이에 두고 힐리 카간을 질책했다. 이어 당나라 대군이 곧 도착하자 그 모습을 본 힐리 카간이 서둘러 화의를 청했다. 양측은 편교 위에서 백마를 죽여 그 피로써 맹약을 맺었다. 당나라는 돌궐에 금색 비단을 주었고, 돌궐 군대는 당나라 국경에서 철수했다. 이것이 바로 유명한 '위수의 맹약'이다.

당나라 태종이 재상 직위를 늘리다

627년

태종은 즉위한 후 여러 좋은 생각을 모으기 위해 재능 있는 신진 관리들을 등용하기로 했다. 정관貞觀 원년(627년) 9월, 어사대부 두엄杜淹에게 정사에 참여하도록 명령함으로써 전임관專任官이 아닌 다른 직책을 맡고 있던 타관他官이 직무를 겸임할 수 있도록 했다. 그러고 나서 그 득실을 토의하게 하고, 참지정사參知政事 등에게 재상의 직무를 맡게 했다.

맥을 잡아 주는 중국사 중요 키워드

황위 다툼

대당大唐 왕조를 건립하는 험난한 과정에서 고조 이연의 아들들은 모두 각자의 역할을 해냈다. 이연이 산서山西에 있던 동안 열일곱 또는 열여덟 살이었던 맏아들 이건성은 하동河東(지금의 산시 성山西省 융지 시 푸저우 진蒲州鎭)에서 어린 동생들을 돌보았다. 이연이 기병起兵을 결정한 후 건성은 몰래 태원으로 불려가 세민과 함께 병사를 이끌고 서하군西河郡을 점령했고, 다시 세민과 함께 병사를 이끌어 관중으로 들어갔다. 이연이 황제가 되고 나서는 적장자로서 태자로 책봉되었다. 그가 황태자의 신분으로 직접 군사를 이끌고 전국 통일을 위한 동정과 서벌에 참여하지는 않았지만, 어느 정도 군사적 재능은 있었다.

무덕 5년 말, 이건성이 병사를 이끌고 유흑달劉黑闥의 두 번째 기의를 평정하러 가서 위징魏徵의 도움을 받아 금세 산동의 형국을 평정했다. 이세민은 고조의 둘째 아들로 어려서부터 활과 화살을 좋아했다. 대업 11년(615년)에 이연은 산서 하동 무위대사撫慰大使로 가면서 열여섯 살에 불과하던 세민을 태원까지 데려갔다. 이연의 곁에서 세민은 전쟁과 통치 계급 내부의 투쟁을 배우고, 군사 지식과 정치 투쟁의 경험을 많이 쌓았다. 당나라 초 곳곳에서 일어난 군웅을 평정하고 전국을 통일하는 전쟁에서 이세민은 많은 전공을 세웠다. 이로써 명성이 점점 드높아지고, 권세도 점점 커졌다. 특히 무덕 4년(621년)에 일거에 두건덕을 격파하고 왕세충의 투항을 이끌어내자 모든 사람의 두려움과 관심을 한 몸에 받는 인물이 되었다. 고조는 그를 천책상장天策上將으로 봉했다. 그러나 이세민은 자신의 세력을 키우는 데 더욱 많은 노력을 기울였다.

황위 계승자인 이건성은 이세민의 공적이 커질수록 자신의 위치가 점점 위협을 받는다는 사실을 느꼈다. 태자 건성은 자신이 세민과 견줄 수 없다는 사실을 알고, 원길과 손을 잡고 황위 계승권 투쟁을 시작했다. 무덕 9년(626년)에 결국 형제 사이에 다툼이 일어났고, 이를 '현무문의 변'이라고 부른다.

또 정관 17년(643년)에는 중서령과 시중을 재상으로 하고, 이적李勣에게는 '동중서문하삼품同中書門下三品'이라는 명칭을 붙인 관직을 내려 재상으로 삼았다. 방현령은 진왕부에서 기록에 관한 사무를 맡아보던 기실記室이었는데, 정관 원년(627년)에는 중서령에, 정관 3년(629년) 2월에는 상서좌복야에 임명되었다. 두여회杜如晦도 방현령과 동시에 재상으로 임명되어 상서우복야로 임명되었다.

방현령과 두여회 두 사람은 모두 오랜 세월 진왕 이세민을 따라 곳곳에서 전쟁에 참여했다. 방현령은 모략에 능했고, 두여회는 결단력이 뛰어났다. 방현령과 두여회 두 사람은 재상으로 임명된 이후 당나라 태종의 핵심 조력자로 활약해 사람들은 그들을 '방모두단房謀杜斷'이라고 부른다. 정관 때에는 타관으로서 재상의 직무를 맡은 사람이 매우 많았는데 두엄, 위징, 이정, 이적 등의 인재가 바로 그들이다. 이세민은 이 제도를 통해 그들이 재능을 충분히 발휘할 수 있도록 해 '정관의 치세'를 위한 기반을 다졌다.

資治通鑑 卷一百九十一

……吾接位日淺，國家未安，百姓未富且當靜以撫之。一與虜戰，所損甚多，虜結怨既深，懼而脩備，則吾未可以得志矣。故卷甲韜戈，啗以金帛，彼既得所欲，理當自退，志意驕惰，不復設備，然後養威伺釁，一舉可滅也。將欲取之，必固與之，此之謂矣。

≪자치통감≫에서 당나라와 돌궐의 용병에 관련된 기록

현장이 불경을 구해 오다

629년

현장玄奘은 불교 경전을 읽으면서 경전마다 서로 용어의 차이와 의미의 차이가 커서 이해하기 어려운 부분이 많다는 한계에 부딪혔다. 그래서 당나라 서쪽에 있는 인도로 가서 불경을 공부하고 싶다는 생각이 들었다. 정관 원년(627년)에 현장은 표를 올려 천축행을 청했으나, 당나라 태종의 윤허를 얻지 못했다. 그러나 현장은 결심이 확고하여 결국 '개인적으로 천축행'을 감행했다. 천축이 바로 오늘날의 인도이다.

현장 법사가 불경을 들고 장안으로 돌아온 그림

당나라 정관 19년(645년) 정월 25일, 현장이 불경을 들고 장안으로 돌아올 때 그를 환영하는 행렬이 장안을 가득 메웠다. 얼마 후 당나라 태종이 현장을 접견하고 그에게 환속해서 관리가 될 것을 권했지만, 현장은 고마움을 표시하며 완곡히 거절하고 장안 홍복사(弘福寺)에 머물며 불경을 번역하는 데 힘썼다. '현장 법사가 불경을 들고 장안으로 돌아온 그림'은 현장이 돌아왔을 때 성대한 영접을 받은 모습을 생동감 넘치게 묘사하고 있다.

정관 3년(629년) 8월, 현장은 홀로 장안에서 출발해 몇 년 동안 고생하며 산 넘고 물 건너 마침내 인도에 도착했다. 인도에서 10여 년 동안 경문을 배우고 연구한 후 그는 정관 19년(645년) 정월에 범문 불경 657부를 가지고 장안으로 돌아와 당나라 태종 이세민의 큰 환영을 받았다. 현장은 산스크리트어梵文과 한문에 능통해 직역과 의역을 교묘히 섞어가며 경론 총 775부 1,235권을 번역해 불교의 전파에 크게 기여했다. 또 그가 구술하고 그의 제자가 옮겨 쓰는 형식으로 서쪽으로 향하면서 거쳐 간 각 나라와 지역을 소개하는 《대당서역기大唐西域記》를 써서 서역과 천축 각국의 상황을 몹시 궁금해하던 태종을 만족시켜 주었다.

현장은 또 법상종法相宗을 만들어 인도 10대 논사論師(삼장三藏 가운데 특히

논장論藏에 통달한 사람. 또는 이론을 만들어 불법을 드날리는 사람) 저작의 해석을 종합해서 《유식론唯識論》을 지어 법상종의 경전으로 삼고, '입식론入識論'을 제기하여 '만법유식萬法唯識(모든 현상은 오직 마음의 작용이라는 뜻)', '심외무법心外無法(마음 밖에 따로 법이 없다는 뜻)'을 널리 알렸다. 법상종은 '유식종唯識宗'이라고도 불린다.

자은사(慈恩寺) 대안탑(大雁塔)

자은사는 산시 성(陝西省) 시안 시 남쪽 교외 지역의 탑 마을에 있다. 수나라 개황 9년(589년)에 처음 지어졌을 때는 '무루사(無漏寺)'라고 불렸다. 당나라 정관 22년(648년), 황태자 이치가 이 절을 확장하여 대자은사(大慈恩寺)라고 했다. 현장은 황제의 명령을 받들어 홍복사에서 자은사로 옮겨서 번경원(飜經院)에 머물며 번역에 집중했다. 절 안의 대안탑은 당나라 영휘(永徽) 3년(652년)에 현장이 인도에서 가져온 불경을 보존하기 위해 세워졌다. 사진은 대안탑의 겉모습이다.

동돌궐을 대파하다

630년

정관 3년(629년), 태종은 대주도독代州都督 장공근張公謹의 건의를 받아들여 힐리 카간이 당나라와 결맹을 맺었음에도 반군 양사도梁師都를 도와주었다는 핑계로 대군을 보내 동돌궐을 정벌하게 했다. 병부상서兵部尙書 이정을 행군총관으로 삼고, 장공근을 부총관으로 삼고, 또 병부도독 이적을 통한도通漢道 행군총관으로, 화주자사華州刺史 시소柴紹를 금하도金河道 행군총관으로, 영주대도독靈州大都督 설만철薛萬徹을 위창무도爲暢武道 행군총관으로 삼아 총 10여만 명의 대군을 몇 갈래로 나누어 동돌궐로 출격하게 했다.

630년 정월에 이적이 백도白道에서 동돌궐을 격파하고, 이정이 음산陰山에서 힐리 카간을 크게 격파했다. 힐리 카간은 철산鐵山(지금의 인산 산 북부)으로 도망가 권토중래를 꿈꾸며 당나라에 사신을 보내 투항을 청했다. 그러나 이정과 이적이 밤을 틈타 힐리 카간을 습격해 이정은 음산에서 돌궐의 1,000여 장막을 모두 공격해 만여 명을 죽이고 10만여 명을 포로로 사로잡았으며, 이적은 5만 명을 포로로 잡았다. 힐리 카간도 잡혔다. 동돌궐이 당나라에 섬멸된 후 병사 10만여 명이 투항했다. 당나라 태종은 중서령 온언박溫彦博의 건의를 받아들여 동돌궐의 투항병을 유주에서 영주 일대로

〈쌍동희희도(雙童嬉戲圖)〉

그림은 이미 훼손되었는데 두 아이가 풀밭 위에서 서로 쫓고 쫓기며 장난치는 모습을 그렸다. 두 아이 모두 빨간 어깨끈이 달린 긴 바지를 입고, 발에 빨간 신발을 신고 있다. 한 아이는 손에 털이 곱슬곱슬한 강아지를 안고 있는데 이런 종류의 개는 고대 서아시아 지중해 지역의 불름(拂菻, 동로마 제국)산으로 과거에는 불름개라고 불린 진귀한 애완견이다. 아이의 모습은 천진난만하고, 붓 터치가 간결하고 부드럽다. 바닥의 돌과 풀은 선으로 간단히 그려졌는데 청록과 황토색으로 칠해져 당 왕조 시대 청록산수화의 특징을 엿볼 수 있다.

보내고 순順, 우祐, 화化, 장長 4개 주의 도독부에 그들을 통합하여 관리하게 했다. 이로써 동동궐이 평정되고, 막남漠南(고비 사막 남쪽 지역) 일대가 당나라의 땅이 되었다.

토욕혼을 평정하다

634년~635년

토욕혼은 토혼吐渾이라고도 하며 원래 선비족의 한 갈래이다. 4세기 초에 수령 토욕혼의 인솔로 요녕遼寧 서쪽에서 오늘날의 간쑤 성 및 칭하이 성 지역으로 이주했고, 토욕혼의 손자 엽연葉延 때에 이르러 토욕혼을 성씨로 사용하기 시작했다. 수·당 시대에 이르러 토욕혼은 차츰 강대해지기 시작했다. 당나라 태종 정관 6년, 토욕혼이 난주蘭州에서 소란을 일으켜 난주 군대에 의해 쫓겨나는 일이 있었다. 그 후 토욕혼의 복윤伏允 카간은 한편으로는 당나라에 사절을 보내 공물을 바치고, 또 한편으로는 제멋대로 선주鄯州(지금의 칭하이 성 웨두 현樂都縣)를 약탈했다.

정관 8년(634년) 6월, 태종이 우효위대장군右驍衛大將軍 단지원段志元을 서해도西海道 행군총관으로 임명하고 좌효위장군 번흥樊興을 적수도赤水道 행군총관으로 임명해 변경 부대를 이끌게 해서 토욕혼을 크게 격파했다. 9월에 토욕혼이 다시 양주涼州(지금의 간쑤 성 우웨이 시武威市)를 침범했다.

이에 크게 노한 태종이 정관 9년(635년)에 조서를 내려 토욕혼을 대대적으로 정벌하도록 했고 이정, 병부상서 후군집侯君集, 형부상서 임성왕任城王 이도종李道宗, 양주도독 이대량李大亮, 민주도독岷州都督 이도언李道彦, 이주자

맥을 잡아 주는 중국사 중요 키워드

장손 황후가 간언을 축하하다

당나라 태종의 황후인 장손長孫 황후는 현명하고 효심이 깊으며 검소하고 독서를 좋아하고 항상 예절을 지켜 행동했다. 자주 태종과 옛일을 논하고 여러 가지 건의를 하기도 해 태종에게 많은 도움이 되었다.

정관 6년(632년) 3월에 장손 황후의 딸 장락長樂 공주가 결혼했는데, 태종이 워낙 아끼는 딸이라 혼수가 고조의 장녀인 고모 영가永嘉 장공주의 두 배에 달했다. 이에 위징이 태종에게 간언하니 태종이 그의 말대로 혼수를 조정하려 마음먹고 궁전에 돌아와 장손 황후에게 이에 대해 말했다. 그 말에 황후도 위징의 의견에 따르는 것을 찬성했다.

또 한 번은 태종이 조회에서 돌아와 화가 난 얼굴로 황후에게 말했다. "짐이 이 촌뜨기를 죽여 버리고 말 것이오!" 장손 황후가 무슨 일이냐고 묻자 태종이 대답했다. "위징은 항상 공식 석상에서 나를 모욕하오!" 그러자 장손 황후가 침실로 물러나더니 하례를 올리는 조복朝服 차림으로 황제 곁에 다가와 축하 인사를 건넸다. "황제가 어질면 신하가 정직하다는 것을 알고 있습니다. 위징은 폐하께서 어지시다는 것을 알기 때문에 그렇게 간언한 것입니다. 어찌 이를 축하하지 않을 수 있겠습니까?" 이에 당 태종은 분노가 누그러졌고 위징의 정직함을 더욱 좋아하게 되었다.

황후는 정관 16년(642년) 6월에 병이 심해졌는데, 임종 직전까지도 태종에게 충언을 멈추지 않았다. "아첨을 듣지 마십시오. 방현령을 다시 기용하십시오. 사냥을 하지 마시고, 부역을 줄이십시오. 외척을 총애하지 마십시오. 저의 장례는 간단하게 치러 주십시오." 21일, 장손 황후는 서른여섯을 일기로 생을 마쳤다.

사利州刺史 고증생高甑生 및 돌궐, 거란의 군대가 여러 갈래로 나누어 토욕혼을 공격했다. 마침내 당나라 군대는 토욕혼을 크게 격파했다. 그러자 토욕혼들은 복윤을 살해하고 그의 아들 순順을 카간으로 옹립한 후 당나라에 투항했다. 이윽고 태종이 순을 서평군왕西平郡王에 봉하면서 토욕혼은 완전히 평정되었다.

청황색 유약을 칠한 난초 자기 그릇

당 왕조 시대의 식기이다. 이 그릇의 중앙에는 백색으로 그린 도형이 있고 그 위와 주변에는 갈색의 난초 무늬가 낙서처럼 그려져 있는데, 선이 시원시원하고 마치 내키는 대로 그린 듯하다. 당시의 장인들은 규격화를 피하기 위해 기물의 입구, 목, 배, 귀, 손잡이, 흐름 등에 교묘한 변화를 주어 새로운 형식의 기물 조형을 창조해 냈다.

화훼 무늬 남색 유리 그릇

쟁반의 아가리는 둥글게 접혀 테가 둘러 있고, 바닥은 평평하고, 쟁반의 중앙은 볼록하게 올라와 있다. 쟁반 안에는 화훼 무늬가 음각되어 있다. 이 쟁반은 이슬람 초기의 유리 기물로, 이란 또는 지중해 연안에서 생산되었다.

서돌궐의 분열

638년

582년에 돌궐이 동돌궐과 서돌궐로 분열되었다. 당나라 정관 6년(632년) 12월, 서돌궐의 돌루 카간Duolo Qaghan, 咄陸可汗이 죽자 그 아우인 동아설同娥設이 즉위해 샤폴로딜리쉬Shaboluo Dielishi, 沙鉢羅咥利失 카간이 되었다. 이때 서돌궐은 10개 부락으로 나뉘었는데, 각 부락에 샤드shad를 한 명씩 두고 각자 화살 한 대씩을 주어 10개 부락을 10화살, 즉 10전箭이라고 불렀다. 이 10개 부락은 다시 좌우로 나뉘어 왼쪽은 5돌루Duolu라 불리며 쿠르qur 5명이 이끌게 했다. 이들은 추 강Chu River(중국어로는 수이예碎葉, 키르기스스탄 북부와 카자흐스탄 남부를 흐르는 강) 동쪽에 거주했다. 오른쪽은 누시비nushibi라 불리며 이르킨irkin 5명이 이끌게 했다. 이들은 추 강 서쪽에 거주했다. 이 둘을 합쳐 10성姓이라고 했다.

나중에 딜리쉬가 차츰 민심을 잃으면서 그의 신하 툰 투둔Tun Tudun, 統吐屯(관직명)의 습격에 패해 카라샤르로 도망가려 했다. 그 후 툰 투둔이 유쿡 샤드Yukuk Shad, 欲谷設를 카간으로 세우려고 했지만, 그가 피살당하는 바람에 유쿡도 패배해 세력이 꺾이고 말았다. 그러자 딜리쉬 카간이 다시 돌아와 땅을 되찾았다. 정관 12년(638년) 말, 서쪽의 5대 '돌루'가 유쿡 샤드를 이피 돌루Yipi Duolu, 乙毗咄陸 카간으로 세웠다. 이에 딜리쉬 카간이 병사를 일으켜 유쿡 샤드와 싸움을 벌여 서돌궐이 다시 동·서로 분할되었고, 유쿡 샤드가 일리 강 서쪽 토지를 점령했다. 이렇게 서돌궐이 다시 동·서로 나뉘면서 역사에서는 원래 금산 동쪽에 거주하던 동돌궐을 '북돌궐' 또는 '돌궐'로 부르게 되었다.

당나라가 안서도호부를 설치하다

640년

당나라 안서도호부 서주, 고창, 천산, 포창(蒲昌), 유중(柳中) 등지의 관인 인발(도장을 찍은 흔적)

서역 고창高昌의 국왕 국문태麴文泰가 빈번하게 당나라 국경을 침범해 제멋대로 약탈을 해 댔다. 정관 13년(639년), 태종이 후군집 등을 보내서 토벌하게 해 정관 14년에 고창을 투항시키고, 그해 9월에 안서도호부安西都護府를 설치했다. 일찍이 서한 시대에 서역에 서역도호부西域都護府를 설치한 바 있다. 수나라 말에 한족漢族 국麴씨가 멋대로 고창에 할거 정권을 세웠다. 정관의 치세 이래 고창 국왕 국문태는 고의적으로 당나라 조정에 대항하고 나섰다. 이에 태종이 국문태를 회유하고자 사절을 보냈지만 그는 귀순하려고 하지 않았다.

정관 13년(639년) 12월, 태종이 이부상서 후군집, 부총관 좌둔위대장군左屯衛大將軍 설만철에게 군사를 이끌고 고창을 토벌하도록 명령했다. 당나라 군대가 적구磧口에 도달하자 고창 국왕 국문태는 근심과 두려움에 어찌할 바를 모르다가 급병이 나 죽어 버리고, 그의 아들 지성智盛이 계승했다. 당나라 대군이 도성인 교하성交河城 아래까지 쳐들어와 성을 둘러싸고 맹공을 퍼붓자 지성은 성을 나가 투항했다.

당나라 군대는 이어서 연거푸 고창의 22개 성을 함락하고 8,000여 가구 1만 7,000여 명의 투항을 받아 냈다. 이때 고창과 동맹 서약을 맺은 서돌궐의 카간이 엽호葉護를 부도성浮圖城에 주둔시켜 그들을 성원했다. 그러나 당나라 군사의 맹렬한 기세를 목격한 서돌궐 카간은 서쪽으로 도망가 버리고 엽호도 투항했다. 카간 부도성은 바로 정주庭州(지금의 우루무치 시烏魯木齊市)이다. 정관 14년(640년) 9월, 당나라는 교하성에 서안도호부를 설치했다.

당나라와 토번의 화친

641년

7세기 초에 손챈감포松贊乾布가 토번吐藩을 통일한 후 당나라와 우호 관계를 맺고자 했다. 그러나 이런 관계가 순조롭게 흘러가는 경우는 드물어 우호를 맺는 동시에 모순과 충돌이 일어나서 흔히 전쟁으로 끝을 맺는다. 당나라와 토번만 해도 변경 지역에서 빚어지는 작은 마찰은 말할 필요도 없고 두 나라 사이에 대규모 군사적 충돌이 여러 차례 일어난 바 있다. 그러나 당나라와 토번 사이의 싸움이 격렬하기는 했어도 전체적으로 볼 때 그 모순과 충돌은 단기적이거나 제한적이었고, 우호적인 큰 틀은 변한 적이 없었다.

634년부터 846년까지 213년 동안 양측의 사절 왕래는 이상할 정도로 빈번하게 이루어졌다. 대략적인 통계에 따르면 총 191번 사신이 왕래했으며, 그중 당나라가 토번으로 간 횟수가 66회, 토번이 당나라로 온 횟수가 125회였다. 사신의 임무도 다양했는데, 대부분이 양측의 화친과 회맹이었다. 당나라와 토번의 화친은 토번의 건국 초기부터 시작되었다. 손챈감포는 당나라의 문화를 동경해서 당나라와 화친을 맺는 것을 영광으로 생각했다. 634년에 손챈감포가 사절을 보내 당나라 황실에 청혼했다. 그러나 당나라 태종이 완곡하게 거절하면서 풍덕하馮德遐를 보내 위로했다. 손챈감포는 귀국하는 풍덕하와 함께 후한 예물을 갖추어 또다시 사신을 보냈지만 역시 청혼을 거절당했다. 이에 손챈감포는 당나라 조정으로부터 중시되는 입장에 서고자 병사를 일으켜 송주松州(지금의 쓰촨 성 쑹판 현松潘縣)로 진격했다가 당나라 군대에 격파되었다. 퇴각 후 그는 바로 사절을 보내 당나라에 사죄하고 다시 청혼했다. 그 후 640년에

시짱 자치구(西藏自治區)에 있는 대소사(大昭寺) 문성 공주 금상

맥을 잡아 주는 **중국사 중요 키워드**

대명궁

대명궁大明宮은 당 왕조의 궁전으로 지금의 산시 성陝西省 시안 시 성북城北 지역의 룽서우위안龍首原에 있다. 이곳은 당 왕조의 도성이었던 장안성에 세워진 금원禁苑(대궐 안에 있는 동산이나 후원)이다. 정관 8년(634년)에 건축을 시작해 영안궁永安宮으로 이름 지어졌다가 정관 9년에 대명궁으로 이름이 바뀌었고, 용삭龍朔 3년(663년) 이후부터 당 왕조의 주요 조회 장소로 쓰였다.

대명궁은 수나라 문제 때에 지어져 당 왕조에서도 계속 사용된 태극궁太極宮 및 개원開元 2년(714년)에 지어진 흥경궁興慶宮과 함께 '삼내三內'라고 불린다. 이는 즉 당나라 장안성 내부의 궁전 세 채를 뜻한다. 대명궁의 주전主殿인 함원전含元殿 및 그 뒤의 선정전宣政殿, 자신전紫宸殿 이 세 개의 궁전이 서로 겹치듯 세워진 '삼조三朝' 배치 형태는 훗날 역대 궁전들의 구도에 깊은 영향을 미쳤다.

대명궁은 고대 중국인들의 위대한 재능과 지혜의 결정체로 당나라 건축 기술의 수준과 성취를 보여준다. 대명궁의 스타일, 구도와 건축 토대의 구조는 후대가 당 왕조의 건축 스타일 및 역사적 상황을 이해하는 데 역사적 근거와 이미지 자료를 제공한다.

대명궁 함원전 복원도

대명궁은 당나라 장안성에서 가까운 북동쪽에 있었다. 이곳은 수 왕조 때 지어진 금원의 일부분이다. 정관 8년(643년), 당나라 태종 이세민이 용수산(龍首山)의 지형을 이용해 영안궁을 지었는데, 이듬해에 대명궁으로 이름을 바꾸고 태상황 이연이 머물도록 했다.

맥을 잡아 주는 중국사 중요 키워드

문성 공주, 티베트로 시집가다

《토번왕조세습명감吐蕃王朝世襲明鑑》 등의 기록에 따르면, 문성 공주의 행렬은 어마어마했다고 한다. 당나라 태종의 혼수품도 다양해서 석가모니상, 보물, 금과 옥으로 장식된 서궤, 경전 360권, 각종 금과 옥의 장식품 등이 있었다고 한다. 또 여러 가지 식량과 각종 무늬 도안의 비단과 침구, 역법 경전 300종, 선악을 식별하는 명경明鏡(맑은 거울), 건축과 공예 방면의 서적 60종, 404가지 병을 고칠 수 있는 의료 처방 100종, 의학 논저 4종, 진단법 5종, 의료 기계 6종 등도 가져왔다. 또 채소 씨앗, 생산 도구 등도 모두 티베트에 가져갔다.

손챈감포는 직접 백해까지 나와 문성 공주를 맞이하며 당나라에 사위로서의 예를 갖추고, 마포일산瑪布日山(지금의 라싸 포탈라 산)에 문성 공주가 살 궁전도 세워 주었다. 문성 공주의 수행 대오 가운데에는 여러 장인도 있었는데, 이들은 중원의 선진 농업, 수공업, 문화 과학 기술을 전파하는 사절이 되었다.

문성 공주 서역에 들어가다

칭하이 성(靑海省) 탑이사(塔爾寺)의 라마들이 문성 공주의 서장(西藏) 진입을 환영하는 모습이다.

손챈감포는 다시 대상大相(재상에 해당) 녹동찬祿東贊에게 황금 5,000냥과 보물 수백 점을 주어 장안에 가서 구혼하도록 했다. 결국 태종이 황족인 문성文成 공주를 시집보내기로 했다.

641년 초, 문성 공주가 당나라의 송친사送親使 강하왕江夏王 이도종李道宗과 토번의 영친전사迎親專使 녹동찬의 수행을 받으며 장안에서 토번으로 향했다. 손챈감포가 직접 백해柏

海(지금의 칭하이 성 마둬 현瑪多縣)까지 나와 문성 공주를 맞이하며 당나라에 사위로서의 예를 다해 이도종을 알현했다. 그런 다음 문성 공주와 함께 라싸로 갔다. 문성 공주는 토번에서 거의 40년을 살았고, 줄곧 토번 백성의 사랑을 받다가 680년에 병으로 세상을 떠났다.

이세민이 공신상을 그리게 하다

643년

당나라 태종 정관 17년(643년) 2월, 태종은 옛 공신들의 업적을 잊지 않는다는 뜻으로 능연각凌煙閣에 여러 공신의 초상화를 그리도록 명령했다. 능연각은 장안성 안에 있는데, 태극궁太極宮 안 동북쪽에 자리하며, 각 내부가 세 부분으로 나뉘어 있고 각각 공적이 높은 재상과 제후, 그 밖의 공신이 그려져 있다.

태종 스스로 찬贊(인물이나 서화를 찬미하는 글체로 남의 좋은 점을 칭송할 때 사용하는 문체의 하나)을 지어 저수량褚遂良에게 제목을 짓게 하고 염립본閻立本에게는 그림을 그리게 했다. 공신 총 24명을 그렸는데, 장손무기, 이효공李孝恭, 두여회, 위징, 방현령, 고사렴高士廉, 울지경덕, 이정, 소우, 단지현段志玄, 유홍기劉弘基, 굴돌통屈突通, 은개산殷開山, 시소, 장손순덕長孫順德, 장량張亮, 후군집, 장공근, 정지절, 우세남虞世南, 류정회劉政會, 당검唐儉, 이적, 진숙보 등이 포함된다.

태자를 바꾸다

643년

장손 황후는 아들을 셋 낳았다. 태자 승건承乾, 위왕 태泰, 진왕晉王 치治이다. 승건은 향락을 좇아 학업을 게을리해서 태종을 크게 실망하게 했다. 위왕 태는 총명하고 글 솜씨가 뛰어나며 성실하고 학업도 게을리하지 않아

위징의 죽음

위징은 당나라 초 '정관의 치세'를 이루는 데서 매우 중요한 역할을 했다. 위징은 간언을 서슴지 않기로 유명했는데, 훗날 사람들은 그를 가리켜 "과거 임금의 잘못에 대하여 바른말로 간하는 쟁신諍臣은 한 사람밖에 없다."라고 했다. 그는 여러 차례 태종에게 바른 말을 했고 가끔은 태종을 난처하게 하기도 했다. 위징은 특히 태종에게 일이 커지기 전에 미리 준비하고 막아야 하며, 시작이 좋으면 끝이 좋다는 말을 강조했다.

정관 13년에는 이세민의 정치가 예전만 못하다며 신랄하게 비판하기도 했다. 위징은 총 200여 가지 일에 대해 간언했다고 한다. 그는 "여러 가지 의견을 들으면 현명해지고, 한쪽 의견만 들으면 아둔해진다.", "군주는 배와 같고 백성은 물과 같다. 물은 배를 띄울 수도 있지만 뒤집을 수도 있다."와 같은 주옥같은 정치적 간언을 많이 했다. 그의 정치 언론 모음이 《정관정요貞觀政要》에 실려 있다.

정관 17년(643년) 정월, 위징의 병이 위태로워지자 태종은 사람을 보내 그의 안부를 묻고 약을 보내주기도 했다. 위징이 결국 세상을 떠나자 태종은 9품 이상의 관리는 모두 조문하도록 명령하고, 우보羽葆(깃을 단 덮개)와 나팔을 내리고 소릉昭陵(소릉은 태종의 무덤으로, 태종의 묘를 중심으로 배장묘陪葬墓 200여 개가 있다. 황후, 제후, 공주 외에도 나라에 큰 공을 세운 공신들도 함께 묻었다.)에 함께 묻도록 했다. 그러자 위징의 아내 배裴씨는 위징이 평소에 근검했다며 우보와 나팔을 받지 않고, 헝겊으로 덮인 수레로 운구하여 매장했다. 이에 태종이 뭇 대신들에게 말했다. "사람이 구리 거울에 옷매무새를 다듬고, 옛일을 거울삼아 흥하고 바뀜을 보며, 사람을 거울삼아 얻음과 잃음을 아는 법인데, 이제 위징이 떠났으니 짐은 거울을 잃었구나!"

위징의 서법

위징은 서법에 정통했다. 태종이 어부(御府, 임금의 물건을 보관한 곳집)의 금과 비단으로 천하의 고서를 구입하도록 하고(태종이 왕희지의 서예를 좋아해 왕희지의 진필을 구하도록 했다고 한다.) 위징, 우세남, 저수량에게 진위를 가리도록 명령한 바 있다.

태종의 총애를 받았다. 그런데 이 두 사람은 대신들에게 농락당하며 각자 측근을 거느리고 서로 견제하기에 바빴다. 승건은 이태가 점점 태종의 총애를 많이 받자 불안해져서 한왕漢王 원창元昌, 대신 후군집과 몰래 군사를 일으킬 작당을 했지만 사전에 발각되고 말았다. 이에 태종은 태자 승건을 평민으로 폐하라는 조서를 내리고, 한왕 원창은 자결하게 하고, 후군집 등은 모두 죽였다. 승건이 폐해지자 태종은 장손무기, 방현령, 이적, 저수량 등과 함께 태자를 세우는 일을 두고 고민하며 쉽사리 결정을 내리지 못했다. 재능이 뛰어난 진왕 치를 세우자니 한편으로 그의 연약함이 마음에 걸렸다.

결국 태종은 장손무기, 저수량 등 원로 중신의 의견에 따라 정관 17년(643년) 4월 7일에 진왕 치를 황태자로 세우는 동시에 위왕 태를 북원北苑에 유폐한다는 조서를 내렸다. 그해 9월에 태종은 장손무기를 태자태사太子太師에, 방현령을 태부에, 소우를 태보에, 이적을 태자첨사詹事로 임명했다.

채색을 입힌 진묘수

이 수면(獸面) 진묘수(鎭墓獸, 무덤 속에 놓아두는 신상. 무덤을 수호하는 목적으로 사용했으며 주로 짐승 모양이다.)는 사자의 얼굴에, 머리에는 뿔이 나 있고, 몸에 날개가 달려 있으며, 등에는 억센 긴 털이 곧추서 있다. 네 다리가 둘씩 한 쌍을 이루어 판 위에 쪼그리고 앉아 있다. 황색 유약으로 채색했다. 진묘수는 인면과 수면의 두 종류가 있으며 묘 안에서는 한 쌍으로 출토된다.

당나라 태종이 병으로 사망하다

649년

당나라 태종 이세민은 수 왕조 말에 아버지 이연을 따라 태원에서 군사를 일으켜 당 왕조를 세우는 데 크나큰 업적을 쌓았다. 무덕 9년(626년)에 일어난 현무문의 변 이후 태자가 되어 황제의 자리에 오른 그는 재위 기간에 부병제, 균전제, 조용조제를 시행하고, 지방 관리에 대한 심사를 강화하고, 《씨족지氏族志》와 《오경정의五經正義》를 편찬하게 하고, 과거 제도를 발전시켰다. 그는 수 왕조를 교훈 삼아 어진 신하를 등용하고 진심으로 충언을 받아들여 당나라 초에 위징과 같이 간언을 서슴지 않는 정직한 충신이 나타날 수 있었고, 방현령과 두여회를 재상으로 등용했다. 정관 연간에

정토종의 창설

정토종淨土宗은 아미타불阿彌陀佛 및 그가 출현할 정토의 존재를 믿고, 죽고 나서 그 정토에 태어나기를 바라는 중국 불교의 유파로 수·당 시대에 정식 종교 유파로 발전했다. 도작道綽과 선도善導가 정토종의 진정한 창시자라고 할 수 있다. 도작(562년~645년)은 담란曇鸞의 비문을 읽고 정토로 돌아서서 아미타불을 매일 7만 번씩 외웠다고 한다. 그는 콩 또는 염주로 염불의 횟수를 세도록 하고, 원력願力(부처에게 빌어 원하는 바를 이루려는 마음의 힘. 정토종에서는 아미타불의 구제력救濟力을 이른다.)에 기대야만 서방정토西方淨土(서쪽으로 십만 억의 국토를 지나면 있는 아미타불의 세계. 일종의 이상향이다.)에 이를 수 있다고 여겼다.

선도(617년~681년)는 처음에는 《법체法體》, 《유마維摩》를 외웠으나 나중에는 《관무량수경觀無量壽經》에 기대었다. 저서로는 《관무량수불경소觀無量壽佛經疏》, 《왕생예찬게往生禮讚偈》 등이 있고, 《아미타경阿彌陀經》 수십만 권을 베끼고, 정토변상淨土變相(정토에 있는 여러 불보살과 누각, 수풀 따위를 그린 그림) 300폭을 그렸다. 이로써 정토종의 이론과 법도가 틀을 갖추기 시작해 정식으로 하나의 종파가 되어 수·당 시대에 널리 퍼졌다.

서방정토를 동경하는 사상은 동진 시기에 이미 생성되어 혜원慧遠이 정토종의 조사祖師(불교에서 한 종파를 세워서, 그 종지宗를 펼친 사람을 높여 이르는 말)로 모셔진다. 그 뒤로 정토 사상은 지속적으로 전승되었고, 동위의 담란이 《안악정토의安樂淨土義》, 《찬아미타불게贊阿彌陀佛偈》를 지어 정토 사상의 중요 전승자로 일컬어진다. 정토종은 중국에서 지금까지 줄곧 전승되었다. 선도 이후로도 정토종은 지속적으로 전승되어 계속해서 명사名師들을 배출했다. 선도의 《관무량수불경소》는 8세기에 일본으로 전해져 12세기에 그 영향을 받은 일본 승려 겐쿠源空가 일본 정토종을 창설했다. 그리고 이후 겐쿠의 제자 신란親鸞이 정토진종淨土眞宗을 창설했다.

선도(善導) 대사상

는 사회와 경제가 크게 발전해 이 시기를 '정관의 치세'라고 부른다.

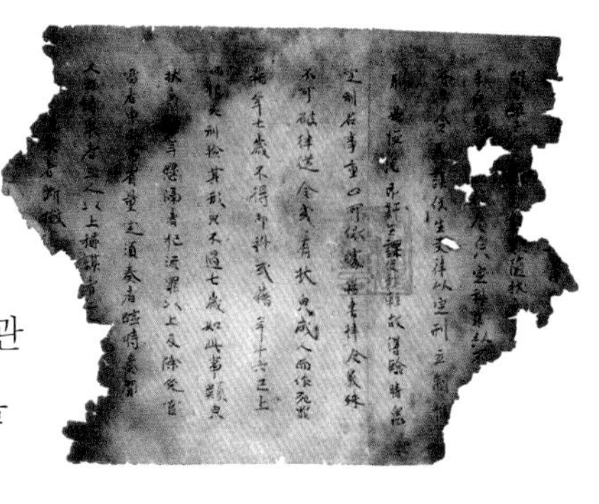
당률의 남은 부분

정관 15년(641년)에 당나라 태종은 문성 공주를 토번 왕 손챈감포에게 시집보내 티베트의 경제와 문화의 발전을 돕고 한족과 티베트족 사이의 우의를 강화했다. 그러나 정관 말에는 고구려 정벌을 위해 해마다 병사를 모으고, 궁전을 세우느라 부역이 가중되어 계급 간의 갈등이 깊어졌다.

정관 23년(649년) 정월, 태종은 직접 《제범帝範》 12편을 편찬해 태자 치에게 하사하며 솔직하게 자신은 완벽한 사람이 아니기 때문에 수많은 잘못을 저질렀다는 사실을 인정했다. 임종 전에는 자신의 장례를 간소하게 치르라고 당부하고, 장손무기와 저수량 등에게 태자를 보좌하라고 명령했다. 정관 23년(649년) 5월, 당나라 태종은 취미궁翠微宮에서 병으로 생을 마감했다.

맥을 잡아 주는 중국사 중요 키워드

염립본 단청 신화

염립본은 초당初唐(흔히 당 왕조 시대를 시체詩體를 기준으로 초당·성당盛唐·중당中唐·만당晩唐 4시기로 나누어 이야기한다. 초당은 618년부터 712년, 성당은 713년부터 765년, 중당은 766년부터 835년, 만당은 836년부터 907년까지이다.)의 걸출한 공예가이자 인물화 화가이다. 처음에는 진왕부의 고직庫直(관아의 창고를 지키고 감시하던 사람)이었다가 626년에 명을 받아 〈진부십팔학사도秦府十八學士圖〉를 그리고, 정관 17년(643년)에 〈능연각공신이십사인도凌煙閣功臣二十四人圖〉를 그렸다. 그 밖에도 〈서역도西域圖〉, 〈영휘조신도永徽朝臣圖〉, 〈보련도步輦圖〉 및 〈역대제왕도歷代帝王圖〉를 그렸다.

염립본은 특히 회화에 뛰어났는데 그의 화필의 선은 둥글고 막힘이 없어 시원하며, 힘이 있고, 색채와 선염은 짙으면서 깨끗하고, 리듬감이 풍부하며, 구도와 비율이 조화롭다. 기교가 능수능란해 묘사가 세밀하다. 그는 흔히 당시 정치상의 중대한 사건을 소재로 창작했는데, 날카로운 시선과 능수능란한 기교로 역사적 의미가 큰 순간들을 많이 남겼다. 그의 그림 가운데 특히 《보련도》와 《역대제왕도》는 후세 사람들에게 추앙받고 있다.

《당률소의》 반포

653년

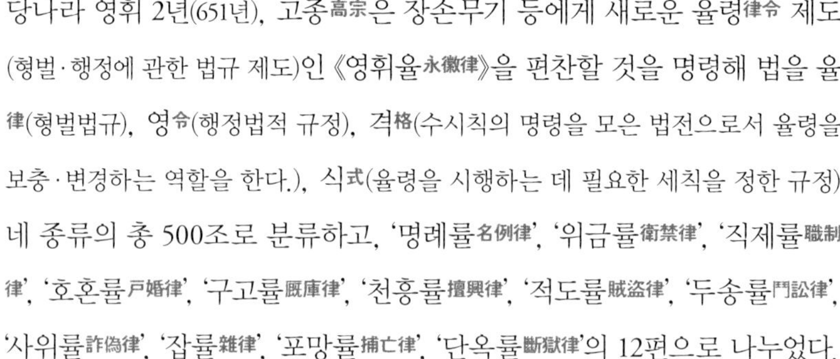

당나라 영휘 2년(651년), 고종高宗은 장손무기 등에게 새로운 율령律令 제도(형벌·행정에 관한 법규 제도)인 《영휘율永徽律》을 편찬할 것을 명령해 법을 율律(형벌법규), 영令(행정법적 규정), 격格(수시칙의 명령을 모은 법전으로서 율령을 보충·변경하는 역할을 한다.), 식式(율령을 시행하는 데 필요한 세칙을 정한 규정) 네 종류의 총 500조로 분류하고, '명례률名例律', '위금률衛禁律', '직제률職制律', '호혼률戶婚律', '구고률廐庫律', '천흥률擅興律', '적도률賊盜律', '두송률鬥訟律', '사위률詐僞律', '잡률雜律', '포망률捕亡律', '단옥률斷獄律'의 12편으로 나누었다.

견당사 선박(일부)

중국은 예로부터 나라 밖 민족과 광범위하게 경제 및 문화 교류를 진행했다. 육로뿐만 아니라 해로도 매우 중요한 교통 경로였다. 일본은 당나라 초기부터 말기까지 총 10여 차례에 걸쳐 '견당사'를 보내 중국 문화를 배웠다. 이는 일본 견당사의 선박이 중국의 동해를 항해하는 모습을 그린 것이다.

율문의 해석을 통일하기 위해 영휘 3년(652년)에 고종은 다시 장손무기, 이적, 어지녕於志寧 등에게 율문을 해석한 소의疏議(네 글자 또는 여섯 글자로 이루어져 대對를 이루는 문체)를 짓게 했다.

《소의》는 총 12편 30권으로 이루어졌는데, 송 왕조에 이르러 《당률소의唐律疏議》로 이름이 바뀌었다. 이는 《영휘율》의 원문의 법조문을 뽑아 조목별로 주석을 단 것이다. 그 주석은 중당 이전의 법률을 집대성한 법전을 통해 군주 전제 제도, 봉건 윤리와 계급제도를 선동하는 데 집중한다. 이는 송, 원, 명, 청 여러 왕조가 봉건 법전을 제정하고 해석하는 데 본보기가 되어 중국에 현존하는 가장 오래되고 체계적이며 완전한 봉건 법전으로서 중국과 외국에 모두 깊은 영향을 미쳤다. 영휘 4년(653년) 10월에 전국적으로 반포되었는데, 이는 당률의 완벽함을 의미한다.

일본의 견당사가 중국에 오다

653년

영휘 4년(653년) 5월에 일본이 견당대사遣唐大使 기시 나가니吉士長丹, 부사副使 기시 고마吉士駒, 유학승 도엄道嚴[588년(위덕왕 35년)에 백제의 사신 은솔恩率 수신首信, 덕솔德率 개문蓋文, 나솔那率 복부미신福富味身 등과 함께 일본에 파견된 백제의 승려이다.] 등 121명을 배 한 척에 태워 당나라(유학승과 학생 14명이 더 있었다고 전해진다.)로 보내는 동시에, 또 견당대사 다카다 네마로高田根麻呂 등 120명을 또 다른 배 한 척에 태워 당나라로 보냈다. 7월에 다카다 네마로 등 120명이 탄 선박이 사쓰마 국薩摩國 사쓰마 군薩麻郡 인근 지역에서 조난당했다. 이는 일본 견당사의 두 번째 중국 방문이자 일본 다이카 개혁大化革新(645년~654년) 후 처음으로 당나라에 보낸 견사였다.

영휘 5년(654년) 2월에 일본 견당사遣唐使의 책임자인 압사押使 다카무코 겐리高向玄理, 대사 가와베 마로河邊麻呂, 부사 구수시 에니치藥師惠日을 당나라에 보냈는데 압사 다카무코 겐리(과거 장안 유학생이었다.)가 당나라에서 병사했다. 그해 7월, 전 견당대사 기시 나가니 등과 신라와 백제의 견당사가 함께 지쿠시筑紫로 돌아갔다.

정관 4년(630년)부터 건녕乾寧 원년(894년)까지 일본에서는 19차례에 걸쳐 견당사를 중국에 파견했고, 일본 견당사의 중국 방문은 중·일 양국의 문화 교류를 강화했다.

백제를 평정하다

663년

현경顯慶 5년(660년) 3월, 백제와 고구려 연합군의 계속된 공격에 신라가 당나라 정부에 지원을 요청했다. 이에 당나라에서는 대장 소정방蘇定方에게 수륙 10만 대군을 이끌고 백제로 가도록 했다. 당나라 군대가 백제를 크게 격파하고 만여 명에 달하는 병사를 섬멸하자 백제 왕 부여의자 및 태자 부여융이 투항했다. 그 후 당나라는 백제 땅에 웅진熊津 등 5개 도독부를 설치했다. 용삭 원년(661년)에 백제의 승려 도침과 옛 장수 복신이 왕자 부여풍을 일본에서 백제로 데리고 돌아와 백제 왕으로 옹립하고, 당나라 군대를 포위했다. 이에 당나라 정부는 유인궤劉仁軌와 신라 군대를 보내 부여풍을 공격하게 했다.

청옥 투조 비천 패

용삭 2년(662년) 7월, 유인궤가 백제의 군대를 크게 물리치고 진현성 등을 점령했다. 이듬해인 용삭 3년(663년) 8월에 유인궤는 군대를 이끌고 백강 입구에서 일본 군대를 물리치고 일본군 선박 400여 척을 불태운 후, 백제의 왕성인 주류성을 점령했다. 백제 왕 부여풍은 고구려로 도망가고, 왕

맥을 잡아 주는 중국사 중요 키워드

독자적으로 한 파를 형성한 당삼채

당삼채唐三彩는 당나라 시대에 도기에서 독자적으로 한 파를 형성한 걸작으로, 풍부하고 다채로운 유색과 미묘하면서 출중한 조형으로 세계적으로 이름을 떨쳤다. 당 왕조 시대의 도기 예술가들은 여러 종류의 금속 산화물이 띠는 색의 원리에 대해 한층 깊은 지식이 있었다. 그래서 기존에 존재하던 연유도鉛釉陶(유약에 납을 첨가해 만든 도자기)에서 한걸음 더 발전해 철, 동, 코발트, 망간 등 여러 금속 산화물을 첨가하고 저온에 구워 황색, 적색, 녹색, 백색, 청색 등의 색 가운데 한 가지 색 또는 여러 가지 색을 한 도자기에 채색한 것이 바로 당삼채이다.

연유는 쉽게 흘러내리기 때문에 구울 때 유약의 양을 다르게 하면 한 가지 유약으로도 여러 가지 농담濃淡과 깊이가 자연스럽게 변하는 기묘한 효과를 볼 수 있고, 여러 가지 색의 유약을 사용하면 서로 침투해 색채가 더욱 현란한 변화를 보여서 매우 화려하고 특이하다.

당삼채는 바로 이러한 유색의 특징을 이용해 여러 가지 색이 한데 어우러진 웅장하고 화려한 예술적 매력을 드러낸다. 당삼채는 기물과 도용의 두 종류로 나눌 수 있다. 기물은 주로 생활도구로 사용된 것으로 병, 단지, 사발, 쟁반, 그릇, 잔, 벼루, 화로, 베개 등이다. 도용은 주로 장식으로 사용되었고 귀부인, 시종, 문관, 무사, 악사 등의 인물 이미지와 말, 낙타, 소, 사자, 호랑이, 닭, 오리, 원앙 등의 동물의 형태로 만들어졌다.

당 왕조 시대의 것으로 출토된 삼채 용기는 그 모양이 질박하고 꾸밈이 없으며, 선이 매끄럽고, 몸체 바깥면의 색채가 다채롭다. 당삼채 가운데 가장 매력 있는 작품을 꼽으라면 당연히 낙타와 말이다. 삼채마三彩馬의 자태는 건강하고 아름다우며, 건장하고 힘이 있다. 서 있는 것도 있고 달리는 것도 있는데 하나같이 실제처럼 생동감이 넘친다.

악사를 태운 당삼채 낙타용

서안의 당나라 시대 무덤에서 출토된 악사를 태운 낙타 당삼채 2종은 삼채 낙타의 대표작이다. 그중 한 낙타는 평상을 짊어지고 있고, 그 위에 손에 악기를 쥔 악사 인형이 책상다리를 하고 앉아 있다. 여자 인형이 중앙에서 나풀나풀 춤을 추고, 악사 인형은 모두 한복漢服을 입고 있다. 당삼채는 초당 때부터 구워지기 시작해 성당 때 정점에 다다랐다가, 안사의 난 이후로 국력이 쇠퇴하면서 차츰 쇠락해 갔다. 출토 상황을 보면 현재 당 왕조 시대의 두 수도인 서안과 낙양에서 집중적으로 출토되었고, 양주에서도 소량이 출토되었다. 그러나 당삼채의 가마 유적은 허난 성 궁이요鞏義窯 한 곳밖에 없다.

당삼채가 중국, 나아가 동양의 도자기 발전에 미친 영향은 막대하다. 중국의 요삼채遼三彩, 송삼채宋三彩, 명삼채明三彩, 청삼채淸三彩 및 외국의 페르시아 삼채, 이슬람 삼채, 신라 삼채, 나라奈良 삼채 등이 모두 당삼채의 영향을 받은 것들이다.

자 충 등은 투항해 백제가 당나라에 평정되었다.

당나라 고종이 유인궤에게 백제에 주둔하라는 명령을 내리자 유인궤는 백제 각지에 사람을 보내 농업과 양잠업 발전에 힘쓰도록 했다. 또한 군대를 훈련하며 고구려를 공격할 계획을 세웠을 뿐만 아니라 일본으로 사신을 보내 이 사실을 알렸다.

봉선사의 건설

675년

봉선사奉先寺는 당나라의 동도인 낙양에 있다. 당나라 고종 함형咸亨 3년(672년)에 고종이 낙양 용문산龍門山에 노사나불盧舍那佛 대불상을 조각하도록 칙령을 내리고, 무측천은 화장품 비용인 지분전脂粉錢 2만 냥을 보내 지원했다. 봉선사를 건설하는 데는 총 4년이 소요되어 상원上元 2년(675년)에 준공되었다. 봉선사 안에는 노사나불, 제자弟子, 보살, 역사力士 조각상 등 11존의 조각상이 있다. 노사나불은 주불主佛로 높이 17.14m에 풍만한 생김새로 당 왕조 시대에 만들어진 첫 번째 대불상이다. 주불의 양쪽에 자리한

봉선사 노사나불

노사나 대불은 전체 높이가 17.14m이고 통통하고 둥근 얼굴은 장엄하고 고아하며, 눈썹은 마치 초승달과 같고, 눈꺼풀을 아래로 내리깔며 두 눈은 아래를 내려다보아 눈이 한층 더 아름다워 보인다. 콧대는 높이 솟았고, 입꼬리는 살짝 올라가 미소를 머금었지만 웃음을 내비치지는 않아 장엄하면서도 고상하며, 영명한 눈빛으로 완벽한 인간의 이미지를 표현하는 전형을 보여 준다. 후광은 구도가 정교하고 아름다우며, 조각이 세밀하고 독특한 용문 최대의 후광 장식이다. 바깥에 부조된 천녀는 빙 둘러 연주하는데 서로 치밀하게 호응하여 조화를 이룬다.

제자상은 모두 표정이 다르다.

봉선사는 조각상들이 전체적으로 배치가 엄숙하고 원숙한 도법을 보이며, 용문산에 들어선 룽먼 석굴에서 규모가 가장 큰 노천 대감大龕(불교의 불상이나 유교의 신주神主, 기타 안치물을 봉안하기 위하여 만든 건축 공간을 감이라 한다.)이다.

맥을 잡아 주는 중국사 중요 키워드

등왕각

난창 시 간장 강贛江가에 있는 등왕각滕王閣은 황학루黃鶴樓, 악양루岳陽樓와 함께 강남 3대 명루로 일컬어진다. 당나라 현경 4년(659년)에 태종의 아들인 등왕滕王 이원영李元嬰이 지어서 등왕각으로 이름 지어졌다. 상원 2년(675년)에 재건되자 홍주도독洪州都督 염백여閻伯嶼가 중양절重陽節에 이곳에서 큰 연회를 베풀며 손님을 대접하고 높은 곳에 올라 부를 지어서 경축했다.

또 사위 오자장吳子章이 여러 사람 앞에서 재능을 뽐내도록 하려고 그에게 미리 서문을 쓰게 했다. 이때 마침 귀향하던 왕발王勃이 이곳을 지나다가 연회에 초대되었다. 염백여가 내빈들에게 서문을 써 줄 것을 청하니 모두 사양했다. 그러나 왕발만은 외지에서 와 그 속사정을 몰랐고 또 나이가 어려 혈기왕성한 까닭에, 사양하지 않고 그 자리에서 단숨에 서문을 써 내려갔다. 이에 불쾌해진 염백여가 사람을 시켜 몰래 그를 감시하게 하면서 어떤 문장을 짓는지 보고하게 했다. 왕발이 쓴 문장의 첫머리인 "남창은 오래된 고을이며, 홍도는 새로운 도시네."를 보고 염백여는 고개를 흔들며 "상투적이구먼." 하고 평했다. 그러나 이어서 "나는 듯한 누각에 단청 빛이 흐르고, 아래로 내려다보매 대지는 저 멀리 아득하구나."라는 구절을 읽고는 감탄하며 "좋은 구절이로고!"라고 외쳤다. 그리고 "저녁노을과 짝 잃은 기러기와 나란히 날고, 가을 강물은 한없는 하늘과 한 가지 색이로구나."라는 구절을 읽고는 놀라워 책상을 치며 "이 자가 바로 천재로구나!" 하고 감탄했다. 서문이 완성되자 주변 사람들 모두 깜짝 놀랐다.

이때부터 등왕각은 왕발의 〈등왕각서滕王閣序〉와 함께 널리 이름을 떨치며 대대로 전해지게 되었다. 등왕각은 1300여 년의 역사를 거치며 여러 차례 훼손되었다가 재건되었다. 지금의 누각은 1985년에 송 왕조 시대의 양식으로 재건된 것이다.

등왕각

상원 2년(675년)에 전체 공사를 마친 후 무측천이 직접 조정 대신을 데리고 노사나불상의 '개광開光(불상을 만든 후 처음으로 공양하는 일)' 의식에 참여했다. 봉선사는 노천 마애摩崖 조각상군으로 남북 너비가 약 36m, 동서 길이가 약 40m이며, 아홉 존의 주요 조각상이 모두 생동감 넘친다. 예술가들은 불교에서 규정한 이미지에 따라 성격과 기질이 각각 다른 대형 불상을 조각했는데, 봉선사가 가장 대표적인 석굴이다.

손사막

당 왕조의 걸출한 의학가인 손사막(581년~682년)은 경조(京兆) 화원[華原, 지금의 산시 성(陝西省) 야오 현(耀縣)] 사람이다. 그는 어릴 때 잔병치레가 잦아 의술을 배우기 시작했고, 과거 의학자들의 성과와 자신의 임상 경험을 결합해 《비급천금요방》과 《천금익방》을 저술했다. 높은 의술로 이름을 떨쳤을 뿐만 아니라 숭고한 의행으로도 많은 사람의 추앙을 받아 '약왕'이라고 불린다.

약왕 손사막의 죽음

682년

영순永淳 원년(682년), 손사막孫思邈이 백한 살을 일기로 사망하자 후세는 그를 '약왕藥王'이라 부른다. 손사막은 수십 년의 의학 임상 실험을 통해 고대의 의서醫書는 내용이 풍부하나 체계적이지 못해 쉽게 찾아볼 수 없다는 점을 발견했다. 이에 이전의 의학 자료를 정성을 다해 모아서 정리하고, 수십 년에 걸친 자신의 임상 경험을 결합하여 652년에 의서 《비급천금요방備急千金要方》을 편찬했다. 이는 당 왕조 시대 이전의 의학적 성취를 총망라한 책이다. 30년 후, 그는 다시 반평생의 의학 경험을 토대로 《비급천금요방》의 자매편이라고 할 수 있는 《천금익방千金翼方》을 편찬했다. 두 권의 《천금방》은 손사막이 전통 의학의 성취를 체계적으로 총괄한 결과물이라고 할 수 있다.

《천금요방》은 총 30권이며, 제1권은 총론으로 의약, 본초本草(중의학의 약물을 뜻하는 말로, 주로 중의학의 서적의 이름에 사용된다.), 제약 등을 설명한다. 다음은 임상 경험을 주요 내용으로 하며 부인과 2권, 소아과 1권, 오관五官과 1권, 내과 15권, 외과 3권, 해독 급구 2권,

식치양생食治養生 2권, 맥학脈學 1권, 침구針灸 2권으로 이루어진다.

《천금익방》 역시 30권으로, 그 구조는 《천금요방》과 비슷하다. 다른 점이 있다면, 이 책은 약물학과 《상한론傷寒論》을 중점적으로 소개하고 논술하는 당나라를 대표하는 의학의 거작으로 임상의학 최초의 백과대전으로 일컬어진다. 손사막은 당 왕조에 막대한 영향력을 미친 의학자이자 중국 의학사에서 가장 위대한 의학자이기도 하다. 그가 총결한 전통 의학의 성취는 후대를 위해 귀중한 의학적 재산이 되었다. 《천금요방》과 《천금익방》은 외국에까지 전해져 일본, 한국의 여러 의학자에게 인용되며 의학계에 깊은 영향을 미쳤다.

손사막이 진맥을 보는 그림

당나라 고종의 죽음

683년

홍도弘道 원년(683년) 12월 4일, 당나라 고종 이치李治가 재위 25년째에 쉰여섯을 일기로 정관전貞觀殿에서 병사했다. 고종은 재위 기간에 균전제와 황무지 개간을 널리 시행해 결과적으로 인구를 증가시켰다. 또 과거 제도를 발전시켜 재능 있는 직책이 낮은 관리를 재상으로 임명해 상서, 중서, 문하 3성 장관(재상)의 권력을 약화했다. 또 율령의 격식을 수정하고, 《당률소의》를 편찬해 전국적으로 시행하게 했다. 대외적으로는 동쪽으로 백제와 고구려를 평정하고, 서쪽으로 돌궐의 세력을 약화해 당 왕조의 지도를 최대로 확장했다. 현경 말년(661년)에 병으로 앞을 볼 수 없게 되자 양위하고 태상황으로서 참정했다.

이로써 황제와 황후를 합해 두 명의 성인이라는 뜻인 '이성二聖'의 정국이 나타났지만, 실제로는 무측천이 군사와 정치 양쪽의 정권을 잡고 고종은 그저 무측천의 의견에 따라 고개를 끄덕일 뿐이었다. 그해 12월 11일, 태자 이현이 즉위해 당나라 중종이 되어 무측천을 황태후로 추존했다. 하지만 군사와 정치 대사의 모든 결정권은 여전히 무측천에게 있었고, 무측천은 태후의 명의로 조정의 정권을 장악해 훗날 황제가 되기 위한 기반을 닦았다. 숨을 거둔 고종은 건릉乾陵에 묻혔다.

삼채 여립용(女立俑)

이 인형은 높이가 44.5cm이다. 1959년에 산시 성(陝西省) 시안 시 서쪽 교외 중바오(中堡) 마을에 있는 당나라 무덤에서 출토되었다. 지금은 산시 성 박물관에 소장되어 있다. 인형은 아래로 흘러내린 쪽진 머리를 하고, 뺨이 통통하고, 눈빛은 빛나며, 붉은 입술은 꽉 다물었고, 입꼬리에 검은색 보조개가 있다. 남색 바탕에 노란 무늬가 있는 상의에 노란 치마를 입고, 왼쪽 팔은 들어 소매를 아래로 늘어뜨리고 있으며, 오른쪽 팔은 앞으로 뻗어 손바닥을 위로 향했는데 손의 모양이 섬세하고 정교하다. 이 여용은 부드럽고 우아하며 신중한 여성적인 분위기를 드러내고, 또한 당 왕조 시대에 유행한 농염하고 풍만한 예술적 스타일을 반영한다.

무측천이 황제가 되다

690년

천수天授 원년(690년) 9월, 무측천武則天이 황제가 되어 나라 이름을 당에서 주周로 바꾸었다.

당나라 고종이 죽자 무측천은 조정의 정권을 장악해서 중종中宗 이현李顯을 폐하고 예종睿宗 이단李旦을 황제로 세웠다. 그전에 천수 원년(690년) 7월 승려 법명法明, 회의懷義 등 10인이 《대운경大雲經》을 헌정하며 부명符命(하늘이 제왕이 될 만한 사람에게 내리는 상서로운 징조)을 밝혀 "측천則天이란 미륵이 하생한 분이며, 염부제(사바세계)의 주인이다."라는 말을 만들어 내어 여자도 황제의 자리에 오를 수 있다는 명분을 미리 마련했다.

무측천 행종도

재초載初 2년(690년) 9월 3일, 무측천의 뜻을 꿰뚫어 본 시어사부侍御史傅유예遊藝가 관중의 백성 900명을 이끌고 국호를 주로 바꾸고 황제에게 무武씨 성을 하사하라는 표를 올렸다. 무측천은 이를 윤허하지 않는다면서도 유예를 급사중으로 승진시켰다. 이어서 백관과 황실의 종친, 백성, 4대 오랑캐의 족장, 사문沙門(승려), 도사 등 6만여 명에 달하는 사람들이 다시 당 왕조를 주 왕조로 바꿀 것을 청하자 예종도 스스로 성을 무씨로 바꾸겠다고 했다. 9월 9일에 무측천은 마침내 나라 이름을 당에서 주로 바꾸고 연호를 천수라 했다. 12일에 무측천은 성신 황제聖神皇帝라는 존호尊號를 받고, 예종을 황태자로 삼아 무씨 성을 하사했으며 황태자를 황태손으로 삼았다. 13일에 신도神都로 낙양에 무씨 칠묘七廟를 세우고, 자신의 부왕을 시조부 황제始祖父皇帝라 일컫고 조카 무승사武承嗣를 위왕魏王, 무삼사武三思를 양왕梁王, 무유령武攸寧을 건창왕建昌王으로 책봉했으며, 그 밖에도 무씨 10명을 군왕으로 봉했다. 그리고 10월에 천하의 모든 무씨에게는 노역을 면제해 주었다. 무측천은 무려 15년 동안이나 당을 주로 바꾸어 다스렸다. 그러던 신룡神龍 원년(705년)에 강압에 의해 여릉왕廬陵王 이현에게 양위했다.

적인걸을 재상으로 삼다

691년

천수 2년(691년) 9월, 적인걸狄仁傑(607년~700년)이 재상이 되었다. 적인걸은 자가 회영懷英이고 태원 사람이다. 당 왕조의 명신名臣인 그는 어려서부터 가슴에 큰 뜻을 품고 열심히 공부했다. 그리하여 명경明經(과거 시험 과목 중 시험관이 지정하여 주는 경서의 대목을 외던 명경과를 지칭함.)으로 벼슬길에 올라 대리사승大理寺丞, 시어사侍御史, 자사, 재상 등을 역임했다.

적인걸은 평생 수많은 안건을 판결했는데, 모든 일을 상세하게 심사하여 결정하고 공평하게 처리했다. 적인걸은 또 직언을 잘하기로 유명했다. 고종의 재위 시기에 대장군 권선재權善才가 잘못해서 소릉의 백수柏樹를 베어 고종이 그를 죽이려고 했다. 그때 적인걸이 도리에 따라 처리하도록 청을 올려 권선재를 유배 보내는 것에 그치게 했다. 적인걸은 백성의 생업을 중요하게 생각해 여러 폐단을 개선하는 데 힘썼다. 일례로 영주자사寧州刺史로 있을 때에는 북부 지방 오랑캐와의 관계를 조정해 많은 존경을 받았다. 강남 순무사巡撫使 재임 시절에는 귀신을 모신 사당인 음사淫祠 1,700여 곳을 없앴다. 또 무측천이 거대한 조각상을 만들기 위해 어마어마한 돈을 쓰려고 하자 적인걸이 그 폐단을 통렬히 비판했다. 이에 무측천도 그의 말이 맞다고 생각해 조각상을 만들려던 일을 없던 것으로 했다고 한다.

천수 2년(691년) 9월, 무측천이 적인걸을 재상으로 삼으며 물었다. "자네가 여남汝南(예주豫州)에서 선정을 베푼 것을 두고 누군가가 나에게 자네의 흉을 보던데, 누군지 알고 싶은가?" 적인걸이 대답했다. "황후께서 그의 말이 옳다 여기시면 신이 고칠 것이고, 소신에게 잘못이 없다고 여기시면 신이 운이 좋은 것입니다. 누가 저를 헐뜯었는지는 궁금하지 않습니다." 무측천은 그의 넓은 도량에 탄복하며 더욱 신임했다.

석가모니 입상

내준신을 주살하다
697년

동도 낙양 여경문麗景門의 추사원推事院에서 형벌과 옥사를 담당하던 내준신來俊臣은 성격이 잔인하기로 유명했다. 그런 그가 추사원의 업무를 맡게 되니 누구든 일단 그 안에 들어가면 코에 식초를 들이부었고, 땅을 파서 감옥을 만들어 죽지 않으면 그곳에서 나올 수가 없었다. 또 그의 무리들과 함께 《나직경羅織經》을 지었는데, 그 내용이란 것이 어떻게 하면 죄 없는 사람을 모함하고, 잔혹한 형벌로 자백을 강요하는가 하는 것이었다. 그에게 가족이 몰살당하고 억울하게 죽은 사람이 무려 1,000여 명에 달했다.

만세통천萬歲通天 2년(697년), 내준신은 무씨의 여러 왕과 태평太平 공주에게 죄를 뒤집어씌우고 아울러 황사皇嗣 이단, 여릉왕 이현이 남북아위군南北衙衛軍과 함께 반란을 일으켜 나라의 권력을 빼앗으려고 한다고 무고하려 했다. 그러나 무씨의 여러 왕과 태평 공주 등이 선수를 쳐서 내준신의 죄를 고발하고 모반죄로 극형에 처했다. 무측천이 그의 죄를 사해 주려 했지만, 내사왕內史王 및 재상 길욱吉頊이 연이어 간언을 올려 내준신이 패거리와 결탁하여 충신들을 모함하고, 정당하지 않은 방법으로 재물을 받아 법질서를 어지럽힌다고 고했다.

6월 초사흗날, 무측천이 그를 죽이도록 명령을 내렸다. 이날 그에게 원한을 품었던 사람들이 앞 다투어 그의 살을 잘라 내고 얼굴 가죽을 벗겨 냈을 뿐만 아니라 배를 갈라 심장을 도려 내고는 마구 짓밟았다. 세상 사람들이 그토록 내준신을 미워한다는 사실을 안 무측천은 명령을 내려 그의 죄를 일일이 열거하게 하고, 그의 가족을 멸하게 했다. 이를 들은 사람들은 모두 기뻐하며 축하했다.

무자비(無字碑)

무자비는 무측천이 임종 시에 남긴 유언에 따라 세워진 비석이다. 무측천은 유언으로 자신의 공적과 과오는 후대 사람들이 평가하도록 아무 문자도 새겨 넣지 말라고 했다. 비석은 높이가 6.3m, 너비는 2.1m, 두께는 1.49m이다. 그러나 송나라와 금나라 이후 일부 유람객들이 그 위에 글을 써서 '무자비'는 '유자비(有字碑)'가 되고 말았다.

무측천이 죽다

705년

신룡 원년(705년) 12월 26일, 무측천이 향년 여든두 살(624년~705년)을 일기로 세상을 떠났다. 무측천은 "황제의 칭호를 버리고 측천 대성 황후則天大聖皇后로 칭하라."라는 유언을 남겼다. 그리고 왕王 황후와 소蕭 숙비淑妃, 저수량, 한원韓瑗, 유석柳奭 및 그들의 가족을 사면하라고 덧붙였다. 아울러 건릉에 묻힌 남편의 곁에 함께 묻어 달라고 유언했다.

그러자 급사중 엄선서嚴善思가 상소를 올려 존귀한 사람이 먼저 묻힌 다음에 지위가 낮은 사람이 다시 묻힐 수는 없으며, 그렇게 하면 존귀한 사람을 놀라게 하여 적절한 방법이 아니라고 했다. 또한 예로부터 황제와 황후는 대부분 합장하지 않았으므로 건릉 옆에 다시 능을 만들어 무측천을 안장하는 것이 좋겠다고 했다. 이에 백관과 토론을 거친 후 당나라 중종 이현은 무측천의 유언에 따라 합장하도록 조서를 내렸다.

신룡 2년(706년) 5월 18일, 측천 대성 황후가 건릉에 안장되었다. 그전인 신룡 원년(705년) 정월에 재상 장간지張柬之가 태자 이현 등과 함께 현무문 반란을 일으켰다. 말로는 주를 멸망시키고 당을 회복시킨다는 것이었지만, 실제로는 모친의 제위를 아들에게 넘겨주라는 것이었다. 다른 왕조와 달리, 무측천은 임종 전에 스스로 자신의 제위를 폐하고 황후로 부르며 고종과 건릉에 합장되기를 바랐다.

위후가 중종을 죽이고 반란을 꾀하다

710년

경룡景龍 4년(710년), 중종의 황후인 위후韋后와 안락安樂 공주가 중종을 독살해 6월 2일 신룡전神龍殿에서 중종이 쉰다섯 살을 일기로 숨을 거두었다. 위후는 중종의 죽음을 감추고, 위씨 자제들과 친지들을 소집해 5만 병력을 주어서 수도를 수비하게 하여 자신이 황제로 등극할 준비를 했다. 또 좌감문左監門 대장군 겸 내시內侍 설사간薛思簡 등에게 병력 500명을 이끌고 균주均州로 가 초왕譙王 중복重福이 군사를 일으킬 것에 대비하게 하고, 형부상서 배담裴談과 공부상서 장석張錫을 중서문하삼품에 임명했다. 아울러 이부상서 장가복張嘉福, 중서시랑 잠희岑羲, 이부시랑 최식崔湜을 평장사平章事에 임명해서 조정을 나누어 관리하게 했다.

같은 날, 태평 공주와 상관上官 소용昭容이 황제의 유서를 날조할 것을 몰

단풍잎 금박 무늬 남색 유리 쟁반

높이는 2.1cm, 외부 입의 지름은 15.8cm, 내부 배의 지름은 12.5cm, 테두리 너비는 16cm이다. 이 쟁반은 산시 성(陝西省) 푸펑 현에서 출토되었는데 원산지는 지중해 지역으로, 당나라 사람들은 이것을 예불에 사용했다.

기러기와 구름무늬의 도금한 은으로 만든 차맷돌(茶磨)

중국인은 한나라 시대부터 차를 마시기 시작했다. 육조 시대에 점차 널리 퍼져서 하나의 풍속으로 자리 잡았고, 당나라 시대에는 이것이 더욱 성행했다. 당나라 사람들은 차 끓이는 법, 차를 따르는 법, 차를 가는 법, 차를 보관하는 법, 소금 보관법 등 차를 마시는 데 일정한 법식과 다례를 발전시켰다.

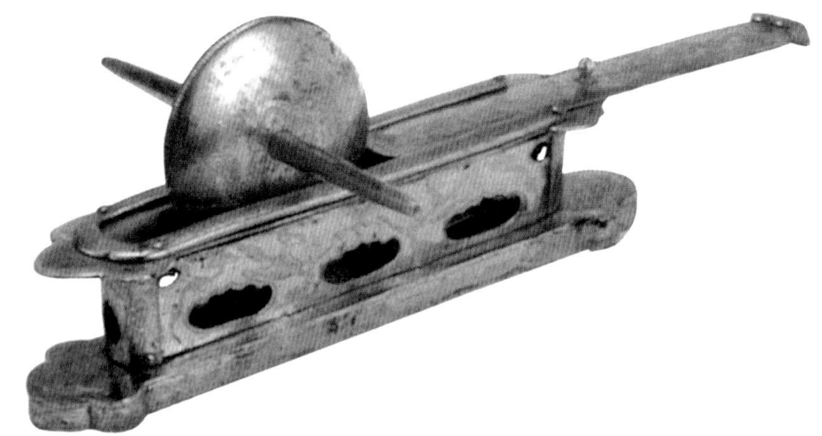

래 모의하여 온왕溫王 중무重茂를 황태자(중종의 어린 아들, 위후의 소생이 아님.)로 세우고, 황후를 지정사知政事로, 상왕相王 단참旦參을 모정사謀政事로 임명했다. 9월 4일, 중종의 관이 태극전으로 옮겨지고 조정에 백관이 소집되어 정식으로 장례가 진행되었다.

그 후, 위후는 무측천을 모방하여 조정에 나와 섭정하며 온왕 중무를 황제로 옹립하고 천하에 사면령을 내려 연호를 당융棠隆이라 했다. 이듬해 5월에 황태자 중무가 즉위해 소제가 되었고, 위후를 황태후로 추존했다. 위후가 조정에 나오자 종초객宗楚客과 여러 위씨가 그녀에게 무측천처럼 스스로 황위에 오르라고 부추겼다. 위온韋溫, 무연수武延秀, 안락 공주 등도 상왕과 태평 공주를 제거한 후 소제를 죽여 대사를 이루고자 했다. 그러나 위후가 섭정을 시작한 지 10여 일밖에 지나지 않았을 때, 상왕 단참의 셋째 아들 융기隆基가 황실 군대와 연합해 태평 공주 등과 함께 궁성으로 진격해서 위후와 안락 공주 및 그 측근들을 죽였다.

맥을 잡아 주는 중국사 중요 키워드

차 산업의 발전

차 산업은 당 왕조 시대에 남방 농업 경제에서 중요한 부분이었다. 차 산업은 대대로 발전을 거듭하면서 당 왕조 시대에 이르러 성숙 단계에 들어섰다. 중국은 차의 고향이다. 오늘날 세계에서 차를 재배하는 나라의 차들은 모두 직·간접적으로 중국에서 전파되어 개선되고 발전한 것이다. 전하는 바에 따르면, 중국에서는 이미 상나라 시대부터 차나무를 재배하기 시작되었고, 한 왕조 시대에 찻잎이 상품으로 만들어졌다고 한다. 파촉은 당시 중국 차 산업의 중심으로, 차를 마시는 풍속은 쓰촨 지역에서 먼저 성행했다. 위진 남북조 시대에는 장강 중하류 지역에서 차 산업이 현저한 발전을 일구었으며, 북방 지역에서는 차 농업을 찾아보기 어렵다.

차를 마시는 풍속이 성행하면서 차는 당시 중요 상품이 되었고, 찻잎이 북방으로 대량 운송되었다. 찻잎 수요의 증가에 따라 차 산업도 함께 발전했다. 야생의 차나무 외에도 인공 재배가 대량으로 이루어졌다. 이로써 당 왕조 시대에는 찻잎 생산이 대대적으로 증가해 지금의 쓰촨 성, 위난 성, 구이저우 성, 광둥 성, 광시좡족 자치구, 푸젠 성, 저장 성, 장쑤 성 등 15개 성과 지역(당시에는 50개 주와 군)으로 보급되었다. 찻잎 생산이 이루어진 곳의 지리적 위치를 보면, 대부분이 온난다습한 진령, 회하 이남 지역으로, 이 지역의 수많은 구릉과 산기슭에는 모두 차나무가 심어졌다. 역사 기록에 따르면 "강남 백성은 생활을 영위하기 위해 대부분 차 농사를 짓고 있다."라고 기록되어 있다. 또한 강회 사람들도 "열에 두셋은 차 농사를 짓는다."라고 기록되어 있다. 농민뿐만 아니라 지주와 관리들도 찻잎 생산에 뛰어들었다. 《원화군현지元和郡縣志》 25권에는 "장성현(지금의 저장 성 창싱 현), 고산현顧山縣 서북쪽 12리, 정원貞元 이후 해마다 고산 자순紫筍 차를 진상했는데, 일꾼 2~3만 명이 며칠을 걸려야 끝을 맺는다."라고 했다. 이로써 당시 일부 다원의 규모가 매우 컸고, 당 왕조의 차 제조업도 매우 발전했다는 점을 알 수 있다. 당시의 찻잎은 조차粗茶, 산차散茶, 말차末茶와 병차餅茶의 네 종류로 나뉘었다. 《당국사보唐國史補》의 기록에 따르면 당 왕조 때에 이미 22종에 이르는 명차名茶가 있었다고 한다.

당 왕조의 차 산업은 중국 차 산업의 발전사에서 전통을 계승하고 발전시키는 위치에 있다. 차 산업은 남북조 시대에 이룬 기초 위에서 빠르게 발전했을 뿐만 아니라 세계 여러 곳에 영향을 미쳤다. 당 왕조 시대 차 산업의 흥성을 바탕으로 세계 최초의 차를 논한 전문 서적 《다경茶經》도 등장했으며, 또한 이 시기에 차나무 종자와 재배 기술이 일본과 신라로 전파되었다.

천년에 한 번 나온 여황

재인에서 황후까지

무측천의 이름은 조曌로, 당나라 고조 무덕 7년(624년)에 태어났다. 공부상서이자 응국공이었던 무사확武士彠의 딸인 그녀는 정관 11년(637년)에 황궁에 들어가 재인이 되고 '무미武媚'라는 칭호를 받았다. 본래 황제가 죽으면 후궁 가운데 아이를 낳지 않은 비와 빈은 모두 출가해 비구니가 되어야 했다. 태종이 죽은 후 무 재인은 강압적으로 삭발한 채 장안 감업사感業寺로 출가하게 되었다.

태종의 뒤를 이어 고종 이치가 즉위했다. 그는 태자였을 때 자주 부황을 문안하러 가 무 재인의 정성스러운 시중을 받았다. 당나라 태종이 죽고 얼마 지나지 않았을 때, 왕 황후는 고종이 소 숙비를 총애하자 고종의 시선을 다른 곳으로 돌리려 했다. 그래서 그가 마음에 두었던 무측천을 궁으로 데려오도록 권했다. 이렇게 해서 무측천은 다시 입궁하게 되었고, 왕 황후의 비위를 잘 맞추어 금세 소의昭儀로 봉해졌다. 궁에서 자리를 잡은 무측천은 왕 황후와 고종의 사이를 이간질해 마침내는 황후의 자리를 빼앗았다.

그 사건의 전말을 살펴보면 이렇다. 여자로서 죽은 삶이나 다름없던 비구니 신분에서 벗어나 다시 입궁한 무측천은 더욱 큰 권력을 손에 넣기 위해 계략을 짰다. 이를 위해 자신이 낳은 친딸을 죽여 왕 황후에게 그 죄를 덮어씌웠다. 그리고 고종이 이를 이유로 왕 황후를 폐하고 자신을 황후로 책봉하게 유도했다. 그러나 왕 황후의 폐위 문제는 고종의 외삼촌인 태위 장손무기 등 옛 신하들의 강한 반대에 부딪혔다. 영휘 6년(655년), 왕 황후를 폐하고 무씨를 황후로 책봉하는 일을 두고 조정에서는 격렬한 논쟁이 벌어졌다. 그 결과, 고종이 반대파 대신인 저수량을 조정에서 쫓아내고, 그 해 10월에 왕 황후를 폐한 후 무측천을 황후로 세웠다.

시대의 여황

역사서에서는 무측천을 "재주가 많고 슬기롭고, 문학과 역사에 두루 통달했으며 정사에 관심이 많고 권세욕이 강했다."고 기록한다. 현경 5년(660년) 이후, 고종이 풍질風疾에 걸려 눈이 보이지 않자 조정 대사 대부분을 무측천이 맡아 처리했다.

영순 2년(683년) 12월에 고종이 병으로 죽고, 태자 이현이 즉위하면서 무측천은 태후로 추대되었다. 이로부터 채 두 달도 못 되어 무측천은 중종이 천하를 그 장인에게 넘기려 한다는 이유로 이현을 폐하고, 그의 어린 아들 이단을 황제로 옹립했다. 그가 바로 예종이다. 무측천은 여전히 조정에 나와 정사

삿갓을 쓴 채 말을 타고 있는 유약을 바른 도자 여용

당 왕조는 매우 개방된 시대로, 여자도 남자와 거의 평등한 지위를 누렸다. 바로 이러한 사회적 풍토 덕분에 천고에 이름을 드높인, 반세기 가까이 통치 권력을 누리고 결국에는 국호를 당에서 주로 바꾼 여황제 무측천이 탄생할 수 있었다.

'석종(石淙) 연회'의 밀랍상

허난 성 쑹산(嵩山) 옥녀대(玉女臺) 아래에는 평락간(平洛澗)이라는 계곡이 있다. 이 계곡에는 거대한 바위가 있고 양쪽 기슭에 동굴이 많아 물이 바위를 때리면서 '줄줄'소리를 내어 '석종'이라고 불렸다고 한다. 사진은 허난 성박물관에서 만든 밀랍상으로, 무측천이 석종에서 여러 신하와 술을 마시고 시를 짓는 광경을 표현했다.

를 좌지우지했다. 무측천은 자신에게 반대하는 사람을 배척하고 없애는 방법으로 강력한 통치를 펼쳐 자신의 정권을 굳건히 했다.

재초載初 2년(690년), 당 왕조를 주 왕조로 바꾼다는 조서를 내려 연호를 천수로 바꾸고, 예종을 황태자로 삼고 무씨 성을 내렸다. 이로써 예순일곱 살의 무측천이 드디어 황제의 자리에 올랐다. 그 후 무측천은 옛 신하들의 반발을 막기 위해 색원례索元禮, 주흥周興, 내준신 같은 가혹한 관리, 즉 혹리酷吏를 등용하여 공포 정치를 했다. 더불어 자신의 세력을 키우기 위해 제멋대로 인재를 모집해 낙성전洛成殿에서 직접 시험을 보고 인재를 뽑아 황제가 직접 시험을 감독하는 전시殿試 제도를 시작했다. 또 무거武擧를 설치해 무예가 출중한 인재를 관리로 뽑고, 각급 관리와 백성이 스스로 관직에 천거하는 것을 허락했다.

무측천은 인재를 임용할 때 한 가지 방식과 규칙에만 구애받지 않고 사람의 능력을 파악해서 적재적소에 임용할 줄 알았다. 그래서 무측천의 집권 기간에는 인재가 끊이지 않아 정관 시기와 비교해도 손색이 없을 정도였다. 21년 동안 무측천은 재상을 70여 명 임용했다. 그중 대부분이 한 시대의 명신名臣으로 손꼽히는 이들로, 요숭姚崇, 송경宋璟 같은 인물은 현종 개원 연간까지도 중요한 역할을 했다.

천추에 길이 남을 공로

외부 침략을 막고 변경 지역을 안정시키는 면에서도 무측천은 집권 기간에 많은 업적을 남겼다. 천수 3년(692년)에는 대장 왕효걸王孝杰에게 토번을 격파하게 해 안서 4진을 수복하고, 쿠차에 다시 안서도호부를 설치했다. 그 후 조정에서는 또 정주庭州에 북정北庭도호부를 설치해 서쪽 변방 지역의 수비를 굳건히 하고, 한동안 중단되었던 중앙아시아 지역으로 통하는 '실크로드'를 다시 개통했다. 무측천은 농업을 중시하여 농경을 장려하고 수리 공사를 해 사회 경제가 장족의 발전을 거두게 했다. 무측천의 통치는 효율적으로 사회의 안정을 유지했고, 정관의 치세에서 거둔 성과를 굳건히 했으며, 훗날 '개원의 성세'가 이루어질 수 있게 탄탄한 기초를 쌓아 주었다.

물론 무측천의 일생에는 적지 않은 잘못과 실수가 존재한다. 말년에 무측천은 점점 사치하고 부패해 궁전과 절을 크게 짓고, '몇 년 사이에 억만금을 써서 국고가 모두 고갈되었다.' 아울러 반대 세력을 억누르는 과정에서 혹리를 임용해 중상모략이 판을 치고 죄 없는 사람들이 연루되고 무고한 신하와 백성이 마구잡이로 잡혀 목숨을 잃게 했다.

중종 신룡神龍 원년(705년), 무측천의 병이 위급해지자 재상 장간지, 최현崔玄 등이 문무백관과 금군禁軍을 이끌고 입궁해서 무측천에게 퇴위를 요구했다. 그 후 중종을 복위시키고 당의 국호를 회복했다. 그해 11월에 무측천이 향년 여든두 살의 나이로 병사하고, 고종과 함께 건릉에 합장되었다. 시호諡號(왕이나 사대부가 죽은 후에 그 공덕을 찬양하여 추증하는 호)는 '측천 대성 황후'이다.

맥을 잡아 주는 중국사 중요 키워드

귀부인이 권력을 독점해 사봉관을 하다

당 왕조의 귀부인인 안락 공주, 장안長安 공주, 위후의 여동생 성국 부인郕國夫人, 상관上官 첩여婕妤(첩여는 궁중의 여자 관리인 여관女官이다.) 그리고 첩여의 어머니인 정鄭씨 등이 모두 권세에 기대어 매관매작賣官賣爵을 일삼았다. 백정이나 노복일지라도 30만 냥만 내면 황제가 붓으로 쓴 임명장인 임관任官 사령서辭令書를 받을 수 있었다.

이런 사령서는 모두 비스듬히 봉해서 옆문으로 중서성에 보내졌다. 그래서 당시 사람들은 이런 관리를 '사봉관斜封官'[중서성에서 누런 종이에 주색朱色(선명한 빨간 주황색) 인신印信을 찍어 바르게 봉한 칙명敕命과는 달랐다.]이라고 불렀다. 이러한 사봉관이 나라에 해를 끼친다는 점은 누가 봐도 명확한 사실이었다.

그러나 이 관직들은 중서성이나 문하성을 거쳐서 부여된 것이 아니라 황제가 직접 임명한 것이므로 두 성의 관리들도 감히 나서지 못하고 그저 관련 부문에서 처리할 것이라는 말만 되풀이할 뿐이었다. 이때 이부원외랑吏部員外郎 이조은李朝隱이 홀로 사봉관 1,400여 명에 대해 정당성을 반박하고 나서자 조정에서 그를 비방하는 목소리가 드높아졌지만, 이조은은 전혀 두려워하지 않았다.

경운景雲 원년(710년) 8월, 요숭과 송경 두 재상이 어사대부 필구畢構와 함께 예종에게 진언하여 이전 대에 봉해진 사봉관을 폐해야 한다고 주장했다. 예종이 그들의 간언을 받아들여 15일에 사봉관 수천 명을 파면했다.

〈내인 쌍육도(雙陸圖)〉

'내인'이란 궁궐 내의 사람들을 가리키고, '쌍육'이란 위·진 남북조 시대에 시작하여 당나라 시대에 성행한 바둑의 일종이다.

당나라 현종의 즉위

712년

이융기(685년~762년)는 당나라 예종 이단의 셋째 아들이자 당 왕조의 제7대 황제이다. 그는 성격이 과감하고 영민하며 용맹한 한편, 재략이 풍부하고 솜씨도 뛰어났는데, 특히 음률에 뛰어났다. 그는 처음에 초왕楚王으로 봉해졌다가 나중에 임치왕臨淄王이 되었다.

경운 2년(711년)에 이융기는 고모 태평 공주와 함께 정변을 일으켜 위후와 무측천의 나머지 무리를 잡아 그 죄를 물어 죽이고, 자신의 아버지 이단을 황제로 옹립했다. 그리고 위후를 제거한 공을 인정받아 이융기는 태자로 책봉되었다.

연하延和 원년(712년) 7월, 서쪽에서 혜성이 등장해 중국에서 이름을 붙인 별자리인 헌원軒轅을 거쳐 태미太微로 들어가 대각大角에 이르렀다. 이에 태평 공주가 이단에게 방사를 보내 진언하게 했다. "혜성은 옛 별이 사라지고 새 별이 나타남을 예시하는 것으로, 혜성이 한 번 나타나면 황제의 자리에도 변화가 나타납니다. 이는 태자가 천자가 된다는 예시입니다."(이 말은 태자가 황제를 시해하고 황제의 자리를 찬탈하리라는 것을 뜻한다.) 이단이 그 속뜻을 이해하지 못하고 말했다. "황위를 물려주어 태자가 재앙을 피할 수 있다면 저는 이미 결심했습니다." 이융기는 그 사실을 알고 황급히 입궁해서 머리를 조아리며 말했다. "저는 공로가 미약해 현자와 여러 형제를 태자로 옹립하고 싶었습니다만, 이렇게 되어 벌써 밤낮으로 불안할 지경입니다. 폐하께서는 왜 이렇게 급히 퇴위하시려고 합니까?" 이단이 말했다. "내가 천하를 얻게 된 것은 다 네 덕분이다. 지금 황제의 자리에 재앙이 있어 너에게 넘겨주어서 화를 복으로 바꾸려고 하는데 무엇을 의심하는 것이냐?" 이융기가 여전히 괴로운 듯 사양하자 이단이 다시 말했다. "너는 효자인데 왜 내가 죽은 뒤에야 즉위하려고 하느냐?" 그 말에 이융기는 그저 눈물을 흘리며 물러갈 수 밖에 없었다. 태평 공주와 다른 무리가 모두 황제에게 양위하지 말 것을 간언했으나, 이단의 의지는 확고했다.

7월 25일, 당나라 예종 이단은 조서를 내려 태

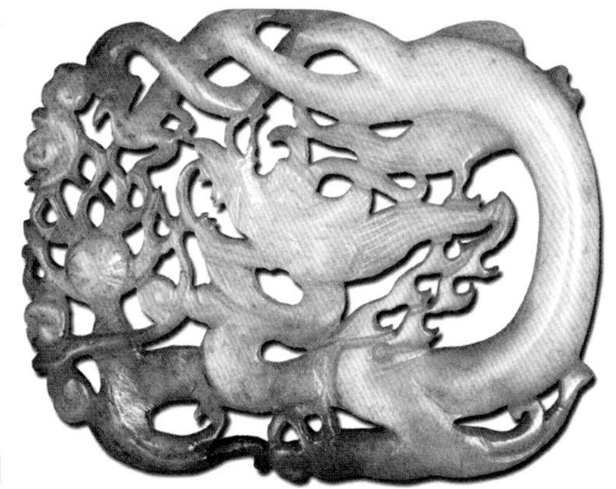
백옥 누각 용무늬 장식

자에게 황위를 넘긴다고 밝혔다. 그리하여 8월 3일에 당나라 현종 이융기가 즉위하고, 예종 이단은 태상 황제가 되었다. 8월 7일, 당나라 현종 이융기가 연호를 선천先天이라 하고 대대적인 사면을 진행했다.

요숭이 재상직을 되찾다

713년

현종 이융기는 즉위하자마자 713년에 요숭을 재상으로 복귀시키고 군사 방침과 국가 대사 등 여러 방면에서 그의 의견을 물었다. 혼자 중임을 짊어진 요숭은 과감하고 적절한 일처리로 백성을 위한 정치를 행해 민심을 얻고 황제의 칭찬을 받아 당시로써는 보기 드물게 '시대를 구한 재상'이라는 명예를 얻었다. 요숭이 재상이 된 후 현종에게 건의한 열 가지는 기본적으로 모두 채택이 되었다. 요숭은 불교와 도교 사원의 신축을 엄격히 금하고, 가짜 승려 1만 2,000여 명을 색출해 속인으로 귀속시켰다.

그러나 요숭의 두 아들인 광록소경光祿少卿 요이姚彝과 종정소경宗正少卿 요이姚異는 널리 빈객을 모으고 뇌물을 받아 비아냥의 대상이 되었다. 그 밖에도 요숭의 측근이었던 중서성주서中書省主書(종칠품) 조회趙誨도 오랑캐로부터 뇌물을 받았다. 그런 사실이 드러나자 현종이 직접 심문해서 조회는 사형에 처해졌다. 이때 요숭이 그를 구하기 위해 온힘을 쏟자 현종은 크게 분노했다. 그러나 나중에 요숭이 경성까지 달려와 용서를 빌자 현종은 조회에게 곤장 100대를 벌로 내리고 영남 지역으로 유배 보내는 것으로 끝냈다. 이 일로 요숭은 두려움이 생겨 혐의에서 벗어나고자 여러 차례 재상 자리에

흰색 도기의 춤추는 말

말의 몸체가 순백색으로, 마치 상아를 조각한 것 같다. 몸이 크고 건장하며, 통통하고, 엉덩이는 둥글며, 갈기는 구불구불하여 파도치는 듯하다. 두 귀는 곧추세우고, 머리를 숙인 채 입을 벌리고 있다. 눈은 높이 쳐든 말발굽을 바라보고 있다.

맥을 잡아 주는 중국사 중요 키워드

한간화마

한간韓幹은 당 왕조의 화가로, 경조京兆(지금의 산시 성陝西省 시안 시) 사람이며 천보天寶 연간(742년~756년)에 이름을 떨쳤다. 그는 초상, 인물, 화죽花竹에 뛰어났고 특히 말 그림에 뛰어났는데, 사생을 중시해서 궁중과 제왕부의 명마들을 널리 그렸다. 말을 많이 그린 것을 이유로 당시 소 그림에 뛰어났던 대숭戴嵩과 함께 '한마대우韓馬戴牛'라 일컬어졌다.

한간의 말 그림은 귀신의 솜씨에 가깝다는 평가를 들었다. 그는 조패曹霸를 스승으로 삼았는데, 조패, 진굉陳閎, 위언韋偃 등의 패턴을 뛰어넘고 한 왕조 이래의 뛰어난 회화 전통을 계승하여 고금을 통틀어 견줄 사람이 없다는 뜻으로 '고금독보古今獨步'라고 불린다. 그는 진짜 말을 스승으로 삼아 창작 태도가 매우 진지했고, 객관적인 복제와 재현에 그치지 않았다. 또 그가 그린 말 그림은 살이 찌고 점잖게 표현되었는데, 이는 그가 황제의 말인 어마御馬를 그렸기 때문이다.

그는 과거 화가들이 날렵한 몸매에 근육이 드러난 '용마龍馬(힘찬 기상을 지닌 천리마를 비유적으로 이르는 말)'를 그렸던 것과 달리, 섬세하고 사실적인 기법으로 성당盛唐 시대의 분위기가 물씬 풍기는 그림으로 말 그림의 새로운 스타일을 창조해 냈다. 그는 비율의 정확성에 중점을 두어 강건함과 힘을 두드러지게 나타내고, 가늘고 둥근 선으로 말의 몸을 묘사하고, 선염을 더해 색의 변화를 만들어 내어 그림에 생명력과 리듬감을 부여했다. 한간은 말 그림 스타일을 대표하는 〈옥화총도玉花驄圖〉, 〈조야백도照夜白圖〉, 〈목마도牧馬圖〉, 〈세마도洗馬圖〉, 〈팔준도八駿圖〉, 〈백마도百馬圖〉 등의 작품을 남겼다.

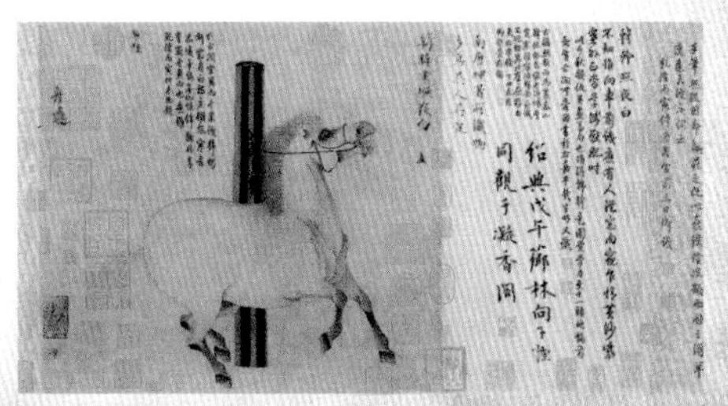

한간의 〈조야백도〉

'조야백(照夜白)'은 당나라 현종 이융기가 타던 말의 이름이다. 이 그림은 필체가 간결하고 선이 섬세하며 역동적으로 표현되어 웅장한 기백을 잘 드러낸다.

서 물러나겠다는 뜻을 밝혔다. 그리고 자신을 대체할 사람으로 광주도독 송경을 추천해 결국 뜻을 이루었다. 개원 4년(716년) 윤 12월, 요숭은 개부의동삼사開府儀同三司가 되었다.

시박사를 설치해 무역을 관리하다

714년

당 왕조의 궁악도

당나라 조정은 714년에 주에 시박사市舶使를 설치해 해외 무역을 관리하게 했다. 이 제도는 이후 원 왕조 말까지 700년 동안이나 지속되었다. 당 왕조 시대에는 상업 경제가 매우 번영했고 그와 함께 대외 무역도 매우 발달했다. 육상과 해상의 두 갈래 길을 통한 무역은 매우 빈번히 이루어지고 나날이 정규화되어 갔다. 당나라 조정에서는 이를 관리할 전문 기관을 두고 관리를 임명해 효율적으로 관리함으로써 대외 무역의 지속적인 발전을 도모하고, 무역의 효율적인 전개에 긍정적인 작용을 하도록 했다.

당 왕조와 남해 여러 나라의 해외 무역은 당 왕조의 대외 무역에서 무시할 수 없는 중요한 위치에 있었다. 당시 바닷길을 통해 당나라로 와서 무역을 한 나라로는 일본, 신라, 인도, 스리랑카, 페르시아, 중국 남해의 여러 섬나라, 대식大食(아랍. 아바스 왕조 때의 사라센 제국을 중국 당나라에서 부른 이름) 등 여러 나라와 지역이 있었고 그중에서 대식은 가장 중요한 나라였다. 이 나라들은 모두 항해를 통해 중국과 무역했다. 대다수가 페르시아 만에서 인도를 거쳐 말레이 군도를 지나서 중국 광주에 도달했다. 그런 다음 광주에서 영남 지역의 교주交州, 강남의 양주, 복건福建의 천주泉州 및 복주福州, 명주明州, 온주溫州 등의 통상 항구로 갔다. 해상 무역은 발전 속도가 매우 빨라서 일반적인 거래 형식이 되었고, 무역액도 매우 높았다.

마노석으로 만든 뿔잔

한편, 당나라는 육상 무역도 매우 중요하게 생각해 주변 여러 소수민족과의 사이에 열리는 무역인 호시互市에도 깊은 관심을 기울였다. 호시는 경제 요소 외에 매우 중요한 정치적 요소도 안고 있어서 당나라가 끊임없이 서역 여러 나라와 왕래를 강화하도록 했다. 예컨대 호시를 통해 내륙 지역에서 필수적인 중요한 군용 물자 마필을 얻을 수 있었는데, 이는 국방과 직접적인 관계가 있었다. 이에 당나라 조정은 전문적으로 '호시감互市監'을 설치해서 호시 무역을 관리했다. 당나라와 돌궐, 토욕혼, 회흘回紇(당나라 시대에 위구르족을 부른 이름), 당항党項(6세기에서 14세기에 중국 서북부에서 활약하던 티베트계 유목 민족인 탕구트의 한자 이름), 토번 등 여러 국경 지역 소수민족의 관계는 전쟁과 평화 시기를 반복했지만, 무역 활동은 항상 매우 활발하게 이루어졌다.

승려 일행이 자오선의 길이를 실제로 측정하다

724년

당 왕조 개원 12년(724년), 승려 일행一行이 세계 최초로 자오선子午線(경선經線)의 길이를 계산했다. 이는 아랍 천문학자인 알 콰리즈미al-Khwārizmi가 814년에 실측한 것보다 90년이 빠른 것이다. 승려 일행(683년~727년)의 본명은 장수張遂이고 위주魏州 창락昌樂(지금의 허난 성 난러 현南樂縣) 사람으로, 당 왕조의 고승이자 천문학자, 대지 측량학자였다. 개원 연간에 일행은 《대연력大衍歷》을 편찬해 대규모로 전국의 천문과 대지를 측량하기 시작하여 남쪽으로는 교주까지, 북쪽으로는 철륵鐵勒까지 총 12개 측량점을 설치했다. 그들은 각 측량점에서 정오의 해 그림자를 재고 북극의 고도를 측량해 남북의 밤낮 길이를 쟀으며, 각지의 일식과 식분蝕分(일식이나 월식 때 태양이나 달이 가려지는 정도를 백분율로 표시한 것) 등을 계산했다. 《대연력》은 일식과

승려 일행의 석상

밤낮의 길이를 계산하는 데 중요한 데이터를 제공해 주었다.

기원전 3세기 말, 고대 그리스 천문학자 아리스토텔레스는 지구가 구형球形이라는 사고를 바탕으로 지구의 둘레를 측량했고, 피타고라스학파는 여행가가 보게 되는 극심한 변화를 통해 지구가 구형이라는 생각을 하게 되었다. 아쉽게도 중국 전통 천문학에는 지구에 대한 명확한 개념이 없어

채회 타마구용

기마 격구 채회 도용

맥을 잡아 주는 **중국사 중요 키워드**

고대 스포츠의 흥성 시대

수·당 시기에는 전례 없이 고대 스포츠가 흥성한 시대로 접어들어 씨름, 줄다리기, 그네타기, 바둑 등이 널리 유행했다. 가장 성행한 스포츠는 마구馬球와 축구로 여자도 참여했다. 마구와 축구, 그리고 바둑 등의 스포츠는 당 왕조 때에 일본으로 전해졌다. 마구는 정관 연간에 토번에서 내륙 지역으로 전해진 것으로, 당나라 태종이 장안 거리에서 사람들이 모여 마구를 하는 모습을 보고 괜찮은 운동이라고 여겨 널리 퍼뜨리게 했다. 태종은 마구를 사랑했고 기술도 매우 뛰어났다. 즉위하기 전에는 형제들, 부마 등과 또 토번 사람과 함께 마구 경기를 해서 대승을 거두기도 했다. 이러한 그의 마구 사랑 덕분에 많은 귀족과 관리, 문인과 학사, 심지어는 여자들까지도 모두 마구에 열중했다.

이 고대 스포츠는 후세에도 계속해서 인기를 끌어 청 왕조까지 이어졌다. 당 왕조 시대에 마구는 통치 계급의 선도로 상당히 보편화되었다. 특히 구장 시설 건설, 경기 교류, 군대에서의 저변 확대, 높은 기술 수준 등에서 모두 성과가 있었다. 당 왕조의 축구는 한·위 시대보다 발전을 이룩했다. 한 왕조 때의 축구는 속이 꽉 찬 공이었지만, 당 왕조의 축구는 가죽으로 만들어 안에 공기를 채운 공이었다. 대시인인 이백도 축구를 매우 좋아했다고 한다.

서 일행 등이 이미 지구 자오선의 길이를 계산하고 지구가 구형임을 발견하기 직전에 이르렀음에도 결국 눈앞에서 호기를 놓치고 말았다.

양옥환을 귀비로 책봉하다

745년

천보 4재載(745년. 당 현종은 천보 3년 1월 1일부터 년을 재로 고쳐서 14재까지 재위하고 안록산의 난으로 숙종에게 양위했다. 숙종이 지덕至德 3재에 이르러 연호를 원년으로 바꾸면서 다시 '년'으로 되돌려졌다.) 8월에 당나라 현종이 양옥환楊玉環을 귀비로 책봉하고 그로부터 10여 년을 총애해 양씨 가문도 더불어 권세를 누렸다. 양 귀비(719년~756년)는 포주蒲州 영악永樂(지금의 산시 성山西省 융지 시) 사람으로 아명이 옥환이다. 어려서 아버지를 여의고 숙부의 집에서 자랐고, 현종의 아들인 수왕壽王 이모李瑁의 왕비로 간택되어 수왕부壽王府로 들어갔다.

개원 25년(737년)에 현종이 총애하던 무武 혜비惠妃가 세상을 떠난 후 황제는 줄곧 후궁 가운데서 마음에 드는 반려자를 찾지 못했는데, 바로 이때 누군가가 수왕의 비 양씨를 추천했다. 현종은 그녀를 보고 첫눈에 반했다. 그래서 수왕의 비를 태후의 명복을 빌어 준다는 명목으로 여도사로 출가시켜 궁중에 거주하게 하며 호를 내신太眞이라 하고, 수왕에게는 다른 왕비를 간택해 주었다. 태진은 음률에 정통하고 가무에 능하며 총명하고 사람의 마음을 잘 이해해 현종의 사랑을 듬뿍 받았다.

당 왕조의 귀부인상

귀비가 총애를 받을 때 그녀가 말을 타면 환관 고력사高力士가 고삐와 채찍을 잡았고, 궁중에서 700명의 사람들이 귀비를 위해 비단을 짜고 자수를 놓았다. 또 수백 명이 그녀를 위해 각종 금과 옥 같은 귀중한 기물을 만들어 생일이나 명절에 사용했다. 귀비가 신선한 여지荔枝(우리가 오늘날 '리치'라 부르는 중국 남부 지방 원산의 과일)를 좋아해서 현종은 매년 영남嶺南의 역참에서 장안까지 색과 맛을 그대로 유지하여 운송하도록 했다. 이뿐만이 아니라 귀비가 황제의 명을 거역해 집으로 보내진 적이 두 차례 있는데, 그 때 현종은 좌불안석으로 밥도 못 먹고 잠도 못 자다가 양 귀비를 궁으로 돌아오게 한 뒤에 전보다 더욱 사랑했다고 한다.

화청지

화청지(華清池)는 리산 산의 서북쪽 기슭에 있다. 이는 원래 당나라 태종 정관 18년(644년)에 유명한 건축가이자 화가였던 염립덕(閻立德)이 주관하여 건설한 '탕천궁(湯泉宮)'이다. 훗날 현종은 궁을 확장해서 온천을 중심으로 '제2의 수도'를 건설하고 '화청궁(華清宮)'이라고 개명했다. 궁전이 온천에 세워졌기 때문에 화청지라고 부르기도 한다. 현종은 매년 음력 10월이면 양 귀비와 함께 이곳에 와서 겨울을 보내며 조정 일을 처리하고 대신들을 접견했다. 그리고 이듬해 2월이나 4월에 장안으로 돌아갔다.

감진이 일본으로 가다

753년

천보 12재(753년), 감진鑑真의 여섯 번째 동도東渡가 성공해 일본 견당사를 따라 바다를 건너 일본에 가서 계율을 전파했다. 승려 감진(688년~763년)은 양주 강양江陽 사람으로, 속세의 성은 순우淳于이며 열네 살에 출가해 승려가 되었다.

그는 낙양과 장안으로 가서 고승과 함께 중종의 부름을 받아 중종에게 경서를 해석해 주고, 낙양과 장안에서 도를 강의한 바 있다. 천보 원년(742년)에 중국에서 10년을 거주한 일본 유학승 요에이榮睿와 후쇼普照가 낙양에서 양주로 와 감진을 만나서는 그에게 일본으로 건너가 계율을 전파할 것

을 요청했다. 이를 수락하여 천보 2재부터 천보 9재(743년~750년)까지 다섯 차례에 걸쳐 시도한 동도는 여러 가지 이유로 실패했다.

천보 12년(753년), 감진 일행은 양주에서 소주蘇州로 이동해서 견당부사의 배에 올라 다시 한 번 동도를 시도했다. 그리고 마침내 그해 12월 일본에 도착해서 성대한 환영을 받았다. 이듬해(754년) 4월, 감진은 쇼무 천황聖武天皇 등을 위해 수계授戒 의식을 거행했고, 고승 80여 명이 옛 계율을 포기하고 감진에게서 새롭게 계율을 받았다. 천보 14재(755년), 천황이 감진에게 택지를 하사해 거주하게 하니 감진이 그곳에 도쇼다이지唐招提寺를 지었다. 대종代宗 광덕廣德 원년(763년) 5월, 감진은 도쇼다이지에서 원적圓寂(사람의 죽음. 주로 승려의 죽음을 이른다. 귀적歸寂이라고도 한다.)했다. 감진의 동도는 일본의 불교뿐만 아니라 의

감진 좌상

이 조각상은 감진의 제자 인기(忍基) 등이 감진의 진짜 모습을 본떠 만든 것으로, 지금까지도 일본 교토(京東) 도쇼다이지 개산당(開山堂, 절을 처음 세우거나 종파를 새로 연 승려의 초상이나 위패를 모신 곳)에 모셔져 있다.

감진을 환영하는 모습을 묘사한 그림

감진이 여섯 번째 동도에 성공해 율법과 불법을 전하게 된 것은 불교계의 큰 경사였다. 이 그림은 감진이 일본에 도착해서 환영받는 그림이다.

약, 건축, 조소 등 여러 방면에 막대한 영향력을 미친 중·일 문화교류사의 중요한 사건이다.

안사의 난

755년

당나라 현종 이융기 말년에 절도사節度使 안녹산安祿山과 사사명史思明이 8년 동안 계속된 반란을 일으켰다. 역사에서는 이를 두 인물의 성을 따서 '안사安史의 난'이라고 부른다. 절도사라는 직책은 예종의 재위 시기에 처음 만들어진 직책으로, 변방 군진을 통솔했다.

맥을 잡아 주는 중국사 중요 키워드

당나라 현종이 촉 지역으로 가다가 방울 소리를 듣다

가서한이 영보靈寶에서 패해 동관을 잃고 장안에 급보를 전했다. 이에 현종은 당황해서 어쩔 줄을 몰라 하며 황급히 재상을 불러들여 상의했다. 양국충은 검남절도사劍南節度使로서 황제에게 얼른 촉 지역으로 도망갈 것을 건의했다. 현종이 그의 건의를 받아들여 6월 13일에 양 귀비 자매와 황태자, 후궁, 황손, 양국충 등 황친과 국척, 자신의 심복과 관리만 거느리고 연추문延秋門으로 궁을 빠져 나갔다. 그러나 백관은 모두 황제가 도망간 것을 알지도 못했다.

황제의 피난 행렬은 재동현梓潼縣에서 20km 떨어진 지역에 도달했을 때 역참에서 쉬어가게 되었다. 이곳에서 잠시 쉴 때, 현종이 밤중에 방울 소리를 듣고 추격병이 쫓아온 줄 알고 깜짝 놀라 일어났다. 그러나 나중에 그 방울 소리가 처마 아래의 청동 풍경에서 난다는 사실을 알고 겨우 마음을 놓았다. 현종이 도망치면서 얼마나 궁지에 빠졌는지를 알려 주는 일례인 듯하다.

당 왕조 현종이 촉 지역으로 향하다 방울 소리를 들은 곳

현종은 사방의 각 민족을 통제하고 그들의 침략을 방어하기 위해 절도사를 10개로 늘리고, 그들에게 군정을 관리하는 일 외에도 지방의 행정과 재정을 관리하게 하여 막강한 권한과 지위를 부여했다. 현종의 통치 후기에 정치가 부패하자 군비에 허점이 생겨 천보 원년(742년)에 전국의 병력이 57만여 명으로 감소했다. 그중에 변경 지역의 병력이 49만에 달했다. 안녹산은 바로 이러한 상황에서 반란을 일으켰다.

귀비묘 전경

안녹산은 천보 원년에 평로平盧(지금의 랴오닝 성遼寧省 차오양 시朝陽市)절도사를 지내고 나중에 평로, 범양范陽(지금의 베이징 시), 하동河東(지금의 산시 성山西省 타이위안 시 서남쪽) 세 진의 절도사를 겸해 많은 병력을 거느리고 있었다. 그는 장안 조정의 부패와 무능력함을 꿰뚫어 보았고 또한 재상 양국충楊國忠과 정권 다툼을 벌이고 있었다. 결국 천보 14재(755년) 12월에 양국충 타도를 외치며 범양에서 군사를 일으켰다. 그들이 지나는 길마다 하북의 주와 현이 순식간에 와해되고, 관리들은 도망가거나 투항해서 사로잡히거나 죽임을 당했다.

반군이 무서운 기세로 낙양(지금의 허난 성 뤄양 시 동쪽)으로 향하자 당나라 현종은 대장 봉상청封常淸을 낙양으로 보냈다. 봉상청은 그곳에서 병사 6만 명을 모집했으나, 모두 훈련을 받지 않은 병사들인 탓에 처참하게 패하고 낙양을 내주고 말았다. 봉상청은 섬주陝州에 주둔하던 대장 고선지高仙芝와 함께 동관潼關(지금의 산시 성陝西省 동관 동북쪽)으로 후퇴했다. 이에 현종이 감군監軍(지휘관을 감찰하는 직책) 환관의 모함을 믿고 고선지와 봉상청 두 사람을 처형했다. 그러고는 병으로 집에 있던 대장 가서한哥舒翰에게 병사를 통솔해 동관으로 가게 했다. 이듬해 정월, 안녹산은 낙양에서 스스로 대연황제大燕皇帝라 칭하고 부장 사사명史思明에게 하북 지역을 다스리게 했다.

마외역의 반란

756년

천보 15재(756년) 6월 14일, 현종이 마외역馬嵬驛(지금의 산시 성陝西省 싱핑 시 서쪽)으로 피난할 때 배고픔과 피로에 지친 금군들이 쿠데타를 일으켰다. 그들은 양국충을 죽이고, 그 아들 호부시랑 양선楊暄과 한국부인韓國夫人, 진국부인秦國夫人을 죽인 뒤, 또 양 귀비를 죽일 것을 요구했다. 이에 현종이 말했다. "귀비는 궁 깊은 곳에 살았는데 어찌 양국충과 모반을 꾀한단 말이냐?" 그러자 고력사가 대답했다. "귀비는 죄가 없습니다만, 금군의 장군과 병사들은 이미 국충을 죽였습니다. 만일 귀비가 여전히 폐하 곁에 있다면 양국충을 주살한 장병들이 불안해할 것이고, 군심이 가라앉지 않고 더욱 혼란스러워질 것입니다. 폐하께서는 부디 다시 생각하시어 금군 장병들을 안심시켜 폐하의 안전을 지키게 하소서."

이에 현종은 고력사에게 양 귀비를 불당으로 데려가 목매달아서 죽게 했다. 마외역의 반란 이후, 현종은 다시 서쪽으로 향하고 싶어 했으나 백성이 길을 막으며 만류했다. 그러자 현종은 태자에게 군사 3,000명을 주어 역적들을 소탕하고 장안을 되찾도록 하고 자신은 계속해서 피난길에 나섰다. 이후 태자는 북쪽 영무靈武(지금의 닝샤 성寧夏省 링우 시靈武市 서남쪽)로 갔고, 현종은 남쪽 성도로 갔다.

당 왕조 시대의 화살촉과 철갑 조각

당나라 숙종의 즉위

756년

천보 15재(756년) 7월에 이형李亨(숙종肅宗)이 영무에서 황제로 즉위해 현종을 태상황제로 추존하고, 연호를 지덕이라 했다. 이형은 현종 이융기의 셋째 아들로, 총명하고 강건했다. 두 살 때 이미 왕으로 봉해졌고, 개원 26년(738년)에 황태자로 책봉되었다.

천보 13재(754년) 정월에 안녹산이 조정에 올 때, 이형이 그의 반란 의도를 알아채고 죄를 추궁할 것을 청했으나 이융기는 그의 말을 듣지 않았다. 훗날 과연 안녹산의 반란이 일어났고, 양국충을 주살한다며 병사를 일으켜 장안까지 갔다. 이융기가 피난을 가다가 마외에 도착했을 때 백성이 길을 막아서며 태자 이형을 남게 해 역적 무리를 토벌해 달라고 청했다. 이융기가 이를 받아들여 태자 이형은 북쪽으로 가서 병마를 모집해 군대의 세력을 확장했다.

7월 12일에 이형이 영무성에서 황제로 즉위했다. 그가 바로 숙종이다. 이에 군신들이 춤을 추어 경하하고, 숙종도 눈물을 흘리며 기뻐했다. 이로부터 숙종과 군신들은 함께 장안과 낙양을 되찾고 안사의 난을 평정할 중임을 맡았다.

장순의 항전

756년~757년

안사의 난이 일어난 후 진원眞源(지금의 허난 성 루이 현鹿邑縣) 현령인 하동河東(지금의 산시 성山西省 융지 시) 사람 장순張巡이 병사를 일으켜 반란군 토벌에 나섰다. 그러자 장순의 군대에 합류하는 관리와 백성이 수천 명에 달했다. 756년에 장순은 3월과 5월 두 차례에 걸쳐 옹구雍丘(지금의 허난 성 치 현杞縣)에서 반란군을 격퇴했다.

숙종 지덕 2년(757년) 7월 10일, 반군 대장 윤자기尹子奇가 다시 수만 병력을 모아 휴양睢陽을 공격했다. 이때 휴양성에는 식량이 떨어져 매일 병사 한 명당 쌀 한 갑밖에 배급되지 않았다. 그래서 병사들은 가릴 것 없이 종이, 나무껍질까지 먹었다. 장순이 부장 남제운南霽雲에게 기병 30명을 이끌고 적을 돌파해 임회臨淮로 가서 지원을 요청하게 했다. 그러나 임회의 수장은 군사를 보유하고 있으면서도 장순의 군대를 지원하지 않았다. 반란군은 지원군이 오지 않는다는 사실을 알고 한층 더 강하게 공격을 퍼부었다.

이 무렵 장순의 군대는 차종이도 이미 다 먹었고 말을 죽여 식량으로 삼아서 말도 남아 있지 않아 참새와 쥐를 잡아먹던 상태였다. 하지만 결국 참새와 쥐도 씨가 마르자, 장순은 애첩을 죽이고 허원은 노복을 죽여서 군사를 먹였고 그 후에는 성 안의 부인과 노약자를 찾아내 군사들을 먹였다. 성 안에 있던 사람들은 죽게 되리라는 사실을 알고 있었지만, 그 누구도 반란을 일으키지 않았다.

그렇게 시간은 흘러 장순의 군대에는 결국 400여 명만 남았다. 1월 9일, 반란군이 성을 공격해 왔지만 성을 지키던 병졸들은 병들고 굶주려 싸울 힘이 없었다. 이 공격으로 장순과 남제운, 뇌만춘雷萬春 등 36명이 모두 살해당했다. 장순은 죽기 직전에도 얼굴빛 하나 변하지 않고 늠름했다고 한다.

두보의 '3리'와 '3별'

759년

지덕 2년(757년), 두보杜甫는 생명의 위험을 무릅쓰고 장안에서 도망쳐 섬서 봉상鳳翔에 도달했다. 숙종은 그의 충심을 높이 사 좌습유左拾遺의 직책을 내렸다. 그러나 재상 방관房琯을 구하기 위해 상주서를 올린 일로 두보는 숙종의 미움을 사게 되었다. 이듬해 6월에 그는 화주華州 사공참군司功參軍으로 좌천되었고, 건원 2년(759년) 봄에 하남의 고향을 방문해 〈신안리新安吏〉, 〈동관리潼關吏〉, 〈석호리石壕吏〉, 〈신혼별新婚別〉, 〈수로별垂老別〉, 〈무가별無家別〉(약칭 '3리', '3별') 등 불멸의 시를 지었다.

청두에 있는 두보의 초당

두보는 이보국李輔國의 전횡에 불만을 느껴 의연하게 관직을 버리고 이리저리 전전하다가 12월에

성도에서 고적高適 등 옛 친구에게 의탁했다. 이 시기가 두보의 삶에서 가장 힘들었던 시기로, 그는 나라와 집안이 몰락하는 슬픔과 고통을 온몸으로 체현하며 많은 시를 지었다. 지금까지 그의 시는 200여 수가 전해진다. 그는 백성과 함께 전쟁의 고통을 느꼈기 때문에 작품에서 더욱 객관적으로 시대의 진실을 기술할 수 있어 '시사詩史'라는 위대한 칭호로 불린다.

맥을 잡아 주는 **중국사 중요 키워드**

통차의 발명

통차筒車는 당 왕조 때에 발명되고 사용되었다. 두보의 시에도 통차의 일종이 등장한다. 《태평광기太平廣記》 제250권에는 당나라 초 사람인 등현정鄧玄挺이 절에 들어가 향을 피운 뒤 절 안에 있는 승려들의 텃밭에서 '나무통으로 연결되어 우물에서 물을 길어 올리는' 모습의 물을 주는 수차水車를 보았다고 기록되어 있다. 여기서 말하는 통차는 널빤지 여러 개를 바퀴에 걸고, 굴대(수레바퀴의 한가운데에 뚫린 구멍에 끼우는 긴 나무 막대나 쇠막대) 양쪽 끝의 연장된 곳에는 발을 딛거나 손을 잡을 수 있는 장치를 한 것이다. 바퀴는 나무로 만들고, 바퀴 위에는 물을 뜰 수 있는 대나무(나무) 통을 만들고, 아래쪽에는 물이 흘러가는 곳을 만들어 물이 흐를 때의 힘으로 바퀴를 돌려 물이 위로 올라오게 한다. 이는 물을 농업용수로 사용하기 위한 목적으로 만들어진 것이다.

유우석劉禹錫의 《기급기機汲記》에 등장하는 '기급'은 한층 더 진보한 통차로, 가공삭도架空索道(공중에 설치한 강철선에 운반차를 매달아 사람이나 물건 따위를 나르는 장치)의 도르래를 사용해 물을 긷는 기계로, 도르래를 사용해서 물을 긷는다는 생각이 중대한 발전이라고 할 수 있겠다. 기급기는 가공삭도와 도르래의 도움으로 아래로 처지는 운동을 위로 향하는 운동으로 탈바꿈시켜 강 양쪽 기슭에 자리한 논밭에 물을 대는 데 무척 유용하다.

통차(모형)

대나무 또는 나무로 만든 바퀴 모양의 물을 길어 올리는 기계이다. 대나무 통 또는 나무 통이 물로 가득 차면 바퀴가 움직여서 통을 위로 올린 뒤, 자동으로 물을 담는 수조로 떨어지게 해서 논밭으로 보낸다.

대종의 즉위

762년

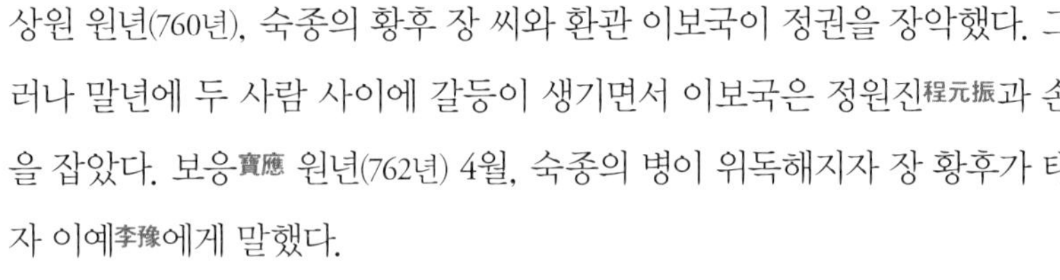

상원 원년(760년), 숙종의 황후 장 씨와 환관 이보국이 정권을 장악했다. 그러나 말년에 두 사람 사이에 갈등이 생기면서 이보국은 정원진程元振과 손을 잡았다. 보응寶應 원년(762년) 4월, 숙종의 병이 위독해지자 장 황후가 태자 이예李豫에게 말했다.

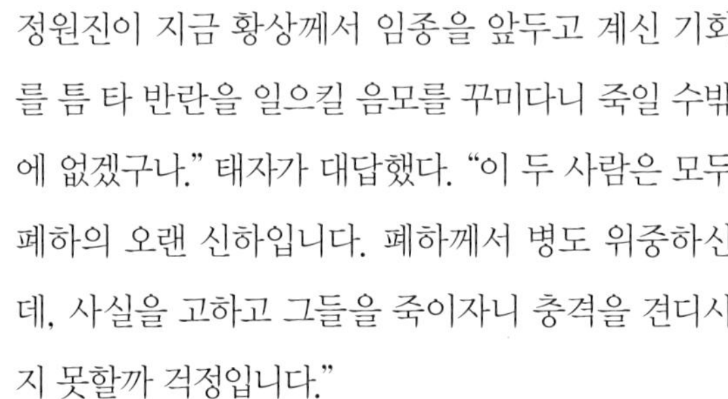

"이보국이 오랫동안 금군의 지휘권을 장악한 것도 모자라…… 이보국과 정원진이 지금 황상께서 임종을 앞두고 계신 기회를 틈 타 반란을 일으킬 음모를 꾸미다니 죽일 수밖에 없겠구나." 태자가 대답했다. "이 두 사람은 모두 폐하의 오랜 신하입니다. 폐하께서 병도 위중하신데, 사실을 고하고 그들을 죽이자니 충격을 견디시지 못할까 걱정입니다."

얼마 후, 숙종이 향년 쉰두 살을 일기로 사망했다. 그러자 이보국이 먼저 손을 써서 황후와 월왕係 등을 죽이고, 4월 20일에 태자를 새 황제로 옹립했다. 그가 바로 대종代宗이다.

시상에 잠긴 이백

이 그림은 이백의 "옛 친구 서쪽으로 황학루에 이별하고, 봄빛 완연한 삼월에 양주로 내려간다. 외로운 돛단배 멀어져 푸른 하늘로 사라지고, 보이는 것은 하늘에 맞닿아 흐르는 장강뿐."이라는 시를 표현한 것이다.

이백, 술에 취해 죽다

762년

보응寶應 원년(762년), 당 왕조 시대의 대시인 이백이 향년 예순둘을 일기로 세상을 떠났다. 안사의 난이 발발한 후 이백은 반란을 평정하고 잃어버린 땅을 되찾아 나라를 위해 공을 세우고자 했다. 그래서 영왕永王 이인李璘의 막부에 참가해 군대를 따라 동쪽으로 내려갔다. 지덕 2년(757년)에 영왕이 모반죄로 피살을 당하면서 이백도 야랑夜郎으로 유배되었다. 하지만 도중에 사면되어 동쪽으로 돌아왔다. 이때 그의 나이는 이미 쉰아홉이었다.

상원 2년(761년)에 이백은 이광필李光弼을 따라 사조의史朝義를 추격했지만, 병으로 도중에 돌아오고 말았다. 이듬해에 그는 당도當塗(지금의 안후이 성에 속함.)의 현령이었던 이양빙李陽冰의 집에서 과음으로 죽고 말았다. 이백과 두보 등은 함께 진자앙陳子昂이 시작한 시가詩歌 혁신 운동을 널리 퍼뜨리고 완성해 깊은 영향력을 미쳤다. 현존하는 시는 900여 수, 산문 60여 편이 있는데, 모두 송 왕조의 송민구宋敏求가 편찬한 《이태백전집李太白全集》(30권)에 수록되어 있다.

낙타를 탄 세 명의 악무 채용

복고회은의 반란

764년

광덕廣德 2년(764년) 정월, 상서좌복사 겸 중서령, 소방절도사朔方節度使인 복고회은僕固懷恩이 당나라에 반란을 일으켰다. 복고회은은 안사의 난 때 가장 큰 공헌을 했던 인물로, 그의 일족 가운데 조정을 위해 목숨을 바친 자가 46명에 달했다. 또 회흘을 회유하기 위해 자신의 딸을 회흘로 시집보내기까지 했다.

말을 끄는 회흘인

이를 통해 복고회은은 회흘에서 군사적 지원을 받아 두 도읍을 되찾고 하남과 하북을 평정하는 등 그 누구와도 견줄 수 없을 만큼 많은 공적을 쌓았다. 하지만 이후 모함을 받게 되자 복고회은은 분노해서 표문을 올려 스스로 자신을 변호했다. 9월 22일, 대종이 배준경裴遵慶을 강주絳州로 보내 복고회은을 위로하고 조정으로 데려와 직접 자신을 변호하게 하라고 명령을 내렸다. 그러나 복고회은은 자기 부하의 말을

〈잠화사녀도(簪花仕女圖)〉

〈잠화사녀도〉는 주방(周昉)의 작품으로 전해지며, 당시 한가롭게 즐기던 귀족 여성의 전형적인 삶을 보여 준다.

듣고 입궁을 거부했다. 그리고 얼마 후, 복고회은이 회흘과 토번의 10만 대군을 이끌고 당나라의 수도를 침입했다. 이에 대종이 곽자의郭子儀에게 적을 무찌를 전략을 묻자, 그는 '회은의 뜻대로 되지는 않을 것'이라고 대답했다. 이어서 병사를 이끌고 건릉 남쪽에서 진영을 굳건하게 정비하고 기다

맥을 잡아 주는 중국사 중요 키워드

'주가양'파의 사녀도

주방은 장훤張萱의 뒤를 이어 귀족 여성들을 그려 이름을 날린 화가이다. 그의 생몰 연월일은 정확하지 않으며, 귀족 출신으로 자는 경현景玄과 중랑仲郎이었고 경조 사람이다. 기록에서 볼 수 있는 주방의 최초 활동 기간은 766년부터 779년까지이며, 마지막 활동 기간은 785년부터 804년이다.

그의 사녀도仕女圖(미인화, 미인도)는 처음에는 장훤을 모방했지만 나중에는 조금씩 차이를 보이면서 붓의 사용이 섬세하고 세밀하며, 그림 속 인물의 의상은 힘이 있고 간결하고, 색채는 유려하며, 인물의 자태는 풍만한 특징을 형성했다. 주방이 그려 낸 인물들은 꽃과 비단으로 치장했지만, 마음속의 고독과 공허함을 숨기지 못하고 무료하기 짝이 없는 심리 상태에 빠져 마치 무언가를 잃어 버린 듯 망연하고 동작이 굼뜬 것처럼 보인다.

전해지는 작품 가운데 유명한 작품으로는 〈환선사녀도紈扇仕女圖〉, 〈잠화사녀도〉가 있는데, 선이 섬세하면서도 힘이 있고 지극히 사실적이다. 주방은 사녀 외에도 불상화 영역에서 독립적인 화파를 형성했다. 그가 처음으로 창작한 아름다우면서도 단정하고 장중한 '수월관음水月觀音'은 훗날 화가들에게 대대로 전해 내려가는 형식이 되어 '주방의 양식'이라는 뜻의 '주가양周家樣'이라는 명칭으로 불리는 명예를 얻었다.

렸다. 곽자의의 당나라 군대에 부딪쳐 온 회흘과 토번의 군대는 제대로 싸워 보지도 못하고 퇴각했다.

영태永泰 원년(765년) 9월, 회은이 회흘, 토번, 토욕혼, 당항, 노랄奴剌(돌궐계 이민족) 등의 이민족으로 구성된 10만 대군을 이끌고 다시 한 번 수도를 침입했다. 그러나 9월 8일에 복고회은이 행군 중에 갑자기 병을 얻어 명사鳴沙(지금의 닝샤 성 칭퉁샤 시靑銅峽市)에서 숨을 거두고 말았다.

번진의 할거

777년

안사의 난이 평정되고 나서도 안녹산과 사사명이 이끄는 남은 무리는 상당한 세력을 유지했다. 당 왕조는 잠시의 평안을 찾기 위해 반란을 일으킨 이들에게 하북을 분봉했다. 반란을 평정하는 과정에서 조정 내부의 병권을 장악했던 자사들도 대부분이 절도사 칭호가 있는 이들이었다. 이 때문에 대력大歷 12년(777년) 들어 당나라는 번진藩鎭(당, 오대, 송나라 초기에 절도사를 최고 권력자로 한 지방 지배 체제) 할거의 형국을 피할 수 없었다.

당시 세력이 가장 컸던 할거 세력은 성덕成德, 위박魏博, 평로의 세 진이었다. 각 번진의 할거 세력은 그 내부의 백성에게 폭정을 행하고, 세금을 지나치게 거두어들였다. 또 그들은 통치를 유지하기 위해 목숨을 걸고 군대를 확충하는 것 외에도 정예군으로 구성된 심복인 '아병牙兵'을 구성해 많은 봉록을 주었다. 아병은 한편으로는 충성을 다하고 한편으로는 거만하고 난폭해서 절도사가 자신들의 뜻을 따라 주지 않으면 죽이든지 내쫓아 버렸다. 번진들은 자신들의 통치 구역에서 관작, 군비, 조세, 형벌 등의 제도에

삼채마와 견마용

말의 높이는 41cm, 길이는 46cm이고, 인형의 높이는 28.5cm에 불과하다. 안장과 말 다 래 (말을 탄 사람의 옷에 흙이 튀지 않도록 말의 안장 양쪽에 가죽 같은 것을 늘어뜨려 놓은 기구)에는 '녹색 바탕의 흙막이 비단'이 걸쳐 있고, 몸에는 누런빛이 나는 녹색 살구 잎 모양의 장식을 하고, 머리를 쳐든 채 가슴을 꼿꼿이 내민 말의 모습이 마치 질주하고 싶어 하는 듯하다. 말을 끄는 사람은 줄을 꽉 쥐고 고개를 쳐들고 입을 앙다물었는데 두 눈은 동그랗게 뜬 채로 길들여지지 않은 말을 쳐다보고 있다. 사람과 말 사이에 묘한 희극적인 효과가 형성되어 있다.

제멋대로의 규정을 만들고 시행해 타국이나 마찬가지였다. 이런 형세는 당 왕조가 멸망하던 때까지 이어졌다.

양세법의 시행

780년

건중建中 원년(780년) 2월, 신임 재상 양염楊炎이 전국 각지의 세제 개혁을 통

맥을 잡아 주는 중국사 중요 키워드

'백대화성' 오도자

오도자吳道子(686년~760년 전후)는 양적陽翟(지금의 허난 성 위저우 시) 사람으로 나중에 도현道玄으로 개명했고 오생吳生이라는 존칭으로 불렸다. 집안이 가난해서 어려서부터 민간에서 화공으로 일했는데 금세 그림의 이치를 터득했다. 5년 동안 하급 관리를 역임했고, 나중에 동쪽의 도읍인 낙양을 정처 없이 떠돌아다니며 장욱張旭, 하지장知章等 등에게서 화법을 배워 결국에는 전문 화가가 되었다. 개원 연간에 현종이 그를 궁중 화가로 임명했다.

오도자는 정교한 솜씨와 왕성한 창조력으로 수많은 종교화와 역사화, 정치적 인물의 초상화를 그렸다. 그는 인물, 불도, 귀신, 산수, 조수鳥獸, 화목, 대전臺殿 등에 뛰어나 이름을 날렸다. 성당 시대에 활약한 오도자는 문인들과도 활발히 교류하고, 각지를 유람하며 원사遠師 장승요張僧繇, 근법近法 장효사張孝와도 교류했다. 그의 회화는 일찍이 육조 시대의 세밀하고 사실적인 기법을 계승했다. 게다가 당 왕조 시대에 문학과 예술이 전례 없는 발전을 이루어 중국과 외국 간에 문화 교류가 빈번해지고 각 예술 분류와의 소통이 이루어지면서 오도자의 예술적 재능의 발전에 계기를 만들어 주었다. 이러한 광범위한 학습을 통해 중년 이후 오도자는 고도로 성숙된 수준의 작품을 보여 준다.

예술적으로 오도자는 창의력이 풍부해서 그림 속 등장인물의 의복을 표현할 때 순채조蓴菜條라는 필법을 이용해 마치 날아 흩어지는 듯 묘사했다. 그래서 그가 붓을 대면 바람이 불어와 옷을 날렸다고 하여 '오대당풍吳帶當風'으로 일컬어졌다. 오도자는 역대 화가 가운데 초월할 수 없는 최고봉으로 간주되어 '백대화성百代畫聖'으로 존경받으며 중국 회화 역사에서 누구도 넘볼 수 없는 위치에 있다. 소동파蘇東坡는 "시가 두보에 이르고, 문장이 한유韓愈에 이르고, 글씨가 안진경顔眞卿에 이르고, 그림이 오도자에 이르러서야 비로소 고금의 변화무쌍하던 상황이 끝이 나게 되었다."라고 말했다.

해 얻은 경제적 교훈을 기초로 당 왕조의 통치를 구제할 수 있는 완벽한 세금 제도를 마련했다. 그것은 바로 중국 역사에서 이후 800년이나 지속된 양세법兩稅法이다. 양세법의 주요 내용을 보면 토호土戶(원주민), 객호客戶에 관계없이 거주지를 기준으로 통계를 낸다. 납세인은 사람 수에 관계없이 빈부 상황에 따라 세액을 구분해 징수한다. 상업 활동을 위해 자주 왕래하는 사람이라면 소재 현에 세금으로 수입의 30분의 1을 납부한다.

주민의 세금은 여름과 가을 두 계절에 나누어 징수한다. 소유한 논밭을 대상으로 징수하는 전무세田畝稅는 대력 14년의 토지 수를 기준으로 하며, 여름에 걷는 세금은 6월을 지나지 않도록 하고, 가을에 걷는 세금은 12월을 지나지 않도록 한다. 조용조제租庸調制(성인 남성의 수에 따라 조세로 조 2석을 바치고, 누에를 기르는 지방과 그렇지 않은 지방을 구분해 견과 면 또는 포와 마를 바치고, 해마다 20일 간 부역하게 하는 제도)와 온갖 잡다한 세금 항목을 폐지한다는 명목으로 세액은 모두 양세법에 귀속시킨다. 양세법은 한 시기를 시행하고 나서 폐단이 많다는 점이 밝혀졌지만, 그것이 사회 경제 발전의 내재적인 추세에 부합한다는 이유로 당나라 중엽 이후 확립되어 수백 년 동안 사용되었다.

밀가루 음식을 만들고 있는 진흙 인형들

당 왕조 시대의 작품으로 높이는 9.7~16cm이다. 이 진흙 인형들은 진흙에 채색한 작품으로 각각 곡식을 찧고, 키질하고, 빻고, 반죽하고, 반죽을 얇게 밀고, 중국식 밀전병을 만드는 집안일을 하는 모습을 표현한다. 여자 인형들은 소매통이 좁은 흰색 짧은 저고리와 그 위에 조끼를 입고 아래에는 파란 치마를 묶고 있다. 의상은 단정하지만 모습에서 피로감이 드러나는 것으로 미루어 짐작컨대 귀족 집안의 노비인 듯하다.

곽자의의 죽음

781년

당나라 건중建中 2년(781년) 6월 14일, 분양왕汾陽王 곽자의가 향년 여든다섯 살을 일기로 죽음을 맞이했다. 곽자의는 활주滑州 정현鄭縣 사람으로 개원 연간에 무과에 합격했다. 안사의 난이 일어났을 때 곽자의는 삭방절도사朔方節度使를 맡아 군대를 이끌고 반란군을 토벌하여 동쪽의 도읍인 낙양과 서쪽의 도읍인 장안을 되찾아 당시 그 누구와도 비교할 수 없는 막대한 공로를 쌓았다. 안사의 난이 평정되자 곽자의는 산해관 안쪽인 관내關內와 하동의 부원수副元帥를 겸직하며 회흘의 침략을 방어하고, 여러 차례 토번의 침략을 물리쳤다. 당시 무려 30년에 이르는 동안 당나라의 안위와 사직의 존망을 그가 홀로 지켜 냈다고 해도 과언이 아니다.

곽자의는 상장上將으로서 강력한 군대를 손아귀에 쥐고 있었다. 그의 부하 가운데 조정의 명신이 된 자도 여럿이었지만 곽자의는 여전히 거리낌 없이 그들을 부렸고, 그들도 곽자의에게 늘 깍듯하게 굴었다. 일례로 곽자의가 전승사田承嗣에게 사람을 보내자 전승사는 곽자의가 있는 서쪽을 향해 망배望拜(대상이 멀리 떨어져 있을 때 연고가 있는 쪽을 바라보고 절함.)를 하며 "내 이 두 무릎은 조정의 다른 사람들에게 꿇지 않은 지 몇 년이나 되었소!"라고 말했다고 한다. 이 같은 이야기를 통해 번진에서 그의 명망을 알 수 있다. 곽자의는 덕망이 높고, 그 명성이 널리 퍼져 있었다.

대력 14년(779년) 5월에 당나라 덕종德宗 이적李適이 황위에 올라 곽자의를 상보尙父로 승진시키고, 그에 더해 태위로 봉했다. 곽자의의 공로가 천하를 덮었지만 천자는 그를 전혀 의심하지 않았고, 지위는 신하들 가운데 최고였으나 아무도 질투하지 않았고, 생활에서는 사치와 욕심을 다했으나 누구도 그를 질책하지 않았다. 예로부터 지금까지의 명신과 명장 가운데 곽자의처럼 처음과 끝이 한결같이 좋았던 이는 매우 드물다.

맥을 잡아 주는 중국사 중요 키워드

유행에 민감한 여성의 의상

수·당 시대 여성들은 의상의 유행에 민감했다. 서로 아름다움을 다투던 궁정 여성들의 의상이 민간으로까지 퍼져 나가 발전했고, 서북 지역 민족의 의상에서도 영향을 받아 독특한 스타일을 형성했다. 수·당 시기에 가장 유행한 의상은 단유短襦와 장군長裙, 즉 짧은 저고리와 긴 치마였다. 그래서 치마허리에 비단 띠를 높게 묶었는데, 거의 겨드랑이 아래까지 올려 묶었다. 당 왕조 시대에는 오랜 기간 좁은 소매의 짧은 저고리와 땅까지 끌리는 긴 치마를 입다가 성당 이후 귀부인들이 다시 넓은 소매의 옷을 입었다. 소매는 넓을 경우 4척을 넘기도 했고 긴 치마는 땅에 끌리는 부분이 4~5치에 달하기도 했다.

반비半臂, 즉 조끼도 수·당 시대 여성들이 즐겨 입던 옷으로, 수나라 양제 때에 궁궐 안에서 입었고, 당 왕조 때에는 민간으로까지 보급되어 점차 일상복이 되었다. 반비에 맞추어 당 왕조 시대의 여성들은 어깨에 비단 숄 두르기를 즐겼다. 이는 '걸치는 비단'이라는 뜻으로 '피백披帛'이라고 불렸다.

짧은 저고리와 긴 치마는 수·당 시대 여성들이 추구하던 패션 스타일이었다. 일반적으로 치마는 가슴 부분까지 높이 끌어올렸고, 가슴은 반쯤 노출시켰으며, 치마는 땅까지 길게 끌리게 했다. 치마의 색깔은 빨간색, 보라색, 노란색, 초록색이 많았는데, 개중에 빨간색이 가장 유행했다. 당 왕조 시대의 여성들은 치마의 길이가 길수록 아름답다고 여겼다. 이에 궁궐에서는 치마 길이 등에 제한 규정을 두었다. 또 치마의 폭도 넓을수록 예쁘다고 여겨 여섯 폭의 너비가 일반적이었고, 많을 경우 일고여덟 폭짜리 치마를 입는 사람도 있었다. 하지만 이는 사치스러운 일일 뿐만 아니라 입으면 행동도 불편해져서 결국 복식 개혁이 일어나 의복의 폭과 길이에 제한이 생겼다.

중당, 만당 시대 여성의 옷

러산 대불을 만들다

803년

당나라 덕종 정원貞元 19년(803년), 러산 대불樂山大佛이 만들어졌다. 이는 현존하는 세계에서 가장 큰 석각石刻 좌불상坐佛像이다. 몸 전체의 높이는 70.8m, 어깨 너비는 24m에 달한다. 세부적으로 살펴보면 머리의 높이는 14.7m, 너비는 10m이고, 귀의 길이는 7m,

러산 대불

러산 대불은 미륵좌상으로 동쪽에 앉아서 서쪽을 바라보며, 나선형의 머리 장식이 있고, 얼굴은 단정하며, 몸의 비율은 적당하다. 의복은 자연스럽게 표현되었고, 두 손은 무릎을 덮고, 두 발로 연화산(蓮花山)을 밟고 있다. 대불은 산에 의지하고 물을 앞에 두고 있는데, 그 기세가 웅장하다. 완공 시의 미륵좌상은 전신을 채색하고, 위에는 너비 60m의 7층 13처마 누각이 덮고 있었다. 원나라 말기에 전란 중에 타 버린 후로 다시 지어지지 않고 있다.

눈의 길이는 3.3m, 눈썹의 길이는 3.7m, 코의 길이는 5.6m, 입의 길이는 3.3m, 목의 길이는 3m, 손가락의 길이는 8.3m, 다리의 길이는 8.5m이다. 러산 대불은 쓰촨성 러산 시樂山市 동쪽에서 민장 강岷江, 칭이 강青衣江, 다두허 강大渡河이 만나는 곳의 치롼 봉棲鸞峰 아래에 자리하며, 링윈 산凌雲山 절벽을 파내서 새긴 마애磨崖불상이다.

당나라 현종 개원 원년(713년)에 귀주貴州 출신의 명승 해통海通이 기부금을 모아 공사를 시작했고, 그가 세상을 떠난 후에는 검난사천절도사劍南西川節度使 위고韋皐가 녹봉 50만을 바쳐 공사를 지속해 90년 만에 완공했다. 러산 대불은 비교 대상이 없을 정도로 거대해서 매우 먼 곳에서도 운해雲海 뒤에 숨은 불상을 볼 수 있다고 한다. 러산 대불에 서면 멀리 어메이 산峨眉山을 조망할 수 있고, 가까이로는 러산 시를 볼 수 있다. 러산 대불은 현존하는 세계 최대의 마애석불로 '산이 불상이며, 불상이 산'이라는 명성을 얻었다. 러산 대불은 중국 고대인들의 뛰어난 불상 조각 예술성을 충분히 드러낸다.

영정 혁신

805년

정원貞元 21년(805년) 정월 23일, 덕종이 향년 예순네 살을 일기로 세상을 등졌다. 26일에 태자 이송李誦이 태극전에서 황제로 즉위하니 그가 순종順宗이다. 순종은 즉위하기 전부터 이미 중풍에 걸려서 말을 할 수가 없는 상황이었다. 그래서 조정에 나가 국사를 처리하지 않고 줄곧 궁전에만 머물렸고, 백관은 장막을 사이에 두고 순종에게 국가 대사를 주청했다. 순종이 아직 태자였을 때, 한림대조翰林待詔 왕비王伾와 왕숙문王叔文은 태자의 스승으로서 이송의 신임을 얻었다. 이송이 즉위했을 때에는 환관 세력을 타도해 세력 구도와 정치를 혁신하려는 청·중년 관료 사대부가 활발하게 활동하고 있었다.

이들은 왕비와 왕숙문을 우두머리로 하여 혁신 집단을 이루었다. 순종이 중풍으로 말을 하지 못했기 때문에 일부 조서는 온전히 두 왕씨가 발표한 것이나 마찬가지였다. 위집의韋執誼가 재상으로 임명되어 일련의 상벌을 명확히 하고, 가혹한 징수를 멈추고, 폐해를 제거하는 정령을 발표했다. 영정 원년(805년) 5월, 환관 구문진俱文珍이 자신의 병권을 빼앗으려는 왕숙문에게 앙심을 품고 순종에게 그의 한림학사翰林學士 직무를 박탈하도록 했다.

이어서 6월에 위고韋皐가 상주하여 왕숙문을 무고했다. 배균裴均, 엄수嚴綬 등도 잇따라 상주했다. 8월에 순종은 압박에 못 이겨 태자 순純(헌종憲宗)에게 양위하겠다고 선포하고, 연호를 영정永貞이라 했다. 헌종이 즉위하자마자 권력을 쟁탈한 무리들은 왕비를 개주開州(지금의 충칭 시 카이開 현)에 사마司馬로 보냈다. 왕비는 그곳에서 얼마 후 병으로 죽고 말았다. 왕숙문은 투주渝州(지금의 충칭)에 사호司戸로 배치되었고, 이듬해에 자결을 명령받았다. 혁신 집단의 나머지 구성원들도 모두 유배되기나 조정에서 쫓겨났다. 왕숙문 집단이 정권을 잡은 지 146일 만에 개혁은 실패로 끝을 맺고 말았다.

백거이, 강주 사마로 유배되다

815년

원화 10년(815년)에 백거이白居易는 강주江州 사마司馬로 좌천되었는데, 이것이 그의 인생에서 일대 전환점이 되었다. 백거이가 좌천된 표면적인 이유는 그가 직권의 범위를 넘어선 상주를 올렸다는 것이었다. 먼저 재상 무원형武元衡을 죽인 자를 찾아내어 사형에 처해야 한다고 상소를 올렸다가 권문세가들의 미움을 사게 되었는데, 사실 진짜 이유는 그가 평소에 즐겨 쓰던 풍자시가 권문세가들의 눈엣가시였기 때문이다. 그래서 이번 기회를 잡아 그에게 보복을 하려던 심산이었다.

이를 두고 백거이는 다음과 같이 말했다. "문장 때문에 명성을 얻고, 끝내 문장 때문에 죄를 얻었다." 백거이의 감상시感傷詩 가운데 가장 걸출한 작품으로 손꼽히는 것은 장편 서사시인 〈장한가長恨歌〉와 〈비파행琵琶行〉이다. 전자는 초년(원화 원년)에 쓴 작품이고, 후자는 좌천되었을 때 쓴 작품이다. 이 두 시는 모두 매우 높은 예술적 수준을 보여 주며, 오랜 세월 동안 백성 사이에서 전해 내려왔다. 이 시기에 백거이는 친한 벗과 왕래하며 문장을 짓기도 했는데 〈별사제후월야別舍弟後月夜〉, 〈강남우천보악수江南遇天寶樂叟〉 등이 그것으로, 안타까움과 탄식이 담겨 있어 짙은 감정을 드러낸다. 백거이는 좌천된 동안 '남을 돌보지 않고 자기 한 몸의 처신만을 온전하게 한다.'는 '독신기신獨善其身'의 처세 원칙을 천명했다. 하지만 그는 여전히 구제에 뜻이 있어 자신도 어쩔 수 없는 환경에서도 백성을 위해 일했다. 항주에 있을 때에는 둑을 쌓고 우물을 파서 백성에게 도움을 주었고, 소주를 떠날 때에는 백성과 서로 눈물로 작별하며 차마 발걸음을 떼지 못했다. 현실주의 시인으로서 백거이는 늘 백성의 고통을 마음에 담고 살았다.

비파정과 백거이 조각상

비파정은 주장 시에 있으며, 당 왕조의 시인 백거이와 그의 작품 〈비파행〉을 기념하기 위한 작품이다.

이소가 눈 내리는 밤에 채주를 습격하다

817년

원화 12년(817년) 9월, 당나라 수등절도사隨鄧節度使 이소李愬는 회서의 반란을 평정할 때가 되었다고 여기고 채주蔡州를 습격하기로 했다. 10월 15일에 이소가 마보도우후馬步都虞侯 사민史旻에게 병사를 이끌고 문성文城(지금의 허난 성 쑤이핑 현遂平縣 서쪽)을 지키도록 분부했다. 그리고 이우李祐, 이충의李忠義 등 '돌격대장'에게 선봉을 맡겨 군사 3,000명을 주고 이진성李進誠에게는 후군 3,000명을 이끌게 하고, 자신은 감군과 함께 중군 3,000명을 이끌고 채주로 진군했다. 60리를 행군해서 날이 어두워져서야 장시촌張柴村(지금의 허난 성 쑤이핑 현 동쪽)에 도착한 대군은 신속하게 회서의 수비군을 섬멸하고 적의 진영을 점령했다.

이소는 병사들에게 잠시 휴식하게 하고, 500명에게 진영을 수비하며 회

당나라 기병의 밀랍 인물상

〈증이소복야(贈李愬僕射)〉이라는 시에서는 밤에 당나라 군대가 채주성을 기습할 때 눈보라가 휘몰아치고 사람과 말이 모두 소리 없이 행군하는 모습이 묘사된다. 이 당나라 기병의 밀랍 인물상을 통해 당시의 정경을 볼 수 있다.

서 회곡洄曲 수비병의 퇴로를 끊게 했다. 그런 다음 대군을 이끌고 눈보라를 헤치고 나아가 동쪽으로 70리 길을 재촉해서 채주 성 아래에 도달했다. 정원 2년(786년) 이래 회서 지역을 점령한 30여 년 동안 한 번도 당나라 관군이 채주에 온 적이 없었기에, 채주성을 지키던 병사들은 완벽하게 무방비 상태였다.

10월 16일 밤에 이우가 선발대를 이끌고 성으로 돌격해 성문을 지키던 병사들을 모두 죽이고, 성문을 열어 이소가 이끄는 대군을 맞이했다. 동틀 무렵 이소가 오원제吳元濟의 관아가 있는 내성으로 쳐들어갔다. 그러자 곤히 자고 있던 오원제가 깜짝 놀라서 황급히 수행원들을 이끌고 아성牙城(사령관이 거처하는 성)에 올라 저항했다. 한편, 당시 오원제의 대장이었던 동중질董重質이 정예병 만여 명을 데리고 회곡성을 지키고 있었다. 이소가 그의 가족을 후하게 대접하며 자신의 아들 편에 투항을 권유하는 서신을 들려 보내자, 동중질은 홀로 말을 타고 채주로 와서 이소에게 투항했다.

17일 저녁에 이소가 아성을 공격하자 오원제는 결국 투항했다. 18일에 이소가 오원제를 생포해서 장안으로 압송하고 배도裴度에게 승리를 알렸다. 이날, 회서의 신주申州와 광주光州 등지의 반란군 이만여 명도 모두 투항하여 오소성吳少城, 오소양吳少陽, 오원제의 3대에 걸쳐 31년 동안 이어진 회서의 난은 비로소 완전히 평정되었다.

유종원이 병사하다

819년

당나라 원화 14년(819년), 유종원柳宗元이 병으로 세상을 떠났다. 유종원(773년~819년)은 자가 자후子厚이고 당 왕조의 문학가이자 철학가이며, 하동河東(지금의 산시 성山西省 융지 시) 사람이어서 과거에는 유하동柳河東이라고 불렸다.

그 밖에도 유주자사柳州刺史로 관직을 끝내 유 유주라고 불리기도 한다. 유종원은 '당·송 8대가'의 한 명으로 한유와 함께 고문古文 운동의 제창자로 변문騈文에 반대하고 고문을 제창하는 데 온힘을 쏟아 부었다. 그는 좌천된 후 10여 년 동안 궁핍한 생활을 하며 하층 백성의 빈곤과 지방 관리의 전횡을 목도하고, 여러 가지 인생의 우환을 경험하는 동시에 현지 산수명승지를 유람했다. 이렇게 쌓은 풍부한 경험으로 그의 작품은 강렬한 현실주의 분위기를 띄게 되었고, 사회생활의 여러 중요한 방면을 반영하는 동시에 예술적으로는 독창성을 극대화했다. 그의 산문은 논설문論說文, 우언 소품寓言小品, 전기 산문傳記散文, 유기 산문遊記散文의 네 종류를 포함한다. 유종원은 중국 문학사에서 가장 걸출한 산문 대가로 창작을 통해 직접 고문 운동을 실천하고, 함축적이고 정밀한 스타일의 작품으로 뛰어난 사상성과 예술성을 갖춘 작품을 창작해 문단에서 차츰 변문이 자리를 잃게 했다.

유종원 초상

환관이 황제를 폐위하기 시작하다

820년

당나라 헌종 원화 연간, 좌신책중위左神策中尉 토돌승최吐突承璀가 비밀리에 상소를 올려 태자 이항李恒을 폐위하고 예왕澧王 이운李惲을 태자로 세울 것을 주장했다. 그러나 헌종은 이를 허락하지 않았다. 원화 15년 정월(820년), 헌종은 방사方士가 만들어 준 금단金丹을 복용하면서 성격이 조급해져 여러 차례 좌우 환관과 시신侍臣(임금을 가까이에서 모시는 신하. 근신)을 문책했다. 그러면서 자주 벌을 받다가 죽는 사람이 생겨났고, 이 때문에 사람들은 위기를 느끼게 되었다.

헌종이 아픈 동안 토돌승최가 다시 예왕을 태자로 세울 것을 상주했다. 태자 이항이 이를 듣고는 두려워 몰래 외삼촌인 사농경司農卿 곽쇠郭釗에게 상의했다. 그러자 곽쇠는 태자에게 황제에게 효도를 다하기만 하고 다른 일에는 신경 쓰지 말라고 했다. 27일에 헌종이 세상을 떠났고, 이후 궁중에는 내상시內常侍 진홍지陳弘誌가 황제를 살해했다는 소문이 돌았다. 그러나 궁중에서는 이런 일을 말하는 것이 금기시되었기에 그저 헌종이 복용하는 약에 기인하여 발작을 일으켜 죽었다고만 할 뿐이었다. 이때 신책중위 양수겸梁守謙이 환관 마진담馬進潭, 유승해劉承偕 등과 함께 이항을 옹립해 황제로 즉위시키고, 토돌승최와 예왕 이운을 살해했다. 윤정월 3일, 태자 이항이 태극전에서 등극하니 그가 목종穆宗이다. 환관이 황제를 폐위하는 일은 이때부터 시작되었다.

금화 앵무 무늬 손잡이가 달린 은주전자

당 왕조 시대에는 황제를 비롯한 상류 사회에서 복석과 단약(丹藥) 복용이 성행했다. 복용을 위한 금석(金石)과 단약이 고급 선약[仙藥, 신선이 만든다고 하는 장생불사의 영약. 선단(仙丹)이라고도 함.]으로 여겨졌고 이를 복용하는 사람은 대부분이 상류층 귀족이었기 때문에 복석과 단약 복용 시에 사용하는 기물도 귀금속으로 정교하게 제작되었다. 그 정교함과 아름다움은 그야말로 감탄을 금치 못할 정도이다. 이러한 기물 및 약재의 출토는 당 왕조 시대에 상류 사회에서 복석과 단약 복용이 성행했다는 점을 반영한다.

우이 당쟁의 시작

823년

장경長慶 3년(823년), 목종이 즉위하고 나서 우승유牛僧孺가 어사중승御史中丞으로 임명되었다가 얼마 후 다시 호부시랑戶部侍郎으로 승격되어 황제의 총애를 한 몸에 받았다. 훗날 목종은 선무宣武절도사 한홍韓弘 집안의 장부에서 우승유를 제외한 조정의 거의 모든 대신이 한홍에게서 뇌물을 받았다는 사실을 발견하고, 자신의 안목이 틀리지 않았다는 확신에 다시 그를 재상으로 승급시켰다.

사실 당시에 우승유와 이덕유李德裕 모두 재상이 될 가능성이 있었다. 이전에 이덕유가 절서浙西 관찰사가 된 지 8년이라는 시간이 지난 때였다. 그런데 이때 우승유가 재상이 되면서 우승유를 따르는 무리로 구성된 우당牛黨과 이덕유를 따르는 무리로 구성된 이당李黨 사이의 갈등이 깊어졌다. 태화太和 9년(835년) 감로의 변 이전에 우·이 양당 모두가 당시 정권을 장악하고 있던 이훈李訓, 정주鄭注에 의해 조정 밖으로 배척되었던 때를 제외하고는 양당이 목종, 경종, 문종文宗 3대 동안 서로 번갈아 가며 정권을 장악했다. 우당은 과거를 중시해 진사 출신의 관료, 신흥 서족庶族(서민) 지주가 주를 이루었고, 이당은 북조 이래 산동 사족 출신의 관료가 주를 이루어 과거에 불만을 품고 개혁을 원했으며, 심지어는 진사과를 취소하자는 주장까지 하던 상태였다. 이는 몰락한 문벌사족의 요구였다. 우당은 할거한 번진에게 관용을 베풀어 타협하자며 용병에 반대했고, 이당은 번진을 소탕해 중앙 집권을 강화하자고 주장했다.

면사(面紗)를 쓴 채 말을 타는 여용

당나라와 토번의 회맹비

823년

안사의 난 이후, 토번은 60여 년 동안 당나라를 공격해 당나라의 많은 토지를 빼앗았다. 양측의 전쟁으로 백성은 늘 고통에 시달려야만 했다. 훗날 토번에 내란이 일어나면서 세력이 차츰 쇠락해 당나라를 공격할 힘이 없어졌다. 장경 원년(821년), 토번이 사신을 보내 회맹을 청하며 우호적인 성의를 보여 주었다.

이에 목종은 대신을 보내서 토번 사자와 장안 서쪽 교외에 있는 왕회사王會寺 앞에서 회맹하도록 하여 양측이 서로 지금의 변경을 지키며 침범하지 않기로 약속했다. 회맹 이후 당나라 목종은 대리경大理卿 유원정劉元鼎을 논눌라와 함께 토번에 가게 했다. 이듬해(822년) 4월, 당 왕조의 사자 유원정이 토번 라싸 성城에 도착해서 5월 6일에 토번 재상 등과 함께 라싸 동

쪽의 철퇴원哲堆園에서 회맹을 맺었다. 당나라와 토번의 회맹 이후 양측은 자주 사신을 왕래했다. 영원한 우의와 아름다운 희망을 표현하기 위해 장경 3년(823년)에 토번은 라싸성에 〈당나라와 토번 회맹비〉를 새겼다.

당나라 토번 회맹비

약 4.8m 높이의 회맹비 정면에는 한자와 티베트 글자로 맹약 전문을 새겼고, 뒷면에는 티베트 문자로 토번의 기원, 당나라와 토번이 회맹, 화친의 경과와 비석을 세운 연, 월이 새겨져 있다. 비문에는 "외삼촌과 조카인 당 왕조 황제와 토번 첸포(贊普, 토번 왕의 칭호)는 사직을 상의해 의견의 일치를 보아 맹약을 맺으니 영원히 변하지 않을 것"이라는 내용이 있다. 이 회맹비는 오늘날에도 여전히 시짱 자치구 라싸 대소사 문 앞에 자리하며 한족과 티베트족의 우호를 상징하는 역사적 증거가 되고 있다.

남조가 성도를 함락시키다

829년

장경 3년(823년), 재상 두원영杜元穎이 서천절도사西川節度使로 부임했다. 변방 장리가 여러 차례에 걸쳐 남조南詔(중국 당나라 때 현재의 운남 지방에 있던 티베트, 버마 족이 세운 왕국)의 섭정왕 몽차전蒙嵯顚이 비밀리에 병사를 일으켜 서천을 침범하려 모의하고 있다고 보고했지만, 두원영은 믿지 않았다. 태화 3년(829년) 12월, 몽차전이 서천에서 투항한 병사들을 길잡이로 삼아 대군을 이끌고 침입했다.

이에 아무런 방비도 하고 있지 않던 변방의 당나라 군대는 너무 쉽게 융주戎州와 수주巂州를 내주고 말았다. 28일에 두원영이 남조와 공주邛州(지금의 쓰촨 성 충라이 시邛崍市) 남쪽에서 격전을 벌였다가 크게 패하고, 승세를 탄 남조에게 공주까지 함락당하는 결과를 낳았다. 12월 4일, 몽차전이 군대를 이끌고 성도成都의 외성을 점령하자 두원영은 무리를 이끌고 퇴각해 내성을 지켰다. 조정에서 동천東川 등 여러 지역의 병마를 서천으로 보내 지원하려는 움직임이 일어날 때, 이미 동천절도사였던 곽쇠郭釗가 서천절도사로 임명되고 두원영은 소주韶州(지금의 광둥 성 사오관 시韶關市)자사로 강등되었다. 남조군이 계속해서 동쪽으로 진격해 재주梓州의 서쪽 성을 함락했다. 동천군은 그들의 적수가 못 되었기에 곽쇠는 몽차전에게 서신을 보내 그의 침략 행위를 비난했다. 그러자 몽차전이 회신을 보내 두원영이 먼저 침략했기 때문에 병사를 일으켜 보복한 것이라고 답했다. 이에 양측은 강화를 맺었고, 몽차전은 군대를 이끌고 퇴각했다. 남조군은 성도의 외성에서 열흘을 머무르며 성도의 아이들, 각종 기술자 수만 명 및 보물을 약탈하고 떠났다. 이로부터 남조의 수공업은 사천 지역에 필적할 수준이 되었다. 몽차전은 퇴각한 후 사신을 파견해서 두원영이 병사를 보살피지 않아 사천 지역 병사들이 남조에 오히려 병사를 일으켜서 징벌해 달라고 요청한 것이라는 상주를 올렸다. 이에 조정은 두원영을 다시 순주循州(지금의 광둥 성 후이저우 시惠州市)사마로 강등시켰다. 곽쇠는 성도로 돌아온 후 남조와 조약을 맺어 이후로는 서로 침범하지 않기로 했다.

감로의 변

835년

당나라 문종은 즉위하고 나서 환관을 처벌하고자 했다. 태화 9년(835년) 12월 21일, 자신전에서 거행된 조회에서 금오대장군金吾大將軍 한약韓約이 좌금오장원左金吾仗院 안의 석류나무에 밤새 감로(천하가 태평할 때에 하늘에서 내린다고 하는 단 이슬)가 내렸다고 보고했다.

재상 이훈李訓 등이 황제에게 직접 가서 볼 것을 건의하자 문종은 함원전含元殿으로 가 재상, 중서, 문하성 관리들에게 먼저 보도록 했다. 관리들이 돌아와서는 진짜 감로가 아

친화이허 강(秦淮河)의 풍경

두목의 창작에는 옅은 슬픔과 깊은 역사적 연상이 담겨 있다. 그가 쓴 시구 "춤과 노래 파는 장사치 여인들, 나라 망한 한이 서린 줄도 모르고, 강 건너에서 여전히 후정화[後庭花, 남북조 시대, 진(陳)나라 선제의 아들인 후주가 지은 악곡] 가락을 부르네."는 지금까지도 전해지는 풍자의 절구(絕句)가 되었다.

닌 듯하다고 보고를 올렸다. 이에 문종은 다시 신책군神策軍의 좌우호군左右護軍인 중위 구사량仇士良과 어지홍魚志弘 등에게 환관을 데리고 가서 살펴보라고 명령했다.

구사량 등이 좌금오장원에 이르렀을 때, 한약과 이훈이 이끈 복병들에게서 공격을 받았다. 금오위金吾衛 병사 수십 명과 경조부京兆府의 이졸, 어사대御史臺 사람 약 500명이 환관 수십 명을 때려죽이거나 부상을 입혔다. 그러나 이때 환관이 이미 이훈을 땅에 쓰러뜨리고 이어서 문종을 데리고 선정문宣政門으로 도망쳐 문을 잠그려고 하자, 조정 대신들이 놀라 흩어졌다. 환관들은 문종을 협박해서 내전으로 들어가게 하고, 바로 신책군 500명을 파견해서 칼을 들고 황궁을 나서며 만나는 사람은 모조리 죽여 사상자가 600~700명에 달했다. 이어서 그들은 궁성의 각 문을 걸어 잠그고 수

맥을 잡아 주는 중국사 중요 키워드

두목 시가의 호탕함

두목杜牧(803년~852년)은 만당 시기의 시인으로 덕종 시기에 재상이었던 두우杜佑의 손자이다. 그는 스물세 살에 이미 천고의 명작 〈아방궁부阿房宮賦〉를 지었고, 스물여섯 살에 진사에 합격했다. 하지만 강직하고 권력자에 빌붙어 아부하지 못하는 성격 탓에 중용되지는 못했다.

두목이 살았던 만당 시대는 대당大唐 제국이 이미 서산으로 저물던 때라 내우외환이 나날이 심각해지고 있었다. 나라의 몰락과 사회의 암흑을 목도한 두목은 적극적으로 정치에 참여하고 싶어 했다. 그의 시가 창작에 그런 생각이 드러나 그의 작품에는 나라와 백성의 운명을 걱정하고, 옛일을 그리워하고, 오늘의 일을 이야기하는 작품이 많았다. 두목은 사회와 정치 제재의 시 외에도 서정시와 풍경시도 많이 남겨 이 영역에서 오래도록 사람들에게 회자되는 명작을 많이 남겼다. 예컨대 〈박진회泊秦淮〉 등은 시풍이 청아하고 수려하며, 시를 읽으면 머릿속에 뚜렷한 그림이 그려지고, 사물 묘사와 감정 토로가 잘 융합되어 있다. 그러나 정치로 인한 실의와 만당 사회의 몰락이 시인의 마음에 짙은 그림자를 드리워서 두목의 이러한 종류의 시가는 정도의 차이는 있지만 한결같이 슬픔의 색채를 띠고 있다. 두목은 당 왕조 시단의 뛰어난 전통을 이어받아 가벼운 시풍이 유행하던 만당 시기에 독자적인 스타일을 이루어 만당 시기의 또 다른 걸출한 시인인 이상은李商隱과 함께 '소이두小李杜'라고 불렸다.

색 작업을 벌여 다시 1,000여 명을 죽였다. 이로써 이훈, 왕애王涯, 한약 등이 모두 체포되어 살해당했다. 사건이 발생했을 때, 봉상절도사鳳翔節度使 정주鄭注가 호위병 500명을 이끌고 장안으로 왔다가 도중에 일이 실패한 것을 알고 되돌아갔는데, 그 역시 감군에게 죽임을 당했다. 이번에 벌어진 환관의 대학살로 살아남은 조정 관리가 거의 없었다. 황궁은 그야말로 텅 비었고, 이로써 환관은 더욱 횡포를 부리며 황제를 모욕하고 또 조정 관리들을 멸시했다. 결국 문종은 이 일로 한을 품어 마음의 병으로 죽고 말았다.

월궁경(月宮鏡)

옛 사람들은 일찍이 우주에 관심을 느끼고 탐색하기 시작했다. 항아(嫦娥)가 달에 간 신화는 바로 달에 오르고 싶은 옛 사람들의 바람을 반영한다고 볼 수 있다. 이 청동 거울은 선녀 항아가 달나라에 있는 궁궐, 즉 월궁(月宮)에서 생활하는 이야기를 묘사한다. 이러한 월궁경은 당나라 시대에 매우 유행했는데, 이는 당시 사람들이 신비한 우주에 깊은 흥미를 보였다는 것을 증명한다.

천심탑의 건설

836년

숭성사崇聖寺 천심탑千尋塔은 대략 당나라 개성開成 원년(836년)에 건축되었다. 지금의 윈난 성 다리 시大理市 서북쪽의 창산 산蒼山 산기슭, 얼하이 호洱海 호숫가에 자리한다.

이 탑은 본래 숭성사의 전면에 있었는데 절은 이미 없어졌다. 탑은 사각형 평면으로, 탑신의 최하단에는 높이 1.1m의 돌로 쌓은 기대基臺(주춧돌)가 있고, 그 위에 올려진 기대는 벽돌로 쌓은 높이 1.9m의 수미좌須彌座(불상이나 보살상 등을 모셔 두는 자리)이다. 첫 번째 층의 거대한 탑신 위에는 16층의 밀첨密檐(처마)이 있는데, 이는 중국에서 보기 드문 형식으로 탑의 높이는 69.13m에 달한다. 전체 탑의 윤곽은 아름다운 활 모양을 띠어 실로 걸작이라고 할 수 있다. 탑신 내부는 텅 빈 채로 '우물 정井' 자 모양의 나무 뼈대가 교차되어 탑 꼭대기까지 오를 수 있다. 그 구조와 모양이 시안 시의 소안탑小雁塔과 매우 흡사해 당 왕조 시대 밀첨식 방탑方塔의 전형적인 모습을 보여 준다. 천심탑의 서쪽에는 2개의 작은 탑이 남북으로 마주하며, 천심탑보다 다소 늦은 오대 시대에 건축된 것으로 보인다. 숭성사의 세 탑 가운데 첨심탑은 새하얀 탑신을 자랑하며 수려하게 쭉 빠진 모습으로 우뚝 솟아 있어 특히 눈길을 끈다.

회골의 내란

839년

당나라 개성 4년(839년) 12월, 회골回鶻(당나라 시대에 위구르를 이르던 말)에서 내란이 일어났다. 회골의 재상 안윤합安允合과 특륵시혁特勒柴革이 반란을 모의하다가 창신彰信 카간 호특륵胡特勒에게 죽임을 당했다. 이에 재상 굴라물掘羅勿이 오르도스Ordos의 사타沙陀(서돌궐의 한 파)인인 주사적심朱邪赤心에게 말 300필을 뇌물로 주고 군사를 빌려 와 창신 카간을 공격했다. 패한 카간이 스스로 목숨을 끊자 백성은 합삽廅馺을 카간으로 세웠다. 때마침 질병이 유행한 데다 폭설까지 내려 양과 말이 얼어 죽어서 회골은 국력이 크게 약화되었다. 당시 힐알사黠戛斯(당나라 때 키르키스족을 이르던 말)는 회골과 20여 년 동안 교전을 지속하고 있었다.

회골 귀부인의 예불(禮佛)도

개성 5년 10월에 회골의 또 다른 재상인 구록막하句錄莫賀가 힐알사 10만 기병을 이끌고 회골을 공격해 합삽과 굴라물을 죽이자, 회골의 다른 부는 모두 뿔뿔이 흩어졌다. 카간의 형제인 온몰사溫沒斯와 재상 적심 등이 군대를 이끌고 천덕군天德軍으로 가서 당나라에 투항했다. 나머지는 서쪽 갈라록葛邏祿(지금의 발하슈 호 남쪽), 안서安西와 하서로 옮겨 가 정착했다. 갈라록으로 이동한 무리는 훗날 서역에 강대한 카간국을 세우고 이슬람교를 받아들여 서역의 불교 세력을

맥을 잡아 주는 중국사 중요 키워드

우이 당쟁

만당 시기에 이르러 우이 당쟁이 나날이 격렬해지면서 조정 대신들 사이에 내분이 일어나고 불협화음으로 인력 소모가 생겨나 문무백관이 술렁거렸다. 우·이 양당은 문종 시기에 형성되었다. 문종 시기에 우승유와 함께 과거 출신 관리들을 모아 붕당을 만든 이종민李宗閔은 환관과 결탁하여 재상이 되었고, 토족 출신 관리들로 붕당을 만든 이덕유는 절서 관찰사의 임기가 만료되어 재상으로 추천되었다. 그러자 이종민이 자신의 붕당을 사주해 이덕유를 배척하고 좌천시켰다. 그러고는 우승유를 재상으로 추천해 두 사람이 함께 정권을 장악하고, 합심해서 이덕유를 배척했다. 문종은 우이 당쟁을 통제하고 싶었지만, 뾰족한 수가 떠오르지 않아 수수방관할 수밖에 없었다. 결국 문종 이후로 당쟁은 점점 날카로워졌다.

문종이 죽고 그 뒤를 이은 무종武宗은 이덕유와 그의 붕당을 중용했다. 우당牛黨의 우두머리인 우승유와 이종민은 이때 이미 재상직에서 파면된 후였지만, 이덕유는 그들에게 원한이 쌓일 대로 쌓인 터라 가만히 있을 수 없었다. 회창會昌 4년(844년), 소의절도사昭義節度使 유후留後 유진劉稹의 반란이 평정된 후 이덕유는 무종에게 우승유와 이종민이 유진의 아버지 유종간劉從諫과 밀접하게 교류해 왔고 반란이 평정되었다는 소식을 들은 우승유가 긴 한숨을 내쉬며 한탄했다고 보고했다. 이를 읽고 크게 노한 무종은 우승유를 순주循州(지금의 광둥 성 후이저우 시)장사長史로 좌천시키고, 이종민은 봉주封州(지금의 광둥 성 카이핑 시)로 좌천시켰다.

회창 6년(846년) 3월, 무종의 뒤를 이어 선종이 즉위했다. 그는 줄곧 이덕유가 권력을 휘두르는 것을 못마땅하게 여겨 왔던 터라 즉위한 후 바로 이덕유를 형남절도사荊南節度使로 보내고 조정에서 이당의 패거리를 몰아내는 데 힘썼다. 무종 시기에 6년 동안 재상직에 있으면서 널리 이름을 떨친 이덕유를 좌천시키자 모두 경악을 금치 못했다. 대중大中 원년(847년) 9월, 누군가가 이덕유가 과거 회남절도사였던 이신李紳과 결탁해 안하무인으로 사람들을 죽인다는 상소를 올렸다. 이에 선종은 다시 이덕유를 조주사마潮州司馬로 좌천시키고, 다시 이당 패거리를 처벌했다. 우이 양당 형성 이후로 문종, 무종, 선종의 3대를 거치며 이어진 다툼은 대중大中 연간 초, 이덕유와 우승유의 죽음으로 비로소 끝을 맺었다.

밀어냈다. 안서로 이동한 무리는 훗날 서주西州 회골이라고 불렸고, 하서로 간 무리는 감주甘州를 점령했다. 서쪽으로 이동한 회골은 오대, 북송 시대까지 줄곧 중원과 사신 왕래를 계속해 서로 외숙과 조카라 불렀다. 이로부터 회골은 다시 일어나지 못했고, 힐알사가 점차 흥기했다.

환관이 유조를 바꾸어 무종을 세우다

840년

개성 5년(840년) 정월, 당나라 문종 이앙李昂이 서른세 살을 일기로 병사했다. 그는 생전에 환관을 몰아내려 몇 차례 시도했지만 번번이 실패했고, 감로의 변 이후에는 거의 갇혀 지냈다. 문종은 임종 전에 추밀사 유홍일劉弘逸, 설계릉薛季棱과 재상 양사복楊嗣复, 이각李珏을 소집해 태자에게 감국監國, 즉 정사를 대리하게 했다. 중위 구사량, 어홍지魚弘志가 태자는 어리고 병치레가 많다고 거짓말을 하며 다른 태자를 세우는 것이 좋겠다고 하자, 이각이 나서서 문종이 이미 태자로 세웠으니 바꿀 수 없다고 했다. 그러자 구사량과 어홍지가 반대를 무시하고 병사를 이끌고 가서 비밀리에 영왕潁王을 맞이해 입궁했다.

그리고 영왕(목종의 다섯째 아들)을 황태제皇太弟로 세워 국정을 대신하게 했다. 그러고는 태자 성미成美(경종敬宗의 아들)가 아직 어리니 계속 진왕陳王에 봉한다며 끝내 문종의 유조에 반하는 일을 감행했다. 문종이 죽자 구사량은 영왕에게 진왕 성미를 죽이도록 종용했다. 결국 영왕은 조카를 죽이고 왕위를 빼앗은 후 이름을 염炎으로 바꾸었다. 그가 바로 무종이다. 구사량 등은 문종을 도와 환관을 죽이려 한 사람들에게 원한을 품고 있었기에 문종의 총애를 받았던 악공이나 내시를 죽이거나 강등시켰다.

백거이의 죽음

846년

회창 6년(846년), 만당의 유명한 시인 백거이가 향년 일흔다섯 살을 일기로 병사했다. 백거이(772년~846년)는 원적이 태원이고, 자는 낙천樂天으로, 말년에는 스스로 향산거사香山居士라 불렀다. 백거이의 가문은 대대로 유학자 집안으로 백거이도 젊은 시절에 열심히 공부해서 진사에 합격해 비서성교

서랑秘書省校書郎, 한림학사翰林學士, 좌습유左拾遺 등을 역임했다. 그러나 권력에 빌붙지 않는 성격 때문에 직언을 서슴지 않아 강주사마로 좌천되었고, 나중에는 충주자사忠州刺史, 항주자사를 역임했다. 회창 초에 형부상서를 맡은 후, 태화 3년(829년)에는 병을 이유로 벼슬에서 물러나 동쪽으로 돌아왔다.

당 왕조의 걸출한 문학가였던 백거이는 신악부운동新樂府運動을 전개해 "문장은 시절에 맞게 써야 하고, 시가는 사실에 들어맞게 지어야 한다."라고 주장했다. 또한 시가가 사회 현실과 민생의 고통을 반영해 '당시의 정세를 보충하여 살피고 인정을 드러내는補察時政 泄導人情' 역할을 해야 한다고 주장했다. 그는 자신의 문학적 주장을 시가 창작으로 드러냈다. 특히 그의 '풍유시諷諭詩(정치·사회를 풍자하고 비판한 시)'는 삶의 여러 모습을 반영하고, 통치 계급이 잔혹하게 노동 계층을 압박하는 보편적인 상황을 그려 냈다. 지금까지 전해지는 그의 시는 3,000여 수가 있는데, 질박하면서 통속적이고, 우아하고 아름다우면서도 거침이 없다. 전기의 여러 우수한 작품, 예컨대 〈신악부新樂府〉, 〈장한가長恨歌〉, 〈비파행〉, 〈매탄옹賣炭翁〉 등은 당시에 널리 읽혀졌을 뿐만 아니라 지금까지도 걸작으로 평가되는 불후의 명작이다. 그의 작품집으로는 《백씨장경집白氏長慶集》 50권이 전해지며, 유서類書(같은 종류의 책을 모아 일정한 방식에 따라 분류해서 찾아보기에 편리하도록 편집해 놓은 책) 《백씨육첩白氏六帖》도 있다.

〈향산구로도(香山九老圖)〉

평생 백성을 동정했지만 현실을 바꿀 수 없었던 백거이는 말년에 하남 낙양의 용문산 동쪽에 살며 석루를 세우고, 스스로 향산거사라 부르며 호경(胡景), 유진(劉眞) 등과 술을 즐기고 여러 곳을 돌아다니며 여생을 보냈다. 그 아홉 사람이 모두 고령이어서 사람들은 그들을 '향산구로(香山九老)'라고 불렀다. 그림은 명나라 주신(周臣)이 그린 〈향산구로도〉 두루마리 그림이다.

장의조가 당나라로 돌아가다

851년

대중 5년(851년) 정월, 토번이 통치하는 사주沙州 출신의 장의조가 군대를 이끌고 당나라로 돌아왔다. 사주는 본래 토번의 통치를 받던 곳인데, 토번에 동란이 일어난 틈을 노려 장의조가 병사를 일으켜서 토번을 공격했다. 그러자 당나라 백성이 적극적으로 동참하면서 장의조의 군대는 금세 막대한 규모를 갖추었고, 이에 깜작 놀란 토번의 우두머리는 허둥지둥 달아났다. 이윽고 장의조는 군대를 이끌고 당 왕조로 귀순했다.

이에 당나라 조정에서는 장의조의 군대를 사주에 주둔하게 하고, 장의조를 사주방어사沙州防禦使로 임명했다. 10월에 장의조가 군대를 이끌고 하황河湟 땅으로 가서 금세 과주瓜州, 이주伊州, 서주西州, 감주甘州, 숙주肅州, 난주蘭州, 선주鄯州, 하주河州, 민주岷州, 곽주廓州의 10개 주(지금의 간쑤 성 칭하이 일대)를 평정했다. 그리고 자신의 형제인 장의택張義澤을 도읍으로 보내

〈장의조가 군대를 이끌고 출행하는 그림〉(일부)

장회심(張淮深)은 숙부의 공적을 기념하기 위해 석굴을 파서 그림을 그렸는데, 이 〈장의조가 군대를 이끌고 출행하는 그림〉은 돈황 최초의 '출행도'이다.

사주를 포함한 11개 주의 지형도를 바치게 했다. 이로써 당 왕조는 잃어 버렸던 하황 땅을 되찾았다. 12월에 조정은 장의조를 사주절도사 겸 11주의 관찰사로 임명했다. 이후 장의조와 그 친족은 대대로 하황 땅을 통치하고 정기적으로 조정에 상황을 보고하며 사실상 하황 지역의 패권을 잡았다.

당나라 의종이 불골을 영접하다

873년

당나라 의종懿宗은 독실한 불교 신자로 재위 기간에 널리 사원을 세우고, 승려를 받들어 모셨다. 함통咸通 14년(873년) 3월 29일에 의종은 관리 여러 명을 법문사法門寺에 보내 불골佛骨(불사리, 석가모니의 유골)을 영접해 오게 했다. 이에 조정 여러 대신이 헌종이 불골을 영접한 지 얼마 되지 않아 죽었다며 말렸지만 의종은 듣지 않았다.

그는 도리어 불골을 영접하고 죽는다면 죽어도 여한이 없을 것이라며 탑, 화려한 장막, 채색 꽃, 당번幢幡(불교 의식에 사용하는 깃발)을 설치하고, 금옥金玉, 금수錦繡, 구슬, 비취로 장식하고 불골을 영접하게 했다. 불골 영접은 전례 없이 성대하게 진행되어 법문사에서 도읍에 이르는 300리 길에 사람, 말, 그리고 수레의 행렬이 끊이지 않았다. 4월 8일에 도읍에 도달한 불골은 성대한 대접을 받았다. 금군과 의장대가 길을 내고 군악대가 연주하는 음악 속에 영접을 위해 가설된 아름답게 장식한 경축 행사용 천막이 수십 리가 넘게 이어졌으며, 독경하고 염불하는 소리가 하늘과 땅에 가득했다.

이때의 불골 영접 의식과 의장 행렬은 황제가 천지와 조상에 올리는 제사나 헌종 때의 불골 영접 때와는 비교할 수도 없을 정도로 성대했다. 의종은 직접 안복문安福門까지 나가 불골에 절하며 영접하고, 불교의 의식에 따라 성대하

백색 유약을 바른 삼채 낙타

건장하고 거대한 낙타가 고개를 들고 입을 벌린 채 느린 걸음으로 천천히 걸으며 울음소리를 내는 모습을 묘사했다. 허리에 채색된 안장이 있고, 그 위에 가죽 주머니와 비단 등이 매달려 있다. 도자의 조형이 매우 생동감이 넘치고, 형태가 사실적이며, 선이 거침이 없고, 색이 화려하여 당나라 삼채 가운데에서도 걸작으로 손꼽힌다.

고도 복잡한 제사와 봉헌 활동을 거행했다. 이때 각 주 및 소수민족 지역, 심지어는 외국의 절도사까지 많은 사람이 참여했다. 그리고 도읍에 거주하는 승려와 헌종 때 불골을 영접한 적 있는 노인들은 모두 두둑한 하사품을 받았다. 의식이 끝난 후, 의종은 불골을 궁궐로 영접해 사흘간 모셨고 이어서 안국숭화사安國崇化寺에 안치했다. 의종은 금고에서 금과 비단을 꺼내 관리들에게 나누어 주도록 하고 죄인들의 형기를 한 등급 낮추어 사면하도록 했다. 12월 8일에 성대한 불교 의식을 거행한 후, 불골은 법문사로 되돌려 보내졌다.

왕선지와 황소의 기의

875년

왕선지王仙芝는 복주(지금의 산둥 성 쥐안청 현 북쪽) 사람으로, 건부乾符 2년(875년)에 그가 장원長垣(지금의 허난 성)에서 농민 기의를 일으키자 황소黃巢가 무리를 이끌고 와 호응했다. 884년에 황소가 패해 목숨을 잃을 때까지 기의는 무려 9년 동안이나 이어졌다. 이는 중국 고대 역사에서 '평균平均'이라는 깃발을 높이 든 첫 번째 농민 기의였다. 875년 봄에 왕선지가 장원에서 기의해 스스로 '천보평균대장군天補平均大將軍'으로 칭하며 조주曹州와 복주를 공격했다. 그러자 황소도 호응하며 병사를 일으켰다. 기의군이 군대를 이끌고 중원으로 이동해 기주沂州, 낙양에 접근하자 당나라 조정은 당황해서 각지의 장수들에게 기의군을 진압할 것을 명령했다. 2월에 황소와 왕선지가 악주, 영주, 복주와 형남荊南 나성羅城을 공격해 함락했다. 5월에는 왕선지가 황매黃梅에서 당나라 조정의 군대에게 대패해 죽임을 당했다. 왕선지의 나머지 부대는 상양尙讓의 인솔로 황소의 군대와 회합하여 싸움을 계속했다.

878년 3월, 황소가 군대를 이끌고 박주를 공격해 함락시키자 기의군은

맥을 잡아 주는 중국사 중요 키워드

당 왕조에서 성행한 성대한 장례식

당 왕조 때에는 왕공과 귀족, 관리, 심지어는 일반 평민까지도 죽으면 성대한 장례식을 거행했다. 당 왕조 시대의 장례는 대부분이 옛 예법에 따라 상가에서 상여가 떠나는 출상出喪, 삼년상을 마치는 해상解喪 등의 과정을 거쳤다. 당나라의 무덤은 신분에 따라 그 규모 면에서 엄청난 차이를 보였다. 예컨대 일품一品의 '배릉陪陵(공경, 대신, 열장列將 가운데 공이 있는 자는 황제의 무덤 가까이에 무덤을 쓰게 해 준 제도)'대신의 무덤은 높이가 4장丈(1장은 1척으로 약 3.33m이다.) 이하, 3장 이상이어야 했고, 일품 관리의 무덤은 높이가 1장 8척, 서인의 무덤은 높이가 4척이어야 했다. 황릉의 규모는 이와 비할 수 없이 매우 거대했다.

안사의 난 이후 사치 풍조가 점점 심해져 어떤 무덤은 제사 행렬이 20여 리를 이어지기도 했고, 천막도 큰 경우 높이가 무려 80~90척에 달해 사용하는 침상도 300~400장에 달했다. 제기는 정교하고 풍성해져서 장례를 치르는 사람에게 '눈물을 거두고 희극을 보라'는 의미로 '홍문안' 등의 옛 희극을 새긴 제기도 있었다. 아울러 당나라 때에 사자死者를 위해 지전紙錢을 태우는 풍습이 있었는데 지전을 마치 산처럼 쌓아두기도 했다. 한식寒食 때 성묘하는 것도 풍속이 되어 어느덧 예법으로 자리 잡았다. 상중에 상복을 입는 복상服喪은 3년을 기한으로 삼고, 전쟁 등 특수한 상황이 아니라면 간소화할 수 없었다.

은으로 만든 외관(外棺, 겉널)

외관의 덮개는 활 모양이고 중간에 도금한 연꽃이 붙어 있다. 꽃술은 백옥으로 만들고, 마노 구슬로 꽃술의 중심 부위인 예심(蕊心)을 만들었다. 외곽 몸체의 양측에는 입구에 가까운 곳에는 두 짐승이 물고 있는 고리가 있고, 밑에는 앉거나 일어난 모습의 다섯 나한이 붙어 있다. 앞쪽 가로대(두 공간 사이나 한 공간의 가장자리에 막아 세우는 구조물)에는 끌로 문이 새겨져 있는데, 문 위에는 구슬이 늘어뜨려져 있고, 왼쪽과 오른쪽 문에는 각각 도금한 부조 보살이 붙어 있으며, 두 보살 사이에는 도금한 부처의 다리(佛脚) 한 쌍이 붙어 있다. 뒤쪽 가로대에는 부조 도금 마니보주(摩尼寶珠, 보배 구슬을 통틀어 일컬음)가 붙어 있다. 밑받침에는 투조가 되어 있다. 금 외관이 은 외관 안에 들어 있다.

그를 황왕黃王으로 추대하고 충천대장군이라 칭하며 농민 정권을 세웠다. 이어 황소는 군대를 이끌고 북쪽으로 올라가서 다시 복주를 공격했다. 이에 조정에서는 장자면張自勉을 동북면행영초토사東北面行營招討使로 삼아 군대를 이끌고 기의군을 포위하게 했다. 기의군은 불리한 형세에서 남쪽으로 내려가 활주에서 송주宋州와 변주汴州를 공격했다. 당나라 군대가 포위 공격을 준비하자 황소는 병사를 이끌고 회남을 거쳐 장강 일대를 전전하다가 화주和州와 선주宣州 사이에서 장강을 가로 건너 남릉南陵을 점령하고, 당나라 장수 왕연王涓을 죽였다. 이어서 선주를 점령하려고 했지만 당나라의 선흡관찰사宣歙觀察使 왕응王凝이 굳건히 지켜 공격하지 못했고, 5, 6월 사이에 방향을 돌려 윤주潤州(지금의 장쑤 성 전장 시)를 공격했다. 이에 당나라 조정에서 고변高駢을 진해절도사鎭海節度使로 파견해 기의군을 진압하게 하자 황소는 능동적으로 퇴각해서 남쪽으로 내려가 항주를 공격했다. 8월에 항주 성 안으로 진격해 들어간 기의군이 관청의 문서 등을 불태우고, 죄인들을 풀어 준 다음, 지주와 관리의 재산을 몰수하고, 곡식 창고를 열어 백성을 구제하겠다는 공고를 발표했다. 9월에는 월주越州(지금의 저장 성 사오싱 시)를 점령해 당나라 절동 관찰사浙東觀察使 최구崔璆를 도망가게 했다.

당나라 조정에서 기의군을 막기 위해 장린張璘을 보내자, 황소는 복건을 전전하며 700리에 이르는 산길을 뚫어 건주建州를 함락하고, 12월에는 복주福州를 점령했다. 건부 6년(879년) 6월, 황소는 광주廣州를 점령하고 영남동도절도사嶺南東道節度使 이초李迢를 사로잡았다. 그러나 황소군의 수많은 북쪽 지방 출신 병사들이 광주의 환경에 적응하지 못하고 전염병에 걸려 세상을 떠났다. 이에 그의 부하 장수가 황소에게 북쪽으로 올라가 대업을 이룰 것을 권했다. 그리하여 10월에 황소는 군대를 이끌고 계주桂州에서 북벌을 위해 출발했다.

삼채 무사용

무사는 넓은 입과 큰 코, 둥근 눈과 튀어나온 눈동자로 써 용맹한 이미지를 띤다. 몸체와 받침대에는 황색, 녹색, 백색의 세 가지 색깔의 유약이 발려있어 무사용의 장중하고 늠름한 위풍을 더욱 두드러지게 해 준다.

이극용이 당나라를 돕다

881년

881년에 황소의 기의군이 장안으로 들어와 대제 정권을 세우고, 당나라 희종僖宗은 성도로 도망쳐 반격의 기회를 노렸다. 이에 진경사陳景思가 당나라 희종에게 상소를 올려 이국창李國昌, 이극용李克用 부자의 죄[사타 이국창과 이극용 부자는 당나라에 반란을 일으켰다가 패해 달단韃靼(동몽골에 살던 몽골계 유목민) 부락으로 도망갔다.]를 사면하고 이극용을 원수로 삼아서 사타 병사를 이끌고 황소군에 저항하게 했다. 중화中和 원년(881년) 3월, 희종이 이우금李友金을 달단으로 보내 이국창, 이극용 부자를 맞게 했다. 5월에 이극용이 명령을 받들어 5만 병사를 이끌고 기의군 토벌에 나서서 양곡陽曲, 유차榆次 등지에서 적의 식량과 재산을 약탈하고, 흔주忻州와 대주代兩를 점령한 뒤 이듬해에는 울주蔚州를 점령했다. 그리고 다시 4만 병사를 이끌고 하중河中을 공격했다. 중화 2년(882년) 12월, 당 왕조는 이극용을 안문절도사雁門節度使로 임명했다. 이극용은 '황소를 물리쳐 스스로 속죄한다.'는 당나라 조정의 조건을 받아들여 사타병 3만 5,000명을 이끌고 하중으로 가서 참전했다.

이듬해 정월, 이극용은 사원沙苑에서 황소의 아우인 황규黃揆가 이끄는 군대를 크게 물리치고 건갱乾坑으로 가 하중, 역정易定, 충무忠武 등의 군대와 연합했다. 그리고 상양이 이끄는 10만 기의군을 물리쳐 양전파梁田坡에서 수만 명에 이르는 기의군을 죽였다. 당나라 조정에서는 다시 이극용을 동북면행영도통東北面行營都統에 임명했다. 3월에 이극용은 화주華州를 공격해 다시 상양의 지원군을 크게 물리쳤다. 4월에 이극용은 충무, 하중, 의무 등의 군대와 연합해 장안을 공격해서 위교 대전渭橋大戰에서 황소군을 쳐부수었다. 황소는 부하를 이끌고 궁궐을 불태운 뒤, 장안을 버리고 남전藍田으로 퇴각했다. 이극용은 황소를 물리치고 장안을 되찾은 공로를 인정받아 동평장사同平章事, 하동절도사河東節度使로, 그리고 이국창은 대북절도사代北節度使에 임명되었다.

삼채 낙타

당나라 삼채 낙타로, 당나라 상인들이 낙타에 비단 등의 물품을 싣고 실크로드를 통해서 서쪽으로 가는 모습을 구체적이고 생동감 있게 표현했다. 무덤에서 출토되었고, 보기 드물게 비교적 완벽하게 보존되었다.

주온이 당나라에 투항하다

882년

반탄비파(反彈琵琶)

이 그림은 아미타불 경변[經變. 경전의 내용을 그림으로 그린 경전변상도(經典變相圖)의 줄임말] 벽화 아랫부분의 악무 장면에서 중심이 되는 무희이다. 돈황 벽화 가운데에는 비파를 안고 반주하며 춤을 추는 모습이 매우 많다. 그 중 비파를 거꾸로 연주하는 반탄은 난이도가 가장 높은 연주로, 매우 뛰어난 기교라고 할 수 있다.

중화 2년(882년) 9월 초, 당나라 하중군이 군량미를 실은 선박 30만 척을 이끌고 하양夏陽을 지나다가 주온朱溫의 군대에 약탈당했다. 이에 당나라 조정에서는 하중절도사 왕중영王重榮에게 3만 군사를 이끌고 지원하게 했다. 주온은 군량선을 침몰시키고 당나라 군대와 결전을 벌일 준비를 하는 동시에 황소에게 지원군을 보내 줄 것을 요청했다. 그러나 좌군사左軍使 맹해孟楷가 몇 번이나 서신을 받고도 황소에게 보고를 올리지 않아 주온의 군대는 당나라 군대에 포위되고 말았다.

황소의 군대가 나날이 약해지는 것을 본 주온은 이미 대세가 기울었다고 느끼고 감군 엄실嚴實을 죽이고 부장 호진胡眞, 사동謝瞳과 함께 동주同州(지금의 산시 성陝西省 다리 현大荔縣)에서 왕중영에게 투항했다. 주온의 어머니가 왕씨로 왕중영과 동성이라는 이유로 주온을 왕중영의 외숙이라고 불렀고, 당 왕조는 주온을 동화절도사同華節度使, 우금오대장군右金吾大將軍, 하중행영초토부사河中行營招討副使로 임명하고 전충全忠이라는 이름을 하사해 황소의 기의군을 토벌하게 했다. 한편, 주온이 당나라에 투항함으로써 황소군은 세력이 크게 꺾였고 병사들 사이에서 동요가 일어났다. 이후 화주를 지키던 황소의 부장 이상李祥은 왕중영이 주온을 섬기는 것을 보고 자신도 당나라에 투항하려고 하다가, 그만 사전에 황소에게 발각되어 죽임을 당했다. 이어서 황소는 그의 아우 황업黃鄴을 화주자사로 임명했다.

황소의 죽음

884년

당 왕조 말에 황소가 이끈 농민 봉기군이 남북을 전전하며 대제 정권을 세우고, 당나라 도읍 장안까지 공격해 들어왔다. 그러나 승기를 잡았을 때 몰아치지 않고 적에게 숨 돌릴 틈을 준 것이 실수였다. 엎친 데 겹친 격으로 주온까지 당나라에 투항하여 이극용이 이끌던 사타병과 함께 기의군을 공격하자 기의군은 속수무책으로 당할 수밖에 없었다.

중화 4년(884년)에 황소는 여러 장수의 배반으로 병력이 크게 약화돼 변주를 버리고 북쪽으로 올라갈 수밖에 없었다. 그런 와중에 봉구封丘에서 이극용이 이끄는 사타 기병의 공격을 받고 크게 패해 겨우 천여 명에 불과한 무리를 이끌고 연주兗州로 도망쳤다. 15일에 내무현萊蕪縣 북쪽에서 다시 시부時溥가 보낸 이사열李師悅, 진경유陳景瑜의 추격을 받아 수하에 소수의 병사밖에 남지 않게 되었다.

이에 황소는 친족만 이끌고 태산泰山 낭호곡으로 도망쳤다가 결국 스스로 목숨을 끊었다. 황소의 외조카 임언林言은 황소의 형제와 아내, 자식의 머리를 시보에게 바치러 가다가 사타군에 목숨을 잃었다. 황소의 호위병, 친족, 첩들도 모두 죽임을 당했다.

9년 동안이나 지속된 당나라 말의 농민 기의는 이렇게 실패로 끝을 맺었다. 그러나 황소가 이끈 농민 기의는 당 왕조의 통치를 크게 흔들어 이후로 당 왕조는 쇠망의 길을 걷다가 결국에는 주전충朱全忠에게 권력을 내주고 말았다.

주전충이 당나라 정권을 장악하다

904년~906년

901년에 환관 유계술 등이 정변을 일으켜 당나라 소종昭宗을 구금하고 태자 이유사李裕嗣를 옹립했다. 그러자 재상 최윤崔胤, 좌신책군지휘사左神策軍指揮使 손덕소孫德昭 등이 소종을 구출해 복위시키고 유계술 등을 죽였다. 소종과 최윤 등은 환관들도 죽이려 했지만, 이를 눈치 챈 환관들이 소종을 납치해서 봉상절도사 이무정李茂貞에게로 의탁했다. 이에 최윤이 일찍이 자신과 결탁하고 있던 주전충에게 구원을 요청해 소종을 구해 냈다. 이렇게 해서 장안으로 돌아온 소종은 환관 세력을 소탕하고 주전충을 동평왕東平王, 양왕梁王으로 봉했다.

청색 유약을 바른 쌍용준(雙龍尊)

입구가 넓은 반구병(盤口瓶)으로 활무늬의 긴 목에 배는 긴 북 모양이고, 바닥은 평평하다. 두 마리 용이 단단히 반구를 물고 있어 균형감을 주고, 진중한 아름다움이 있는 동시에 들기에도 편하다.

주전충은 권세를 얻자 자신의 근거지로 옮겨 천자를 협박하고 제후들을 주무르기 위해 낙양으로 천도할 것을 수차례 주청했다. 그리고 최윤을 제거하기 위해 천복天復 4년(904년) 정월에 최윤이 권력을 독점해 휘두르며 조정에 반란을 꾀하고자 한다고 모함하여 소종에게 최윤을 면직시키게 했다. 그런 후 병력을 해산시키고, 주우량朱友諒에게 최윤 일가와 그의 측근을 죽이게 했다. 뒤이어 주전충은 소종을 위협해서 낙양으로 천도하고, 장안은 폐허와 다름없이 만들어 버렸다.

천우天祐 원년(904년) 6월에 이무정, 왕건王建, 이계휘李繼徽가 연합하여 변란을 일으킬까 두려워했던 주전충은 그들을 모두 죽여 버렸다. 그러고는 이진李振, 씨숙종氏叔琮, 장현휘蔣玄暉를 보내 소종을 죽이게 하고, 휘왕輝王 축柷을 옹립하니 그가 바로 애제哀帝이다. 이후 주전충은 역적의 누명을 씌워 주우공朱友恭, 씨숙종을 죽이고, 장전의張全義를 하남윤河南尹 겸 충무절도사로 임명한 뒤 육군六軍의 여러 위衛와 숙위宿衛(궁궐에서 군주를 호위하며 지키는 제도 및 지키는 사람)를 이끌게 했다. 주전충은 또 연회를 핑계 삼아 덕왕德王 이유李裕 등 소종의 아들 아홉 명을 모두 죽이고, 멋대로 조정 대신들을 강등시키고 쫓아냈다.

이렇게 주전충은 조정 대신과 여러 왕을 죽이고, 소종을 시해하고 어린 황제를 옹립하여 자신과 의견이 다른 사람은 모두 죽여 권력을 장악하고 휘두르면서 스스로 황제의 자리에 오르기 위한 준비를 했다.

삼채등

등 받침, 손잡이, 접시, 잔 등에는 모두 연꽃잎 무늬가 있다. 이 등의 유색은 화려해 당나라 삼채 가운데에서도 상급 작품에 속한다.

중국 역사 연대표

선사 시대	구석기 시대	기원전 약 800만년~기원전 약 6000년
	신석기 시대	기원전 약 6000년~기원전 약 2000년
하		기원전 2070년~기원전 1600년
상		기원전 1600년~기원전 1046년
서주		기원전 1046년~기원전 771년
동주	춘추	기원전 770년~기원전 476년
	전국	기원전 475년~기원전 221년
진(秦)		기원전 221년~기원전 206년
서한		기원전 206년~기원전 25년
동한		기원전 25년~기원전 220년
삼국	위	220년~265년
	촉	221년~263년
	오	222년~280년
서진(西晋)		265년~317년
동진(東晋)		317년~420년
남북조 (420년~589년)	남조 (420년~589년)	송 420년~479년 / 제 479년~502년 양 502년~557년 / 진(陳) 557년~589년
	북조 (386년~581년)	북위 386년~534년 / 동위 534년~550년 서위 535년~556년 / 북제 550년~577년 북주 557년~581년
수		581년~618년
당		618년~907년
오대 십국		907년~960년
요		916년~1125년
북송		960년~1127년
서하		1038년~1227년
금		1115년~1234년
남송		1127년~1279년
원		1271년~1368년 (1206년~1271년에는 몽골국이라 불렸다.)
명		1368년~1644년
청		1644년~1911년

찾아보기

[ㄹ]

[ㅁ]

[ㅂ]

[ㅅ]

[ㅇ]

[ㅈ]

맥을 잡아주는 세계사 04

초판 1쇄 인쇄일 ¦ 2014년 11월 3일 **초판 1쇄 발행일** ¦ 2014년 11월 10일

지은이 ¦ 맥세계사편찬위원회
펴낸이 ¦ 강창용
펴낸곳 ¦ 느낌이있는책

주소 ¦ 경기도 파주시 교하읍 파주출판문화산업단지 문발로 115 세종 107호
전화 ¦ (代)031-943-5931 **팩스** ¦ 031-943-5962
홈페이지 ¦ http://www.feelbooks.co.kr
이메일 ¦ mail@feelbooks.co.kr
등록번호 ¦ 제10-1588 **등록년월일** ¦ 1998. 5. 16
책임편집 ¦ 신선숙 **디자인** ¦ *design* **Bbook**
책임영업 ¦ 최강규 **책임관리** ¦ 김나원

ISBN ¦ 978-89-97336-73-9 03920
값 17,800원

· 잘못된 책은 구입처에서 교환해드립니다.

이 도서의 국립중앙도서관 출판시도서목록(CIP)은 서지정보유통지원시스템 홈페이지(http://seoji.nl.go.kr)와 국가자료공동목록시스템(http://www.nl.go.kr/kolisnet)에서 이용하실 수 있습니다.(CIP제어번호: CIP2014030450)